당신을 춤추게 하는 지식의 날개

I

당신을 춤추게 하는 지식의 날개 I

발행일   2020년 10월 21일

지은이   이웅석
펴낸이   손형국
펴낸곳   (주)북랩
편집인   선일영   편집   정두철, 윤성아, 최승헌, 이예지, 최예원
디자인   이현수, 한수희, 김민하, 김윤주, 허지혜   제작   박기성, 황동현, 구성우, 권태련
마케팅   김회란, 박진관, 장은별
출판등록 2004. 12. 1(제2012-000051호)
주소   서울특별시 금천구 가산디지털 1로 168, 우림라이온스밸리 B동 B113~114호, C동 B101호
홈페이지 www.book.co.kr
전화번호 (02)2026-5777   팩스   (02)2026-5747

ISBN   979-11-6539-422-6 04030 (종이책)   979-11-6539-424-0 05030 (전자책)
         979-11-6539-423-3 04030 (세트)

이 도서의 국립중앙도서관 출판예정도서목록(CIP)은 서지정보유통지원시스템 홈페이지(http://seoji.nl.go.kr)와
국가자료공동목록시스템(http://www.nl.go.kr/kolisnet)에서 이용하실 수 있습니다.
(CIP제어번호: 2020043186)

(주)북랩 성공출판의 파트너

북랩 홈페이지와 패밀리 사이트에서 다양한 출판 솔루션을 만나 보세요!

홈페이지 book.co.kr   •   **블로그** blog.naver.com/essaybook   •   **출판문의** book@book.co.kr

화제가 빈곤한
30~40대라면
반드시 알아야 할
시사상식

당신을 춤추게 하는
지식의 날개 I

이웅석 지음

북랩 book **Lab**

프롤로그

———

1년 전쯤 2호선 전철 속에서의 일입니다. 잠실새내역에서 전화를 시작하여 뚝섬역까지 이어지는 통화는 오늘의 '단무지 금수저'들의 현주소를 보는 것 같아 가슴이 서늘했답니다. 스펙만 자랑하는 지식 우롱자들이 이곳저곳 산더미처럼 쌓여 있고 아마도 그중 한 명일 것입니다. 7개의 역을 오면서 14분 동안 지껄이는 대화는 수준 이하였습니다. 모든 사람이 얼굴을 찌푸리는데도 아랑곳하지 않고 얘기는 큰소리로 계속되었습니다. 대화는 온통 삼겹살과 소주 먹는 얘기로 채워졌습니다. 물론 극소수의 예지만 품격 있는 대화가 아쉬웠습니다. 힘은 갖고 태어나기도 하지만 그런 사람은 소수에 불과합니다. 힘은 길러지는 것입니다. 아령이나 역기로 힘을 기르는 방법도 있고 지식으로 힘을 기르는 방법이 있습니다.

오래전부터 이 땅에 '흙수저' 물고 태어난 95%의 약자에게 어떻게 하면 '금수저' 물고 태어난 사람들의 교만함을 잠재울 수 있을까를 고민하고 있었습니다. 금수저의 약점은 게으름과 거들먹거

림입니다. 먹을 게 넉넉해도 발발댑니다. 보기 좋게 넉장거리로 업어치기 하는 방법은 실력을 쌓는 길 외에는 없다는 결론을 얻었답니다. 이 책은 실력 쌓기에 더없이 좋은 책입니다. 이 책은 당신을 침묵하는 자에서 이야기꾼으로 만들어 줍니다. 이곳엔 문학, 역사, 철학과 시사성 있는 얇고 넓은 지식들이 수북이 쌓여 있습니다. 50년 가까이 신문 스크랩과 자료를 모아 왔답니다. 블로그의 '지식창고'에 그간 실었던 정제된 시사상식은 물론 언론에 회자된 관심 용어들로 채웠습니다. 11년간 올린 2,700여 개 글 중에서 우선 900여 개를 실었습니다. 나머지 글도 곧 책으로 엮을 예정입니다.

여기에 실린 지식들을 소화한다면 언제 어디서 누구를 만나도 두렵지 않습니다. 처음엔 블로그를 통하여 지식의 파편들을 확장하는 것만으로 충분하지 않을까 생각했으나 좀 더 체계적이고 조직적으로 자신의 것으로 만들기 위해 책의 필요성을 느꼈답니다. 단소승자, 마지막에 웃을 수 있는 자는 공부하는 자입니다. 이 책의 출판이 조금 늦은 감이 있긴 하지만 늦은 공부란 있을 수 없다는 결론을 내리고 '라이언 일병 구하기' 아닌 '흙수저 구하기'의 심정으로 결실을 얻었답니다. 출산율 저하로 노인은 늘어나고 젊은이는 점차 줄어드는 것이 우리의 인구 구조입니다. 개인이나 국가나 허리가 튼튼해야 합니다. 수적으로 줄어드는 것은 인구정책과 맞물려 어쩔 수 없는 부분이 있습니다. 그러나 단무지 금수저가 아닌 속이 꽉 찬 호두알처럼 지적인 젊은이들로 넘쳐나면 좋겠습니다.

인간은 어떤 상황에 처했을 때 두 가지 유형으로 나타납니다. 하나는 현재 자신의 처지를 뒤돌아보고 채찍질하며 앞으로 나아가려 노력하는 유형과 지식을 우롱하는 자처럼 얼굴에 철판을 깔고 위선자로 행동하는 유형으로 나눌 수 있겠습니다. 전자 같은 유형은 이 책이 매우 유용하리라 여겨지며 후자의 유형에겐 이 책은 큰 도움이 되지 않을 것입니다. 교만으로 책을 거들떠보지도 않을 것이기 때문입니다. 이 세상의 소위 일류라고 하는 굴레 아닌 굴레 때문에 얼마나 많은 젊은이들이 고통과 서러움과 분노로 몸을 떨고 있을까를 생각하면 가슴이 저립니다.

지식의 파편들만 나열하였을 때의 단순함에서 벗어나 사이사이에 금언과 맛깔스러운 문장들로 채웠습니다. 쉽게 찾을 수 있도록 기역 니은 순으로 배열하였습니다. 아무쪼록 이 책이 영혼의 양식이 되고 또 많은 흙수저 젊은이들의 기를 살리는 데 일조했으면 하는 마음뿐입니다. 이 책은 분명 당신을 붕붕 날게, 또 춤추게 할 것입니다.

2020년 늦가을 서재에서
이응석 드림

목차

ㄱ
기역

* **가상이동통신망 사업자**(MVNO, Mobile Virtual Network Operator)
가상이동통신망 사업자(MVNO)는 물리적인 이동통신망을 보유하지 않고 이동통신망 사업자로부터 임차해 자사 브랜드로 통신 서비스를 제공하는 사업자다. 네트워크 설비에 돈을 투자하지 않아도 되며 기본 서비스 중심으로 요금제를 설계하기 때문에 기존 이동통신사에 비해 서비스를 싸게 내놓을 수 있다. 대한민국에서는 2004년 에넥스텔레콤이 KT프리텔과 제휴해 서비스를 시작한 이래 2011년부터 본격적으로 보급되었다. 2012년 6월 24일 방송통신위원회의 대국민 공모전 결과에 따라 알뜰폰이라는 애칭(혹은 통칭)이 제정돼 사용되고 있다.

'껍질을 벗지 못하는 뱀은 죽는다.' - 『파우스트』 나쁜 음식을 먹거나 병이 생기면 껍질을 벗지 못하는 병에 걸린다. 결국 자신의 껍질에 갇혀 죽는다. 인간도 마음의 껍질, 습관의 껍질, 생각의 껍질을 벗어야 한다. 그렇지 않으면 스스로의 껍질에 갇혀 죽고 만다.

* **가석방**(형법 72조)
가석방(假釋放, parole)은 수형자(受刑者)의 교정성적이 양호하여 뉘우침의 빛이 뚜렷한 경우, 형기 만료 전에 수형자를 조건부로 석방하는 제도를 말한다. 가석방은 수형자의 사회적 복귀를 목

화제가 빈곤한 30~40대라면 반드시 알아야 할 시사상식

적으로 하여 형의 집행에 있어서 형식적 정의(形式的 正義, 징벌)를 제한하고 구체적 타당성(교화)을 실현하기 위한 형사정책 상의 진보적인 제도 중 하나이다. 자유형의 집행을 제약하는 점에서 집행유예와 그 제도적 취지가 같다.

법무부 차관을 위원장으로 한 가석방심사 위원회(위원 5~9명)가 적격심사를 벌인다. 위원회가 적격이라고 결정하면 5일 이내에 법무부 장관에게 가석방 허가를 신청해야 하고, 법무부 장관은 허가 신청이 적정하다고 인정되면 이를 허가할 수 있다.

선운사 도솔천은 한 해 세 번 붉게 물든다. 4월엔 핏빛 동백꽃 모가지가 툭툭 부러져 붉게 물들고 9월엔 진홍 꽃무릇이 물속에서 활활 타올라 물들고 10월엔 온 산이 화끈화끈 발그레한 단풍에 물든다.

* 가스프롬

가스프롬(Gazprom)은 러시아의 가장 큰 국영 천연가스 추출 기업이다. 매출이 러시아 국내총생산(GDP)의 약 25%에 이르고, 전 세계 천연가스 생산량의 약 20%를 생산하고 있다. 에너지 사업뿐 아니라 금융업, 항공업, 방송업, 러시아 프로축구팀 FC제니트 등을 운영하고 있다.

봄꽃 북상 속도는 시속 20㎞, 단풍 남하 속도는 시속 25㎞, 봄은 늘 엉금엉금 기어 오고 가을은 문득 왔다가 쏜살같이 달아난다. 인생도 그렇다. 나뭇잎은 울긋불긋 물들고 사람들 마음은 빈 들이 되어 적막강산이다.

* 가습기 살균제 사건

가습기 살균제 사건(加濕器 殺菌劑 事件)은 대한민국에서 가습기의 분무액에 포함된 가습기 살균제로 인하여 사람들이 사망하거나 폐 질환과 폐 이외 질환, 전신질환에 걸린 사건이다. 2012년 10월 8일 기준, 환경보건시민센터 집계에 의하면, 영유아 36명을 포함한 78명이 사망하였다. 2011년 당초 원인을 알 수 없는 폐 질환으로 알려졌으며, 임산부나 영아의 폐에 문제가 생겨 폐를 이식받았다. 역학 조사 결과 가습기 살균제에 의한 것으로 밝혀져 2011년 11월 11일 가습기 살균제 6종이 회수되었다.

바람이 불면 새들은 바람 부는 방향으로 앉는다. 바람에 맞서는 것이 아니라 바람에 깃털을 보호하기 위한 본능이다. 맞서라. 때로는 그것이 최고의 보호다.

* 가젤지역

경제학자인 졸탄 엑스 미국 조지메이슨대 교수가 도약력이 뛰어난 아프리카의 가젤에 빗대 '고성장 중소기업이 많은 지역'이라는 뜻으로 처음 사용했다. 산업연구원은 '최근 5년간 창업과 고용 창출이 활발했던 상위 10% 시군구'로 정의했다.

황금바늘 싸락눈이 우수수 날린다. 가로수 길이 화르르 타오른다. 바람이 불 때마다 적갈색 바늘잎들이 소나기처럼 떨어진다. 길바닥은 붉은 참빗 빗살로 어지럽다. 모든 생명은 이 정도의 거리가 필요하다. 너무 가까우면 짜증 난다. 너무 멀면 그리움이 쌓인다. 아스팔트 바닥은 붉은 잎으로 흥건하다.

화제가 빈곤한 30~40대라면 반드시 알아야 할 시사상식

＊가창오리

가창오리(Anas formosa)는 오리 속의 겨울철새이다. 북방 한계지는 시베리아 동부 레나강, 아무르, 사할린 북부지역, 캄차카 반도지역에 분포하다가 10월 말부터 남하한다. 겨울이 되면 한국, 일본, 중국 북부 및 동부에서 월동한다. 한강 하구와 충남 천수만을 거쳐 금강 하구, 전북 고창 동림저수지, 경남 창원시의 주남저수지에서 월동한 뒤 이듬해 봄 북상한다.

어슬렁어슬렁 게으름 피우며 걷기에 안성맞춤이다. 댓잎 스치는 소리를 들으며 죽림욕을 먼저 한 뒤 관방제림의 늙은 나무 숲길을 걷는다. 옷을 다 벗어버려 더 자유스러운 나무 성자들, 그들이 속삭이는 침묵의 소리, 그 길이 끝나면 화사한 메타세쿼이아의 열병식 길로 접어든다. 이놈들을 보고 있노라면 '사람 한세상 산다는 게 참 뜬구름 같다'는 생각이 든다. 나무들은 말한다. "제발, 아등바등 살지 마라"고.

＊가치전쟁(Value war)

박근혜 정부는 철도 경쟁체제 도입을 둘러싼 사회적 혼란에 대해 현 정부와 철도노조 중 누가 국민을 위한 진짜 세력인지 끝까지 가려 보자는 결단을 내렸다. 주식투자를 할 때 일시적 주가 등락에 일희일비하지 않고 기업의 '가치'를 내다보고 길게 투자하는 방식과 마찬가지라는 뜻이다.

지금 인생의 가장 밑바닥을 쳤다면 앞으로는 변화하고 발전할 일만 남았다. - 랜디 포시 교수

* 각막굴절 교정렌즈

특수렌즈의 한 종류다. 눈에 낀 채 자면 밤새 각막의 형태를 변화시켜 다음 날 일시적으로 좋은 시력을 유지하게 해주는 산소 투과성 하드렌즈다. 제품명인 드림렌즈, OK렌즈, LK렌즈 등으로 더 많이 알려져 있다. 평균 70만~100만 원에 수명은 2년이다. 격렬한 운동을 즐기는 사람에게 적합하지만 난시가 심하면 효과가 작고 렌즈 알레르기가 있으면 착용하기 어렵다.

치마가 짧아진다. 광화문 지하도 노숙인의 이불이 얇아진다. 해와 만나는 시간이 길어진다. 북한강 산속 계곡의 버들강아지가 목화송이처럼 두툼해진다. 정신이 아득하고 속은 울렁거린다. 겨드랑이가 간지럽다. 좋은 일이 생길 것 같다. 희망이 꿈틀댄다. 돈이 없어도 봄은 온다. 연락할 애인이 없어도 봄은 온다. T.S. 엘리엇을 몰라도 봄은 온다.

* 간디의 기도문

"인도는 우리나라입니다. 모든 인도 사람들은 우리 형제이고 자매들입니다. 우리는 인도를 사랑하고 그 풍요롭고 다채로운 문화유산을 자랑스럽게 여기면서 항상 그 가치를 존중합니다. 우리는 부모와 선생님, 그리고 모든 어른들을 존경하고 누구에게나 친절히 대합니다. 우리나라와 국민에게 헌신할 것을 맹세합니다. 그분들의 평안과 번영이 곧 내 행복입니다."

느릿느릿 중랑천 따라 걷기 좋은 날, 아이 손 잡고 논두렁 밭두렁 따라가다 보면 파릇파릇 연둣빛 새싹들이 우우우 올라오고 있다. 저 여린 것들이 어떻게 단단한 언 땅을 뚫고 나왔을까? 이 세상 살아 있는 것들의 무섭고도 끈질긴 생명력, 천방지축 온 들판을 뛰어다니는 누렁이, 살갗을 간질이는 맵싸하면서도 부드러운 바람, 봄이 도둑처럼 오고 있다.

*간이과세제도

소액 거래를 많이 하는 연 매출 4,800만 원 미만 소규모 자영업자들에게 부가가치세를 납부하기 위한 회계자료 정리의 어려움을 덜어주도록 세금계산서 발행과 교부, 장부 작성 의무 등을 면제해 주는 제도다. 자영업자의 자발적 '신고 매출'에 의존하기 때문에 탈세의 방편으로 이용되는 경우가 적지 않다. 이에 정부는 '세원 투명성'을 높이기 위해 지속적으로 대상을 축소해 왔다.

벼, 밀, 조, 콩, 깨, 겨자, 딸기, 땅콩, 옥수수, 결명자, 채송화, 봉숭아, 아주까리, 생강나무(산동백) 씨앗은 둥글다. 감, 배, 잣, 밤, 포도, 대추, 호두, 호박, 수박, 사과, 오이, 석류, 모과, 복숭아, 다래, 머루는 둥글다. 닭, 꿩, 참새, 까치, 박새, 딱새, 멧새, 어치, 타조, 뻐꾸기, 꾀꼬리, 소쩍새, 딱따구리, 할미새, 제비, 직박구리, 종달새, 물총새, 개똥지빠귀, 수리부엉이 알은 둥글다. 해, 달, 지구, 금성, 수성, 명왕성, 해왕성은 둥글다. 비, 이슬, 눈물방울은 둥글다. 살랑살랑 봄바람도 둥글다.

*간장녀(남)

짠맛이 나는 간장처럼 짜게 소비하는 사람을 일컫는 신조어다. 실속형 소비를 지향하거나 소비에 인색한 여성. 자기과시보다 실속을 중시하고, 발품과 정보력을 활용해 같은 제품을 남보다 싸게 사는 데 능하다.

동장군의 쿠데타가 매섭다. 봄은 가고 겨울이 다시 집권한 줄 알았다. 칼바람에 거리는 숨죽였고 봄꽃은 움츠렸다. 입은 얼어붙고 손발은 묶였다. 하지만 꽃샘추위가 봄이 오는 큰 흐름을 막을 수는 없는 법, 다시 거리엔 생기가 돌 것이다. 얼마 뒤면 들판의 이름 없는 꽃들이 봄의 자유를 만끽하며 흐드러지게 필 것을…….

* 간질(Epilepsy, 뇌전증腦電症)

간질은 뇌전증의 과거 명칭이다. 뇌전증이란 단일한 뇌전증 발작을 유발할 수 있는 원인 인자, 즉 전해질 불균형, 뇌중풍, 뇌종양, 두부외상, 산-염기 이상, 요독증, 알코올 금단현상, 심한 수면박탈 상태 등 발작을 초래할 수 있는 신체적 이상이 없음에도 불구하고, 뇌전증 발작이 반복적으로(24시간 이상의 간격을 두고 2회 이상) 발생하여 만성화된 질환군을 의미한다. 귀신 들린 병이라고 불릴 정도로 나쁜 이미지가 붙어 있다. 부분 발작은 현기증, 공포감을 느끼고 이상한 소리가 들리거나 섬광이 보이고 이후 팔, 얼굴, 다리 등이 떨리거나 저리며, 입맛을 다시고 손발을 떠는 반복적인 행동을 한다. 전신 발작의 경우 완전히 의식을 잃고 쓰러져 기억을 전혀 하지 못한다.

봄이 오는 소리, 물푸레나무의 '차르르' 물오르는 소리, 아침 햇살에 처마 끝 '또로록 똑딱' 물 떨어지는 소리, 바람꽃에 밤새 창문 덜컹이는 소리, '꾸르륵 꾹꾹' 앞산 장끼 우는 소리, 새벽 학교 운동장 왁자지껄 공차는 소리, 골목길 '와아' 아이들 노는 소리, 아파트 강아지들 답답하다고 낑낑대는 소리, '음매' 갓 난 송아지 엄마 찾는 소리, 젖니 우우 돋은 아가 '까르르' 웃는 소리는 천상의 소리.

화제가 빈곤한 30~40대라면 반드시 알아야 할 시사상식

* 강구연월(康衢煙月)

'번화한 거리에서 달빛이 연기에 은은하게 비치는 모습'이라는 말로 '태평한 세상의 평화로운 풍경'을 의미한다. 중국 요임금 시대에 백성들이 태평성대를 노래한 동요 '강구요'에서 유래하였다.

청보리밭 위에 뜬 둥근 달, 찰랑찰랑 밤새 뒤척이는 못물, 피자 치즈 갈라지듯 조금씩 뱃살 트는 논바닥, 두더지가 흙더미로 만든 칙칙폭폭 밭두렁 기찻길, 아파트 화단에 탱탱 불어 터진 목련 나무 꽃눈, 능청능청 살짝 연두색 물오른 버드나무 가지, 큰일 났다. 또 한세상이 열리고 있다.

* 갯장어

깊은 바다에 주로 살며 바다의 포식자로 크기는 2m 내외다.

기분 좋을 때 나오는 '엔도르핀'은 마약의 10배의 힘을 갖고 있다. 영적 삶, 기도와 성경 읽기, 감사하는 마음, 믿음, 사랑할 때 나오는 '바이돌핀'은 엔도르핀의 4천 배의 힘을 가진다.

* 거세개탁(擧世皆濁)

온 세상이 탁해 홀로 깨어 있기 힘들다. 거세개탁은 초나라 충신 굴원(屈原)이 지은 '어부사(漁父辭)'에 나온다. 세상이 모두 탁해 지위의 높고 낮음을 막론하고 모든 사람이 바르지 않아서 홀로 깨어 있기 힘들다는 의미다. 굴원이 모함으로 벼슬에서 쫓겨나 초췌한 모습으로 강가에서 시를 읊고 있는데 어부가 그를 알아보고 어찌하여 그 꼴이 됐느냐고 물었다. 굴원이 '온 세상이 흐린데 나만 홀로 맑고, 뭇사람이 다 취해 있는데 나만 홀로 깨어 있어서 쫓겨났다'고 답한 데서 유래했다.

오늘은 곡우, 농사에 꿀 같은 단비를 내리는 철. 고추 모종 내라, 아욱, 상추, 시금치, 감자 심으랴. 눈코 뜰 새 없다. 앞산에선 장끼의 까투리 부르는 소리 뭉툭하다. 차밭에선 참새 혀 같은 여린 찻잎이 우우우 돋는다. 천지사방에 봄물 가득하고, 생명의 기운 꿈틀거린다.

* 거위 깃털 뽑기

프랑스 루이 14세 시절의 재무상인 장 바티스트 콜베르가 "바람직한 조세 원칙은 거위가 비명을 지르지 않게 최대한 많은 깃털을 뽑는 것"이라고 말한 것에서 유래된 것으로 조세 행정 분야에서 유명한 경구(警句) 중 하나다. 깃털(세금)을 많이 얻으려고 거위(경제 상황)를 함부로 다루면 거위가 소리를 지르는 만큼 세수 확보를 위해 급격히 세율을 높이거나 세목을 늘려선 안 된다는 취지다.

봄비는 둥글둥글 내리는 꿀 비, 단비, 약비, 복비다. 풀 나뭇잎 파릇파릇 돋우는 녹우, 모낼 무렵 때맞춰 내리는 목비, 모종비, 봄비는 흠뻑 맞으며 논밭에서 일하는 일비, 여름비는 낮잠 자기 좋은 잠 비, 가을비는 떡이나 해 먹으며 쉬는 떡 비, 겨울비는 술 마시며 놀기 좋은 술 비.

* 건강가계도

여러 세대에 걸쳐 가족이나 가까운 친척 사이에 어떤 질병이 발생했는지를 체크한 일종의 건강 족보다. 이러한 건강가계도를 통해 가족력을 파악하고 발병을 예방하거나 늦출 수 있다.

장엄한 오케스트라도 작은 오선지에서 시작한다.

* 겁(劫)

사방 16㎞ 성안에 겨자씨를 채워 놓고 삼 년에 한 알씩 꺼내서 다 없어지는 시간으로 개벽과 개벽 사이를 일컫는다. 또는 사방 16㎞의 쇳덩이를 비단옷에 스쳐서 모두 닳아 없어지는 시간이 '겁'이다.

우리의 모든 생명은 작은 물방울에서 시작된다.

* 검독수리

골든 이글(Golden eagle)로 불리는 수릿과의 새로, 날개의 길이는 1~2m에 이르고 몸무게는 4~5kg이며, 온몸이 어두운 갈색이고 꽁지에 회색의 가로무늬가 있다. 검독수리를 비롯해 독수리, 참수리, 흰꼬리수리 등 4종은 국내에서 사라지는 멸종 위기종으로 문화재청은 천연기념물로 지정해 보호하고 있다. 멕시코의 국조이기도 하다. 부리와 발톱이 예리하여 산토끼, 꿩, 멧비둘기, 참새, 들쥐 등을 잡아먹는다.

장영희 교수가 어머니에게 남긴 4문장 100글자의 작별 인사가 가슴을 먹먹하게 한다(병상에서 노트북으로 사흘 걸려 쓴 마지막 글). '엄마 미안해, 이렇게 엄마를 먼저 떠나게 돼서. 내가 먼저 가서 아버지 찾아서 기다리고 있을게. 엄마 딸로 태어나서 지지리 속도 썩였는데 그래도 난 엄마 딸이라서 참 좋았어. 엄마, 엄마는 이 아름다운 세상 더 보고 오래오래 더 기다리면서 나중에 다시 만나.'

* 검은 머리 외국인

해외의 조세회피 지역에 서류상의 회사인 페이퍼컴퍼니를 차린 뒤 외국자본인 것처럼 가장해 한국 증시에 투자하는 한국인 투자자. 이익을 내도 외국인 신분으로 위장해 세금을 제대로 내지 않을 뿐 아니라 국내 증시를 교란하는 부작용이 있다.

한 마리 나비처럼, 거꾸로여덟팔나비, 유리창떠들썩팔랑나비, 외눈이지옥사촌나비, 큰멋쟁이나비, 각시멧노랑나비, 애물결나비, 가락지나비, 갈고리나비, 부처나비, 눈많은그늘나비, 금빛어리표범나비, 긴꼬리제비나비, 부전나비, 호랑나비……. 이 예쁜 이름들은 누가 다 지었을까. 살랑살랑 팔랑팔랑 어디론가 날아갔으면.

* 게(Crab)

게는 흔히 무장공자(無腸公子)라고 부른다. '창자 없는 신사'라는 뜻이다. 평생 창자 끊어지는 아픔을 모르고 사니 얼마나 좋을까. 횡행개사(橫行介士)라는 칭호도 있다. 용왕님 앞에서도 기개 있게 옆걸음질 치는 무사라는 것이다. 게의 딱딱한 껍데기는 갑옷, 뾰족한 집게는 창을 상징한다. 꽃게는 다른 게에 비해 헤엄을 잘 친다. 그래서 영어 이름이 스위밍 크랩(Swimming crab)이다. 그렇다, 가을날 수컷들은 도무지 속이 없다. '창자 없는' 철부지다. 물가에 내놓은 어린아이처럼 철딱서니가 없다. 언제 '어물전의 꽃게

두름'이 될지 아슬아슬하다. 거품을 뽀글뽀글 내뱉으며 일렬종대로 묶인 수꽃게들. 정말 죽음보다 외로움이 더 무서웠을까?

상처 없는 새는 태어나자마자 죽은 새 외에는 없다.

* 게놈(Genome)

유전자(Gene)와 염색체(Chromosome)의 합성어로 낱낱의 생물체 또는 1개의 세포가 지닌 생명 현상을 유지하는 데 필요한 유전자의 총량을 말한다. 생명체의 전체 염기서열 정보를 뜻하며 특정 염기서열에는 질병 발생에 대한 정보가 담겨 있어 질병을 예측하거나 치료에 활용할 수 있다.

'그 어떤 것도 손자가 첫걸음을 뗄 때 손을 잡아 주는 기쁨을 대신할 수 없다. 컴퓨터를 끄고 휴대전화를 내려놓으면 우리 주위에 인간이 있음을 발견하게 된다.'

- 구글 슈미트 회장

각 분야에서 진정한 리더가 되자면 현장과 이론을 끊임없이 연구하면서 혁신을 일으키는 리더십이 필요하다. 그러기 위해서는 문학, 역사, 철학 등 폭넓은 교양과 인간을 이해하는 능력이 요구된다. 아무리 시대가 변해도 인간의 본질까지는 달라지지 않는다. 인문학은 그래서 중요하다. 살아 있는 인간에게 관심을 기울여야 한다.

* 게티즈버그연설

1863년 11월 19일, 266개 단어로 된 링컨의 2분짜리 연설문이다. 시어도어 파커 목사가 한 말을 인용하였다. 1861년부터 4년간 치러진 게티즈버그 전쟁에서 3만 5천여 명의 사상자가 발생하였으며, 국립묘지에 헌정식을 할 때 낭독하였다. 4년 동안의 남북전쟁 중 총 62만여 명이 사망하였으며, 41만 명의 부상자가 발생하였다. 게티즈버그는 펜실베이니아주에 있다.

풀밭 여기저기 노란 단추처럼 달려 있는 민들레꽃, 몸통도 없이 뿌리에서 곧바로 잎이 돋는 '허리 없는 꽃', 아무리 밟히고 또 짓밟혀도 배시시 웃으며 훌훌 털고 일어서는 '보살꽃', 하늘의 은하수가 우수수 떨어져 고단한 인간 세상 등불 밝힌 '납작꽃', 마침내 깃털 우주선에 씨앗 싣고, 한 마리 '솜사탕 나비'되어 날아가는 '어린 왕자 꽃'.

* 결가부좌(結跏趺坐)와 반가좌(半跏坐)

결가부좌는 흔히 말하는 양반다리처럼 양다리를 함께 접고 앉은 자세며 좌우 중 한쪽 발을 좌우의 한쪽 허벅지 위에 놓는 것을 반가좌라고 한다. 결가부좌는 주로 부처가 취하는 자세로, 관음보살은 대부분 반가좌를 한 경우가 많다. 선종에서는 결가부좌를 좌선의 바른 자세로 정하고 있다.

'젊은이여, 모험을 즐기고 봉사하라. 위험을 감수하라.' '모두 똑같아 보이는 빌딩 사무실의 일자리나, 주택대출금과 자동차 할부금을 갚는 데 쫓기는 삶에 매몰되지 말고 모험적인 삶, 세상을 더 낫게 변화시킬 수 있는 의미가 충만한 삶을 추구하라.' '자신의 에너지와 열정을 어떻게 투자하기를 원하는지 생각하고 세상을 더 나은 곳으로 변화시키는 일에 일조하기 바란다.' '공공을 위해 봉사하는 삶보다 더 고귀하고 위대한 것은 없다.' - 반기문 유엔사무총장, 미국 존스홉킨스대 졸업 축사 중에서

* 결핵

결핵균에 감염되어 일어나는 만성 전염병이다. 허파·콩팥·창자나 뼈·관절·피부·후두 따위에 침투하며 결핵 수막염, 흉막염, 복막염을 일으키고 온몸에 퍼지기도 한다. 결핵균에 노출된 사람의 30%가 실제 환자가 된다. 결핵에 걸리면 기침이 심해지고 피가 섞인 가래가 나온다. 가슴 통증이 나타나고 심하면 전신으로 통증이 확산된다. 현재 한국의 결핵 사망자는 10만 명당 10명꼴로 경제협력개발기구(OECD)의 평균 2.1명보다 높다.

오색 타르초가 바람에 흔들린다. 바람에 나부끼는 소리는 바람이 경전을 읽고 가는 소리다. 타르초에는 경전 문구가 적혀 있다. 티베트는 하늘이 내린 땅이다. 티베트인은 늘 '마니차'를 돌린다. 그 행위는 경전을 읽는 행위다.

* 경비율

장부를 작성하지 않는 사업자의 과세대상 소득을 산정할 때 쓰는 것으로 업종별로 소득의 일정 비율을 비용으로 간주한다. 농업·임업·어업 등은 전년도 매출 6,000만 원 미만, 제조업·숙박업·음식점업은 3,600만 원 미만, 부동산 임대업 및 각종 서비스업은 2,400만 원 미만일 때 단순 경비율을 적용하고 각각 그 이상일 때는 기준 경비율을 적용한다. 국세청은 업종별 경비율을 업황이나 납세 실적 등에 따라 수시로 조정한다.

천문학자 칼 세이건의 『코스모스』에 의하면 우주에는 천억 개의 은하가 존재한다. 각각의 은하에는 천억 개의 별이 있다. 그래서 그는 우주 속의 티끌만 한 지구를 '창백한 푸른 점(Pale blue dot)'이라 불렀다. 그 안의 인간은 얼마나 작은가. 우리

안의 근심은 얼마나 하찮은가. 여름밤 하늘은 유난히 은하수가 잘 보인다. 그 밤 하늘을 보면 삶을 살아내야 할 이유가 명백해진다.

*경연(經筵)

군주에게 유교의 경서(經書)와 역사를 가르치던 제도다. 중국에서 비롯돼 고려 중기에 우리나라에 도입됐으며 조선 시대에 이르러 가장 활발하게 이루어졌다. 경연 자료는 『조선왕조실록』, 『승정원 일기』, 경연에 참석한 경연관들의 문집 등에 분산돼 전해온다.

망종(芒種), 망(芒)은 '까끄라기'라는 뜻으로, 벼나 보리 이삭의 까끄라기 수염을 가리킨다. 여기에 씨앗 종(種)자가 붙었다. '누렇게 익은 보리를 망종 이전에 빨리 베고, 그 논에 서둘러 모심기를 해야 할 때'라는 것이다. 보리타작하랴, 모 심으랴, 눈코 뜰 새 없다. 오죽하면 '죽은 송장도 벌떡 일어나 일을 거든다'고 했을까. 볍씨 하나, 보리 알갱이 하나에 우주가 들어 있다.

*경(京)

장부에서나 볼 수 있는 경은 조(兆)의 만 배가 되는 수이다. 1에 영이 16개나 붙는다. 즉, 1경은 1만 조이다. 경을 넘어선 수로는 해(垓), 자(秭), 양(穰) 등이 있다. 1해는 1만 경, 1자는 1만 해, 1양은 1만 자이다. 우리나라의 금융자산 규모 추이를 살펴보면 2003년 4,938조7천억 원, 2004년 5,358조5천억 원, 2005년 5,844조4천억 원, 2006년 6,545조 원, 2007년 7,609조1천억 원, 2008년 8,591조7천억 원, 2009년 9,280조6천억 원, 2010년 1경3조6천억 원이다.

빌 게이츠의 아버지는 평생 아이들에게 공부하라는 얘기를 하지 않았다. '나가 놀아라, 운동하라'는 얘기만 했다. - 빌 게이츠 자서전에서

* 경제민주화

시장에서 경제 활동을 하는 기업, 노동자, 소비자들이 대등한 관계가 되어 자유 경쟁의 장점을 유지하면서 노동 계급을 보호하고 그들의 기본적인 인권을 옹호하는 사회이며, "계약할 때 을(乙)인 중소기업이 죽어 나가는 '을사조약(乙死條約)'을 없애기 위해서는 '더불어 같이 성장하자'는 동반성장의 철학을 가져야 한다"는 것이 바로 경제민주화다. - 전 국무총리 정운찬(2013년)

애반딧불이 한 마리의 발광 조도는 3럭스다. 250마리의 빛이 모여야 책을 읽을 수 있다.

* 경제자유구역

외국인 투자 유치를 위해 세금 감면, 수도권 규제 제외 등 다양한 혜택이 부여된 것이 경제특구다. 2003년 인천을 필두로 전국 8개 광역시, 도에 구역 지정이 이뤄졌다.

마른 논에 물들어 가는 소리, 아이 목구멍에 젖 넘어가는 소리, 소 풀 뜯는 소리, 박경리 선생이 생전에 '세상에서 가장 아름다운 소리'로 꼽은 것들이다. 하나같이 살아 있는 생명의 꿈틀거림이다. 어디 그것만 있을까, 유치원 아이들 책 읽는 소리, 갓 난 송아지 '음매' 어미 찾는 소리, 달밤 다듬이 소리, 찜통 열대야 잠결에 들리는 빗방울 소리…….

* 계속범

범죄 행위가 이루어진 뒤에도 그 위법 상태가 얼마간 계속되는 범죄를 말한다. 불법 감금죄, 주거 침입죄, 퇴거 불응죄 따위가 있다. 공소시효는 범죄행위가 종료된 시점부터 시작된다. 예를 들어 감금죄는 피해자가 풀려난 이후부터 공소시효가 시작된다.

오란비는 장마에 내리는 비. 먹구름과 함께 갑자기 쏟아지는 소낙비, 주룩주룩 내리는 쪼락비, 굵은 물방울이 수직으로 꽂히는 장대비, 굵고 세차게 퍼붓는 작달비, 뭇매를 치듯 휘몰아치는 모다깃 비, 땅을 쇳덩이로 다지듯 짓누르는 달구비, 아프게 내려치는 채찍비, 양동이 물 퍼붓듯이 쏟아지는 억수, 우르르 쾅쾅 우레비, 바람에 사방으로 마구 날리는 비보라, 장마철에 만나는 이색 풍경이다.

* 고고도미사일방어(THAAD) 체계

미국의 군사기지를 공격하는 적의 중장거리 미사일을 격추할 목적으로 제작된 공중방어 시스템이다. 1991년 걸프전 당시 이라크의 스커드 미사일 공격에 대한 방어망 체계 구축 요청에 따라 개발됐다. 중국은 미국의 사드(THAAD)가 중국의 대륙간탄도탄을 근거리에서 감시하는 것을 핵심으로 한다며 한국 내 사드 배치에 강력히 반발해 왔다. 대한민국 『국방백서』에 의하면 사드는 현존하는 미사일방어체계(MD) 중 가장 요격 성공률이 높은 것으로 평가받고 있다.

검이불루 화이불치(儉而不陋 華而不侈), 검소하지만 누추해 보이지 않고 화려하지만 사치스럽지 않다.

* 고노 담화

고노 담화는 1993년 8월 4일 일본 제국 육군이 제2차 세계대전 동안 위안부로 알려진 여성들을 군용 성매매 업소에 종사하도록 강요했음을 인정한 관방장관 고노 요헤이에 의해 발표된 성명을 말한다. 일본 정부는 이때까지 여성들이 강요받았다는 것을 부정했다.

무지개는 태양광선이 공기 중 물방울에 반사 굴절된 모양이다. '저 무지개 너머 뭐가 있을까?' '무지개가 시작하는 그곳에 갈 수 있을까?' 무지개보다 순수했던 어렸을 때 마음이 무지개보다 더 아름다웠다.

* 고도화 시설

벙커시유와 같은 저품질 기름을 분해 정제해 휘발유나 경유, 등유 등 부가가치가 높은 기름으로 만드는 시설이다.

'태양, 너 오랜만이다.' 시골 뒤란 장독대, 비 온 뒤 옹기마다 반질반질, 윤기 자르르 어머니처럼 정갈한 오지그릇, 새색시처럼 단아한 중두리, 깜찍하고 올망졸망한 바탱이, 그 사이 사이에 핀 채송화, 분꽃, 깨꽃, 봉숭아, 나팔꽃 그리고 영락없는 닭 볏 맨드라미꽃, 장독대 뒤 탱자나무 울타리 호박꽃 배시시 웃고 껑충한 무궁화, 해바라기꽃도 푸하하 웃고 그 밑에선 푸른 달개비꽃 곱게 눈 흘긴다. 서쪽 하늘 문득 소나기가 남기고 간 오색 무지개다리.

* 고도화 설비

원유를 정제할 때 나오는 저가(低價)의 벙커시유와 아스팔트 등을 휘발유, 경유 등 부가가치가 높은 제품으로 바꾸는 시설이다. '지상(地上)의 유전'으로 불린다.

지구상에서 최장 거리 이동 곤충은 잠자리다. 잠자리들이 해마다 인도에서 아프리카까지 14,000~18,000㎞를 이동하는 것으로 밝혀져 가장 먼 거리를 나는 곤충이 되었다. 지금까지는 7,000㎞를 왕복하는 '모나크'나비였다. 먼 거리를 이동하기 위해 '열대수렴대'의 바람을 이용, 비를 따라다니며 인도의 몬순과 동아프리카의 짧은 우기, 남아프리카의 여름 우기, 동아프리카의 긴 우기를 차례로 이용해 번식한다.

* 고령화 사회

의학의 발달과 식생활의 향상 등으로 인하여 평균 수명이 늘어남에 따라 총인구에서 65세 이상인 고령자의 인구 비율이 점차 높아져 가는 사회를 말한다. 유엔은 65세 이상 인구가 총인구에서 차지하는 비율이 7% 이상일 때 고령화 사회로 규정하고, 14% 이상이면 고령사회, 20% 이상인 국가를 초고령사회로 분류한다. 출생률과 사망률이 점차 낮아지면서 한국과 선진국의 고령화가 빠르게 진행되고 있다. 우리나라는 2000년 고령화 사회로 진입했으며 2017년 고령사회, 2026년 초고령사회로 들어갈 것으로 추계됐다.

미당 시에 눈이 가면 내 머릿속엔 회오리바람이 분다.

* 고발 요청권

검찰총장, 감사원장, 조달청장, 중소벤처기업부 장관이 공정거래위원회에 입찰 담합, 불공정거래 등 경쟁을 제한하는 행위를 한 기업에 대한 형사 고발을 요청하는 제도(공정거래법 제71조)다. 공정거래위원장은 고발 요청이 들어오면 검찰총장에게 해당 기업을 반드시 고발해야 한다.

새소리와 날갯소리는 얼마나 좋으냐! 저것들과 한 공기를 마시니 속속들이 한 몸이다. 저것들과 한 터에서 움직이니 그 파동 서로 만난다.

* 고위험대출
담보가치인정비율(LTV)이 규제 상한인 60%를 초과하는 대출 중 현재 이자만 내고 있어 만기 연장 시기가 도래하면 원금 중 일부라도 상환해야 하는 대출이다.

산모기가 바지를 뚫고 침을 박는다. 하루살이가 내 눈을 향하여 자살 테러를 감행한다. 가미카제다. '찌르르~찌르르~' 산벌레가 울음바다를 이룬다. 매앰~맴~ 숲속의 매미 소리는 귀에 따갑지 않다. 매미 소리는 수컷들의 구애 소리다. 암컷들에게 '사랑한다'고 외치는 소리다. 마지막 음절은 절규다. 외침이다. 애끓는 클라이맥스다.

* 고준위 방사성폐기물
핵발전에 쓰고 나온 연료에서 우라늄과 플루토늄을 추출하고 남은 방사성폐기물 중에서도 강도가 높은 위험 물질이다. 중·저준위 방사성폐기물은 원자력발전소 등에서 사용된 작업복, 장갑, 부품 등 방사선 함유량이 미미한 폐기물로 환경에 매우 유해하다.

참나리꽃은 영락없는 점박이 나비다. 주황색 바탕에 표범 같은 주근깨 점이 섹시하다. 그래서 서양인들은 타이거 릴리(tiger lily)라 부른다. 하얀 콧수염 까치꽃과 어우러져 핀다. 그 위로 잠자리가 빙빙 맴을 돈다. 하늘 향해 수줍게 웃는 하늘나리, 고개 푹 숙이고 뭔가 골똘히 생각하고 있는 땅나리, 앙증맞은 애기나리······.

* 골든타임(Golden time)

대형사고 등 응급상황에서 내외과 치료를 받아 죽음에 이르는 것을 방지할 가능성이 가장 큰 시간대를 말한다. 이 시간을 넘기면 피해 규모가 기하급수적으로 커지고 구조자의 생존율도 급격히 떨어진다.

우묵배미 연못은 대지의 슬픈 눈망울이다. 낮엔 푸른 하늘과 구름을 담고 밤엔 은싸라기별이 돋는다.

* 공공기여금

개발 과정에서 용적률 등 각종 규제를 완화해주는 대신 사업자가 도서관 등 공공시설 건설이나 지역사회 발전 명목으로 내는 돈을 일컫는다.

주황색 능소화가 담장을 타고 넌출째 올라가 하늘을 향해 불꽃처럼 널름거린다. 검푸른 벼들이 논두렁 터질 듯 자란다. 참새들이 쪼르르 길바닥에 내려와 먹이를 쫀다. 어깻죽지에 기름이 자르르하다.

* 공동체 지수

경제협력개발기구(OECD)는 경제성장률만으로 한 사회를 제대로 평가할 수 없다는 이유로 2011년부터 매년 5월 '더 나은 삶 지수 (Better Life Index)'를 발표하고 있다. 이 지수엔 공동체 지수를 비롯해 삶과 일의 균형, 안전, 양극화 지수 등 여러 지표가 포함돼 있다.

도대체 빨리빨리 어디로들 가고 있는가? 그 어딘가에 해 뜨는 집이라도 있는 것일까? 시간은 거품이다. 느릿느릿 구불구불 가는 사람이나, 번개처럼 앞서가는 사람이나, 그저 흘러갈 뿐이다.

* 공립대학

고등교육법에 따르면 지방자치단체가 세워서 운영하는 대학으로 설립 주체에 따라 시립학교, 도립학교로 구분한다. 학교 설립이나 폐지는 교육부 장관이 인가하며 학교 명칭이나 조직은 시도 조례로 정한다. 4년제 공립대는 서울시립대, 인천대 2곳이며 공립전문대는 강원도립대, 경남도립거창대, 경남도립남해대, 경북도립대, 전남도립대, 충남도립대, 충북도립대 등 7곳이다.

여행지에서 가지고 오는 것은 추억만, 남기고 오는 것은 발자국만!

* 공매도

특정 종목의 주식을 보유하지 않은 투자자가 주가 하락에서 생기는 차익금을 노리고 실물 없이 주식을 파는 행위를 말하며 나중에 주가가 내려가면 싼 가격으로 다시 매입해 빌린 주식을 갚고 차익을 얻는 매매 방식이다. 주권을 실제로 갖고 있지 아니하거나 갖고 있더라도 상대에게 인도할 의사 없이 신용 거래로 환매 (還買)하며 해당 종목 주가가 예상과 반대로 상승하면 손실을 보게 된다.

달빛 떨어지는 소리가 쟁그랑거린다. 별빛 쏟아지는 소리가 극락조 울음 같다.

* 공보

북한 당국이 공개적으로 견해를 밝힐 때 사용하는 발표 형식이다. 담화나 성명보다 실무적 차원에서 자신들의 견해를 항목별로 풀어쓸 때 사용한다. 공보는 최근 10년 동안 2010년 9월 노동당 중앙위원회 전원회의 결과를 알리면서 유일하게 사용했다.

최고의 술은 예술이다. 마시면 마실수록 취하는 것은 여느 술과 다를 바 없다. 차이라면 이 술을 마시면 정신과 육체가 건강해지며 머리는 더욱 맑고 풍요로워진다는 점이다.

* 공생발전(Ecosystemic Development)

경쟁이 최우선시 되는 시장 만능주의를 극복하는 한편 정부의 재정에 크게 의존하는 복지 지상주의와도 거리를 두자는 개념의 신조어다. 청와대가 제시한 영문 표기를 직역하면 '생태계적 발전'. 청와대는 대기업과 중소기업, 강자와 약자가 공존, 공생하는 생태계적 균형을 찾아가자는 뜻에서 이 단어를 썼다고 설명했다.

화제가 빈곤한 30~40대라면 반드시 알아야 할 시사상식

상처와 영광은 동의어다. 누구에게나 둘은 존재한다. 존재하지 않는다면 태어나자마자 죽은 자 외에는 없다.

* 공유경제(Sharing Economy)

재화를 여럿이 공유하여 사용하는 공유 소비를 기본으로 하여 자원 활용을 극대화하는 경제 활동 방식이다. 대량 생산과 대량 소비가 특징인 20세기 자본주의 경제에 반하여 생겨났다. 미국 하버드대 법대 로런스 레식 교수에 의해 2008년부터 사용됐으며 최근 경기 침체와 환경오염에 대한 대안을 모색하는 사회운동으로 확대돼 쓰이고 있다.

지지대 타고 지붕을 훌쩍 넘어간 개구쟁이 노란 수세미꽃, 아파트 3층 베란다까지 타고 올라간 울긋불긋 나팔꽃 도둑, 궁궐 담장 너머 넌출째 하늘거리는 주황색 능소화꽃 여인, 길섶 풀밭 두 팔 활짝 기지개 켜며 방긋 웃는 연분홍 메꽃 아가씨, 번개 천둥 비바람 속에서 상처투성이 덩굴손 뻗어 피운 보살 꽃, 모두 여름 잔치 도우미다.

* 공정무역(Definition of Fair Trade)

개발도상국을 비롯한 제3세계 국가 주민에게 삶의 기반이 되는 어족자원이나 식량까지 가로채거나 자연환경을 파괴하며 생산한 상품 소비를 거부하는 운동을 말한다. 이러한 상품을 생산하느라 소외된 노동자에게 더 좋은 조건을 제공해 주고 그들의 권리를 보장해 지속 가능한 발전에 기여하자는 의미도 담고 있다.

고추잠자리, 한자로는 '붉은 옷차림을 한 졸개'라는 뜻의 '적졸(赤卒)', 빨간 몸의 수컷과 노르스름한 암컷이 꼬리를 물고, 윙~윙~ 바람 타기를 한다. 항라 적삼 날개에 용 비늘 몸통, 360도 어디든 볼 수 있는 퉁방울눈, 온종일 빙빙 맴돌아도 짜릿한 신혼 비행, 한순간 바람꽃을 타고 두둥실 떠오르는 어찔함, 아침저녁 마당 가득 고추잠자리 떼.

* 공제회
공통의 이해관계를 갖는 사람들이 낸 자금으로 운영되는 일종의 조합을 말한다. 금융서비스 제공, 보증 등 설립 목적에 따라 다양한 성격을 지닌다.

뇌는 근육을 움직일 때만 작동한다.

* 공진(共振, Resonance)
진동하는 계의 진폭이 급격하게 늘어나 물체의 진동수와 일치해 진동이 커지는 효과, 또는 그런 현상을 말한다. 외부에서 주기적으로 가하여지는 힘의 진동수가 진동하는 계 고유의 진동수에 가까워질 때 일어난다. 그네를 탈 때 그네가 움직이는 방향으로 발돋움을 하면 더 높이 올라가는 것과 같은 이치다. 그네와 발돋움의 진동수가 일치하면서 두 힘이 합해져 강해지는 것이다.

은거할 곳에는 꼭 산책 장소가 있어야 한다. 앉아 있으면 사유는 잠들어 버린다.
다리를 흔들어 놓지 않으면 정신은 움직이지 않는다. - 몽테뉴

* 관리재정수지

정부의 통합재정수지(총수입-총지출)에서 국민연금, 고용보험 등 사
회보장성 기금에서 발생한 흑자 부분을 빼고 본 재정수지, 나라
의 재정 상태를 실질적으로 보여주는 지표다.

산행이 목표를 정한 걷기라면 산책은 우연에 내맡긴 걷기다.

* 광고총량제

현재 지상파 방송 광고에서 프로그램 광고, 토막광고, 시보광고
등 각각 유형별로 시간 규제가 있는 방송 광고의 전체 허용량을
법으로 제한하고, 종류, 시간, 횟수 따위는 방송사에서 자율로 정
하는 제도다. 이럴 경우 지상파 방송은 프로그램(6분), 토막(3분),
시보(20초), 자막(40초) 등으로 존재하고 있는 유형 규제 대신 1시
간에 10분의 광고 시간만 지키면 된다. 광고총량제는 이 같은 광
고 유형별 시간 규제를 모두 없애고 광고 시간 총량만 규제하는
제도다. 광고총량제가 도입되면 규제가 완화된 지상파 방송이 광
고를 싹쓸이할 것이라는 우려가 커지고 있다.

'흐릿하게 섞이기보다는 분명하게 구분되고 싶다.' - 벤츠 광고 카피

* 광군제(光棍節)

광군제는 독신을 기념하기 위한 중국의 기념일로, 11월 11일이
다. 홀로 있는 모습인 숫자 1이 여러 개 있다는 것에서 유래했
다. 중국어로 '광군'은 독신 남성이란 뜻이다. 단신절(單身節) 또

는 쌍십일(双十一)이라고도 불린다. 첫 시작은 1993년 중국의 남경대학교에서 솔로 축제를 계기로 만들어졌다. 알리바바 대표 마윈은 여기서 착안하여, '쇼핑으로 외로움을 극복하자'라는 모티프로 광군절 이벤트를 시작한다. 첫 시작은 미미하였으나, 2017년 하루 만에 미국의 블랙프라이데이 매출을 뛰어넘으며 세계인들의 주목을 받기 시작한다. 매출액 기준으로 전 세계에서 가장 큰 쇼핑 이벤트이다.

우주에 존재하는 모든 것과 함께 살아가려는 자세가 필요하다. '나'가 아닌 '우리'로서 다른 사람을 포용하고 사랑할 방법을 배워야 한다.

* 광명성 3호
북한이 발사한 인공위성의 이름이다. 북한 조선말 사전에는 '밝게 빛나는 별'이라는 설명과 함께 '위대한 영도자 김정일 동지를 높이 우러러 형상적으로 이르는 말'이라고 설명돼 있다. 북한은 2012년 김정일의 생일인 2월 16일을 '광명성절'로 제정했다.

할 수 있는 건 모두 다 하라. 도대체 종잡을 수 없는 다양한 취미와 경험을 하라.

* 광희문
서울특별시 중구 광희동에 있는 조선 시대의 성문으로 사소문(四小門)의 하나다. 조선 태조 5년(1396년)에 건립하였고 서소문과 함께 시체를 내보내던 문이며 수구문 또는 시구문이라고도 불렸다. 지금의 것은 1975년에 개축하여 2014년 2월 17일 39년 만에 일반에 공개하였다.

8월의 연못, 새벽 어스름 가만히 귀 기울이면 "투두둑~" 잇따라 연꽃 터지는 소리, 연 잎사귀에 "또르륵 또르~" 이슬방울 구르는 소리, 문득 아침 햇살에 드러난 붉은 연꽃 세상, 우뚝우뚝 서 있는 노란 황금 연밥, 그 젖은 날개에 아롱아롱 어리는 무지개다리, 산들바람에 후욱~ 밀려오는 은은한 연꽃 향기.

* 권역별 비례대표제
전국을 몇 개 권역으로 나눠 인구 비례에 따라 권역별 의석수(지역+비례)를 먼저 정한 뒤 그 의석을 정당 득표율에 따라 배분하는 방식이다.

푸른 지구별에 아옹다옹하며 사는 우리는 한 가족, 누군 못생겼다고 누군 얄밉다며 미워하지 말자.

* 괴사성근막염
세균 독소로 인해 피부나 근육이 썩거나 파괴되는 병이다. 근막(근육과 피하지방 사이에 있는 막)을 타고 염증이 온몸으로 퍼져 쇼크를 일으켜 사망에 이르게 한다.

자연에 예의를 지키자.

* 교전규칙

우리 군이 도발적으로 여겨질 수 있는 무력이나 행동에 적용할 수 있는 환경, 조건, 정도, 방식 등을 정의하는 규칙 또는 지시를 말한다. 6·25전쟁의 주체인 유엔군사령부가 정전협정에 따라 남북 간의 우발적인 충돌이 전쟁으로 확대되는 것을 예방하기 위해 1953년 만들었다. 군복을 입은 군인 간 충돌을 전제로, 먼저 공격당했을 때 자위권 차원에서 대응하도록 해 놓았다. 해군이 적 함정과 조우했을 때 경고사격-위협사격-격파사격 순서로 대응하도록 한 절차가 교전규칙의 일부다. 육해공군마다 상황에 맞는 세부사항을 정리한 야전예규가 하위개념으로 마련돼 있다. 57년 만에 교전규칙이 전면 수정됐다.

> 론강을 따뜻하게 데우는 별빛은 인간의 영혼을 덥히는 신의 은총인 것이며, 그 강가에 찰랑거리는 가스등의 빛 물결은 곧 지구에 대한 애틋한 추억이다. - 고흐의 '론강의 별이 빛나는 밤'(1888년)

* 교전규칙과 자위권

교전규칙은 6·25전쟁의 주체인 유엔군사령부가 1953년 정전협정 직후 남북 간의 우발적인 충돌이 전쟁으로 확대되는 것을 예방하기 위해 상황에 따라 단계별로 군사력 대응 방식을 정해놓은 규칙이다. 반면 자위권은 외국으로부터의 급박한 침해에 대하여 어쩔 수 없이 필요한 한도 내에서 무력을 사용하여 국가 또는 국민을 방어하고자 하는 행위다. 긴급한 경우 자위권 행사로 다른 나라의 권리를 침해해도 국제법상 적법한 것으로 본다. 국제연합(유엔 헌장 제51조)은 자위권을 회원국의 고유한 권리로 인정하고 있다.

악한 사람들의 거친 아우성이 아니라, 선한 사람들의 소름 끼치는 침묵이 더 두렵
다. - 마틴 루터 킹 목사의 어록 중에서

* 교토의정서

온실가스 배출을 줄이기 위해 기후 변화 협약에 따라 맺은 의정
서로 183개국이 가입해 있다. 지구 온난화 규제 및 방지의 국제
협약인 기후 변화 협약의 구체적 이행 방안으로, 온실가스를 많
이 배출해 온 선진국이 지구온난화의 책임이 크다는 것을 인정해
선진 38개국에 우선 감축 의무가 부과됐다. 2008년에서 2012년
까지 선진국의 온실가스 배출량을 1990년 대비 평균 5.2%로 감
축하도록 정하고 있다. 2012년 이후 포스트 교토의정서를 어느
국가가 주도할지 세계가 주목하고 있다.

인생은 20대부터 준비해야 된다. 시련과 고통에 강한 사람이 되어야 한다.

* 구단선(九段線)

구단선 또는 남해 구단선은 남중국해 주변을 따라 U자형으로 그
은 9개의 점선으로 중국이 남중국해에 대한 영유권을 주장하는
근거다. 1947년에 설정되었으며 남중국해의 대부분을 중국의 수
역으로 설정하고 있다. 국민당 정부가 1947년 남중국해에 '11단
선'을 그었고, 신중국 수립 이후인 1953년 중국이 하이난(海南)섬
과 베트남 사이의 2개 선을 줄여 9단선으로 바꿨다. 중국은 공식
지도에 이 선을 포함시키고 있으나 남중국해 주변국들은 이 선
을 인정하지 않고 있다. 구단선 안에는 둥사 군도, 파라셀 제도,

중사 군도, 스프래틀리 군도가 포함되어 있다.

온종일 매미 우는 소리, 앞산 뒷산 아득한 뻐꾸기 소리, 길섶 가늘고 애잔한 풀벌레 소리, 장대 위 수탉 홰치는 소리, 뒤란 도랑물 졸~졸~ 흐르는 소리, 쏴아! 쏴아! 맑은 대숲 바람 소리, 구~구~ 멧비둘기 우는 소리, 늙은 부모 새벽 마른기침 소리, 산속 암자의 풍경소리, 예배당 새벽 종소리, '저 멀리 가을이 오는 소리'.

* 구럼비 해안

화산 폭발로 용암이 흘러내리다 바다와 만나 굳어진 암반지대다. '구럼비'는 까마귀 쪽나무를 뜻하기도 하고, 움푹한 지형을 이르는 제주 방언이라는 해석도 있다. 서귀포시 강정동에 있는 해군기지 공사장 길이 1.2㎞ 해안 가운데 동쪽 지역인 500m가량이 구럼비 해안이다. 해군기지를 반대하는 지역주민과 단체회원들이 한때 점거해 반대 운동을 벌인 곳으로 지금은 공사 구간 해안 암반 일대를 통칭하며 부르고 있다. 반대단체 측은 보존 가치가 뛰어나다고 주장하고 있지만 문화재청은 제주 해안에서 흔히 볼 수 있는 지형으로 평가했다.

맘 놓고 낭비해도 좋은 단어는 '사랑'이란 단어다. '사랑'이란 단어는 아끼고 보관하고 저축하는 단어가 아니다.

* 구매력평가(PPP, Purchasing Power Parity) 기준 국내총생산(GDP)

환율이 양국 통화의 구매력에 의하여 결정된다는 이론이다. 각 국의 물가와 환율 등을 감안해 벌어들인 돈으로 실제 얼마를 소비, 지출하는지를 기준으로 한 국내총생산(GDP)으로 생활 수준을 잘 보여줘 국제간 비교에 자주 이용된다. 국제통화기금(IMF) 등 국제기구가 공식 통계로 내는 달러 기준 국내총생산(GDP)과는 차이가 있다.

얼굴은 혼을 담은 그릇이다.

* 구세군

1865년에 영국인 부스(W. Booth)가 창시한 개신교의 한 교파로 거듭남, 성결(聖潔), 봉사를 중히 여기는 군대식 조직으로 운영되며 세계의 모든 구세군교회와 교인들이 한 대장의 통솔하에 있다. 우리나라에서는 1908년에 전래되었으며 사회사업을 선교의 가장 중요한 방법으로 채택하고 있다. 신학교를 '사관학교', 목회자를 '사관'으로 부르며 사관은 제복을 입고 활동한다. 목회자가 되려면 구세군 사관학교를 졸업한 뒤 사관으로 임관돼 임지로 부임하는 과정을 거친다.

내 눈과 마음은 쉴 곳이 필요하다. 쏟아지는 별들이 반짝이는 곳으로 여행을 떠나고 싶다. 무언가 생각하기 위해서가 아니라 아무것도 생각하지 않기 위해서 별을 보고 싶다.

* 92공식(九二共識)

1992년 11월 형식상 민간기구인 중국 해협양안관계협회(해협회)와 대만 해협교류기금회(해기회)가 홍콩에서 회담을 갖고 서로 하나의 중국을 인정하되 중화인민공화국(중국)과 중화민국(대만)이라는 서로 다른 국호를 사용하도록 양해한 것이다.

꿈은 땀과 함께 이루어진다.

* 구인장

법원이 피고인이나 사건 관계인, 증인 등을 일정한 장소로 끌고 가서 신문하기 위하여 발행하는 영장으로 검찰이 구속영장을 청구하면 법원은 보통 일주일 기한의 구인장을 발부한다. 구인장으로 장소를 불문하고 강제 연행이 가능하다. 도주 우려가 있거나 임의출석이 어려워 보일 경우 검찰이 강제로 찾아 나설 수 있다.

처서, '모기도 입이 삐뚤어진다'는 바로 그 처서다. 여름의 끝, 펄펄 끓는 가마솥 늦더위, 지구 관측 사상 기록이라고 하는 이 가마솥더위, 하지만 바로 이 찜통더위에 곡식들이 튼실하게 여문다. 벼 낱알 하나, 밤 한 톨, 도토리 하나 속엔 뜨거운 햇살 한 줄기, "우르릉 쾅" 천둥소리 한 자락, 먹장구름 한 조각, 새와 바람 소리, 사람의 땀방울이 조금씩 들어 있다. 좁쌀 하나에 온 생명과 우주가 들어 있다.

* 9·11테러

2001년 9월 11일 오전, 미국의 심장부인 뉴욕과 워싱턴 등에서 벌어진 사상 최악의 동시다발로 일어난 테러다. 이날 모두 4대의 여객기가 공중 납치됐다. 여객기 2대는 뉴욕의 110층짜리 세계무역센터(WTC) 쌍둥이 건물로, 1대는 워싱턴의 펜타곤(국방부)으로 돌진했다. 납치된 나머지 한 대는 펜실베이니아주 상공에서 승객들의 저항으로 추락해 전원이 숨졌다. 총 희생자는 3,000여 명(일부에선 2,977명으로 집계하지만 정확하지 않음)에 달했고 최소 6,000명 이상의 부상자가 발생하였다. WTC는 완전히 무너져 버렸다. 미국은 테러의 배후로 사우디아라비아 출신 테러리스트 오사마 빈 라덴과 그가 이끄는 테러 조직 알카에다를 지목했다. 그 후 오사마 빈 라덴은 2011년 5월 제로니모 작전의 일환으로 사살 후 수장되었다.

우리의 지성이란 것은 우리의 걸음이 잉태한 자식이다.

* **구제역**(口蹄疫)
소·돼지·양·염소·사슴처럼 발굽이 둘로 갈라진 동물(우제류偶蹄類)이 걸리는 전염성이 높은 급성 바이러스성 가축 질병의 하나다. 구제역에 걸린 가축은 입술, 잇몸, 입안, 젖꼭지, 발굽 사이에 물집이 생기며 심하게 앓거나 폐사하는데 폐사율은 50%가 넘는다. 인수공통전염병(人獸共通傳染病)이 아니기 때문에 사람에게는 전파되지 않는다. 구제역은 세계 대부분의 지역에서 발생하며, 숙주가 되는 동물의 종류와 개체 수가 많고 전염성이 높아 구제역이 발생하지 않던 곳에서도 발생할 수 있다.

사람들은 창문으로, 또는 책이나 TV로, 또는 인터넷으로 세상과 만난다. 나는 개인과 세계를 이어주는 이런 방식을 이해는 하지만 동의하지는 않는다. 나는 더 역동적인 것을 추구한다. 때로는 품위 있고 때로는 게으르지만 언제나 긍정적인 운동 에너지로 활기에 차 있다. 나는 사물을 추론하고 간접적으로 알거나 다른 사람이 나에게 말해 준 것으로 상상하여 재구성하는 것으로는 만족하지 못한다. 나는

보러 간다. 나는 어설픈 생물학자가 되는 걸 주저하지 않는다. 만지고 더듬고 뚫어
져라 보며 자연의 숨소리를 듣고 대화 나눈다.

* 구조개혁과 모수(母數)개혁

구조개혁은 장기적으로 공무원연금을 국민연금과 통합하는 방향
으로 연금 체계 자체를 고치겠다는 방식이며, 모수개혁은 현행
공무원연금 제도의 틀을 유지하되 내는 보험료와 받는 보험금 등
의 규모를 조정하는 방식이다.

하루 뇌를 움직이기 위해 필요한 에너지는 400㎈ 정도다. 뇌 신경세포는 수천억
개, 시냅스 회로의 수는 1,000조~1경이다.

* 국가고객만족지수(NCSI, National Customer Satisfaction Index)

제품이나 서비스에 대한 고객의 만족도를 나타낸 지수다. 국내의
최종 소비자에게 판매되고 있는 제품이나 서비스의 품질을 고객
이 직접 사용해 보고 평가한 만족 수준의 정도를 측정해 계량화
한 지표다. 국가 차원에서 품질 경쟁력을 향상할 목적으로 만들
어졌다.

백로(白露), 풀잎마다 맺히는 하얀 이슬방울, 농부의 발소리 들으며 톡톡 여무는
곡식 알맹이, 논 가운데 두 팔 벌리고 서 있는 어릿광대 허수아비, 탱자나무 울타
리에 가부좌 틀고 앉은 누런 호박 보살, 낮달 향해 몇 번 짖다가 싱겁게 잠이 든 검
둥이, 환부 없는 아픔 '허허 쓸쓸 허전'.

* 국가재정운용계획

당해 연도를 목표로 편성되는 예산의 문제점을 극복하기 위해 5년 기간으로 작성되는 중장기 재정계획이다. 재정수지와 국가채무 등 재정 총량과 분야별 자원 배분 계획이 담겨 있다.

나무에 손대고 뿌리의 축축함과 잎의 촉촉함을 느껴보라. 스스로를 너무 겸손하게 바라보지 말고 각자의 내부에 있는 '다이아몬드'를 빛나게 하라. - 베르나르 베르베르

* 국가직무능력표준(NCS, National Competency Standards)

산업 현장에서 직무를 수행하는 데 필요한 지식·기술·태도 등의 내용을 국가가 부문별, 수준별로 797개로 체계화한 것이다. 기업과 기업 교육 훈련 기관을 연계하여 산업 현장 직무 중심의 인적 자원을 개발하고, 능력 중심 사회를 구현하여 국가 경쟁력을 높이기 위해 마련되었다는 게 정부의 설명이다. NCS 홈페이지 (www.ncs.go.kr)를 통해 자신이 희망하는 직업을 가지려면 어떤 직무 능력과 기술, 태도 등을 갖춰야 하는지 자세히 알 수 있다.

사람은 자연의 일부일 뿐이다. 자연과 자신을 동일시해야 된다. 자연을 무시하고 우월한 존재인 양 우쭐대서는 안 된다. 삼라만상을 친구처럼 살갑게 대하고 사랑해야 된다.

* 국민연금 실버론

만 60세 이상 국민연금 수급자에게 최대 500만 원까지 시중 금리의 절반 정도로 생활안정자금을 빌려주는 제도다. 의료비, 배우

자 장제비, 전월세 자금, 재해복구비에 쓰는 경우로 한정한다.

마음에도 무게가 있을까, 없다면 가슴 한편을 짓누르는 이것은 무엇인가. 생각에도 크기가 있을까. 없다면 머릿속을 꽉 채운 이것은 또 무엇인가. 행복에도 넓이가 있을까, 없다면 가슴 속 울렁증은 또 무엇이란 말인가. 슬픔에 깊이가 있을까, 없다면 목구멍에 뜨거운 이것은 또 무엇이란 말인가.

* 국민의료비
병원, 간호, 주거 케어, 통원 서비스를 포함해 보건 행정, 사회보장기금, 보험, 해외분 등 건강 관련 사업의 모든 공급 주체가 쓴 돈을 말한다.

남 보기에는 그다지 모자라지 않는 삶, 하지만 어느 날 갑자기 텅 빈 내 마음을 보았다. 문득 뒤를 돌아보니 친구도 행복도 기쁨도 간 곳 없고 황량한 외줄 들길을 위태위태하게 걷고 있는 인형 하나가 서 있다. 싫다, 세상이. 잠시라도 떠나자. 그리고 훌훌 털어버리자. 온갖 먼지와 탐욕과 오물들을…….

* 국방과학연구소(ADD)
1970년 8월 국방과학연구소법에 따라 설립된 국방부 산하 연구기관의 하나다. 국방에 필요한 병기·장비·물자에 관한 기술적 조사, 연구, 개발, 시험 따위를 관장한다. 육상과 항공, 해상과 수중, 유도무기와 군 위성통신까지 첨단무기 체계의 핵심기술 개발 능력을 보유하고 있다.

욕심을 버려야 세상이 보인다.

* 국뽕

국뽕은 국가와 히로뽕(Philopon)의 합성어로, '국가에 대한 자긍심에 과도하게 취하는 것을 경계하자는 취지'에서 지나친 애국주의를 비하할 때 이 단어를 쓴다. 흔히 유튜브나 타 인터넷 사이트에서 한국에서 다른 나라에 돋보인 일을 했을 때 '국뽕 한 그릇을 말아달라'라고 한다.

외딴 숲속에서 도시의 나를 만난다. 외딴 길 위에 도시의 나를 던진다. 녹색 장막에 둘러싸인 이 외로운 길 위에는 내 멋대로의 자유가 충만해 있다. 여보시게 나그네, 마음 짐 벗고 쉬었다 가시게.

* 국제올림픽위원회(IOC) 선수위원

올림픽 참가 경력이 있는 선수(은퇴 선수 포함) 중에서 선발하는 IOC 위원이다. 매 여름, 겨울 올림픽 기간에 선수들의 직접 투표로 뽑는다. 선수위원은 일반위원과 동일하게 올림픽 개최지 선정, 올림픽 정식 종목 채택 등 IOC의 주요 의사 결정에 투표권을 가진다.

예술적 에너지의 원동력은 여행이다. 낯선 곳에서 만나는 사람들에게서 받는 자극이 작품을 이루는 상상력의 원천이다. - 독일의 세계적인 무용가 바우슈

* 국제전기통신연합(ITU, International Telecommunication Union)

국제전기통신연합(ITU)의 모태는 1865년 유럽에서 설립된 유선통신 부문 국제협력기구인 만국전신연합이다. ITU는 1947년 유엔 산하의 정보통신 전문기구가 된 후 전기 통신의 개선과 효율적인 사용을 위한 국제 협력 증진, 전기통신 인프라, 기술, 서비스 등의 보급 및 이용 촉진과 회원국 간 조화로운 전기통신 수단 사용 보장을 목적으로 하는 정부 간 국제기구다. 현재는 48개 이사국을 포함해 193개국을 회원으로 두고 있고 850여 개의 기업 및 연구기관이 활동에 참여하고 있다. 한국은 전쟁이 한창이던 1952년 1월 ITU에 정식 가입했고 1987년에는 이사국으로도 진출했다. 내리 여섯 번 이사국에 선임된 한국은 2014년 10월에 열린 회의에서 7선(임기 2015~2018년)에 선출되었다. 현존하는 국제기구 중에서 가장 오랜 역사를 가졌다.

내 인생에서 가장 아름다운 황금시기를 꼽으라면 주저 않고 87일간의 '전국 일주 도보여행'을 꼽을 것이다. 나는 눈을 뜨고 있을 때나 잠을 잘 때나 전국 일주를 하고 있다. 내 마음의 여행은 오늘도 내일도, 아니 죽음을 맞는 순간까지도 아름답게 이어지리라.

* 국제형사재판소(ICC, International Criminal Court)

집단 살해죄, 반인도 범죄, 전쟁범죄 등을 저지른 국제범죄자에 대한 재판을 맡는 국제 법원이다. '국제형사재판소에 대한 로마 규정'을 근거로 2002년 7월 1일 네덜란드 헤이그에 설립됐다. 회원국은 122개국이지만 미국, 중국, 러시아와 아랍국가 대부분, 북한 등은 미가입 상태다. 한국은 2002년 11월 13일 83번째 당사국

화제가 빈곤한 30~40대라면 반드시 알아야 할 시사상식

으로 가입했다.

우리는 행복하기 위해 이 세상에 태어났다. 여행은 우리에게 그 행복을 줍는 법을 가르치는 정다운 선생님이다.

* 국제회계기준(IFRS, International Financial Reporting Standards)
국제적으로 기업의 회계처리와 재무제표의 통일성을 높이기 위해 국제회계기준위원회가 만든 글로벌 회계기준이다. 한국에는 2011년부터 자산 2조 원 이상 상장사와 금융사를 대상으로 IFRS가 의무 도입된다. 이에 따라 기업은 개별 실적이 아닌 지분 50% 이상을 보유한 자회사의 순이익, 매출, 영업이익 등을 모두 포함한 연결재무제표를 토대로 실적을 산정해야 한다. 또 재고, 유형자산, 투자 부동산 등의 자산 가치를 시가로 평가해야 한다.

아무것도 갖지 않을 때 비로소 온 세상을 갖게 된다.

* 국제회계기준(IFRS) **2단계**
2020년 도입 예정인 새 회계기준으로 앞으로는 보험사의 부채를 원가 기준이 아닌 실제 위험률과 시장금리 등 시가 기준으로 재평가해야 한다. 이렇게 되면 과거에 고금리 확정형 상품을 많이 팔았던 보험사는 추가로 쌓아야 할 적립금이 크게 늘어난다.

탈세하려고 머리 싸매는 기업가, 부동산 투기하여 돈 벌면 유능한 자 취급받는 졸부, 고급 정보 활용하여 돈 벌면 유능한 공무원, 어린 학생들 족쳐 출세시켜도 명문가 되지 않는다. 밴댕이 교육 시키면 성질 고약한 밴댕이만 나온다. 기초과목을 튼튼히 하고 아이들 마음껏 뛰놀게 하라.

* 국회 선진화법

다수당의 일방적인 법안 처리와 이를 둘러싼 국회 내 몸싸움과 폭력을 막기 위하여 여야가 2012년 5월 합으로 통과시킨 개정 국회법이다. 국회의장의 직권상정을 제한했고 신속처리 안건지정 요건을 재적의원 5분의 3으로 강화한 국회법 일부 개정 법률안이다. 하지만 과반수에 의한 다수결 원칙을 규정한 헌법정신에 반한다는 논란이 있다.

오만과 게으름이 멸망의 원인이다. - 에디슨

* 군령·군정권, 합동·통합군

군을 통솔하는 권한은 군령권(軍令權)과 군정권(軍政權)으로 나뉜다. 군령권은 작전 수립, 전투, 전쟁 개시, 전력 투입 등 작전을 지휘하는 권한이다. 군정권은 군대 유지, 군비 조달, 무기, 장비 획득, 인사 등 군사 행정에 관한 권한이다. 현재 합동군 체제인 한국군은 합참의장이 군령권을, 각 군 참모총장이 군정권을 각각 총괄하고 있다. 반면 통합군 체제에서는 군정권과 군령권을 일원화해 통합군 사령관이 모든 것을 총괄한다. 이에 따라 군 지휘의 일원화와 효율성은 있지만 지나친 권력 집중이 문제점으로 지적된다.

바다 밭은 호수다. 그것은 떡이며 밥이며 옷이다. 그 위에 뜬 부표는 표식이며 꽃이며 고명이다. 꽃이 아름다운 건 그가 지니고 있는 아름다운 침묵이다. 물이 일어섰다 앉았다를 반복한다. 이웃 배가 지나가자 큰 녀석이 앉았다 일어선다. 꽃이 흔들리는 건 용서되지만 꽃봉오리가 떨어지면 용서가 안 된다.

* 군함조

비행 속도가 시속 400km에 달해 세상에서 가장 빠른 새로 알려진 열대 해양성 조류 군함조가 2011년 6월 27일 강원 강릉시 경포호수 상공에서 카메라에 포착됐다. 군함조는 날개를 편 몸길이가 무려 2.5m나 되지만 몸무게는 2kg 정도로 가벼운 편이다. 전문가들은 국내에서는 좀처럼 보기 힘든 군함조가 제5호 태풍 메아리의 영향으로 날아온 것으로 보고 있다. 꼬리가 제비 꼬리와 닮았고 머리와 배가 반달곰 가슴처럼 희다.

노을이 아름다워 봐야 고작 쓰레기의 잔영일 뿐이다. 마지막 불꽃을 태우고 싶다고 어떤 늙은 탕자가 말한 적 있다. 붙잡고 매달려 추해지지 말자. 붉은 섬광도 찰나다.

* 귀룽나무

일명 구름나무로 장미목 장미과의 쌍떡잎식물이다. 높이 15m로 큰 키 나무다. 잎사귀는 벚나무와 흡사하며 열매는 6~7월에 검게 익는다. 간질환 근육통, 신경통, 관절염에 뛰어난 효과가 있으며 5월 중순 순백색의 꽃이 뭉게구름처럼 피어오른다. 꽃향기 또한 일품이다.

한강은 육지에 갇힌 거대한 아나콘다. 다리는 절지동물의 마디며 뼈며 무늬며 비늘이다.

* 귀순유도벨

북한군의 귀순을 유도하기 위해 최전방 지역 비무장지대 안에 설치한 벨 기능을 갖춘 인터폰이다. 아군 최전방초소와 군사분계선 사이에 설치된 철책에 달려 있다. 북한군이 벨을 누르면 인근의 GP 상황실에서 이를 파악해 귀순 의사를 확인한다. 2012년 10월 북한군의 '노크 귀순' 사건을 계기로 DMZ 내 수십 곳에 설치했다.

산길 들길 따라 걷기 좋은 날, 맑고 여윈 가을 숲, 토실토실 살찐 밤송이, 살짝 물든 뒤란 감, 발그레한 대추 볼, 지붕 위 붉은 고추, 살랑살랑 산들바람, 황금 들판 가르마 논두렁길, 하늘 높새 구름, 강둑 은빛 억새 물결, 느릿느릿 되새김질 얼룩빼기 황소, 자기 몸무게의 1,141배나 들어 올리는 천하장사, 집채만 한 공 굴리며 운동회하는 쇠똥구리, 뒷동산 옹기종기 동자승 머리통 같은 둥근 무덤, 문득 가만히 불러 보는 '어머니~'.

* 그래핀(Graphene)

탄소의 동소체 중 하나이고 탄소 원자들은 육각형의 격자를 이루어 벌집 구조(Honeycomb structure)로 결합되어 있다. 원자 1개의 두께로 이루어진 얇은 막의 두께는 0.2㎚(1㎚는 10억 분의 1m), 즉 100억 분의 2m 정도로 엄청나게 얇으면서 구리의 100배 열전도율, 강도는 강철의 200배, 열 전도성은 다이아몬드보다 2배 이상 높다. 탄성 또한 뛰어나 '꿈의 나노물질'로 불리며 차세대 반도

체와 휘어지는 디스플레이 등 미래의 전자제품에 다양하게 사용
될 것으로 전망된다.

지루한 남자와는 밥 먹지 마라. 유머 화제가 풍부한 사람, 식사 예절 만점인 사람
과 함께하라.

* 그레이 스완

기초체력에 별다른 변화가 없으며 어느 정도 예측이 가능하지만
마땅한 해결책이 없고 발생하면 시장에 상당한 충격을 주는 사건
을 의미한다. 니콜라스 탈레브 미국 뉴욕대 교수의 저서 『블랙
스완』(Black Swan, 검은 백조)에서 따온 용어다.

산등성이 수수밭에 부서져 내리는 별빛 부스러기, 발길마다 풀썩이는 논두렁 생
풀 냄새, 동네 어귀 콜록콜록 늙은 정자나무, 고샅길 선율 가득 풀벌레 교향악단,
쓰러져 가는 빈집 마당, 어머니처럼 웃고 있는 보랏빛 국화, 장독대 푸른 달개비
꽃, 아 가을이구나!

* 그림자 배심원(Shadow Jury)

국민 참여 재판에서 정식 배심원과는 별도로 선발되어 재판을
지켜보는 배심원을 말한다. 그림자 배심원의 평결은 재판부에 평
결 결과를 건의하지도 않고 판결에도 반영되지 않는다. 그림자
배심원을 체험하고 싶은 사람은 대법원 홈페이지에서 신청하면
된다.

성실한 사람, 진실한 사람, 도덕성 가진 사람이 출세하는 사회가 돼야 한다. 마당 쇠처럼 일해도 못 사는 나라는 미래가 없다.

* 그릿(Grit)

사전적으로는 기개, 투지, 용기 등으로 번역된다. 때론 어려움이 있더라도 자신이 세운 목표를 향해 오랫동안 꾸준히 노력할 수 있는 능력을 뜻한다. 마음의 근력이다. 성공의 원동력은 기개다. 자율성이 기개의 원동력이다. 운동으로 마음의 근력을 키워야 한다. 기개란 '목표를 향해 오래 나아갈 수 있는 열정과 끈기'다. 해가 뜨나 해가 지나 꿈과 미래를 물고 늘어지는 불도그 정신이 필요하다. 일주일, 한 달이 아니라 몇 년에 걸쳐 꿈을 실현하기 위해 열심히 노력하는 것이다. 삶은 단거리 경주가 아닌 마라톤이다.

오래 산다는 것은 중요하지 않다. 잘한 일보다 잘못한 일들이 많아질 확률만 높아진다.

* 근거리 무선통신(NFC, Near Field Communication)

13.56㎒의 대역을 가지며, 아주 가까운 거리의 무선 통신을 하기 위한 기술이다. 현재 지원되는 데이터 통신 속도는 초당 424킬로비트다. '전자태그, 무선정보인식장치(RFID)'를 응용한 것으로, 10㎝ 내의 짧은 거리에서 무선으로 데이터를 주고받을 수 있는 기술이다. 교통카드나 택배 상자 등에 주로 쓰이는 RFID가 데이터를 읽기만 하는 수동적인 기능에 머문다면 NFC는 데이터를 기록해 서로 통신할 수 있다는 차이점이 있다.

화제가 빈곤한 30~40대라면 반드시 알아야 할 시사상식

벌은 1kg의 꿀을 얻기 위하여 560만 송이의 꽃을 방문한다.

* 근거리 무선통신 기술(Wi-Fi, Wireless Lan)

무선접속장치(AP)가 설치된 지점의 일정 거리 안에서 무선인터넷 통신을 할 수 있는 근거리 통신 기술이다.

독서는 오랫동안 헤어졌다가 어머니를 만나는 것 같은 마음으로 하라. 특별한 비법이 없다. 끊임없이 반복하는 게 요령이다.

* 글로벌 가치사슬

기업의 글로벌화 과정에서 가치를 창출하는 기업 활동 일부를 다른 나라에 분산하는 일이다. 예컨대 애플이 미국 본사에서 기술을 개발하지만 부품은 한국·대만·일본 업체에, 제품 조립은 중국 폭스콘에 위탁하는 등 기업 활동을 최적의 위치에 분산하는 것을 뜻한다.

억새 잎은 작은 톱이다. 나무는 베지 못하지만 살은 충분히 벤다.

* 글로벌기업시민(Global Corporate Citizenship)

미국 등 선진국의 기업들에 보편적인 경영전략으로, 용어 자체가 보통명사화 됐다. 다국적 운송업체인 페덱스 등 상당수 기업이 임직원 자원봉사활동을 담은 '글로벌 기업시민 보고서'를 내고 있다. 글로벌 기업시민 활동을 전담하는 임원을 두거나 전용 웹사이트를 운영하는 기업도 적지 않다. '기업시민'은 기업이 마치 시민처럼 권리와 의무를 다해야 하는 사회구성원이라는 뜻을 담고 있다. 현대차 그룹은 지난해 3월 말 비전 2020과 그룹 CI를 발표하면서 글로벌 기업시민을 5대 핵심가치의 하나로 선정했다. LG전자 등 국내 주요 글로벌 기업들도 '글로벌 기업시민'을 경영의 핵심 화두로 삼았다.

담쟁이가 교각에 탱화를 그렸다. 갈색과 초록만으로 그려진 탱화다. 비둘기 똥은 에폭시 방부제다. 아니, 설치 미술가의 붓 갈김이다. 그림도 되고 똥도 된다. 맞은편 벌개미취가 108배에 취했다.

* 글로벌보건안보구상(GHSA, Global Health Security Agenda) 고위급 회의

감염병의 위협을 막기 위해 모든 국가가 협력해야 한다는 뜻에서 2014년부터 시작된 국제 보건 분야 회의다. 전통적 안보의 개념이 적국의 물리적 침략으로부터 국민을 지키는 일이었다면, '보건안보'는 감염병으로부터 국민을 지킨다는 안보와 보건에 대한 인식의 전환을 담고 있다.

사랑하지 않으며 사랑해야 한다. 헤어질 때 상처를 남기지 않기 위해서다. 심장 표피가 말라가도록 애탄다면 또 한 번의 죽음이다. 사랑하지 않고 사랑하는 법을 배워야 한다.

* 글로벌 앵거

런던을 불태운 영국의 폭동, 빚더미 정부에 화가 난 그리스 시민들, 가톨릭 국가 스페인에서 일어난 교황 방문 거부시위, 공교육 현실에 분노한 칠레 시위, 고물가를 못 견뎌 뛰쳐나온 이스라엘 시민들, 자본주의 심장부 월가의 시위⋯⋯. 최근 지구촌을 달구고 있는 시위의 바탕에는 '분노'가 있다. 무역 자본 자유화에 따라 재화, 서비스, 노동, 아이디어가 빠르게 이동하는 '세계화'라는 양지 한 편에서 지난 10여 년 동안 독버섯처럼 자라난 양극화, 부의 집중, 청년실업이 부른 '분노(anger)'가 지구적 현상으로 빠르게 번지고 있는 것이다.

빈 도리처럼 코스모스 대도 비었다. 그래서 작은 바람에도, 고추잠자리가 앉아도 하늘거린다. 주책없이 흐느적댄다고 줏대 없이 하늘거린다며 타박 마라. 숙명이며 운명이다.

* 금관총(金冠塚)

1921년 9월 경북 경주 노서동의 한 집터 공사 현장에서 우연히 발견된 돌무지덧널무덤(적석목곽분)이다. '황금의 나라' 신라를 상징하는 금관이 처음 출토돼 금관총이란 이름이 붙었다. 금관뿐 아니라 관모 장식, 금제 허리띠, 목걸이, 귀고리 같은 각종 장신구류와 무기류를 포함해 유물 200여 점이 발견됐다. 당시 조선총독부와 일본인 학자들이 조사를 독점해 정확한 유물에 대한 정보가 남아 있지 않다. 축조 연대는 5세기 중후반에서 6세기 초로, 원래 규모는 대형 고분이었을 것으로 추정된다. 금관총 발견 이후 서봉총, 금령총, 천마총, 황남대총 등 경주 곳곳의 무덤에서 금관이 잇따라 발굴됐다. 발굴된 금관총 금관 및 금제 관식은 국보 제87호, 금관총 금제 허리띠는 국보 제88호이다.

야트막 황토밭 덩굴줄기 들썩이며 고구마 캐기, 뒤란 감나무 올라 붉은 홍시 따기, 뒷동산 성게 같은 밤송이 털어 알밤 까기, 우수수 가을바람에 떨어진 안마당 은행알 줍기, 농익어 입 쩍 벌어진 담장 너머 석류 거두기, 삐죽삐죽 가시 울타리 노랑 탱자 털기, 주렁주렁 다발로 열린 발그레 대추알 훑기, 맑고 그윽한 연못 살진 붕어 낚기, 휘영청 밝은 민얼굴 보름달 보기 등등, 이 모두가 가을 느끼기다.

* 금리스와프

금융 시장에서 두 거래 당사자가 일정한 계약 기간에 원금은 바꾸지 않은 채 동일 통화의 이자 지급 조건을 바꾸는 거래를 말한다. 예를 들면 현재 대출금리가 연 10%로 오를 것으로 예상하고 있다. 당연히 A는 고정 금리(10%)로 대출받기를 원할 것이다. 그런데 은행도 A처럼 금리가 오를 것으로 예상한다면, 손해를 볼 것이 뻔하기 때문에 10%로는 고정금리 대출을 해주지 않을 것이다. 하지만 대출금리가 떨어질 것이라고 생각하는 대출자 B(그는 나중에 금리가 낮아지는 변동금리 대출을 선호)가 있다면 계약은 성사될 수 있다. 은행이 중간에서 B의 변동금리 대출 계약과 A의 고정금리 대출 계약을 맞바꾸는 것이다. 이 같은 형태의 금융거래를 금리스와프라고 한다.

근자열원자래(近者悅遠者來)다. 가까이 있는 사람을 즐겁게 해야 멀리 있는 사람이 찾아온다.

* 금본위제

금에 비례해 화폐를 찍어내는 제도다.

솔가지 속에 몸 감추고 두더지처럼 흙 깨고 나오는 송이 캐기, 초가지붕에 가부좌 틀고 앉은 늙은 호박 따기, 꼬마 신랑 등에 태우고 짝짓기하는 메뚜기 잡기, 퉁방울눈 굴리며 송장메뚜기처럼 뛰어다니는 망둥이 잡기, 빨강 고추 초가지붕 위에 널어 말리기, 곶감 주렁주렁 매달기 등 이 모두가 가을 색이다.

* 기가인터넷(Giga Internet)

가입자에게 현재보다 100배 빠른 기가bps(Gbps, Giga bit per second) 이상의 속도를 지원하는 차세대 고속 인터넷이다. 초고화질(UHD) 동영상과 실감형 서비스 등의 고품질 대용량 콘텐츠를 전송할 수 있다. 한국은 2017년부터 상용화를 실행하고 있다.

서리, 더운 낮과 싸늘한 밤이 낳은 자식, 수증기가 물체 끝에 눈처럼 얼어붙은 것, 유리창에 하얗게 핀 성에 꽃, 나무나 풀잎에 눈처럼 내린 상고대, 묽은 무서리. 되게 내린 된서리, 기러기 울어 예는 서릿가을, 차창에 뿌옇게 흐려지는 서릿김, 타향살이 오싹오싹 한기 드는 서릿바람, 뻣뻣한 무·배추에 내리는 서릿발, 이 세상 딱딱한 것 녹여 주는 서리 꽃, 서리 맞은 과일이 더 맛있다.

* 기본소득

재산의 많고 적음이나 근로 여부에 상관없이 일정 금액을 모든 사회 구성원에게 무조건 지급하는 복지제도다. 기본 생활을 보장하는 수준으로 개별적이고 균등하게 지급한다. 프랑스의 경제학자 앙드레 고르는 『경제이성비판』을 통해 생산력이 늘수록 임금이 점점 적어지기 때문에 사회를 유지하기 위해선 기본소득이 필요하다고 주장했다.

구구! 구구! 하며 산비둘기가 구구단을 왼다. 찌르르~찌르르~ 풀 여치가 음악회를 연다. 송장메뚜기가 공중 3회전 돌기를 시도하다 엉덩방아를 찧는다. 하루살이가 가미카제 흉내 내며 내 눈에 처박혀 짧은 생을 마감한다. 우리 주변은 언제나 드라마틱하다. 한 편의 영화다.

* 기성회비

육성회의 운영을 위하여 대학이 재정난을 겪던 1963년 정부가 '수익자 부담 원칙'을 내세워 학부모로부터 수업료와 입학금 이외의 명목으로 받도록 훈령을 만들었다. 당시 초중고교의 육성회비와 같다. 초등학교는 1972년에 농어촌 지역에서부터 단계적으로 폐지하였고 사립대는 1999년 폐지했으나 국공립대는 여전히 기성회비가 등록금의 85%를 차지할 만큼 의존도가 높다.

어린이의 엉뚱한 짓은 상상의 나래에서 나오는 것, 그걸 죽이면 규격품이 나온다.

* 기업인수목적회사(스팩, SPAC)

비상장 기업 인수를 목적으로 증권사가 설립한 서류상의 회사다. 주식 공모로 자금을 모아 증시에 상장한 뒤 3년 내에 합병 기업을 찾지 못하면 청산한다.

어린이 생각은 작은 꽃씨다. 바람 따라 훨훨 날아다닌다.

화제가 빈곤한 30~40대라면 반드시 알아야 할 시사상식

*기업 활력 제고를 위한 특별법

기업이 부실화하기 전에 선제적으로 사업 재편을 추진할 수 있도록 절차의 간소화, 세제 및 금융 지원, 규제 불확실성 해소 등을 통해 경쟁력을 높이고자 규정한 법률이다. 여러 법률에 얽혀 있던 복잡한 절차를 신속하게 처리할 수 있도록 한꺼번에 처리하는 내용이 담겨 일명 '원샷법'으로 불린다.

산과 들 여기저기 감국(甘菊) 천지, 오종종 다발로 피어난 노란 들국화, 비탈진 산자락, 무너진 절터, 묵정밭 둑, 추수 끝난 논두렁, 깎아지른 벼랑, 마른 길섶에 어김없이 웃고 있는 꽃, 아무도 봐주지 않지만 담담하게 서 있는 꽃, 온 세상 풀꽃 냄새 가득 담은 야생 들꽃, 국화차·국화주 담는 꽃잎, 꿀벌이 정신없이 코 박고 있는 꽃, 가슴 속 천불 날 때 박하처럼 맑게 해주는 향기.

*기여분

공동상속인 가운데 피상속인의 재산을 유지하거나 늘리는 데 특별히 기여하였거나 피상속인을 특별히 부양한 자가 있을 경우에, 상속분을 산정할 때 그 기여분만큼 가산해 주는 제도다. 공동상속인 간의 협의에 의해 정하며, 협의할 수 없을 때는 기여분을 주장하는 자가 가정법원에 청구할 수 있다.

단풍 하루 25㎞ 속도로 남하 중, 봄꽃의 북상 속도는 하루 20㎞, 봄은 더디 오고 가을은 쏜살같다. 20대는 20㎞로 가고 70대는 70㎞로 간다. 불타는 산하 붉디붉은 아기단풍과 노란 은행잎 잘났든 못났든 언젠간 모두 뿌리로 돌아갈 운명. "낙장불입! 낙장불입! 다음은 네 차례야." 나뭇잎이 떨어지면서 하는 소리란다.

*기준금리

자금을 조달하거나 운용할 때 적용하는 기준이 되는 금리로 한 나라의 중앙은행에서 금융 상황을 반영해 매달 결정한다. 금융 시장에서 각종 금리를 지배한다.

근심 잊게 하는 망우(忘憂)리 공원은 사색하기 좋은 명소다. 공원 입구에서 용마산 정상까지 총길이 4.07㎞의 '사색의 길'이 당신의 사색을 위하여 구불구불 구물구 물 누워 있다.

*기프트 카드(Gift Card)

무기명 선불카드다. 사용금액이 미리 충전돼 있어 백화점이나 기타 상점, 인터넷 쇼핑몰 따위에서 액면 금액만큼 현금처럼 사용할 수 있는 카드다.

사윈 태양 볕 아래 곡식은 막바지 몸단장을 하고 있다. 하지만 태양의 열정이 식은 것은 아니다. 태양계의 유일한 별인 태양은 항상 1초에 1조 개의 핵폭탄을 터뜨리는 것과 같은 핵융합으로 지구를 밝히고 있다. 35억 년쯤 뒤 수명이 다하는 날 태양은 1,000배 부풀어 지구를 삼킬 것이다. 그때까지 태양은 우리에게 생명의 근원이다.

*기후변화 영향

자연적이거나 인공적인 원인으로 발생한 기후의 변화가 자연과 사회 인간 활동에 미치는 변화와 그로 인한 피해를 포괄적으로 의미한다. 잠재 영향과 잔여 영향으로 구분한다.

꿀벌은 겨울잠을 잘 때 집단을 공 모양으로 만들어 온도를 유지한다. 이 공 모양이 외부 진동 등으로 풀어지면 수명이 줄어들거나 죽게 된다.

* 기후변화 적응역량

기후변화 적응은 기후변화로 인한 위험을 최소화하고, 기후변화를 새로운 기회로 활용하려는 노력을 의미한다.

조선백자처럼 두둥실 부풀어 오르는 달, 술 취한 늙은 아버지를 업고 논두렁길 가는 아들, 발밑에 부서지는 아수라장 달빛 고드름, 선득선득 살갗에 촉촉이 젖어 오는 싸한 공기, 어찔어찔 달빛 바다에 취한 발길, 가지가 찢어지도록 감나무에 걸린 달, 달빛 돌돌 말아 뒤척이는 밤, 멀리서 개 짖는 소리 아련하다.

* 길랭-바레 증후군

독감 백신 접종 후 팔다리 등에서 근력이 크게 떨어지며 원인을 모르게 여러 말초 신경에 염증이 와서, 팔다리에 통증과 마비가 일어나며 몸통과 얼굴로 퍼지는 후유증을 일으킨다. 병의 진행은 다양한데, 심한 경우 호흡 마비를 일으켜 중환자실 간호가 필요하다. 특별한 치료 없이 몇 주일이나 몇 달 안에 회복된다.

논두렁 밭둑 길, 찬 서리 맞으며 말갛게 핀 구절초와 쑥부쟁이, 한 꽃대에 한 송이씩 핀 구절초, 한 꽃대에 여러 송이 달린 쑥부쟁이, 꽃잎이 가늘고 긴 쑥부쟁이, 꽃잎 뭉툭한 구절초, 하얀 꽃 구절초, 대부분 보랏빛 꽃 쑥부쟁이, 이 가을꽃 구분 못 하면 가을꽃에 대한 예의가 아니다.

* 깡통주택

주택담보대출금과 전세보증금을 합친 금액이 현재 집값보다 더 많은 주택을 비유적으로 이르는 말이다. 주식시장에서 투자자가 자신의 돈과 증권회사에서 빌린 자금을 합쳐 사들인 주식의 가격이 융자금 이하로 떨어져 담보유지비율이 100% 미만인 계좌를 '깡통계좌'로 부르는 데서 유래했다.

'나무 자르는 일이 너무 바빠 톱날 갈 시간도 없다'는 식의 변명은 하지 말아야 한다.

니은

* **나각**(螺角)

소라껍데기로 된 전통악기로 청남대에 가면 볼 수 있다. 오후 4~
5시경 오리 먹이를 줄 때 불어 멀리서도 나각 소리가 나면 오리
들이 몰려온다.

사랑을 하다가 사랑을 잃은 편이 한 번도 사랑하지 않은 것보다 낫다.

* **나들가게**

'정이 있어 내 집같이 드나들 수 있는 나들이 하고 싶은 가게'라
는 뜻이다. 기업형 슈퍼마켓 때문에 어려움을 겪는 동네 슈퍼마
켓이 경쟁력을 갖출 수 있도록 돕는 사업이다. 매장면적 300㎡
이하로 6개월 이상 영업해 온 동네슈퍼를 대상으로 중소벤처기업
부와 소상공인시장진흥공단 등의 선정위원회를 통해 선정하고
컨설팅 및 시설 수리 따위를 지원한다. 2009년 8월 31일까지 전
국에 1,435개의 나들가게가 문을 열었다.

연잎은 자신이 감당할만한 빗방울만 담고 있다가 그 이상이 되면 미련 없이 비워
버린다.

* 나쁜 친구-에리히 프롬

1. 일상적인 생활 태도가 음울하고 불쾌한 사람이다.
2. 육신은 살아 있으면서도 정신은 죽어 있는 사람. 탐구하는 노력이 끝나면 정신은 죽어 있는 것과 마찬가지다. 학교 졸업 후 책 한 권 읽지 않는 사람이 얼마나 많습니까?
3. 생각과 대화가 보잘것없는 사람- 창조적 노력을 기울이지 않고 탐구하는 노력이 없기 때문에 생각이나 대화가 시시하다.
4. 뜻을 담아서 이야기를 하는 것이 아니라, 그저 밑도 끝도 없이 지껄이는 사람
5. 자신의 견해로 생각하지 않고 남의 의견에 휩쓸리는 사람-자기의 지혜에 의지하지 않고, 스스로 판단하지 않고, 남의 주장에 휘둘리는 사람들이야말로 나쁜 친구다.

유리하다고 교만하지 말고 불리하다고 비굴하지 말라.

* 나오머족(Not old multiplayer)

안정적인 경제력을 바탕으로 여러 분야의 지식과 능력을 갖춘 30, 40대 여성을 말한다.

'최대한 많이 읽고 배우라, 장기적인 안목으로 생각하고 건강한 자신감을 갖는 게 중요하다.' - 빌 게이츠

* 나전(螺鈿)

조개, 전복 등의 껍데기를 얇게 간 뒤 여러 모양으로 잘라 가구

등에 붙이거나 박아 넣어 장식하는 공예기법이다. 『고려사』에 따르면 나전경함은 고려 원종 13년(1272년) 경함 제작을 담당하는 관청인 '전함조성도감'이 설치될 정도로 귀중한 물건이었다. 고려시대 나전칠기는 경함을 포함해 전 세계적으로 10여 점 남은 것으로 추정된다. 국내에 있는 나전칠기는 국립중앙박물관에 보관 중인 나전대모불자(스님이 수행할 때 쓰는 막대기) 한 점뿐이다.

내가 동안(童顔)이 아니라 당신의 눈이 동안(童眼)입니다.

* 난민의 지위에 관한 협약

국제사회에 널리 적용되고 있는 난민에 대한 다자 조약이다. 1951년 7월 제네바에서 채택되었다. 1조에서 인종, 종교, 정치적 의견을 이유로 박해받을 우려가 있는 사람을 난민으로 규정하고 있으며 33조에서는 생명이나 자유가 위협받을 우려가 있는 지역으로 추방하거나 송환해서는 안 된다고 명시하였다. 한국은 1992년 가입하였으며 중국은 1982년 가입하였다.

뒤란 응달 처마 밑, 겨우내 몸 뒤척이며 말라비틀어진 시래기 다발, 쪼글쪼글 푸석하고 볼품없는 흑갈색 푸성귀, 바람 불면 파르르 바스락거리는 마른 잎, 나 과연 남에게 시래기 죽 한 사발만큼의 역할이라도 한 적 있는가!

* 난사, 시사, 중사 군도

난사 군도는 영어로 스프래틀리 제도(베트남명 쯔엉사 군도)로 불린다. 중국, 베트남, 필리핀 등 7개국이 50여 개 섬과 암초에 이름을 붙이고 일부 국가는 군을 주둔시켜 영유권 갈등을 빚고 있다. 난사 군도 영유권 분쟁 대상은 수중 환호초 등을 포함하면 모두 230여 개에 이른다. 중국이 실효 지배하는 시사 군도(영어명 파라셀 제도)는 40여 개의 섬, 암초 등으로 구성됐고 베트남은 호앙사 군도라 부르며 자국 영토라고 주장한다. 33개의 섬 암초 등으로 구성된 중사 군도의 스카버러 섬은 필리핀이 실효 지배 중이고 중국이 이를 황옌 섬으로 부르며 영유권을 주장하고 있다.

대머리 되는 걸 두려워 마라. 머리카락의 많고 적음보다 머릿속에 무엇이 들어 있는가가 더 중요하다.

* 남방큰돌고래

고래목 참돌고랫과의 포유류다. 등이 회색이고 배 쪽은 밝은 회색이며 5~15마리씩 무리 지어 생활한다. 성체가 되면 몸길이 2.6m, 몸무게 230kg이 되며 수명은 25~40년으로 추정된다. 전 세계에 걸쳐 두루 서식한다. 국내에서는 100여 마리가 제주 부근 바다에서만 살고 있는 것으로 알려졌다.

텔레비전에 시간 빼앗기지 마라. 켜기는 쉬워도 끌 때는 대단한 용기가 필요하다.

* 남상(濫觴)

사물의 맨 처음(시원)을 의미한다. 양쯔강과 같은 큰 강도 근원은 잔을 띄울만한 세류(細流)라는 뜻이다.

화제가 빈곤한 30~40대라면 반드시 알아야 할 시사상식

주먹을 불끈 쥐기보다 두 손 모으고 기도하는 자가 되자. 주먹은 상대방과 자신에게 아픔을 주지만 기도는 모든 사람을 살린다.

* 낭중지추(囊中之錐)

자루 속의 송곳을 의미한다. "쓸 만한 인물은 자루 속에 든 송곳처럼 끝이 드러나는 법"이라고 조나라 재상 평원군이 이야기하자 모수(毛遂)라는 사람이 답하기를 "저를 자루 속에 넣어 주지 않았다"라고 하는 고사가 있다. 그는 자기를 스스로 천거하는 모수자천 사자성어의 주인공이다.

'동양의 나폴리' 통영은 굴 철을 맞아 분주하다. 굴 숙회, 굴회, 굴죽, 굴 보쌈, 굴찜, 굴전, 굴밥, 굴튀김, 굴 라면까지, '바다의 우유', '먹는 화장품'인 굴은 먹는 방법도 가지가지. 그래도 싱싱한 생굴을 초초추장에 찍어 한 입 꿀꺽하는 이 재미를 생각한다면, 침이 꼴깍 넘어간다.

* 남한산성

총 70여만 평(약 230만㎡)으로 길이는 약 9㎞며 제일 높은 곳은 수어장대로 453m다. 인조가 43일간 버티며 청나라와 대적했으나 결국은 져 삼전도에서 용골대 앞에 머리 조아리고 항복하는 삼궤구고두례(三跪九叩頭禮)를 행하며 수모를 겪었던 아픈 역사를 품고 있다.

슬픈 영화를 보고 눈물 흘릴 줄 아는 남자는 못난이가 아니라 공감 능력이 발달한 사람이라는 점을 알아야 한다.

* 냉중성자(冷中性子)

핵분열로 발생한 중성자의 에너지를 낮춘 것으로 X선보다도 에너지가 낮아 살아 있는 세포를 관찰하거나 물질의 구조를 분석하는 데 적합하다.

반갑다! 겨울철새! 큰고니, 흑고니, 청둥오리, 흰뺨검둥오리, 쇠기러기, 노랑부리저어새, 황새, 재두루미, 저어새, 독수리, 흰꼬리수리, 항라머리검독수리…….
금강하구 수십만 마리의 가창오리 떼, 지구상의 90% 가창오리가 시베리아 벌판에서 날아왔다. 낮엔 놀다가 해 질 무렵 일제히 날아올라 김제 만경들판의 낟알을 먹으러 간다. 끼룩끼룩 왁자지껄 빈 들을 떠메고 노을 너머로 날아간다.

* 네이티브 광고

배너 광고처럼 본 콘텐츠와 분리된 별도 자리에 존재하지 않고 해당 웹사이트의 주요 콘텐츠 형식과 비슷한 모양으로 제작한 광고를 뜻한다. 기존 광고와는 달리 웹사이트 이용자가 경험하는 콘텐츠 일부로 작동하여 기존 광고보다 사용자의 관심을 적극적으로 끄는 형식을 사용한다.

자유로워지려면 나의 모든 생각으로부터 기꺼이 죽을 수 있어야 한다.

* 노마디즘(노마드)

유목민 근성을 말한다. 특정한 가치나 삶의 방식에 얽매이지 않고 끊임없이 새로운 자아를 찾아가려는 사고방식이다. 강렬하지만 집착하지 않는다. 프랑스 철학자 들뢰즈의 저서에서 현대 철학 개념으로 사용한 용어이다.

연약한 '찻잔(teacups)', 최근 미국 대학 학장들은 신입생들이 작은 스트레스도 견디지 못하는 것에 대해 걱정한다. 한국은 남을 의식하는 문화가 유난스럽다. 부모가 다른 부모는 무얼 하는가에 관심을 갖고, 남에게 과시하고자 하는 욕구를 자녀를 통해 해소한다. 부모들이 자신의 판단에 따라 아이들에게 무거운 짐을 벗게 해줄수록 그들은 더 멀리, 더 높이 날아갈 수 있다. 내 아이의 날개를 붙잡고 남이 하는 날갯짓을 따라하기보다는 진정으로 나는 방법을 가르쳐 주도록 하자.

* **노무라입깃해파리**

국내 해안가에서 흔히 볼 수 있는 대형 해파리의 한 종류로 혈압을 떨어뜨리고 근육을 마비시키는 독성을 가지고 있다. 피서객뿐만 아니라 어업에도 피해를 주는데 지름 2m, 몸길이 10m, 몸무게 2,000kg까지 자란다. 동중국해를 비롯한 황해에서 발생해 해류를 타고 와 7~9월 초 우리나라 전 해역에 모습을 드러낸다.

모든 것은 한때다. 그 한때에 꺾여선 안 된다.

* **노벨상 수상자 통계**(2009년)

노벨상 수상자 25%(의학상 48명, 물리학상 44명, 경제학상 24명, 문학상 12명)와, 미국 경제의 70%를 유대인이 움직이며 미국 대학교수의 30%가 유대인이라는 놀라운 사실을 아는가.

꽃은 자연의 가장 아름다운 얼굴이다.

* 노블레스 오블리주

가진 자들의 도덕적 책무를 일컫는다. 영국 엘리자베스 2세 여왕
은 전무후무한 '여군'이었다는 점, 왕위 계승 서열 3위인 해리 왕
자의 아프가니스탄 종군 참여가 대표적인 노블레스 오블리주의
본보기다.

명상하기에 가장 좋은 시간은 어둠과 밝음이 교차되는 새벽이다, 그것은 일찍 일
어나는 사람만이 누릴 수 있는 우주의 신비다.

* 노심용융(Meltdown)

노심(爐心, Reactor core)은 원자로의 중심부로서 원자로 용기 내에
핵연료가 장착된 부분을 총칭하는 말이다. 보통 핵연료봉(우라
늄), 냉각재, 연료 제어봉, 감속재 등으로 이뤄져 있다. 냉각재는
핵분열 시 발생하는 열을 식히기 위한 것으로 통상 물을 사용한
다. 노심용융은 핵분열 반응 과정에서 발생하는 열을 식히지 못
해 노심이 녹아내리는 것이다.

하루 24시간 중 적어도 30분이나 한 시간만이라도 순수한 자기만의 시간을 가져
야 한다. 누구의 아내도 남편도 아니고, 누구의 어머니도 아버지도 아니고, 여자도
남자도 아닌, 순수 인간 존재로서 자기 시간을 가져야 한다.

* 노안(老眼)

나이가 들면서 수정체가 딱딱해지고 탄력이 떨어져 가까운 곳의
물체를 또렷하게 보지 못하는 상태를 말한다. 40세를 전후해 수

정체나 수정체를 조절하는 근육의 탄력이 떨어지거나 수정체가 비대해지면 가까운 것을 볼 때 수정체의 굴절력이 떨어진다. 이럴 때 먼 거리는 잘 보이지만 가까운 곳에 있는 물체는 흐릿하게 보이게 된다.

흙으로 빚고 마지막에 코에 생기를 불어 넣어 인간을 창조했듯이 들숨 후에 날숨을 못 쉬면 그게 곧 죽음이다. 들숨 날숨을 쉴 수 있을 때 뭔가 많은 일을 해야 된다. 임종을 여러 번 봤다. 마지막 날숨 한 번이 그토록 힘들다는 것을 알았다. 쉽게 날숨 들숨을 하고 있을 때가 행복하다.

* 노자의 현묘한 덕(현덕)

하늘과 땅은 만물을 생성하고 양육하지만 자신의 소유로 삼지 않고 스스로 이룬 바 있어도 자신의 능력을 과시하지 않으며 온갖 것을 길러 주었으면서도 아무것도 거느리지 않는다. 이것을 일러 현묘한 덕이라 한다.

텔레비전 보는 시간을 줄여라. 텔레비전을 끄고 인생을 켜라. 텔레비전 시청 대신에 산책이나 등산, 자녀들에게 책 읽어 주기, 저녁노을 바라보기, 별자리 찾기, 또 편지 쓰기, 정원 가꾸기, 집수리 등을 함께하라. 질도 문제지만 우리가 그것에 많은 시간을 빼앗기고 있다. 귀중한 인생을 무가치하게 소모하고 있다.

* 누리과정

유치원 교육 과정과 어린이집 표준 교육 과정을 통합한 공통의 교육 과정을 이르는 말로 만 3~5세 어린이에게 2012년부터 국가가 공정한 교육 기회를 보장하기 위해 제공하는 교육 과정이다. 소득 수준에 관계없이 나이에 따라 교육비 중 일정액을 정부로부터 지급받는다.

『법화경』 '방편품'의 우담바라 이야기에서 우담바라는 원래 우담바라수, 즉 우담바라 나무다. 산스크리트어의 우둠바라에서 온 말이다. 과거칠불 중 한 분인 구나함모니불이 이 우담바라 나무 아래서 도를 이루었다. 또 우담바라 나무에서 피는 꽃을 우담화라 한다. 이것은 뽕나뭇과에 속한 무화과의 일종이다. 전설에 의하면 삼천 년에 한 번씩, 부처님이 출현하거나 이상적인 군주인 전륜성왕이 출현하면 이 꽃이 피어난다고 전해진다. 그래서 경전에서는 극히 드문 일을 비유할 때 우담바라를 든다.

* **뉴미디어 스나이퍼**(New-media sniper)
뉴미디어가 발달하면서 사이비 언론이나 블로그 등이 특정 기업을 공격하며 여론을 주도하는 '스나이퍼(저격수) 공격'을 한다고 해서 붙여진 용어다. 미국 경영전문지 《하버드비즈니스리뷰(HBR)》 2010년 12월호에 실린 '평판 전쟁(Reputation Warfare)' 논문에 소개된 개념이다.

그대의 인생을 사랑하고 완성하라. 그대 삶의 모든 것을 아름답게 하라. 지금 살아 있다는 것에 감사하라. 그리고 그대의 이웃에게 봉사하기를 많이 힘쓰라.

ㄷ

ㄷ

* 다모클레스의 칼

기원전 4세기 시칠리아 시라쿠사의 참주(僭主, 비합법적 수단으로
지배자가 된 사람) 디오니시오스 1세의 신하였던 다모클레스가 참
주의 자리를 부러워하자 디오니시오스 1세는 한 가닥의 말총으
로 천장에 칼을 매달고 그 밑에 둔 의자에 그를 앉혔다. 언제라도
가느다란 말총 가닥이 끊어지면 머리 위로 칼이 떨어질 수 있듯
이 참주의 자리는 그만큼 불안과 책임이 따르는 것임을 보여주는
서양 경구다. '매우 절박한 위험'을 상징한다.

틀에 갇히지 마라. 틀에 갇히면 성장이 멈춘다.

* 다이너미즘

미국 하버드대 라이샤워 교수의 이론으로 '생명력은 넘쳐흐르지
만 거칠다'는 의미로 쓰인다. 한국적 야성을 이상적으로 승화하
는 데 가장 필요한 것은 '조선 시대의 선비정신'이다. 지금 우리에
게 필요한 것은 금광석을 제련해서 금을 만들어 내듯 국민의 거
친 정서적 에너지를 절제와 균형으로 품위 있게 만드는 일이다.
해결 방법의 하나는 인문학 교육이다. 인문학 교육 강화에 국력
을 키워야 하는 시점이다.

깨달음이란 본래의 자기 모습으로 돌아가는 길이다.

* 다채널방송서비스(MMS, Multi-Mode Service)

허가된 지상파 주파수 6㎒의 텔레비전 채널 안에서 기본 영상과는 별도의 영상, 음성, 음향 등의 데이터를 다양한 모드와 형식을 통해 제공하는 부가 서비스다. 디지털 전환 압축 기술을 통해 현재의 1개 방송 주파수 대역(6㎒ 폭)을 여러 개로 나눠 최대 4개 채널을 동시에 전송한다.

꽁치잡이 그물에 걸려 침몰한 잠수정 신세가 되어서는 안 된다.

* 단순함

단순한 것이 본질이다. 화가도, 조각가도 성숙한 경지에 이르면 매우 단순해진다. 단순함 속에 모든 것이 포함되기 때문이다. 단순함이란 불필요한 것을 모두 덜어내고 나서 반드시 있어야 될 것만으로 이루어진 어떤 결정체 같은 것이다. 다시 말하면 본질적인 것만 집약된 모습이다. 복잡한 것을 다 소화하고 나서 어떤 궁극의 경지에 다다른 상태다. 단순해지기 위해서는 가진 것이 적어야 하고, 불필요한 관계가 정리되어야 한다. 문득 홀로 있게 된다는 것은 모처럼 자신에게 명상의 문이 열릴 수 있는 시간이 주어졌음을 의미한다. 그때 조용히 혼자서 자기 삶을 되돌아보아야 한다. 하루하루 내가 어떻게 삶을 이루어 나가고 있는가. 자기를 점검하는 시간을 가지라는 것이다.

화제가 빈곤한 30~40대라면 반드시 알아야 할 시사상식

똑같은 되풀이와 모방은 창의력이 아니다. 창의력은 본래부터 있는 게 아니라 진지하게 탐구하고 추구하는 노력을 통해서 그 바탕이 이루어진다. 사람을 키우면서 사람을 사람답게 만드는 것이 바로 책 읽기다.

* 단장(斷腸)

창자를 끊는 것 같은 아픔을 말한다. 중국 진 시대의 장군 환온이 서쪽 촉 지방을 정벌할 때, 삼협 속을 배를 타고 지나가고 있었다. 이때 부하 한 사람이 원숭이 새끼를 잡아 배에 태우고 갔는데, 달려온 어미 원숭이가 강 언덕을 따라 100여 리(약 40㎞)를 쫓아오면서 슬피 울었다. 그리고 배가 강가 언덕에 가까워지는 순간, 갑자기 어미 원숭이는 배 위로 뛰어올라 와서 바로 죽어 버리는 것이었다. 사람들이 애통해하면서 원숭이의 배를 갈라 보니, 창자가 모두 마디마디 잘려져 있었다. 곧 환온 장군이 이 사실을 알고는 크게 진노하면서 원숭이 새끼를 잡아 온 부하를 내쫓아 파면시키라 명령했다.

다산 정약용 선생이 유배지에서 두 아들에게 보낸 편지를 유배지인 강진 귤동의 다산초당에서 읽으면 그 감흥이 다르다. 고산 윤선도의 '어부사시사'를 보길도에서 파도 소리를 들으며 읽는 것과 아파트 몇 동 몇 호에서 읽는 것과는 맛 자체가 다르다.

* 단카이 세대

제2차 세계대전 후인 1947년에서 1949년 사이에 태어난 일본의 베이비붐 세대다. '단카이(團塊)'는 덩어리라는 뜻이며 숫자가 급격히 늘어난 베이비붐 세대로 다른 세대보다 20% 이상 많다. 인구 분포도를 그리면 덩어리가 불쑥 튀어나온 듯이 보여서 붙은 이름 이다. 젊은 시절에는 청바지와 패스트푸드를 즐기며 새로운 문화 를 주도했고 1970년대와 1980년대 일본의 고도 경제성장을 이끌 었다.

책을 읽을 때는 느긋하게 읽어야지 조급하게 건성으로 읽으면 안 된다. 그렇게 읽 으면 읽는 것이 아니다. 보아도 보이지 않고 들어도 들리지 않고 먹어도 그 맛을 모르게 된다. 음미하듯 읽어야 한다.

* 달글

'달리는 글'의 줄임말이다. 온라인 커뮤니티사이트의 게시판에 TV로 프로그램을 보면서 실시간으로 댓글을 다는 것이다. 꼬리 에 꼬리를 물고 댓글이 달린다는 뜻과 뛰는 것처럼 숨 가쁘게 댓 글이 올라온다는 두 가지 의미를 갖고 있다.

책을 읽으면서 자기 마음속에 비춰 보지 않으면 그런 독서는 무익하다. 책에 읽히 지 말고 책을 읽으라는 뜻이다. 벌이 꽃에서 꿀을 모으듯이 책 속에서 삶의 지혜 를 찾아낼 수 있어야 한다. 아직 활자로 나타나지 않은 여백까지도 읽을 수 있어 야 한다.

* 당지수(글리세믹 인덱스, GI)

당지수는 혈액 1dℓ(100㎖) 속에 있는 포도당의 농도를 말한다. 모 든 음식은 몸에 들어오면서 당으로 바뀌고 이때 췌장에서 인슐린이 분비된다. 인슐린은 포도당을 분해해 근육이나 장기에 에너지원으로 공급한 뒤 남는 것을 지방세포로 쌓아둔다. 당지수가 낮은 음식은 체내에서 흡수하는 과정에서 혈당량을 아주 천천히 높여준다. 당지수가 낮은 음식이 다이어트에 좋다. 척추동물의 혈당은 주로 포도당이며, 뇌와 적혈구의 에너지원이 된다.

모든 열매에 씨앗이 박혀 있듯이, 삶 속에는 죽음이 씨앗처럼 박혀 있다.

* 대량살상무기 확산방지 구상(PSI)

핵무기, 화학무기, 생화학무기 등 대량살상무기(WMD)의 확산을 막기 위해 2003년 미국 주도로 만들어진 관련 물자의 이동을 제한하는 정책이다. 현재 95개국이 참여하고 있다. WMD 확산과 관련한 정보 공유와 이를 실은 항공기나 선박의 압수수색을 통해 WMD의 흐름을 차단하는 것이 목적이다. 한국은 2009년 5월 북한의 2차 핵실험 직후 전면 참여했다.

잠자리는 죽어서도 날개를 접지 않는다. 뼈만 남아 황소처럼 웅크리고 있는 겨울 산 옛 절터, 천만 근 침묵으로 서 있는 오층석탑. 쩡쩡 놋쇠 소리로 얼어붙은 겨울 강, 맨살로 칼바람 맞고 서 있는 참나무, 빈 들 눈밭 헤치며 낟알 찾는 까마귀 떼, 눈 이불 뒤집어쓴 파릇파릇 아기 보리 싹, 문득 멀리서 들리는 히브리 노예들의 합창 소리.

* 대륙붕(大陸棚)

대륙 주위에 분포하는 극히 완만한 경사의 해저와 하층토로 350

해리나 2,500m 등심선에서 100해리까지 인정한다. 대륙붕 끝부분의 깊이는 100~500m이며, 평균 깊이는 200m이다.

가을비가 내린다. 가을비는 다이어트 비다. 가을비는 연인 비다. 몸을 움츠리고 연인의 가슴으로 파고드는 비다. 온 초목이 가을비 한 번에 우수수 몸무게를 줄인다. 필연이다. 몸은 쪼그라들고 파리해진다. 누렇게 변한다. 숙명인 걸 어쩌랴.

* 대목장(大木匠)

대목장은 전통 목조 건축의 기술을 가진 목수로서, 건축물의 기획·설계·시공은 물론, 수하 목수들에 대한 관리 감독까지 책임지는 사람으로 중요무형문화재로 지정된 대목(大木)을 말한다. 소목(小木)은 소목장이다. 대목은 기둥, 보, 도리, 공포 같은 집의 구조를 담당하고, 소목은 창이나 마루를 짠다. 대목은 건축가인 셈이다. 그 대목도 열두 분야로 나뉘는데 각 분야 대목의 우두머리를 편수(邊首)라 하고, 다시 열두 편수의 우두머리를 도편수(都邊首)라 한다. '도편수는 정승 감이어야 한다'는 말까지 나왔다. 하지만 광화문 공사는 엄밀한 의미의 도편수 체제가 아니었고 문화재청 감독 아래 각 장인들이 분야별로 책임을 맡았다.

꽈당! 엉금엉금 출근길, 한순간 벌렁 넉장거리로 나자빠진 몸, 눈에 번쩍 별똥별, 한동안 눈밭에 누워 멀거니 하늘을 본다. 문득 밀려오는 강 같은 평화, 더 이상 내려갈 곳 없는 땅바닥에서 찾은 행복, 그동안 너무 오랫동안 서서 걸어왔구나! 하늘로만 손 뻗치며 살았구나! 바다는 '바닥'에서 온 말, 'ㄱ'자 하나 지우기 위해 바다는 얼마나 속울음을 삼켰을까.

* 대법원 전원합의체

사회적으로 큰 파장을 일으킨 사건을 다루거나 기존 판결을 뒤집어야 할 경우에 대법관이 모두 모여서 판결을 내리는 대법원의 최고 판결 기구다. 재판장인 대법원장과 12명의 대법관이 다수결로 사건에 대한 확정판결을 내린다. 전체 대법관의 과반수인 7명 이상이 동의하는 의견을 다수 의견이라고 하고 이것이 판결 내용(주문)이 된다. 이에 반하는 의견을 소수 의견이라고 하는데 법적인 효력은 없다.

세상이 내게 상 하나 안 줘도, 굳이 무대에 올라가지 않아도 연초에는 내 인생에서의 명구 하나, 시 한 대목 읊어보고 싶다, 그러지 않는다면 올해 말도 이러지 않을까? '우물쭈물하다 내 이럴 줄 알았지……'

* 대사증후군(Metabolic Syndrome)

인슐린 저항성이 원인인 것으로 추정되는 질환으로 콜레스테롤, 혈압, 혈당치, 복부비만, 중성지방 중 3개 이상의 수치에 이상이 생기는 증상이다. 몸 안의 노폐물을 내보내고 자양분을 다시 섭취하는 대사기능에 문제가 생기면서 비롯된다. 대사증후군을 방치하면, 동맥 경화, 심근 경색, 뇌졸중 등 심혈관 질환 혹은 제2형 당뇨병의 발병 위험도가 증가한다. 뚜렷한 원인, 특히 유전적인 요인은 아직 밝혀지지 않았다. 세계보건기구(WHO)가 1998년 처음 사용한 용어다. 국내에서는 2009년부터 국가 차원에서 관리하기 시작했다.

십리 절반 오리나무, 대낮에도 밤나무, 방귀 뀌어 뽕나무, 거짓 없어 참나무, 그릴다고 치자나무, 칼로 베어 피나무, 입 맞추어 쪽나무, 양반골에 상나무, 너하구 나하구 살구나무, 이리저리 주목나무, 하나 둘 셋 삼나무, 오지 말고 가시나무, 맘 헤픈 다정큼나무, 다리 허리 등나무, 뼈만 남은 겨울나무, 엄동설한 소나무.

* 대서(大暑)

큰 더위를 말한다. 비 오락가락 건들장마 속에 대서, 하늘엔 온갖 구름 가득하다. 먹장구름, 뭉게구름, 대머리구름, 털보구름, 송이구름, 명주실구름, 갈퀴구름, 탑구름, 봉우리구름, 조각구름, 토막구름, 벌집구름, 늑골구름, 파도구름, 겹구름, 꼬리구름, 깔때기구름, 모루구름, 아치구름, 두건구름, 면사포구름, 양떼구름, 새털구름, 조개구름, 햇무리구름……. 인생은 시작도 끝도 없는 뜬구름. 어디서 와서 어디로 갈까.

뒤란 늙은 먹감나무 끝에 대롱대롱 까치밥, 새들도 쳐다보지 않는 쭈글쭈글한 몸, 칼바람에 살 베이고 눈보라에 뼈 녹아 육탈된 미라, 한때 발그레했던 몸, 터질 듯 농익었던 붉은 속살, 이젠 거무튀튀한 검버섯으로만 남았다. 밤하늘엔 눈썹 같은 초승달, 금세 보름달 되어 세상 환하다.

* 대우조선해양

직원 3만1,000명으로, 25곳 식당에서 쌀 80kg들이 95가마니, 소 열 마리, 돼지 90마리가 하루 식사로 소모된다. 330m 유조선 한 척에는 20만여 개의 부품이 들어간다.

단군신화에서 곰은 쑥과 마늘만 먹으며 백날을 견딘 끝에 웅녀가 돼 단군을 낳았다. 호랑이는 그걸 못 참고 뛰쳐나갔다. 용맹과 민첩함이 지나친 탓일까. 세상은 다층적이고 모든 것엔 양면성이 있다. 같은 호랑이를 놓고도 '호랑이는 썩은 고기를 먹지 않는다'와 '호랑이도 시장하면 나비를 잡아먹는다'라는 상반된 속담이 존재한다. 무엇을 보고 어떻게 활용하느냐에 따라 세상과 삶이 달라진다. 걸림돌은 디딤돌로 다시 보고, 그래도 어려운 건 스스로 다스려가며 보내야 한다.

* 대체투자

전통적인 투자 대상인 주식, 채권, 현금 등에 투자하는 대신 보석, 미술품, 우표 등 유형자산에 투자하는 것과 부동산(농장, 임야 등), 생필품, 헤지 펀드 등에 투자하는 것 등이 대체투자에 포함된다. 일반적으로 주식, 채권처럼 빠르게 사고팔기 힘들며 투명한 공개시장이 없어 시장가격에 대한 정보 획득이 쉽지 않다.

질서 정연한 나목의 열병식, 참나무, 도토리나무, 상수리나무, 미루나무, 감나무, 쌀밥에 콩처럼 박힌 소나무, 세 갈래 우듬지에 횃불 솜방망이처럼 까치집이 걸렸다. 훈이네 꽃집, 순대국집, 메밀묵집, 삼겹살집, 통삼겹살집, 오겹살집, 흑돼지오겹살집, 시골똥돼지집, 제주흑돼지집, 등심집, 목살집, 안창살집, 갈매기살집, 아롱사태집, 항정살 순두부집, 손두부 어머니손맛집, 검은콩식당, 설렁탕집, 장작불곰탕집, 참나무 설렁탕집들이 어깨를 나란히 하고 하하 호호 웃고 있다. 저 간판 속에 얼마나 많은 생명이 호흡하고 울고 웃고 꿈틀거리고 있을까. 간판이 웃는다. 나를 보고 웃는다. 예쁘게 배시시 웃는다. 그러나 아직 때가 아니다. 작은 산이 어깨동무하고 너울거린다. 큰 산은 목을 빼고 있다. 까치발한 작은 산을 어루만진다. 가슴팍을 지나 턱밑까지 와도 너그럽게 안아준다.

* 대체휴일제

공휴일이 주말과 겹쳤을 때 평일 중 하루를 선택하여 대신 쉴 수 있도록 하는 제도다. 대체휴일제가 시행되면 일요일이 어린이 날(5월 5일)인 경우 월요일인 6일에 대신 쉴 수 있게 된다. 직장인 들에게 '토~월요일' 3일간 단기 휴가가 생기는 셈이다.

아름다운 입술을 갖고 싶으면 아름다운 말을 하라. 아름다운 눈을 갖고 싶으면 사물을 아름답게 바라보라. - 오드리 헵번

* 대통령 정무수석비서관

대통령비서실 소속 정무직 공무원으로 차관급이다. 대통령의 정치 행위와 관련된 국정 운영을 보좌하고 조언하는 것이 주 업무이며 행정부와 입법부 간 업무 및 대국회 관계를 총괄적으로 조율한다. 한때 여야 정치인들의 지역 숙원사업 등을 들어주는 창구 역할을 한다고 해서 '여의도 민원수석'이라고 불리기도 했다. 박근혜 정부의 정무수석은 휘하에 정무, 행정자치, 국민소통, 치안 비서관을 두고 행정 및 치안에 관한 업무도 맡았다. 노무현 대통령 시절인 2004년 2월 "당정분리의 원칙에 따라 새로운 관계를 모색하겠다"는 이유로 한때 폐지되기도 했다.

눈 덮인 빈 들에 파릇파릇 보리 싹, 작고 여린 연둣빛 아기 싹, 저 가냘픈 몸으로 어떻게 언 땅 뚫고 나왔을까. 저 보드라운 아기 살결로 어떻게 칼바람 견뎌낼까. 아침 햇살에 까르르! 아기 보리들 웃는 소리.

* 대포차

다른 사람의 자동차를 절취하거나 절취한 자동차를 대여·양수하여 자신의 것인 양 사용하는 자동차다. 차대 번호를 위조하거나 다른 차량의 번호판을 붙여서 사용하여 소유주 찾기가 쉽지 않고 각종 범죄에 이용되기 쉽다. 대부분 보험에 가입하지 않아 사고가 발생하면 보상받기 어렵다.

알렉산드로스 대왕이 욱일승천하던 시절 마케도니아군의 창 '사리사'의 길이는 4m를 넘었다. 스파르타군의 칼날 길이는 60㎝에 지나지 않았다. '어떻게 싸우면 되느냐'라고 묻는 아들의 질문에 어머니는 '몇 걸음 더 다가서서 찌르는 수밖에 없지 뭐'라고 답했다. 물론 위험이 따르지만 목숨보다는 덜 귀중한 위험이리라.

* 대포통장

제3자의 명의를 도용하여 통장의 실사용자와 명의자가 다른 통장을 말하며 차명계좌라고도 한다. 통장을 개설한 뒤 돈을 받고 남에게 통째로 넘겨준 것을 말한다. 금융 사기범들은 노숙인 등에게 통장을 만들게 해서 이를 산 뒤 시민들에게서 갈취한 돈을 이 통장으로 이체받는다. 통장을 만들어 타인에게 양도하거나 매매하는 행위는 금융실명제에 따른 전자금융거래법 위반으로 3년 이하의 징역 등에 처해지지만 처벌은 거의 이뤄지지 않고 있다.

"한국엔 '똑똑한(Smart)' 학생이 많습니다. 하지만 '좋은(Good)' 학생은 드뭅니다." 오랫동안 학생 선발을 해온 미국의 한 대학 입학 사정관이 했다는 이 말이 가슴에 와 닿는다.

1908년 '한국의사연구회'를 모태로 창립되었고 몇 차례의 개명 뒤 1995년에 대한의사협회라는 이름을 채택했다. 의사윤리강령을 제정하여 인간의 존엄과 가치를 존중하고, 의사윤리지침을 공포하여 의사의 진료권, 의료행위 등 의사의 일반적 권리와 의무, 환자의 생명 보전과 관련된 환자와의 관계 및 사회적 역할 등에 대해 규정했다. 국내에서 활동 중인 의사 8만5,000명의 대부분이 회원으로 등록한 대표 의사단체다.

아프리카 바오바브나무! 우람한 무, 거대한 당근, '거꾸로 서 있는' 요가 나무, 목마른 코끼리가 축축한 껍질 벗겨 먹는 나무 샘물, 사람들이 줄기 구멍 속에 들어가 사는 나무 호텔, 인간 시신을 안치하는 나무 영안실, 흑인들의 '영혼의 안식처', 5,000년까지 사는 뚱뚱한 나무 신령, 하느님이 최초로 만든 아담 나무, 화강암 위에서 수천 년 가부좌 틀고 있는 나무 보살.

* 더티 봄(Dirty Bomb)

다이너마이트 같은 재래식 폭발물에 방사성물질을 결합해 만든 장치다. 핵분열 물질(우라늄·플루토늄)로 만드는 핵폭탄과 달리 일반 병원이나 산업시설에서 쓰는 방사성물질을 이용하기 때문에 제조하기가 훨씬 쉽다. 이미 알카에다 등 국제 테러 집단은 더티 봄을 제조할 능력을 보유하고 있는 것으로 추정된다.

지구의 맥박은 파도며 들숨은 밀물이고 날숨은 썰물이다. 지진은 뇌출혈이며 온천은 지구의 요리다.

* 덖음

녹차 잎을 180~200도에서 볶아 수분을 날리는 것을 말한다.

어린이의 울음은 즉각적이다. 웃음도 즉각적이다. 꾸밈이 없다. 주저함이 없다. 어른의 눈물과 웃음은 의도돼 있다. 절제와 과장이 자유롭고 장소와 시간에 따라 웃음 양과 울음 양도 다르다. 절제와 눈치가 요구되기도 한다. 그러나 어린이는 직감적이며 동물적이다.

* 덩치 큰 약골

과도한 학습 부담, TV 시청과 인터넷 사용 등 몸 안 쓰는 활동 증가, 체육활동 감소, 패스트푸드 섭취로 인해 덩치만 큰 약골이 양산된다.

바닷물이 소금이 되듯, 나뭇잎이 화석이 되듯, 물이 얼음이 되듯 할아버지는 삶의 결정체며 삶의 마무리며 의미며 보람의 이름이다.

* 데스밸리(Death Valley)

신생 기업이 자금을 유치하지 못해 맞닥뜨리는 첫 번째 도산 위기를 말한다. 보통 흑자를 내기 전까지 지속된다. 연구개발(R&D)에 돈을 쏟아붓느라 적자가 심해져 은행에서 대출을 받지 못하고 이른 시간 내에 기업공개(IPO)를 할 가능성이 희박해 벤처캐피털 투자자들도 외면하면서 생기는 현상이다.

성공이라는 못을 박으려면 끈질김이라는 망치가 필요하다.

* 데드 암(Dead Arm)

투수가 항상 팔이 피곤하고 힘이 떨어지는 것처럼 느끼는 증상으로, 반복적인 어깨 회전을 하면서 어깨를 안정시켜 주는 구조물이 손상돼 생기는 것으로 알려져 있다.

아브라함과 하갈 사이에서 이스마엘이 태어났다. 아브라함의 부인 사라의 질투 때문에 광야로 쫓겨났다. 하갈의 울부짖음을 듣고 천사가 눈을 열어 주어 우물을 보게 했다. 어머니와 함께 쫓겨난 이스마엘, 사막의 모래바람을 맞으며 생사를 건 투쟁이 시작되었고 13억 무슬림의 뿌리가 된다. 성지 메카는 하갈과 이스마엘이 살던 곳이다. 메카의 '카바신전'은 아브라함과 관계가 깊다. 그 땅에서 무함마드가 나고 하라 동굴에서 천사의 계시를 받아 이슬람교가 시작되었다.

* 도시형 생활주택

정부가 도시 지역의 서민과 1~2인 가구의 주거 안정을 위하여 2009년 5월에 도입한 전용면적 85㎡ 이하의 중소형 주택을 말한다. 단지형 연립 주택, 단지형 다세대 주택, 원룸형 주택이 있다. 도입 당시 정부가 공급 촉진을 위해 주차장, 보안, 조경시설 규제 등을 대거 완화했다.

상상하는 자에겐 세상은 놀이터다.

* 도카이(東海) 대지진

100~150년을 주기로 일본 중부 및 남부인 시즈오카 현과 아이치 현 일대의 도카이 지역에서 발생하고 있는 리히터 규모 8 정도의

대지진을 말한다. 2011년 3월 11일 발생한 동일본 대지진과는 다르다. 도카이 지역에서는 1854년 규모 8.4의 대지진 이후 규모 8 이상의 지진이 없었다.

산다는 것은 구름이 모이는 것이요, 죽음은 구름이 흩어지는 것이리라. 어쩌면 한 조각 구름보다도 못한 것을 왜 그리 사납게 굴었을까. 하나 더 가지려고 아등바등 했을까. 결과는 빤한데, 내게 남은 게 뭐가 있는가 말이다. 잠시 인연을 맺었다 끈을 푸는 것이 삶이요, 인생 아닌가.

* 도행역시(倒行逆施)

2013년의 사자성어로 선정됐으며 순리를 거슬러 행동한다는 뜻이다. 도행역시는 사마천의 『사기』에 실린 고사성어로 춘추 시대 오자서라는 인물에게서 유래했다. 오자서는 아버지와 형제를 살해한 초평왕에게 복수하기 위해 초평왕의 무덤을 파헤쳐 시체를 꺼내 채찍으로 300번 때렸다. 이 소식을 들은 친구 신포서가 편지를 보내 '과한 행동'이라고 질책하자 오자서는 '도리에 어긋나는 줄 알지만 부득이하게 순리에 거스르는 행동을 했다(오고도행 이역시지, 吾故倒行 而逆施之)'고 답했다. 2위는 달팽이 뿔 위에서 싸우는 것처럼 하찮은 일로 싸운다는 뜻의 '와각지쟁(蝸角之爭)', 3위는 '가짜가 진짜를 어지럽힌다'는 뜻의 '이가난진(以假亂眞)', 4위는 '다른 사람의 의견을 듣지 않고 자기 생각만 고집한다'는 뜻의 '일의 고행(一意孤行)', 5위 '노력하지만 성과가 없다'는 뜻의 '격화소양(隔靴搔癢)'이 각각 선정되었다.

나뭇가지를 넣으면 물이 파랗게 된다는 물푸레나무다. 스님은 우뚝 솟은 적송이 아니라 낮은 곳에서 자신을 꺾어 탁한 기운을 정화하는 가녀린 물푸레나무다. 법정과 스테파노 두 사람은 '더 단순해지고 더 온전해지라. 사랑은 단순한 것이다'라고 세상에 말했다.

* 독살

돌로 둑을 쌓아 밀물 때 들어온 고기를 썰물 때 빠져나가지 못하게 해서 잡는 전통 어로법이다. '어살'이라는 방법도 있는데 일종의 개막이와 비슷하다.

겨우살이, 다른 나뭇가지에 뿌리를 박고 더부살이하는 나무, 겨우내 참나무, 버드나무, 밤나무, 자작나무, 팽나무 마른 가지에 저만 혼자 푸른 잎을 틔우며 사는 기생식물, 다른 나무들이 애써 뿌리에서 퍼 올린 물을 꼭대기에 앉아서 빨아먹는 거머리 나무, 뼈만 남은 가지에 수북하게 다복솔로 자란 뺀질이, 거드름 피우며 파릇파릇 혼자 살찐 겨우살이의 호사.

* 돼지엄마

교육열이 매우 높고 사교육에 대한 정보에 정통하여 다른 엄마들을 이끄는 엄마를 이르는 말로, 주로 학원가에서 어미 돼지가 새끼를 데리고 다니듯이 다른 엄마들을 몰고 다닌다고 해 붙은 이름이다. 국립국어원은 '돼지맘'을 2014년 신어로 발표했다.

생각하는 대로 살아라. 그렇지 않으면 사는 대로 생각하게 된다.

화제가 빈곤한 30~40대라면 반드시 알아야 할 시사상식

* 독립투자자문업자(IFA)

금융상품을 판매하는 금융회사에 소속되지 않고 독립적이고 중립적인 위치에서 투자 가이드를 제정하는 자문업자다.

당신이 동의하지 않아도 봄은 온다.

* 독서삼여(讀書三餘)

독서는 독서하기 좋을 때가 있다. '밤은 낮의 여분이고, 비 오는 날은 맑은 날의 여분이며, 겨울은 한 해의 여분이다. 이 여분의 시간에 일념으로 집중하여 책을 읽을 수 있다.'

'바람의 신' 영등할매가 하늘로 돌아갈 날이 얼마 남지 않았다. 영등할매는 음력 이월 초하루에 내려와 이월 보름이나 스무날에 올라간다. 딸과 함께 오면 바람이 불며 그해 농사는 흉년이고, 며느리와 같이 오면 비바람이 심하게 몰아치지만 그해 농사는 풍년이다. 영등할매 심술 때문에 김칫독 터지는 바람의 달 3월, 흔들리며 피지 않는 꽃이 어디 있으랴.

* 동방미인

타이완의 대표적인 우롱차다. 병풍차, 팽풍차라고 부르기도 한다. 원래 명칭은 차의 싹이 동물의 하얀 털을 닮았다고 해서 붙여진 백호오룡차(白毫烏龍茶)였으나, 영국의 빅토리아 여왕이 찻잔 속 찻잎의 하늘거리는 모습이 아름다운 '동양미인(Oriental beauty)' 같다고 해 이런 별명이 붙었다고 한다. 원래 푸젠성 우이산(武夷山)에서 생산하던 것을 타이완 신주현(新竹縣)으로 가져가 재배한 것이 성공한 사례이다. 찻잎은 붉은색, 녹색, 황색, 흰색, 갈색을 골고루 띤다. 맛은 홍차와 비슷하며 우롱차의 향이 난다. 우롱차 치고 발효도가 60~80%로 높다. 동방미인은 벌레가 먹어 제대로 자라지 못한 찻잎으로만 만들어야 제맛이 난다. '부진자'라는 벌레를 이용해 유기농으로 재배하는데 이 벌레는 농약에 약하기 때문에 생산이 까다롭고 생산량이 적다.

해가 지면 반딧불이는 '나 홀로 세상에 빛을 주고 있다'고 생각한다. 쇠뿔에 앉은 개미는 '내가 쇠머리를 움직이고 있다'고 생각한다. 에베레스트 꼭대기에 오른 인간은 '히말라야를 정복했다'고 생각한다. 모든 착각은 자유다. 파리가 황소 뿔에 앉아 있다고 정말 황소를 정복한 것인가.

* 동북공정(東北工程)

중국에서 만주 지방의 지리, 역사, 민족 문제 따위를 연구하는 국가 연구 사업으로, 2002~2007년 중국사회과학원 변강사지연구중심과 지린성(길림성), 랴오닝성(요령성), 헤이룽장성(흑룡강성) 등 동북 3성 사회과학원이 동북변강지역(만주)의 역사 문제를 연구하기 위해 진행한 연구 프로젝트다. 한국 학계 등은 중국이 고구려사, 발해사, 고조선사, 부여사 등 한국 고대의 역사를 중국사로 편입시키려 한다고 지적했다.

부르면 눈물이 나는 '엄마~'. 하늘나라 엄마가 단 5분만이라도 이승으로 휴가를 나온다면? 잠 못 이루는 밤, "엄마~" 하고 가만히 불러보며 바늘 울음 삼킨다.

* 동시효빈(東施效颦)

남의 것을 따라 하다가 결국 자신의 것마저 잃어버린다는 얘기다. 『장자』에 나오는 우화에서 유래되었다. 중국 저장성 시골에 나무꾼의 딸 '서시(西施)'가 있었다. 그녀는 미모가 뛰어났다. 월왕 '구천'은 그를 훈련시켜 오왕 '부차'를 무너뜨린다. 경국지색(傾國之色)은 이렇게 유래되었다. 시씨(施氏) 성을 가진 미모의 여인은 마을 서쪽에 살아 '서시'라 하였고 또 다른 시씨 성을 가진 추녀는 동쪽에 살아 '동시'라 불렸다. 유방에 병이 있는 '서시'는 통증이 밀려올 땐 얼굴을 찌푸리고 유방을 감싸며 통증을 견뎠다. '동시'는 '서시'를 그대로 흉내 냈다. 추녀가 인상을 찌푸리며 유방을 감싸는 모습을 보이자 사람들은 그를 멀리했다. 학의 다리는 긴 것이 매력이고 본래의 특성이다. 오리는 짧은 다리가 특성이며 매력이다. 무조건 남의 것을 따라 하면 본래 자신의 매력마저 잃어버린다는 교훈이다.

기차는 보지 말고 기차 밖을 보며, 시장 물건은 보지 말고 시장과 시장 사람을 보라.

* 동의의결

기업이 불공정 행위를 했을 때 위법성을 따지지 않고, 기업 스스로 시정 방안을 제시하도록 하여 사건을 마무리하는 제도로 2011년에 도입하였다.

우리는 꽃 따위는 기록하지 않는다. 꽃은 덧없는 것이기 때문이야. 잘 가! 내 비밀은 이거야, 아주 간단해. 마음으로 보지 않으면 잘 볼 수 없다는 거야. 중요한 것은 눈에 보이지 않아!

* **동조질량감쇄기**(TMD, Tuned Mass Damper)

건물이나 다리 같은 구조물이 지진이나 바람의 영향을 받아 흔들릴 때 흔들림을 줄여주는 장치다. 구조물 윗부분에 무거운 추를 매달아 자연적으로 진동을 흡수하는 방식과 인공적으로 '반대 진동'을 만들어 진동을 상쇄하는 방식이 있다. 아랍에미리트의 부르즈칼리파나 대만 101빌딩의 경우 추 방식을 이용한다.

숲을 적시는 밤비 소리를 들어본 적이 있는가? 그것은 한밤중 적막의 극치이다.

* **동행명령**(同行命令)

'국회에서의 증언·감정 등에 관한 법률'은 국정감사나 조사위원회에 증인이 정당한 이유 없이 출석하지 않을 때 위원회 의결로 해당 증인에 대해 동행을 명령할 수 있도록 했다. 법원은 정당한 이유 없이 동행을 거부하는 증인에 대하여 구인(拘引)할 수 있도록 되어 있다. 이 경우 3년 이하의 징역이나 1,000만 원 이하의 벌금형에 처해진다.

벼는 양(陽)이요, 보리는 음(陰)이다. 벼는 익으면 고개를 숙인다. 보리는 익어도 빳빳하게 하늘을 향하여 고개를 쳐든다. 식품학자 유태종 박사는 '벼는 양이기 때문에 음인 흙을 그리워하고, 음인 보리는 양인 하늘을 그리워하기 때문'이라고 말한다.

화제가 빈곤한 30~40대라면 반드시 알아야 할 시사상식

* 된장녀(남)

2000년대에 만들어진 유행어로, 허영심(虛榮心) 때문에 자신의 재산이나 소득 수준에 맞지 않는 명품 등 사치(奢侈)를 일삼는 여성을 비하하는 말이다. 특히 자신의 경제 활동으로 얻어진 소득이 아닌 다른 사람(이성, 가족 등)에게 기대어 의존적 과소비(過消費)를 하는 여성을 가리킨다. 어원은 '젠장'이 '된장'으로 변했다는 설, 아무리 뉴요커를 동경해도 토종 된장임을 비꼬는 데서 나왔다는 설 등이 있다.

이 꽃과 잎과 새들은 어디서 오는가. 이 나무와 공기와 구름은 어느 곳에서 오는가. 별과 모래와 행성들은, 그리고 우리는 어디서 오는가.

* 둥처(動車)

중국에서는 열차번호가 D로 시작하는 둥처와 열차번호가 G로 시작하는 고속 둥처를 구분해 G로 시작하는 고속 둥처를 통상 고속철이라고 부른다. 고속 둥처는 보통 시속 300㎞ 이상이다. 2011년 7월 26일에 사고가 난 둥처는 2007년부터 운행에 들어간 CRH(China Railway High-Speed) 계열로 시속 200㎞ 이상을 내는 기종이다. 코레일의 한 전문가는 "세계적으로 시속 200㎞ 이상을 고속철로 보는데 CRH는 고속철로 보는 게 맞다"라고 말했다.

삶에서 가장 신비한 일은 지금 이 순간 우리가 이렇게 살아 있다는 사실이다. 왜냐하면 모든 것은 생애 단 한 번뿐인 인연이기 때문이다.

* **드라마 인덱스**(Drama Index)

이항분포(Binominal Distribution)를 통해 해당 경기 승패가 시즌 전체 성적에 끼치는 영향을 표준화한 지표다. 남은 10경기에서 5번 이상 이겨야 포스트시즌에 갈 수 있는 팀을 예를 들면, 해당 경기에 승리하면 남은 9경기에서 최소 4번만 이기면(4~9번 이길 확률의 합산 74.6%) 되지만 패배하면 5번 이상(5~9번 이길 확률의 합산 50.0%) 이겨야 한다. 그러면 확률 차가 24.6%포인트가 되고, 이 차를 시즌 전체 경기 숫자에 따라 전체 평균 1.0으로 조정한 숫자가 드라마 인덱스다.

말은 행동이 뒤따라야만 진정성을 갖는다. 그렇지 않으면 그 말을 한 자는 공허한 조언자이며 한낱 앵무새에 불과하다. 말과 삶이 일치하는 이와 동시대를 살아가고 있다면 우리는 행복하다.

* **드레스덴 구상**

박근혜 대통령이 2014년 3월 28일 독일 드레스덴공과대학교에서 〈한반도 평화통일을 위한 구상〉이라는 제목으로 발표한 대북 원칙이다. 주요 내용은 다음과 같다.
1. 남북한 주민들의 문제부터 해결해 가야 한다.
2. 남북한 공동번영을 위한 민생 인프라를 함께 구축해 나가야 한다.
3. 남북 주민 간 동질성 회복에 나서야 한다.

삶을 소유물로 여기기 때문에 우리는 소멸을 두려워한다. 삶은 소유가 아니라 순간순간의 있음이다.

화제가 빈곤한 30~40대라면 반드시 알아야 할 시사상식

*드레이크 사건

2001년부터 2008년까지 미국국가안보국(NSA)에서 일했던 토머스 드레이크가 'NSA가 불필요한 감시 활동으로 민간인의 프라이버시를 침해하고 있다'라며 기밀 정보를 신문기자에게 제공했다는 혐의로 2009년 4월 미 연방검찰에 의해 기소된 사건이다. 드레이크는 기밀 정보 보유와 정의 실현 방해, 거짓 진술 혐의 등으로 최고 35년형에 처해질 수 있는 상황이었지만 검찰이 증거 제출을 포기함에 따라 구속을 면하고 벌금도 물지 않게 됐다.

버찌가 달짝지근한 것은 벚나무 자체의 필요에서가 아니라 새들을 불러들이기 위해 그런 조화를 부린다. 새들은 그 버찌를 따 먹고 소화되지 않은 씨앗을 여기저기 배설해 놓는다. 배설된 씨앗에서 튼 움이 온 산에 벚꽃을 피우게 된다.

*드레퓌스 사건

19세기 후반, 수년 동안 프랑스를 휩쓸었던 반유대주의 때문에 독일 간첩으로 몰렸던 알프레드 드레퓌스 대위가 12년 만에 무죄 판결을 받은 사건이다. 무고한 드레퓌스의 무죄 여부를 놓고 로마 가톨릭교회와 군부 등 보수 세력과 진보 세력이 격돌했었다.

얻었다고 좋을 것도 없고, 잃었다고 기죽을 것도 없다. 다 한때다. 그 당시에는 괴롭고 참기 어려웠던 일들도 지나고 보면 그때 그곳에 나름의 의미가 있었다.

*득점 가치

2012~2014 프로야구에서는 무사 3루 때 평균 1.679점이 났다.

만약 희생플라이 하나로 1점만 얻은 채 이닝이 끝났다면 이때는 평균보다 0.679점을 적게 올린 셈이 된다. 이런 식으로 각 플레이가 나올 수 있는 모든 상황에 대해 해당 타격 결과 이후 이닝이 끝날 때까지 올린 득점과 평균 득점이 얼마나 차이가 나는지 계산한 값이 '득점 가치'다.

시는 언어의 결정체다. 그 안에 우리말의 넋이 살아 있다. 시를 읽으면 피가 맑아진다. 무뎌진 감성의 녹이 벗겨진다. 험한 세상을 사느라 우리의 감성이 얼마나 무뎌졌는가. 달이 뜨는지 해가 돋는지 별이 있는지도 모른 채 살아간다.

* **듣보잡**

누리꾼 사이에서 '듣지도 보지도 못한 잡놈'이란 뜻으로 잘 알려지지 않은 사람을 낮잡아 이르는 말이다.

생각을 밝게 가지면 내 삶이 밝아지고, 한순간 무엇인가에 휩쓸려 생각을 어둡게 가지면 내 삶이 예측할 수 없을 정도로 어두워진다.

* **들돌**

일반적으로 농촌의 청년이 장성하여 농부(어른)로서 인정받는 의례에서 생겼다. 나루터와 주막을 중심으로 많은 물류의 이동에 따라 인력이 필요하게 되었으며 들돌을 들 수 있는 정도에 따라 품값을 책정하는 도구로 사용하였다고 전해진다.

마음에 중심이 없기 때문에 바깥 현상들에 늘 흔들린다.

화제가 빈곤한 30~40대라면 반드시 알아야 할 시사상식

* 등골 브레이커

자녀들에게 사주려면 부모들의 등골이 휠 정도로 경제적으로 큰
부담을 지우는 사람이나 비싼 방한 재킷을 속되게 이르는 신조어
다. 2011년 노스페이스가 10대들에게 인기를 얻어 필수품이 되
면서 화제가 됐다.

이 국토는 오랜 역사 속에서 조상 대대로 이어져 내려온 우리의 영혼이고 살이고
뼈다.

* 등소평의 개혁·개방 정책(黑猫白猫)

1978년 등소평이 개혁·개방 정책(흑묘백묘, 黑猫白猫)을 편 후 30여
년 만에 중국이 마침내 세계 경제 규모 1위에 올라섰다. 2014년
5월 1일, 구매력 평가(PPP) 기준으로 미국을 제치고 1위에 올라섰
다. 미국은 영국을 앞지른 1872년 이후 142년 만에 왕좌를 잃었
다. 중국은 한국의 총수출에서 차지하는 비중이 25% 안팎인 최
대 교역 국가다. 구매력 기준 GDP 세계 14위인 우리에게는 중국
의 부상이 무궁무진한 기회이자 잠재적 위험 요인이다. 중국 실
물경제나 금융시장이 충격을 받으면 한국이 중국발 리스크에 노
출될 우려도 커질 수밖에 없다. 19세기 말 이후 가장 큰 글로벌
경제 변혁에 잘 대비해야 하는 이유이기도 하다.

비 오는 아침과 눈 내리는 낮, 저녁의 석양과 새벽의 달빛, 이토록 그윽한 삶의 신
선 같은 정취를 바깥세상 사람들에게 말해 주기 어렵고 말해 주어도 그들은 이해
하지 못할 뿐이다.

* DB(Defined Benefit)형

확정급여형으로 근로자가 퇴직 후 지급받는 퇴직 급여를 사전에 정해 놓고 기업이 적립금을 운용하는 형태. 기존 퇴직금제도와 마찬가지로 퇴직 시점의 3개월 평균 임금에 재직 연수를 곱해 퇴직금을 받는 방식이다.

달마 스님의 법문 '관심론', "마음, 마음이여, 알 수가 없구나. 너그러울 때는 온 세상을 받아들이다가도 한번 옹졸해지면 바늘 하나 꽂을 자리 없구나."

* DC(Defined Contribution)형

확정기여형으로 사용자가 부담하는 퇴직 연금 적립금은 사전에 확정하되, 근로자가 퇴직 후 지급받는 퇴직 연금 급여는 적립금 운용 실적에 따라 변동하는 형태. 회사가 매년 연간 임금의 12분의 1 이상을 직원이 선택한 퇴직연금 계좌에 넣으면 해당 직원이 운용상품을 선택해 파이를 키우는 방식이다. DC형을 따로 선택하지 않았다면 대부분 DB형으로 퇴직연금이 운용되고 있다고 보면 된다.

부는 홀로 오지 않는다. 어두운 그림자를 늘 동반한다.

* 딤섬본드(Dimsom[點心]bond)

2010년 2월에 중국 정부가 외국계 기업의 위안화 채권 발행을 전격적으로 허용함에 따라 홍콩 채권 시장에서 발행되기 시작한 위안화 표시 채권이다. 낮은 금리에도 중국 위안화의 지속적인

화제가 빈곤한 30~40대라면 반드시 알아야 할 시사상식

절상 흐름이 예측되면서 국제 자본시장에서 매력적인 투자 수단으로 떠오르는 채권이다. 중국 본토에서 발행되는 판다 본드와 구별하기 위하여 홍콩에서 많이 먹는 음식인 '딤섬'을 붙여 만든 명칭이다.

가을은 귀가 밝다. 낙엽 구르는 소리, 풀씨 익어 터지는 소리, 다람쥐들이 겨우살이 준비로 부지런히 열매를 물고 가는 소리까지 들을 수 있다.

리을

* 라마단은 '성(聖)과 속(俗)' 아우른 결정체

이슬람교에서 단식과 재계(齋戒)를 하는 달로, 한 달 동안 해가 뜰 때부터 질 때까지 식사, 흡연, 음주, 성행위 따위를 금하는 이슬람교의 성월(聖月)이다. 금욕과 명상으로 알라를 경배하고 자신을 수양하는 경건한 종교의식을 일컫는다.

틱낫한 스님이 말하길, "그대가 시인이라면 종이 안에 떠다니는 구름을 볼 수 있을 것이다. 구름이 없으면 비도 없을 것이고, 비가 없으면 나무들은 자라지 못한다. 나무가 없으면 종이를 만들 수 없다. 그러므로 구름은 종이에게 가장 중요한 것이다." 이 세상에 독립된 존재는 없다는 뜻이다.

* 라센 빙붕(氷棚)

일명 시렁붕(붕(棚)의 모습이 시렁(선반)을 닮았다는 의미)이라고도 불리는 라센 빙붕은 꼬리뼈처럼 나와 있는 남극 반도의 동쪽 해안을 따라 분포하고 있다. 1995년에 가장 북쪽에 있는 빙붕이 폭풍 때문에 작은 조각으로 갈라졌고 2002년에는 중부 빙붕이 떨어져 나갔다. 지금은 남부에만 일부가 남아 있다. 전문가들은 해양 및 대기 순환의 특수성 때문에 서남극 북부의 얼음이 빠른 속도로 녹고 있다고 추정한다. 빙붕이란 대륙빙상(氷床)이 흘러서 바다에 떠 있는 두께 300~600m의 얼음을 말한다.

춘원은 워즈워스의 「수선화」, 도연명의 「귀거래사」를 읽게 하였고, 언제나 남의 좋은 점을 먼저 보며, 그는 남을 칭찬하는 기쁨을 즐겼다. 그의 화제는 무궁무진하고 신선한 흥미가 있었으며 그와 같이 종교, 철학, 문학에 걸쳐 해박한 교양을 가진 분은 매우 드물다. 그는 신부나 승려가 될 사람이었다. - 금아 피천득

* 락까

락까(아랍어)는 시리아 북중부에 위치한 락까 주의 주도로 IS의 심장부다. 인구는 22만 명으로 시리아에서 여섯 번째로 큰 도시이며, 군사령부, 각종 행정시설, 무기고, 신병모집소 등 IS의 주요 시설이 있다. 유프라테스강과 접하며 알레포에서 동쪽으로 160㎞ 정도 떨어진 곳에 위치해 있고, 2011년 '아랍의 봄' 이후 시리아의 바샤르 알아사드 정권과 반정부 세력인 자유시리아군이 싸우는 사이에 IS가 이곳으로 세력을 확장했다.

세익스피어를 가리켜 '천심만혼(千心萬魂)'이라고 부르기도 하고 한 그루의 나무가 아니요 '삼림(森林)'이라고 지적한 사람도 있다. 세익스피어는 때로는 속되고, 조야하고, 수다스럽고 상스럽기까지 하다. 그러나 그 바탕은 사랑이다. 그의 글 속에는 자연의 아름다움, 풍부한 인정미, 영롱한 이미지, 그리고 유머와 아이러니가 넘쳐 흐르고 있다. 콜리지는 그를 가리켜 '아마도 인간성이 창조한 가장 위대한 천재'라고 예찬하였다.

* 래시가드(Rash Guard)

영어로 발진을 뜻하는 '래시(Rash)'와 보호대라는 의미의 '가드(Guard)'가 합쳐진 말이다. 호주에서 서핑을 즐기는 사람들을 위

해 처음 만들어졌다. 피부 마찰이나 자외선, 해파리 등 다양한 위험으로부터 착용자의 피부를 보호하는 기능이 강조되고 있다. 소재는 나일론, 폴리에스테르 등 다양하다. 몇 년 전부터는 야구, 축구, 미식축구 등 다양한 스포츠 종목에서 속옷과 훈련복으로 쓰이고 있다.

가난한 것이 비극이 아니라 가난한 것을 이기지 못하는 것이 비극이다.

* 랩어카운트

주식, 채권 등 금융상품을 주방에서 뚜껑이 없는 음식물을 덮기 위해 쓰는 랩(Wrap)처럼 감싸듯이 자산 관리사가 주식이나 채권 따위로 분산 투자 계획을 세워, 고객이 맡긴 돈을 종합적으로 관리하는 방식이다. 투자자가 증권사에 운용을 일임하는 게 일임형 랩이며 그중 투자자문사의 종목 추천을 받아 운용하는 것이 자문형 랩이다.

늙어서 젊은이와 거리가 생김은 세대의 차가 아니라 늙기 전의 나를 잃음이다.

* 로열젤리와 프로폴리스

로열젤리는 일벌이 유충을 기를 때 포육선에서 분비되는 기름 형태의 물질로 벌의 젖이라는 뜻으로 '봉유', 여왕벌이 먹는 젖이라고 하여 왕유라고도 한다. 보관을 잘못하면 금방 변한다. 그러나 벌집 안에서는 오랫동안 둬도 변질되지 않는다. 프로폴리스(Propolis)라는 물질의 작용 때문이다. 프로폴리스는 꿀벌이 각종

화제가 빈곤한 30~40대라면 반드시 알아야 할 시사상식

식물로부터 채취한 식물수지에 타액과 효소를 섞어 만든 천연물질로 벌집의 빈틈을 메우는 데 쓴다. 항미생물, 항산화 효과가 뛰어나 최근 건강보조식품으로 주목받고 있다.

위대한 사람은 시간을 창조해 나가고 범상한 사람은 시간에 실려 간다. 그러나 한가한 사람이란 시간과 마주 서 있어 본 사람이다.

* 로컬푸드

장거리 운송 과정을 거치지 않은, 그 지역에서 생산된 농수산물이다. 대개 반경 50㎞ 이내에서 생산 및 소비된다. 배송 거리가 짧아 신선도가 높고, 유통 단계가 줄어들어 판매 가격이 낮은 것이 특징이다.

나이 든 후 숨만 쉬며 살아가는 삶이라면 200살까지 산다 한들 뭐하겠나. 일거리, 몰두, 집중, 즐겁게, 가치, 의미를 염두에 둔 열정과 끈기로 아름다운 마무리가 되도록 노력해야 한다.

* 로힝야(Rohingya)족

미얀마 북서부 라카인주에 집단 거주하는 수니파 무슬림 소수민족을 일컫는다. 인구의 70%가 버마족인 불교국가 미얀마는 140개 소수민족을 포용했지만 로힝야족은 국민으로 인정하지 않고 불법 체류자로 대하고 있다. 산아 제한, 이동의 자유 박탈 등 각종 차별과 핍박에 시달린 로힝야족은 '보트피플(선상 난민)'로 국제 문제가 됐다. 미얀마 정부는 로힝야족을 영국이 식민 통치를 위해 인도에서 들어온 노동 인력의 후예로 보지만, 로힝야 학자들은 7세기 라카인주에 정착한 아랍 무슬림 상인의 후예라고 규정하고 있다.

노랑나비 훨훨, 어디 있다 왔니? 서늘한 봄, 어디에서 몸을 떨고 있었을까. 천방지축 유리창떠들썩팔랑나비가 흑갈색 날개를 유리창에 '부르르~' 퍼덕거린다. 개구쟁이 수풀떠들썩팔랑나비도 등황색 날개를 팔랑거리며 보랏빛 엉겅퀴꽃에 코를 박고 있다. 심술꾸러기 왕자팔랑나비는 검은 날개를 휘저으며 다른 나비들을 못살게 군다. 그렇다, 나비는 팔랑거려야 나비다.

* **롤리타**(Lolita)

러시아 출신의 미국 작가 나보코프가 1955년에 발표한 장편소설의 제목이자 주인공 험버트가 사랑에 빠지게 되는 사춘기 소녀의 이름이다. 파격적인 소아 성애를 묘사하여 엄청난 논란에 휩싸였으며, 어린 소녀에게 느끼는 성적 욕망을 가리키는 '롤리타 콤플렉스'는 이 소설 제목에서 유래했다. 롤리타는 수동적이고 성숙하지 않은 소녀 같은 여성을 뜻하는 말로 발전했으며 관련 패션, 화장법 등이 1990년대 일본에서 시작해 일반명사가 되었을 정도로 전 세계적으로 유명해졌다.

경부고속도로 상행선 추풍령(222m) 휴게소에는 높이 30.8m의 고속도로 준공 기념탑이 서 있다. 화강암으로 만든 기념탑은 기단과 탑신을 합해 77단이다. 광장에서 탑으로 오르는 계단도 77계단이다. 경부고속도로 준공일인 1970년 7월 7일과 공사 도중 아깝게 희생된 77명의 산업전사를 상징한다. 하행선 금강휴게소에는 순직자 위령탑이 있다.

* 롤리타 콤플렉스(Lolita complex)

성인 남자가 미성숙한 어린 소녀에게만 성욕을 느끼는 소아성애 증으로 일종의 정신병이다. 롤리타는 나보코프의 동명(同名) 소설에 등장하는 성적(性的)으로 조숙한 소녀의 이름이다. 소설은 주인공 중년 남성과 12세짜리 의붓딸 롤리타의 대담한 성적 행위를 묘사해 큰 파장을 일으켰다.

PC가 시골 트럭이면 아이패드는 도시의 승용차다. - 스티브 잡스

* 리버스 이노베이션

신흥 개발국에서 개발한 혁신 제품과 서비스를 선진국이나 세계 시장에 판매하는 것을 말한다. '돌려주다, 뒤집다'라는 뜻의 'Reverse'를 혁신(Innovation)과 합성해 만든 말로, 직역하면 '역(逆)혁신'이다. 선진국에서의 혁신을 신흥시장에 적용해왔던 기존 이론을 뒤집었다. 미국의 경영학자인 비제이 고빈다라잔의 책 제목이자 이론이다.

거울 앞에서 웃어라. 웃음이 자연스럽고 아름다우면 당신은 잘 살고 있는 것이다.

* 리셋증후군(Reset症候群)

컴퓨터가 원활히 돌아가지 않거나 제대로 작동하지 않을 때 리셋 버튼만 누르면 처음부터 다시 시작할 수 있는 것처럼 현실에서 실수하거나 잘못을 하더라도 리셋 버튼만 누르면 해결될 수 있다고 생각하는 대표적인 인터넷 중독 증세 가운데 하나다.

바싹 마른 가을 햇살은 산들바람과 잘 버무려졌다. 소슬한 바람이 살갗에 닿을 때마다 와삭와삭 사과 깨무는 소리가 난다. 슈베르트의 피아노곡 소리가 미끄러진다. 사랑의 세레나데가 가슴을 후빈다.

* 리치미디어 광고

배너 광고에 고급 신기술(비디오, 오디오, 애니메이션 효과 등)을 적용하여 더욱 풍부하게 만든 멀티미디어 광고다.

우리의 뇌는 생각을 자유롭게 놓아주면 생산적인 방황(彷徨)을 시작한다.

미음

* 마니차(Mani茶)

마니(Mani)는 여의보(如意寶)라는 뜻으로 라마교의 성구 '옴 마니
밧메 훔'이 새겨져 있어, 이것을 돌리면 경전을 독송하는 것과 같
은 공덕이 있다고 여겨진다.

지식은 기억으로부터 온다. 그러나 지혜는 명상으로부터 온다. 지식은 밖에서 오
지만 지혜는 안에서 움튼다.

* 마다가스카르

마다가스카르는 아프리카 동남쪽에 위치해 있으며 지구상에서
네 번째로 큰 섬이다. 한반도 면적의 2.7배이며 고유한 생물종이
많아 5개 대륙과 남극에 이어 제7의 대륙으로도 불린다.

청계천 시냇가에 애기똥풀꽃 무수히 피었다. 살짝 꺾으니 가는 줄기에서 샛노란
물이 나온다. 꼭 갓난아기 똥 같다. 그 즙엔 독이 있다. 소는 그걸 어떻게 알았을
까. 풀 뜯을 때 애기똥풀은 쳐다보지도 않는다.

* 마셜 플랜(Marshall Plan)

마셜 플랜은 제2차 세계대전 이후 유럽의 황폐화된 동맹국을 위
해 미국이 계획한 재건, 원조 계획이다. 미국의 국무장관 조지 마

셜이 제창했기 때문에 마셜 플랜 또는 마셜 계획이라고도 불리며, 황폐해진 유럽을 재건축하고 미국 경제를 복구시키며 공산주의의 확산을 막는 것이 목적이었다. 1948년 4월부터 1951년 말까지 120억 달러에 이르는 경제 원조를 시행했다.

'오뉴월 소나기는 쇠등을 두고 다툰다.' 쇠등 하나를 경계로 이쪽에는 비가 내리고 저쪽에는 내리지 않는다.

* 마쓰시타 정경숙(政經塾)

공익재단법인 마쓰시타 정경숙은 마쓰시타 전기산업(현 파나소닉)의 창업자 마쓰시타 고노스케(1894~1989년) 회장이 차세대 정치 지도자 양성을 목적으로 1979년 설립한 사설 교육기관이다. 22~35세의 대졸 및 사회 경험자를 선발해 3년 동안 가나가와현에 있는 기숙사에서 고전 강좌, 검도, 다도, 서예, 100㎞ 행군 등 강도 높은 지도자 훈련을 시킨다. 해마다 200명에 이르는 정치 지망생이 지원하지만 논문과 면접을 거쳐 5~10명만 선발한다. 2009년 8월 총선에서 31명의 중의원을 배출하는 등 정치적 기반이 부족한 정치 지망생의 등용문으로 여겨지고 있다. 하지만 졸업자의 정치적 성향이 보수에서 진보에 이르기까지 워낙 다양해 정치적인 세력화엔 한계가 있다는 지적을 받는다.

'어릴 때부터 책을 읽으면 젊어서 유익하다. 젊어서 책을 읽으면 늙어서 쇠하지 않는다. 늙어서 책을 읽으면 죽어서 썩지 않는다.'라고 했다.

* 마이스(MICE, Meeting IncentiveTravel Convention Exhibition) 관광
'서비스 산업의 꽃'이다. 즉 기업회의, 인센티브관광, 국제회의, 전시회 등 4개 분야를 의미한다.

큰 나무 밑에서도 작은 풀잎은 비굴해 하지 않는다.

* 마이스터고
초·중등교육법 시행령 제90조 제1항 제10호에서 산업 수요 맞춤형 고등학교로 정의되는 대한민국의 특수 목적 고등학교의 한 종류이다. 기술 명장을 길러낸다는 취지로 기존 특성화고가 전환한 학교로 2010년 전국 21곳이 개교했다. 수업료와 입학금 등이 전액 면제되고 졸업 후 취업할 경우에는 군 복무를 최대 4년 연기할 수 있는 등의 혜택이 있다. 전국에서 지원할 수 있으며 학교마다 특성화 분야에 따라 자유로운 교육과정을 운영할 수 있다.

"글이란 읽으면 익을수록 사리를 판단하는 눈이 밝아진다. 그리고 어리석은 사람도 총명해진다. 흔히 독서를 부귀나 공명을 얻기 위한 수단으로 여기는 사람들이 있는데, 그런 사람들은 독서의 진정한 즐거움을 모르는 속된 무리다." - 유중림의
『산림경제』

* 마이크로 다국적기업(Micro Multinationals)
핵심 역량을 유지하기 위한 최소한의 인력만 두고 나머지 업무는 아웃소싱을 통해 해결하는 다국적기업을 뜻하는 말로 미국 버클리 캘리포니아대 명예교수이자 구글의 수석경제학자인 할 바리

언 교수가 이름 붙였다. 기존 다국적기업들은 각국에 지사를 두는 등 규모가 컸지만 기술 발전에 힘입어 아주 작은 다국적기업들이 등장하고 있다.

귀는 듣던 소리를 즐거워하고 눈은 새로운 것을 보고자 한다.

* 마이크로 타기팅(Micro Targeting)

극소의 규모인 표적 시장을 말한다. 즉 일반적 사이즈나 취향이 아닌 소수의 고객층만이 있는 틈새시장을 의미한다. 목표가 되는 고객 집단을 극도로 세분하고 세분 집단의 욕구에 개별적으로 대응해 마케팅 활동의 효과를 극대화하는 방법을 말한다. 예를 들어 보통 기업들은 20대 젊은 층이 대체로 유사한 성향을 지녔다는 가정을 하고 마케팅 활동을 벌인다. 하지만 마이크로 타기팅 방법론을 적용하면 관심사나 취미, 소득, 성별, 성격, 학력 등 다양한 요소에 따라 수많은 집단을 추출해 개인별 특성을 반영한 메시지를 전달할 수 있다.

사람은 태어날 때 입안에 도끼를 가지고 나온다. 어리석은 사람은 말을 함부로 함으로써 그 도끼로 자기 자신을 찍고 만다. - 『수타니파타』

* 마조히즘(Masochism)

이성으로부터 신체적, 정신적인 고통을 받음으로써 성적 쾌감이나 만족을 느끼는 병적인 심리 상태를 말한다. 피학대 성욕도착증이라고도 불린다.

가을에는 어디론가 훌쩍 떠나고 싶은 유혹을 받는다. 여행은 목적지에 도달하는 일이기보다 일상의 굴레에서 벗어나는 데 그 일차적 의미가 있다.

* 만물인터넷(IoE, Internet of Everything)

사람, 프로세스, 데이터, 사물이 상호 지능적으로 연결된 형태, 즉 사물인터넷이 진화된 한층 넓은 개념이다. 사람-프로세스-데이터-사물의 연결로 얻어진 정보는 새로운 기능 및 비즈니스를 위한 경제적 가치로 창출된다. 시스코가 IoT(Internet of Things, 사물인터넷)와의 차별성을 강조하기 위해 만든 용어다.

새로운 것의 창조는 지능이 아니라 내적 필요에 따라 움직이는 유희 본능에 의해 완성된다. 창조적인 정신은 사랑의 대상과 함께 유희한다.

* 말라리아 백신

바이러스가 아닌 기생충에 의한 질병인 데다 기생충이 인체 곳곳을 돌아다니며 형태가 변해 백신 제조가 특히 어려웠다. 영국 제약회사 GSK와 게이츠 부부가 운영하는 빌앤드멀린다게이츠 재단이 2011년 10월 18일 임상시험 결과를 발표한 50% 수준의 면역효과가 있는 새 말라리아 백신은, 말라리아 원충의 표면단백질과 B형 간염 바이러스, 면역자극제 등을 이용해 만들었다.

운은 어느 날 갑자기 하늘에서 떨어지지 않는다. 자신의 길을 투철하게 가는 사람에게 기회가 오고, 그중 나와 맞아떨어지는 기회가 바로 운이다.

* 망종(芒種)

망종. 24절기 중 9번째. 벼나 보리 등 수염이 있는 까끄라기(芒) 곡식과 관련 있는 절기다. 익은 보리를 베고, 그 논에 벼농사를 시작할 때라는 의미다. 보리타작과 모내기가 겹쳐 농가는 1년 중 가장 바쁜 시기다. "망종엔 발등에 오줌 싼다"라는 말이 그래서 나왔다.

그림이 걸려 있는 방은 생각이 걸려 있는 방이다.

* 맞춤형 보육

0~2세를 대상으로 맞벌이 부부의 자녀 등 장시간 어린이집 이용이 필요한 경우엔 종일반(일 12시간)을, 그 외엔 맞춤반(일 6시간과 월 15시간 바우처)을 이용하는 제도다. 맞춤반 아동 보육료는 종일반의 80%다.

'만일 네가 혼자 있다면 너는 완전히 네 것이다. 하지만 한 친구와 같이 있을 경우 너는 절반의 너다.' - 레오나르도 다빈치
이때의 고독은 정말 자유로운 것이다. 그러므로 자유는 고독한 것이다.

* 매스기빙(Mass Giving)

대중이 소비를 통해 힘을 모아 사회 기부에 참여하는 것을 말한다. 기업의 제품 판매, 사회공헌활동, 소비자의 의지가 모여 새로운 기부 트렌드를 만드는 의미가 있다.

화제가 빈곤한 30~40대라면 반드시 알아야 할 시사상식

자신의 범속한 일상을 밑바닥까지 자각한 사람에게는 새로운 눈이 뜨인다. 그래서 어제까지 보이지 않던 사물이 보이게 된다.

* 매월당 김시습(1435~1493년)

단종 폐위 이후 승려(법명 설잠)가 되어 방랑하면서 시문을 짓고 경주 남산 용장사에서 8년간 머무르며 『금오신화』를 남긴 당대의 천재였다. 지금은 용장사지 터만 남았다. 주변에 설잠(雪岑)교가 있다. 말년에 충남 부여군 무량사에서 은거하다 세상을 떴다.

행복하다는 느낌조차 잊어버릴 때가 가장 행복한 순간이다. - 미하이 칙센트미하이, 미국 클레어몬트대 철학 교수

* 매출채권

거래처에 납품하면서 나중에 돈을 받기로 하고 현금 대신 채권을 받는 일종의 외상 거래다.

프란치스코 성인은 생애 후반에 이르러 수많은 동물과 얘기를 했다고 한다. 달라이 라마 역시 비가 오면 길가에 나와 있는 지렁이들을 손바닥에 들어 기도문을 외며, 풀섶으로 옮겨 주었다.

* 맹모단기(孟母斷機)

맹자가 공부하던 중 스스로 만족하여 집으로 돌아왔을 때 어머니가 짜던 베를 칼로 잘랐다. 위의 것도 아랫것도 못쓰게 되었다.

학문을 중간에 포기하면 이와 같이 되느니라.

사나이는 모름지기 가을 매가 하늘 높이 치솟아 오르는 듯한 기상을 품고, 천지를 조그맣게 보고, 우주를 가볍게 손으로 요리할 수 있다는 생각을 가슴속에 품어야 한다.

* 맹자 고자하

하늘이 이 사람에게 장차 큰 임무를 내리려고 하면 반드시 먼저 그 심지를 괴롭게 하며, 그 근골을 힘들게 하고, 그 체부를 굶주리게 하며, 그 몸을 곤궁하게 하고, 행하려고 하는 바가 다스려지지 못하게 하니 마음을 움직이도록 하여 성질을 참도록 함으로써 이에 능하지 못했던 것을 보태주기 위함이다.

우리는 죽음과 아무런 관계가 없다. 왜냐하면 우리들이 살아 있을 때는 죽음이 있지 않고 죽음이 있을 경우에는 우리가 있지 않기 때문이다.

* 머들링 스루(Muddling Through)

진흙탕 속에서 시간을 끌며 힘겹게 나아간다는 뜻으로 유럽 재정위기로 촉발한 경기침체의 장기화 현상을 이르는 말이다. 불확실성이 높아지는 대외환경에서 살아남는 것을 헤쳐 나가기 힘든 진흙 속을 통과하는 상황에 비유했다.

나이가 든다는 것은 어떤 일이든 할 수 없을 때를 말한다. 반대로 무엇인가를 할 수 있다고 하는 것은 나이 들었다고 할 수 없다. 단순한 나이 먹기에서 생물학적

나이는 별 의미가 없다.

* 메구미 납북사건

일본인 납북 피해자의 상징적 사건이다. 요코타 메구미는 중학교 1학년(13세)이던 1977년 11월 15일 니가타현의 학교에서 배드민턴 연습을 마친 뒤 집으로 돌아오다 북한 공작원에게 납북됐고, 김정일은 2002년 북-일 정상회담에서 그의 납북 사실을 인정했다. 북한은 2004년 메구미의 유골을 전달했으나 유전자(DNA) 검사 결과 다른 사람의 것으로 확인됐다.

쓸쓸함은 고독의 배다른 형제다.

* 메기효과

천적인 메기와 미꾸라지를 수조에 함께 넣어 기르면, 메기로부터 살아남기 위해 미꾸라지가 더 기민하게 많이 활동하여 건강한 상태를 유지하게 되는 현상을 말하며, 기업 활동에서 강한 경쟁자 덕분에 기존 기업들의 경쟁력이 강해지는 현상을 설명한 용어다.

시골 매미는 조용하게 운다. 주위가 계곡물과 솔바람 소리가 버무려진 소리 외에는 들리지 않는 곳이니 크게 울 필요 없다. 대신 대도시 매미들은 지악스럽게 울어댄다. 주변의 소음을 이겨야 자기의 울음을 암컷에게 들리게 할 수 있을 터이니 말이다. 이래저래 도시 생활은 힘들다.

* 메디텔

의학을 의미하는 'medicine'과 '호텔(hotel)'의 합성어로 숙박과 의료시설을 겸한 건물을 말한다. 말하자면 의료기관이 직접 운영하는 의료관광호텔을 말한다. 기존에도 호텔 안에 의료시설이 들어설 수 있었지만 의료기관이 직접 호텔을 소유하는 것은 금지됐었다. 메디텔 관련법이 시행되면 의료와 관광을 함께 하기 위해 방한(訪韓)하는 환자 및 가족들이 주로 이용할 것으로 기대된다.

훅~ 불면 날아갈 듯한 고운 눈썹달, 소녀의 손톱 끝에 뜬 '손톱 달', 날아갈 듯한 '버선코 달', 팽팽하게 당겨진 '활시위 달', 탱자나무 울타리에 걸린 시퍼런 '낫 달'. 얼마나 배고픈지, 볼이 움푹 파여 있는, 심연을 알 수 없는 밥그릇 같은 모습으로 밤새 달그락달그락 대는 달.

* 메르코수르

남아메리카 국가들의 경제 공동체로 남미 공동시장을 말한다. 남아메리카 국가들의 물류와 인력, 자본의 자유로운 교환 및 움직임을 촉진하며 회원국과 준회원국 사이의 정치·경제 통합을 증진시키는 것을 목적으로 하고 있다. 현재 베네수엘라, 콜롬비아, 우루과이, 파라과이, 브라질, 아르헨티나의 6개국으로 구성되어 있다.

빗소리, 반공중에 떠 있던 물방울이 바닥에 곤두박질할 때의 비명. "똑 또그르르!" 연잎에 구르는 보슬비. "후두둑!" 먼지 풀풀 날리며 내리꽂히는 소나기. "주르륵 줄줄~" 줄기차게 떨어지는 처마 끝 낙숫물. "우르르~ 콸콸!" 사정없이 쏟아져 내리는 계곡물.

* 메모리반도체

크게 D램과 낸드플래시 두 가지로 나뉜다. 컴퓨터의 주기억장치인 D램은 일시적으로 데이터를 저장하는 '작업용'이다. 낸드플래시는 반영구적으로 저장이 가능한 '보관용'이다. D램은 전원을 끄면 정보가 사라지지만 낸드플래시는 전원이 꺼져도 메모리에 데이터가 계속 저장된다.

우리가 해야 할 큰일은 먼 데 있는 불명확한 것이 아니라, 아주 가까이 있는 명확한 사실이다.

* 메세나

기업들이 문화예술에 대한 지원을 통해 사회에 공헌하고 국가 경쟁력에 이바지하는 활동을 총칭하는 용어다. 로마 제국 시대 문화 예술인을 지원한 재상 마에케나스의 이름에서 유래하였다.

우리는 건강이 우연히 이루어지지 않는다는 사실을 매우 자주 잊어버린다. 건강은 법칙에 순종한 결과로 얻게 된다. 그것은 운동경기와 힘을 겨루는 시합에 참가하는 사람들에 의하여 입증된다. 그 사람들은 가장 세심한 준비를 갖추게 된다. 그들은 철저한 연습과 엄격한 훈련을 받는다. 모든 육체적 습관은 엄격한 규칙의 지배 아래 놓인다. 그들은 육체의 어떤 기관이나 기능을 악화시키거나 무능하게 만드는 태만과 무절제와 부주의가 분명히 패배를 가져다준다는 사실을 안다.

* 메이플스토리

위젯 스튜디오에서 제작하고 넥슨코리아가 서비스한다. 자신만의 캐릭터를 꾸며 상상 속의 세계를 여행하면서 괴물을 쫓는 내용으로 구성된 세계 최초의 2D 사이드 스크롤 방식 온라인 게임이다. 2003년 정식 서비스가 시작된 후 전 세계 60여 개국 이상에서 서비스되고 있으며, 약 13억 명 이상의 사용자가 가입돼 있다. 이런 인기에 힘입어 2011년에는 닌텐도 DS용과 스마트폰용 게임도 출시됐다.

이규보의 술친구를 부르는 편지다. '요사이 우리 집에서 술을 빚었는데, 자못 향기롭고 텁텁하여 마실 만합니다. 어찌 그대들과 함께 마시지 않을 수 있겠습니까? 더구나 지금 살구꽃이 반쯤 피었고 봄기운이 무르녹아 사람들을 취하게 하고 다감하게 합니다. 이처럼 좋은 계절에 한잔 없을 수 있겠습니까?'

* 메자닌(Mezzanine)펀드

채권과 주식의 성격을 모두 지닌 신주인수권부사채(BW), 전환사채(CB), 교환사채(EB) 등에 투자하는 펀드다. 메자닌은 원래 건물 1층과 2층 사이의 중간층을 뜻하는 이탈리아 건축용어다.

'조금 놓아 버리면 조금의 평화가, 크게 놓아 버리면 큰 평화가 온다. 만일 완전히 놓아 버리면 그만큼의 평화와 자유를 얻을 것이다.' - 달라이 라마

* 메타물질

아직 자연에서 발견되지 않은 특성을 가지도록 설계된 물질이다. 음파나 전파보다 크기가 작은 물질구조를 나란히 배열해 넓은 판 모양으로 만든 것이다. 음파나 전파가 반사되지 않고 흡수되기

때문에 스텔스 기능을 갖춘 잠수함이나 전차 등을 개발할 때 자주 이용하는 첨단기술이다.

걸음아 날 살려라. 줄행랑이 날 살린다. 나쁜 것으로부터의 도망, 술, 마약, 도박, 오락, 성, 경마, 경륜, 경정, 투계, 투우, 파친코 등으로부터의 도망이 날 살린다. 그리고 줄행랑쳐라. 그것만이 살길이다.

* 면소(免訴)판결
공소시효가 지났거나 사면이 내려진 경우, 확정판결이 있을 경우, 재판하는 시점에 해당 범죄와 관련된 처벌 규정이 폐지됐거나 새 법령이 제정됐을 때 재판부가 소송절차를 종결시키는 판결이다.

자연은 우리 인간에게 아득한 옛적부터 많은 것을 아낌없이 무상으로 베풀어 오고 있다. 맑은 공기와 시원한 바람, 밝고 따뜻한 햇살과 천연의 생수와 강물, 침묵에 잠긴 고요, 별이 빛나는 밤하늘, 논밭의 기름진 흙, 아름답고 향기로운 꽃, 사랑스럽게 지저귀는 새들의 노래, 그리고 생기에 넘치는 숲!

* 면장(免墻)
'알아야 면장을 하지'는 『논어』의 '면장(免墻)'에서 유래한 것으로 지식이 있어야 벽처럼 답답한 사람이 되는 것을 면한다는 뜻이다.

푹푹 찌는 찜통더위, 이른 새벽, 자리 박차고 일어나 축축한 숲속을 걷는다. 풀잎마다 이슬 흠뻑 머금은 채 단잠을 자는 곤충들, 잠자리, 풍뎅이, 베짱이, 노린재, 부전나비, 배추흰나비, 왕귀뚜라미, 파리매, 소등에…… . 풀잎 이슬은 곤충들의 천

연 에어컨, 곤충들의 기상 시간도 느긋하다. 아침 햇살에 날개를 활짝 펼쳐 몸을
말린 후 비로소 늘어지게 기지개를 켠다.

* 모르몬교

1830년에 미국의 스미스가 창시한 개신교의 한 파다. 성경전서와
모르몬경을 성전(聖典)으로 삼으며, 초기에는 일부다처를 인정하
였다. 정식 명칭은 '예수 그리스도 후기 성도 교회'다. 초대 교회
의 신권 조직과 운영 원리를 그대로 따르는 기독교계 종교다. 미
국 유타주 솔트레이크시티에 본부가 있으며 미국 내 600여만 명
의 신자가 있는 네 번째로 큰 기독교단이다. 해외 신도는 약 800
만 명. 하나님과 예수를 믿지만 삼위일체를 인정하지 않고,
구·신약성서와 함께 모르몬경을 경전으로 본다는 교리 차이 때
문에 개신교 일각에서는 이단으로 보기도 한다. 천주교와 개신교
대부분은 기독교의 한 종파로 인정한다.

사색은 삶의 위대한 예술의 하나다. 사색은 누구한테서 배울 수 있는 것이 아니다.
입 다물고 근원과 본질에 귀 기울이면 된다.

* 목단(牧丹)

모란, 작약과의 낙엽 활엽 관목이다. 중국 원산의 관상식물로 여
러 가지 재배 품종이 있으며, 높이는 2m가량이다. 잎은 깃 모양
의 겹잎이며 5월경에 큰 꽃이 핀다. 뿌리의 껍질은 한방에서 '목단
피(牧丹皮)'라 하며 약재로 쓰이고 목단 또는 목작약이라고도 부
른다. 목단꽃은 화왕(花王)답다. 진한 자주색 하며 크기가 기품

있고 왕답다. 향기가 없는 게 흠이지만 저토록 우아하고 잘생긴
자태에 향기까지 있다고 하면 다른 것들은 모두 '어머 기죽어' 할
게 아닌가. 창조주는 역시 위대, 또 위대하다.

이 세상의 모든 위대한 사업의 시초는 사람의 머릿속에서 먼저 계획된 것이다. 그
렇기 때문에 그대의 사상을 풍부하게 하라. 커다란 건축물들도 먼저 사람의 머릿
속에서 그 형태가 그려진 연후에 만들어졌던 것이다. 현실은 사상의 그림자다.

* 목표관리제

2011년 도입됐다. 각 기업이 할당된 온실가스 배출량을 초과하면
과태료를 부과하는 제도다. 해당 업체는 3월까지 온실가스 배출
현황을 신고하고 9월까지 감축 목표를 보고해야 한다. 정부는 이
를 토대로 업체별 할당량을 정한다. 2012년부터 할당량을 넘기
는 업체는 1,000만 원 이하의 과태료를 부과한다.

좋은 친구란 범속한 일상성을 떠나 공통의 지적 관심사가 있어야 한다.

* 몰링(Malling)

복합 쇼핑몰에서 쇼핑뿐만 아니라 여가도 즐기는 소비 형태를 말
한다. 가족과 함께 쇼핑도 하면서 식사, 게임, 영화 등 다양한 문
화 체험을 동시에 즐기고 소비할 수 있는 일종의 놀이문화를 뜻
한다. 최근 10년 사이 국내에서 대형 몰이 늘어나면서 '몰링족'의
수도 늘어났다.

포도, 과일의 여왕. 다산의 상징. 첫 포도를 따면 집안의 맏며느리에게 맨 먼저 먹였다. 전 세계 과일 생산량의 3분의 1을 차지한다. 하얀 것이 많을수록 달다. 포도 송이는 위쪽이 달고, 아래쪽으로 갈수록 시다. 아래쪽을 먹어본 뒤 고른다. 식초 몇 방울 떨어뜨린 물에 씻으면 농약 성분이 없어진다. 보관할 땐 봉지나 신문지로 싸서 한다. 문득 포도 알을 보면 구슬치기하고 싶다.

* 뫼비우스 신드롬

뇌신경이 마비돼 웃거나 찡그릴 수 없고 눈동자를 왼쪽, 오른쪽으로 움직일 수 없는 선천성 희소 질환이다. 발목이 몸 안쪽으로 굽거나 숨쉬기, 음식 삼키기, 말하기에 어려움을 겪기도 한다. 이 병을 처음으로 진단한 독일인 의사 뫼비우스의 이름을 따 병명을 붙인 것으로 알려졌다.

보리수는 인도 전 지역 어디서나 무성하게 자라는 나무로, 뽕나뭇과에 속하는 상록 활엽 교목이다. 바위틈이나 시멘트벽 틈 같은 데서도 뿌리를 내리고 자란다.

* 무력사용권(AUMF)

미국은 전쟁 선포권이 의회에 있다는 헌법 규정에 따라 대통령이 타국과 전쟁을 치르려면 의회 승인을 받아야 한다. 백악관은 2015년 2월 초 의회에 "미국이 IS를 파괴하는 전략 앞에 단합돼 있다는 것을 강력하게 보여주어야 한다"라며, 전쟁 권한을 달라고 의회에 승인을 요청해 청문회가 열렸다.

꿈은 길을 잃지 않게 만드는 이정표인 동시에 미래를 현실로 불러오는 신비스러운 마법사다. 현실을 외면하지 않고 인내하면 꿈은 반드시 이루어진다.

* 무신불립(無信不立)

『논어』에 나오는 '자고개유사 민무신불립(自古皆有死 民無信不立)', '사람은 누구나 죽지만 믿음이 없으면 살아갈 수 없다'라는 데서 유래하였다.

음악은 영혼의 방언이다. 음악은 지상에서 천상을 잉태한다. 이윽고 구원이다. 다른 구원이 거의 무효일 때의 마지막 구원이다.

* 무심(無心)

무심이란 마음이 없는 것이 아니다. 마음속에 아무것도 담아 두지 않았다는 것이다. 비유하자면 텅 빈 항아리와 같다. 본래의 마음이 곧 무심이다. 모든 분별에서 떠난 때 묻지 않은 맑고 투명한 마음으로, 더없이 청정한 마음을 말한다.

일본 오키나와의 무덤들은 어머니의 자궁에서 태어난 생명이 그 자궁으로 돌아간다는 신앙에 의해서 여자의 성기를 본떴다. 문풍지 부르르르 우짖는 겨울밤 온돌 아랫목이 간직하고 있던 그 온기야말로 어머니의 자궁에서 멀지 않은 것이다.

* 무역이득공유제

FTA(자유무역협정)로 효과를 누린 기업들로부터 이익의 일부를 거둬 FTA에 의해 피해를 본 농어업 등 다른 산업에 대한 피해 보전용도로 쓰는 것이다. 당정은 이런 방식을 변형해 이익을 낸 기업들이 자발적으로 기금을 조성하면 이 돈으로 농업 부문을 지원하는 방안을 추진 중이다.

미국 동부 어느 대학의 생물학 교수가 작은 네모 상자에 모래를 담아 거기에 라이보리 한 놈을 재배하는 실험을 했다. 날마다 물을 주었다. 3개월 뒤 거기에서 물만 먹고 싹이 자라나 열매를 달았다. 수분밖에 없었으니 이파리인들 빛깔이 진할 리 없고 열매도 푸짐하지 않았다. 3개월간 사방 30㎝, 깊이 50여㎝의 상자 안에서 뻗어 내린 뿌리 길이를 환산해 보니 무려 1만1,200㎞나 되었다. 거짓말 같았다. 그 기나긴 뿌리의 헌신적인 역할이야말로 한 생명의 숨은 바탕이었다.

* 무익한 논쟁

어떤 사람이 화살을 맞았는데 '이 화살은 어디 사는 누가 쏘았는가. 물푸레나무로 만든 것인가 아니면 다른 나무로 만든 것인가'라고 따지고 있으면 그사이 독이 온몸에 퍼져서 죽고 만다는 것이다. 우선 독화살을 맞았을 때는 그것을 빼서 치료부터 해야 한다.

'그의 언어를 칼로 베면 피가 흐를 정도로 살아 있다. 치열한 사색과 명상, 방대한 양의 독서의 결과다.' - 몽테뉴의 『수상록』 중에서

* 무인항공기(UAV)

실제 조종사가 직접 탑승하지 않고, 지상에서 사전 프로그램된 경로에 따라 자동 또는 반자동으로 조종하는 비행기다. 무인항공기와 모형항공기는 자동비행 장치가 비행체에 탑재돼 있는가로

구분된다. 적외선 감지기, 비디오카메라, 기상레이더 등을 장착해 적진을 정찰할 수 있고, 미사일을 탑재해 공격용으로 사용할 수 있다.

배운다는 것은 일방적인가. 가르친다는 것도 일방적인가. 배움은 가르치는 사람을 가르치기도 한다. 가르침은 배우는 사람으로부터 배우기도 한다. 아니, 배운다는 것은 자신이 자신을 가르치는 것이다. 가르친다는 것은 그 가르침을 자기 자신이 배우는 일이 된다. 스승이란 제자의 떡잎이다. 결코 제자의 꽃도 열매도 아니다.

* 무폴 주유소

정유사 상표를 뜻하는 폴 사인(Pole sign)이 없다. 정유사들이 많이 팔아주는 주유소일수록 기름을 싸게 주며 무폴 주유소는 박리다매를 하기 때문에 기름값이 싸다. 또 특정 정유사 기름만 써야 하는 일반 주유소와 달리 정유사별 단가를 비교한 뒤 싼 곳의 기름을 들여와 팔 수 있는 장점이 있다.

겨울 숲을 걷고 있노라면 나무들끼리 속삭이는 소리를 들을 수 있다. 빈 가지에서 잎과 꽃을 볼 수 있는 사람만이 그 소리를 알아들을 수 있다.

* 문사수(聞思修)

들을 '문', 생각 '사', 닦을 '수'. 들었으면 스스로 생각하고 자기 것을 만들어야 한다. 스스로 생각하라는 것은 자기를 여과시키라는 뜻이다. 그리고 행하라. 즉 그것을 일상에 옮기라는 것이다.

잡초란 그 장점이 아직 발견되지 않은 풀이다. - 에머슨

* 문자옥(文字獄)

중국 왕조 시대에 황제의 이름에 들어간 한자를 쓰거나 황제가 싫어하는 글자를 사용했다는 죄를 뒤집어씌워 관직을 박탈하거나 비판적 지식인을 사형까지 시킨 황제의 전횡을 일컫는 말이다. 정적 제거 수단으로 악용되기도 했다.

꽃이 꿀을 품고 있으면 소리쳐 부르지 않더라도 벌들은 저절로 찾아간다.

* 문제가 있는 사람

1. 쓸데없는 걱정 근심을 많이 한다.
2. 불평불만을 많이 한다.
3. 칭찬하지 않는다.
4. 대화(소통) 능력이 떨어진다.
5. 절망적인 말을 입에 달고 산다.

좋은 시를 읽고 있으면 피가 맑아지고 삶에 율동이 생긴다. 시는 일용할 양식 중에서도 가장 조촐하고 향기로운 양식이다.

* 문책경고

금융회사 임원에 대한 중징계 중 하나로 금융 관련 법규를 위반하거나 이행을 태만히 한 경우 내려진다. 문책경고를 받은 금융

회사 임원은 연임을 하지 못하고 퇴직 후 3년간 금융회사 임원이
될 수 없어 사실상 금융권 퇴출 통보로 간주된다.

3월의 바람과 4월의 비는 5월의 꽃을 데려온다.

* 문화 바우처 제도

저소득층(기초생활 수급자 및 차상위 계층)의 공연 및 전시회 입장권
과 책 등을 구입하는 것을 돕기 위해 정부가 비용의 50%를 부담
하는 제도다. 2010년 기준 1인당 지원 한도는 연간 5만 원이며 총
67억 원의 예산이 책정되었다.

어떤 그리움, 그러나 그리움이란 외로움의 바깥이 아닐까. 그리움은 외로움에 의
해서 태어나는 것은 아닐까.

* 물가연동국고채

원금 및 이자 지급액을 물가에 연동시켜 채권투자에 따른 물가
변동 위험을 제거함으로써 투자자의 실질구매력을 보장하는 채
권이다. 물가연동국고채는 정부의 이자 비용 절감, 안정적인 재정
조달 기반 확보, 민간의 물가연동채권 발행 시 기준금리 제공 및
효율적인 물가 예측지표 도입을 위해 2007년 3월 최초로 발행하
였다. 물가 상승에 따른 수익은 만기나 중도 환매할 때 얻을 수
있으며 비과세가 적용된다.

지상에는 1,000만 종 이상의 생물이 있다. 그 생물 중 하나인 인간인 나. 지상에는

인구 73억 명이 복작댄다. 하늘이 무엇이겠느냐. 지상의 목숨들에게 붙어 있는 눈들로 하여금 실컷 바라보라고 거기 있는 것 아닌가. 하늘을 자꾸 보아라. 그래야 지상의 일을 제대로 알게 되고 깨닫게 될 터.

* 물품음란증(페티시즘)

절편음란증이라고도 하며, 남성에서만 볼 수 있다. 개인의 성적 환상을 불러일으키는 무생물체에 성욕을 느끼는 성도착증이다. 성적 흥분을 위해 이성의 물건, 즉 여성의 속옷이나 스타킹 등 이성의 몸과 밀접한 관계가 있는 물건을 수집하고, 속옷 절도가 대표적이다. 대개 사춘기에 시작되며 만성화된다.

빈터 수줍게 핀 달개비꽃. 닭장 옆에서 잘 자라는 닭의장풀. 문득 피었다가 금세 저버리는 하루살이 꽃(Day flower). 선비들이 '꽃이 피는 대나무'라며 어여뻐하던 꽃. 무성한 풀밭에서 까치발로 선 깜찍한 꽃. 하늘하늘 가녀린 줄기에 귀 쫑긋 세운 꽃. 청초하고 순결한 '푸른 꽃 등불'.

* 미국 대선의 풍향계 뉴햄프셔주(州)

미국 동북부의 작은 주인 뉴햄프셔는 이곳 예비선거에서 이긴 후보가 최종 후보가 되는 경우가 많아 '대선 풍향계'로 불린다. 뉴햄프셔는 당원만이 아닌 일반인도 참여하는 예비선거(오픈프라이머리)가 처음 열리는 곳이어서 이곳의 승자는 즉각 여론의 주목을 받게 된다. 1980년대 이후 공화당 대선 후보 경선에서 뉴햄프셔와 사우스캐롤라이나를 모두 이긴 후보가 최종 후보가 안 된 경우는 한 번도 없었다.

글은 곧 그 사람이다. 글은 나를 거름 삼아 타인의 양식을 만드는 일이다. 그것의 이치는 '한 알의 밀이 땅에 떨어져 죽지 아니하면 한 알 그대로 있고 죽으면 많은 열매를 맺는다'는 성경의 가르침과 같다.

* 미국선녀벌레(美國仙女-, Metcalfa pruinosa)

노린재목 매미아목 선녀벌레과의 곤충으로, 성충의 몸길이가 5㎜ 정도다. 식물 수액을 빨아먹어 나무 생육에 악영향을 미치고 심할 경우 나무를 고사시킨다. 배설물이 식물에 닿으면 잎이 검게 타들어 가는 그을음병이 생긴다. 미국선녀벌레는 침엽수를 제외한 모든 활엽수와 농작물에 붙어살기 때문에 확산 속도가 빠르다. 외래 해충은 원래 살던 곳에서는 천적이 존재하기 때문에 큰 힘을 발휘하지 못한다. 하지만 다른 나라로 옮겨질 경우 천적이 없어 짧은 시간에 급격히 증가하게 된다. 외래 해충이 유입됐을 경우 원산지를 추적한 후 원산지에서 사는 천적을 들여와야 한다.

오르막길은 어렵고 힘들지만 그 길은 인간의 길이고 꼭대기에 이르는 길이다. 내리막길은 쉽고 편리하지만 그 길은 짐승의 길이고 구렁으로 떨어지는 길이다. 오르막길을 통해 뭔가 뻐근한 삶의 저항 같은 것도 느끼고, 창조의 의욕도 생겨나고, 새로운 삶의 의지도 지닐 수 있다.

* 미디어커머스(Media-Commerce)

4차 산업혁명 시대에 상품과 미디어 콘텐츠가 합성된 언어로 IT 기반의 커머스 서비스를 융합한 신개념 쇼핑 서비스다. TV, 스마트폰, 태블릿, PC 등을 통해 콘텐츠를 즐기다가 자연스럽게 상품을 구매할 수 있게 한다.

하나의 씨앗이 움트기 위해서는 흙 속에 묻혀서 참고 견디어 내는 인내가 필요하다.

* **미란다원칙**(Miranda warning, Miranda rights, Miranda rule)
수사기관이 범죄 용의자를 체포할 때 체포의 이유와 변호사를 선임하고 묵비권을 행사할 권리, 진술이 법정에서 불리하게 작용할 수 있다는 사실이 있음을 미리 알려 주어야 한다는 원칙이다. 1966년 미국 연방대법원이 납치, 성폭행 혐의로 기소된 어네스토 미란다에게 무죄판결을 내린 게 계기가 됐다.

음란은 독사의 알이다.

* **미래일기**(未來日記)
『미래일기』는 일본의 만화가 에스노 사카에가 그린 만화이다. 곧 자신이 원하는 미래나 계획을 마치 이미 일어난 일처럼 시간과 장소, 감정까지 구체적이고도 생생하게 과거형 문장으로 적는 것을 말한다.

우리가 공기를 소독해 마실 수는 없다. 깊숙한 폐포(肺胞)까지 전달되도록 복식호흡, 산속 걷기, 가슴 펴는 행위 등을 자주 한다.

화제가 빈곤한 30~40대라면 반드시 알아야 할 시사상식

* 미생지신(尾生之信)

다리 밑에서 만나기로 한 애인을 빗속에서 기다리다 익사한 미생의 이야기로, 고지식함을 빗대 표현한 중국 고사다. 한쪽에선 현실을 모르는 미련함을, 다른 쪽에서는 약속을 중시한 아름다움을 강조하며 서로 상대방을 공박했다. '홍수가 났는데 미생처럼 다리 밑에서 애인을 기다릴 순 없지 않으냐', '미생은 진정성이 있었지만 애인은 진정성이 없었다'라는 둥.

여행은 새로운 곳을 만나는 게 아니라 새로운 마음을 만나는 행위다.

* 미세 정온 기술

냉장고 내부 온도 편차를 최소화해 미리 설정된 온도를 일정하게 유지하는 기술이다. 일반적으로 냉장고 온도 편차는 최대 플러스마이너스 3도까지 되는데, 프리미엄 냉장고 셰프컬렉션은 이 기술을 통해 플러스마이너스 0.5도로 온도 편차를 줄였다.

태풍, 아름드리나무가 뿌리째 뽑히고, 채 익지 못한 푸른 열매들이 나뒹군다. 자연엔 옳고 그름이 없다. 그저 바람은 불고, 강물은 흐를 뿐. 태풍은 바닷물을 마구 뒤섞어 산소를 잔뜩 만든다. 고기들은 살판난다. 적조 현상도 사라진다. 희뿌연 도시의 먼지를 싹 쓸어가 버린다. 그뿐인가. 저마다 가슴 속에 똬리 틀고 있는 '먹먹한 아픔'도 날려버린다.

* 미소금융(微小金融, Microcredit)

제도권 금융회사 이용이 곤란한 금융소외 계층을 대상으로 창업·운영자금 등 자활자금을 무담보·무보증으로 지원하는 소액 대출사업이다. 휴면예금과 기부금을 재원으로 하는 중앙재단과 6개 기업재단(롯데·삼성·포스코·현대차·LG·SK), 5개 은행재단(국민·기업·신한·우리·하나 은행)이 2009년 12월부터 대출을 시작했다.

인간의 행복은 지극히 사소하고 일상적이며 작은 데 있다. 아침 햇살에 빛나는 자작나무의 잎에도 행복은 깃들어 있고, 벼랑 위에 피어 있는 한 무더기 진달래꽃을 통해서도 행복의 씨앗을 얻을 수 있다. 빈 마음으로 그걸 느낄 수 있어야 한다.

* 미스킴라일락

미국 라일락 시장의 30%를 차지하는 '미스킴라일락'의 원산지는 한국이며 우리 이름은 '수수꽃다리'다. 꽃대가 수수를 닮은 조선 꽃이다. 멀쩡한 한글 이름 두고, 왜 미국 이름이 붙어 돌아왔을까. 1947년 미국 식물학자가 북한산 백운대에 심긴 야생의 털개회나무(수수꽃다리)를 채취해 씨를 받아 원예종으로 개량했다. 그 채집가의 한국 여비서 성을 따 '미스킴라일락'이라고 이름 붙였다. 쪽머리 낸 어머니처럼 단아한 옥양목 흰 꽃. 어릴 적 초가집 울타리에 수줍게 오종종히 피어 있던 꽃. 이젠 수목원에서조차 찾아보기 힘든 보리 꽃망울의 눈물 꽃이 되었다. 우리나라에선 1970년대부터 로열티를 내고 이 꽃을 역수입하고 있다.

세상에서 누가 가장 행복한가? 돈 많은 사람? 부와 명예를 다 누리는 사람? 친구가 많아 늘 즐거운 사람? 아니다. 취미와 직업이 일치하는 사람이 으뜸이다.

* 미어캣(Meerkat)세대

2010년에 새 용어로 등장했다. 눈이 밝고 후각이 발달되어 있어 땅속을 이리저리 파내며 먹이를 쉽게 구한다. 천적인 뱀과 자칼, 전갈 등이 위협하고 있지만 뱀과 전갈의 독에도 견뎌내는 강인한 동물이다. 이 미어캣에 빗대어 치열한 취업난을 극복하기 위해 다양한 스펙을 준비하며 열심히 살아가는 젊은이들을 이른 말이다.

한국에는 잡스나 슈미트가 정녕 없을까? 정답은 '있다'. 있는데 못 찾는 것이고 나올 만하면 싹을 자르니 안 보인다. 지배하는 우리 기업 문화에선 창의성은 열매 맺기 힘들다. 모난 돌이 정 맞듯 엉뚱함에서 비롯된 창의적인 생각들은 핀잔의 대상이 안 되면 그나마 다행. 보통 강심장이 아니고는 주눅 들게 마련이고 두 번 다시 생뚱맞은 아이디어를 낼 엄두를 안 낸다. 단기 성과에 집착해 젊은이들이 '리스크 테이킹'을 아예 포기하도록 하는 기성세대는 지금 심각한 직무유기 중임을 알아야 한다.

* 미(美) 연방정부 채무한도 조정

미국은 의회에서 연방정부가 국채 발행 등을 통해 빚을 질 수 있는 한도에 제한을 두고 있다. 2010년 연방정부의 채무한도는 14조 3000억 달러로 책정돼 있다. 미 연방정부의 빚은 2010년 말 14조 달러를 넘어선 이후 계속 늘어나 2011년 5월 한도를 채울 것으로 예상되고 있다. 의회가 채무한도를 증액하지 않으면 연방정부가 국채를 발행할 수 없어 만기가 돌아오는 채권을 갚지 못하는 일이 벌어질 수도 있다.

나무와 꽃과 새와 벌레와 대화하라. 달과 별과 구름과 바람과 대화하라. 대화 상대로는 그 누구도 따를 자 없다. 으뜸이다.

* 미일 방위협력지침(가이드라인)

2015년 4월 27일 새 미일 방위협력 지침이 발표됐다. 뉴욕 미일 외교 국방장관 연석회의를 통해서다. 이번에 발표된 새 가이드라인은 현재 일본 주변으로 한정돼 있는 미일동맹 행동반경을 전 세계로 확대하는 방안과 대중국 억지력 강화로 요약된다. 미일 안보체제를 원활히 운용하기 위해 양국 간 방위협력 기본 구조, 역할 등을 규정한 지침이다. 법적 구속력은 없지만 미일 안보체제 운용의 기본 틀과 같은 효력이 있다. 1978년 만들어 1997년 1차 개정했다.

지금이야 빌 게이츠, 워런 버핏이 최고의 부자들이겠지만, 르네상스 시대엔 이탈리아 피렌체의 메디치 가문이 최고 부자였다. 이 가문 사람들은 유럽 최고의 부를 축적했고 16세기 교황을 두 명이나 배출했으며 프랑스 왕실에 두 명의 딸을 시집보내 왕족 가문이 됐다. 메디치 가문은 길거리에서 조각하던 무명의 미켈란젤로를 양자로 영입해 세계 최고의 예술가로 길러냈고 '플라톤 아카데미'를 부활시켜 새로운 사상과 시대의 후원자가 됨으로써 가문의 이름에 빛나는 명예를 남겼다. 사람들은 이 위대한 메디치란 이름 앞에서 모두 모자를 벗어 경의를 표했다. 우리나라 부자들도 모두 미래 한국의 메디치가 돼준다면!

* 믹트(MIKT)

믹트(MIKT)는 개발도상국으로 분류되는 국가들인 멕시코(Mexico), 인도네시아(Indonesia), 터키(Turkey)와 선진국인 대한민국

(Korea) 4개국의 영어 첫 글자를 따서 만든 신조어로, 짐 오닐 골드만삭스 자산운용회장이 2010년 12월 투자보고서를 통해 2011년 경제 성장 가능성이 큰 성장 국가군에 믹트 4개국을 편입시키면서 알려졌다.

꽃이나 새는 자기 자신을 남과 비교하지 않는다. 저마다 자기 특성을 마음껏 드러내면서 우주적인 조화를 이루고 있다. 비교는 시샘과 열등감을 낳는다.

비읍

* **바누아투**

호주 시드니에서 동북쪽으로 2,500㎞쯤 떨어진 남태평양상 83개 섬으로 이루어진 미니 군도 국가다. 면적은 12,190㎢로 전라남도보다 약간 크다. 인구 28만여 명에 열대성 기후, 종교는 기독교(80%), 수도는 포트빌라다. 2006년 영국 신경제재단에서 실시한 국가별 행복지수(HPI) 조사에서 178개국 중 행복지수 1위로 선정(GDP 2,500달러)됐다. 왜 행복할까? 물질적인 것에 집착하지 않고 단순 소박하며 항상 서로 나누고 존중하는 데 익숙한 생활방식 때문이다.

인간은 자신의 무능을 입증하는 자리까지 오르려는 경향이 있다. 다시 말해, 한 인간의 무능, 부적합은 승진, 출세를 통해서 세상에 알려진다.

* **바오바(保八)정책**

중국 경제가 적절한 일자리 창출 등 사회 안정을 위해 연간 8%의 경제성장을 유지해야 한다는 이론 및 주장으로 1998년부터 시작했다. 실제로 2000년 이후 줄곧 8% 이상 성장했다.

젊을 땐 풍경이 나를 바라보고 나이 들면 내가 풍경을 바라본다.

화제가 빈곤한 30~40대라면 반드시 알아야 할 시사상식

* 바이슈머(Buysumer)

바이어(Buyer)와 소비자(Consumer)의 합성어로 해외에서 판매되는 물품을 직접 구입하는 사람들을 지칭한다. 인터넷 등 정보기술의 발전으로 과거엔 수입상, 도매상 등 바이어가 하던 해외 구매, 신제품 수입을 소비자가 직접 담당하면서 생겨난 신조어다.

예술에는 광기가 반드시 필요하다. 권력에는 반드시 불필요하다.

* 바이오시밀러(Biosimilar)

생물의 세포, 조직, 호르몬을 이용해 만든 바이오의약품(생물의약품) 중 특허가 만료된 생물의약품에 대한 복제약품을 말한다. 바이오복제약 또는 바이오제네릭(Biogeneric)이라 부르기도 한다. 안전성이나 효과가 오리지널 약품과 비슷하다. 일반 합성의약품은 인체 기능을 강화하거나 질병 치료에 도움을 주지만 바이오의약품은 인체의 조직 노릇을 하는 점이 다르다. 항체 바이오의약품은 몸 안에 들어가면 항체가 되는 식이다. 화학식을 갖고 만드는 일반 복제약과 달리 살아 있는 세포를 이용해 생산하기 때문에 만들기가 훨씬 어렵다. 바이오의약품은 100% 복제가 불가능해 동일하지는 않지만 유사하다는 의미에서 시밀러(Similar)라는 표현을 하게 되어 바이오시밀러(Biosimilar)라 부른다.

자하문은 신선이 사는 곳의 구름이 노니는 기운이 있다고 해석한다. 자하문에는 닭 그림이 있다. 이유는 북한산 형상이 지네를 닮아 천적인 닭을 그려 넣은 것이란다.

* 바이오플락 양식법

오염물 분해 능력이 뛰어나고 물고기에 유익한 미생물을 양식수조에서 물고기와 함께 기르는 새로운 양식 기술이다. 미생물이 사료 찌꺼기나 배설물에서 발생되는 오염물을 분해하고 물고기에 잡아 먹혀 단백질 등 양분을 공급하기도 하여 수확량을 높여주고 물갈이도 거의 필요치 않아 물과 에너지를 함께 절약할 수 있다. 이 기술을 이용하면 외부의 바이러스나 세균을 원천 차단할 수 있어 건강하고 깨끗한 수산물을 얻을 수 있다.

눈물을 참으면 몸이 운다. 일명 화병(火病)이다.

* 바지사장

어떤 조직에서 겉으로는 리더로 보이거나 직위는 제일 높지만 실권은 없는 사람을 말한다. 실제로 재산을 소유하거나 사업체를 경영하지 않으면서 명의만 빌려주고 그 대가를 받는 이들을 일컫는 속어다. 유흥업소, 사설도박장, 탈세조직, 은행대출, 부동산임대차 계약 등 분야가 다양하다. 수사 및 세무 당국에 적발되면 민형사상 책임을 대신 지고 옥살이를 할 때도 있다. 총알받이, '도저히 내어 줄 수 없거나 양보할 수 없는 자신의 모든 것까지 다 넘겨준다'는 뜻의 관용구인 '바지까지 벗어 주다', 어리석은 사람을 가리키는 '핫바지' 등이 어원으로 추정되지만 불분명하다. 비슷한 말들로는 허수아비, 얼굴마담, 꼭두각시 등이 있다.

아침저녁으로 바람이 고슬고슬하다. 고추잠자리 떼 빙빙 마당을 맴돌고, 섬돌 아래 귀뚜라미 울음소리 가슴에 저려온다. 산자락 길섶 도랑 가엔 자줏빛 물봉선화가 우우우 피었다. 물을 좋아해서 물봉선화인가. 줄기 끝에 소라고둥처럼 달려 있는 날아갈 듯한 꽃. 서리 내리는 늦가을까지 석 달 동안이나 피고 지는 꽃. 이슬 젖은 꽃잎이 눈물겹다.

* 반골(反骨)

권위나 권세 또는 세상의 풍조 따위에 타협하지 않고 저항하는 기골(氣骨) 또는 그런 기골을 가진 사람을 말한다.

'소변 좀 흘리지 말라'는 미화원 아주머니, '소변 흘리지 않으면 아주머니 밥줄이 끊어진다'는 아저씨, 얄궂은 세상, 재미난 세상이다.

* 반당반혁명종파분자

북한에서 노동당이 허용하지 않는 개인적 파벌을 형성해 당과 혁명을 반대했다는 사람에게 붙이는 죄명이다. 반당분자, 반혁명분자 등으로 구분하지 않고 일반적으로 함께 묶어 반당반혁명종파분자라고 쓴다. 북한에서 당은 곧 수령을 의미하기 때문에 이런 낙인이 찍히면 '역적'으로 간주돼 본인 숙청뿐 아니라 일가가 멸족된다.

독서는 '고독 속의 대화가 만들어 내는 유익한 기적'이다. 독서는 날마다 경험과 기억, 지혜로 가득 찬 뇌를 발명한다. - 마르셀 프루스트(소설가)

* 반도체의 날

매년 10월 넷째 주 목요일은 국내 반도체 산업 역군을 격려하기 위해 정부가 2008년 제정한 '반도체의 날'이다. 반도체의 날이 10월 넷째 주 목요일인 이유는 반도체 수출 첫 100억 달러를 달성했던 1994년 10월 29일(목요일)을 기념하기 위해서다.

『탈무드』는 유대교의 율법, 전통, 문화 등을 집대성한 것으로 유대인의 자녀 교육서로도 유명하다. 『탈무드』는 가족과 종교, 행복, 유머, 죽음 등 인생과 관련된 풍부한 대화를 담고 있는 지혜와 감수성의 보물 창고'다. - 랍비 토케이어

* 반(反)물질

전자·양성자·중성자로 이루어지는 실재(實在)의 물질에 대하여, 그 반대 입자인 양전자·반양성자·반중성자로 이루어지는 물질을 일컫는다. 세상에서 가장 무거운 반물질 원자핵이 발견됐다. 중이온가속기를 이용한 '미니 빅뱅' 실험의 결과물이다. 이로써 과학자들은 초기 우주의 비밀에 한 발짝 다가서게 됐다. 부산대 물리학과 유인권 교수팀 등 국제 공동 연구진 500여 명으로 이뤄진 '스타'팀은 헬륨 원자핵의 반입자인 '반헬륨-4'를 발견했다. 반입자는 다른 성질은 모두 같은데 전기적 성질만 다른 입자다. 양성자의 반입자인 반양성자는 양성자와 무게, 모양이 같지만 마이너스 전하를 띤다. 세계적 과학학술지 《네이처》는 2011년 4월 24일 자 온라인판에 이 연구 결과를 크게 소개했다. 반물질은 반입자로 이뤄진 물질을 가리킨다. 우리 우주를 구성하는 물질과 반대의 특성을 갖는다. 가령 반전자는 전자의 반입자를 말한다.

화제가 빈곤한 30~40대라면 반드시 알아야 할 시사상식

배울 틈이 없다는 사람은 틈이 있어도 배우지 못한다.

* **반복성**(Repeatability)
글로벌 컨설팅업체인 베인앤컴퍼니가 세계적인 50대 기업의 성공 비결을 분석해 펴낸 책의 제목이다. 꾸준히 성장하는 장수 기업들은 핵심 사업을 차별화하고, 핵심 가치에 대해 타협하지 않으며, 환경 변화를 스스로 감지하고 반응하는 공통적인 특징을 가졌다.

마음을 빼앗기면 눈은 아무것도 못 본다.

* **반얀나무**(용수, 榕樹)
얼핏 보면 숲처럼 보이지만 단 한 그루의 나무가 가지에서 뿌리를 내리면서 번지고 번져 둘레 5백 미터가 되는 숲을 이룬다. 버팀목처럼 받쳐진 나무는 가지에서 뿌리가 내려 땅에 닿으면 그대로 기둥뿌리가 되어 가지를 스스로 받치면서 번식한다.

한로(寒露), 찬 이슬이 내리기 시작한다. 산과 들에 말갛게 피어난 들국화. 그 품격 우아하고 청초하다. 원래 들국화란 이름의 꽃은 없다. 야생의 쑥부쟁이, 구절초, 벌개미취, 산국, 감국 등을 통틀어 부르는 이름일 뿐이다.

* **반포지효**(反哺之孝)
어린 새끼 시절 2개월간 먹이를 먹여 주고 키워 준 늙은 어미에

게 먹이를 가져다주고 최선을 다하는 새끼 까마귀처럼 극진한 효
도를 말한다.

가정은 학교다. 부모는 선생님이다. 선생님은 교육대학을 나온 자격증 소지자다.
학교 교육은 16년이지만 가정교육은 30년이다. 부모는 자격증이 있어야 한다. 공
장의 직공이 불성실하거나 전문지식이 없으면 불량품이 나온다.

* 방검복(防劍服)과 구명복(救命服)

방탄복이 총알을 막는 옷이듯, 칼 등에 찔리거나 뚫리지 않도록 특
수강으로 제조해 날붙이로부터 착용한 사람을 보호해 주는 옷을
방검복이라 한다. 서해어업관리단은 2011년 말부터 2012년 4월까
지 1벌에 63만 원인 방검복 107벌을 단속반 대원에게 지급했다. 구
명복(조끼)은 사람이 물에 빠졌을 때 몸을 뜨게 하는 역할만 있고
흉기로부터 신체를 보호하는 기능은 없다. 구명복은 1벌에 10만 원
수준이다.

가을이면 보고 싶은 사람이 많아지는 건 아무래도 병인 듯싶다. 푸른 하늘 마주할
때도, 쌀쌀한 바람 스치며 걸어갈 때도, 떠나는 버스 뒷모습에도 마음이 자꾸 일렁
인다. 병중에서도 중병이 분명하다. 그래도 그 덕분에 인연에 감사하고, 만날 때
더 반갑고 소중하니 참 신통한 병이다.

* 방사광가속기

방사광가속기는 일종의 최첨단 '거대 현미경'이다. 전자를 빛에
가까운 속도로 움직여 다양한 파장과 광도의 빛을 생산하는 가

속기다. '빛 공장'이라고도 불린다. 이 빛을 활용하면 일반 현미경으로는 볼 수 없는 미세한 세포와 금속물질의 움직임과 표면구조, 분자구조를 볼 수 있다. 충북 청주(오창)에 들어설 방사광가속기는 4세대 가속기의 성능을 향상한 차세대 다목적 방사광가속기다. 4세대 방사광가속기는 태양보다 100경 배 밝은 강력한 X선을 활용해 원자 크기의 물질 구조를 분석한다. 기존 현미경으로 볼 수 없는 단백질 구조나 1000조 분의 1초에 준하는 찰나의 물질 변화와 세포 움직임을 생생하게 볼 수 있다. 첨단 반도체 공정과 신약 개발, 디스플레이 등 다양한 산업부문에 활용할 수 있을 뿐 아니라 기초과학 연구에도 필수적인 첨단장비이다. 미국 제약사 길리어드의 신종플루 치료제 '타미플루'와 에이즈(AIDS) 치료제 '사퀴나비르', 발기부전 치료제인 '비아그라' 등이 방사광가속기를 이용한 대표적 신약 개발 성과다.

난은 선비 식물이다. 꽃은 피어도 열매를 맺지 못해 포기번식을 한다. 난 가꾸기는 아이 키우는 것만큼 어렵다. 봄엔 바람 피하고, 여름엔 햇볕을 피해야 한다. 가을엔 마르게 하지 말고, 겨울엔 습하면 안 된다. 촉 하나에 6억 원이나 하는 춘란(단엽원판소심)도 있다. 국내 애호가도 줄잡아 100만 명. 뭐든 너무 빠지면 고행, 사무실 난 화분에나 물을 잘 줄 일이다.

* 방사성물질

방사성물질은 방사성 원소(우라늄, 플루토늄, 라듐, 세슘)를 함유하는 물질을 통틀어 이르는 말, 즉 방사선을 방출하는 물질이다. '방사선'은 방사성물질이 배출하는 전자기파를 말한다. '방사능'은 방사선의 세기를 의미한다. 따라서 흔히 사용하는 '방사능 피폭'

은 '방사선 피폭'으로, '방사능 누출'도 '방사성물질 누출'로 바꿔 사용하는 게 정확하다.

5월에 죽고 싶다고 말한 사람이 있다. 이토록 간곡한 5월 예찬은 달리 없을 것이다. 니체는 가을이 하도 좋아 제 생일을 가을의 어느 날로 바꾼 것과 어금버금하다. 봄바람에 꽃들이 지고 나면 그 꽃자리에 어김없이 연둣빛 잎새들이 피어난다. 이런 아침나절 눈 아린 초록 세상이 어찌 꽃에 뒤지랴. 밤의 버들 신록이 가로등 불빛에서도 아롱지면 그 가슴 시린 빛깔의 떨림에 무엇을 견주랴. 걸어가던 발걸음이 땅에 붙어버린다. 죽을 수도 없고 살 수도 없다는 생각이 거기에 있다.

* 방사성 요오드와 세슘

일본 후쿠시마 원전 사고 때 누출된 방사성물질로 현재 수돗물, 농산물, 바닷물 등에서 검출되고 있다. 이 두 물질이 검출되면 원전 사고의 직접적 영향이라고 봐도 무방하다. 자연 상태의 요오드는 김, 다시마, 미역 등 해조류에 많은 성분이지만 방사성 요오드는 체내 갑상샘에 축적돼 집중적 피해를 준다. 세슘은 자연 상태에서는 존재하지 않고 우라늄의 핵분열 과정에서 생긴다. 세슘은 강력한 감마선으로 암세포를 죽이기 때문에 병원에서 암 치료에 널리 사용되고 있지만, 정상 세포가 이들 방사선에 노출되면 암에 걸릴 수 있다.

나비의 그 절묘한 가벼움과 그 점칠 수 없는 방향으로 하여금 실로 목적이 없는 행위로서의 자유를 알게 한다.

* 방사포

다수의 발사관을 통해 동시에 많은 단거리 로켓탄을 발사할 수 있는 다연장포다. 북한은 122㎜와 240㎜ 방사포를 보유하고 있다. 연평도 포격에 동원한 122㎜ 방사포는 발사관이 40개로 로켓탄을 한꺼번에 쏠 수 있다. 122㎜ 일반 포 한 발의 폭약이 약 3.6kg인 데 비해 방사포 로켓탄에 들어가는 폭약은 27kg이 넘어 살상력이 8배가량 높다.

한낮의 햇빛이 하얗게 퍼붓고 있다. 여름의 끝 무렵이다. 끝 무렵이므로 더위는 더위라기보다 뜨거움 그것이다. 매미와 쓰르라미가 자지러지고 있다.

* 방화벽(Fire Wall)

불이 번지는 것을 막기 위하여 불에 타지 않는 재료로 만들어 세운 벽으로, 건물의 경계 지점이나 내부에 철근 콘크리트나 벽돌 따위로 설치하는 벽을 의미하나 여기서는 금융 불안과 재정 위기를 누그러뜨리고 위기 확산을 막기 위한 안전장치를 뜻한다. 유로존 위기에서는 유럽재정안정기금(EFSF)과 유로안정화기구(ESM)가 대표적이다.

하나의 만남은 오랜 만남의 축적이라는 과거와 꼭 만나야 할 설레는 기대인 미래 사이에서 피어난 꽃이다.

* 배출권거래제

온실 기체 감축 의무가 있는 사업장, 혹은 국가 간 배출 권한 거래를 허용하는 제도로 2015년 도입되었다. 기업마다 온실가스 배출 허용량을 정한 뒤 이보다 많은 온실가스를 배출하는 기업은 초과한 양만큼 배출권을 사고 할당량보다 온실가스를 덜 내뿜는 기업은 줄인 만큼 배출권을 팔 수 있는 제도다. 초과 배출량을 못 살 때는 시장가의 3배 이하 과태료를 부과한다.

가을은 하니의 슬픔이다. 저 쑥부쟁이나 구절초의 언덕은 아무런 까닭 없이 슬프다. 먼 산맥의 그 아슴푸레한 푸르름도 자못 슬픔을 자아낸다. 가을 하늘은 깊은 마음의 은유다. 또한 내 사색의 오지에서 건져 올린 언어의 결정들은 하염없는 가을 산천을 뜻하고 있다.

* 배타적경제수역(EEZ)

유엔 해양법에 근거해서 연안국이 자국의 연안으로부터 200해리(약 370㎞) 범위 내의 수산자원 및 광물자원 등의 비생물자원 탐사와 개발에 관한 독점적 경제적 주권을 가지는 수역을 가리킨다. 그러나 양국 해안 간 거리가 400해리가 되지 않을 경우 당사국이 별도의 협상을 통해 EEZ를 획정하도록 하고 있다.

시는 잉크로 쓰는 것이 아니고 피로 쓴다는 말이 있네. 시는 머리 회전으로 쓰는 게 아니라 가슴으로, 뜨거운 심장으로 쓴다고도 하네. 우즈베크어로 시인이란 '가슴으로 말하는 자'라는 뜻이라네.

* 배타적 사용권

보험 소비자를 위해 창의적인 보험 상품을 개발한 회사에 일정

기간 독점적인 상품 판매 권리를 부여하는 제도이다. 보험업계의 '특허권'으로 통하며 2001년 도입됐다. 사용권이 인정된 기간에 다른 보험사들은 동일한 보험상품을 판매할 수 없다.

술은 최소한 10년 이상 세월쯤의 우정을 즉각 만들어준다. 그래서 술의 힘은 더욱 고혹적이다.

* 백도어(Back Door)
'뒷문이 열렸다'는 뜻의 보안업계 용어다. 운영 체제나 프로그램 등을 만들 때 정상적인 인증 과정을 거치지 않고, 운영 체제나 프로그램 등에 접근할 수 있도록 만든 일종의 뒷구멍으로 극소수만 아는 비밀의 문 같은 개념이다. 통상 백도어의 존재는 제작자만 알 수 있는데 해커가 이를 발견해 악용하는 사례가 많다.

'좋은 책을 읽기 위한 첫걸음은 나쁜 책을 읽지 않는 것이다.' - 쇼펜하우어

* 백일해
보르데텔라 백일해균으로부터 감염되는 호흡기 질환으로 전파력이 강한 전염병이며 특히 소아에 위험하다. 초기 증상은 감기와 유사하지만 영유아의 경우 심각하면 생명에 지장을 줄 수도 있다. 백일 간 증상이 나타난다고 해서 백일해란 이름이 붙었다. 국가 기본 접종 대상으로 지정돼 있다. 생후 2, 4, 6개월 때 한 번씩 총 3회 기초접종을 한 뒤 15~18개월, 만 4~6세, 만 11~12세에 추가 접종 3회를 하면 완전히 예방할 수 있다.

10월이 좋은 건 끝인 듯하지만 완전한 끝이 아닌 까닭이다. 한 해 동안 지나온 나의 길과 그 길 속에 놓고 온 마음을 아직은 기다릴 수 있는 시간이 내게 있어서다. 10월 하늘, 노을마저 따뜻하다.

* 백척간두진일보(百尺竿頭進一步)

진정으로 앞서 나가기 위해서는 실패를 두려워하지 말고 새로운 한 걸음을 더 내디뎌야 한다. 그러면 새로운 세상이 모습을 드러낸다. - 남용 엘지 부회장(2010년)

목표를 향해 줄곧 달리지 말고 때로는 천천히 돌아가야 한다. 가는 도중 여기저기 눈을 팔면서 느긋함을 즐기기도 하고, 더러는 길을 잃고 헤맬 수도 있어야 한다. 이것이 삶의 기술이다.

* 백 패킹(Backpacking)

'짊어지고 나른다'라는 뜻으로 1박 이상 야영 생활에 필요한 가벼운 텐트와 침낭 등 최소한의 장비를 갖추고 마음 내키는 대로 자유롭게 떠돌아다니는 여행을 말한다.

조금만 더 따뜻하고 조금만 더 친절해질 일이다. 우리 모두는 어디선가 다시 만나게 된다.

* 백합물

여성 간의 동성애를 소재로 한 문화 콘텐츠를 이르는 말이다. 일

화제가 빈곤한 30~40대라면 반드시 알아야 할 시사상식

본에서 남성 동성애를 장미, 여성 동성애를 백합에 비유한 것에서 유래했다. 1990년대 일본에서 애니메이션 '세일러문', '소녀혁명 우테나' 등을 여성 동성애 코드로 재해석한 팬들의 창작물이 등장하며 사용되기 시작했다. 걸스러브(Girls' Love)의 약자인 GL물과 같은 뜻이다.

참된 앎이란 타인에게서 빌려 온 지식이 아니라 나 자신이 몸소 부딪쳐 체험한 것이어야 한다.

* 뱁새(붉은머리오목눈이)

머리가 불그레하고 눈이 약간 오목하며 참새보다 더 작고 날씬하다. 우는 소리 때문에 비비새라고도 한다. 갈대나 작은 덤불, 강아지풀 같은 곳에 앉을 수 있을 만큼 작다. 떼로 몰려다니며 비비빅 거린다. 소란스럽다. 약간 거무스름하며 털에 윤기가 돈다. 국립공원공단 발표에 따르면 가장 많이 관찰되는 새 1위에 올랐다. 가장 많이 관찰되는 새의 순위는 붉은머리오목눈이에 이어, 2위 참새, 3위 박새, 4위 직박구리다.

"어린이들에게는 책에 실린 지식을 강요하는 것보다 건강한 정신을 갖게 하는 것이 더 중요하다. 어린이들은 고통을 통해서가 아니라 놀이나 자연과의 교류 등 기쁨을 통해서 배워야 한다." - 20세기 최고의 식물 재배가, 미 캘리포니아 루터 버뱅크

* 버킷 리스트(Bucket List)

죽기 전 해보고 싶은 걸 적은 목록으로 중세 유럽에서 목매 자살

할 때 올라섰던 디딤대가 버킷이며 그것으로부터 유래되었다.

식물도 우리 인간처럼 생각하고 느끼고 기뻐하고 슬퍼한다. 예쁘다는 말을 들은 난초는 더욱 아름답게 자라고, 볼품없다는 말을 들은 장미는 자학 끝에 시들어 버린다는 실험 결과가 있다. 어떤 식물은 바흐나 모차르트 같은 클래식을 좋아하고, 어떤 식물은 시끄러운 록 음악을 좋아한다고도 했다. - 『식물의 신비생활』 피터 톰킨스, 크리스토퍼 버드 공저

* 버터플라이 허그

1997년 허리케인 아카풀코에서 가족, 친구들이 죽거나 다치는 모습을 지켜본 멕시코 아동을 위해 개발된 방법이다. 왼손을 오른쪽 어깨에, 오른손을 왼쪽 어깨에 올린 뒤 부정적 기억들을 떠올리며 4~6회 어깨를 두드린다. 이것이 한 세트로 심호흡으로 마무리한다. 5차례 정도 반복한다.

뻐꾸기 소리는 듣는 사람의 가슴에 어떤 아득함을 심어준다. 밝고 명랑한 꾀꼬리 소리는 귀로 들리고, 무슨 한이 밴 것 같은 뻐꾸기 소리는 가슴으로 들린다. 밤에 우는 소쩍새의 목청이 차디찬 금속성을 띤 금관악기의 소리라면, 멀리서 들려오는 뻐꾸기의 목청은 푸근한 달무리가 아련하게 감도는 목관악기의 소리다.

* 버핏세

버락 오바마 미국 대통령이 재정적자 감축의 일환으로 추진한 미국판 부유세로, 부자 증세를 촉구해 온 워런 버핏 버크셔 해서웨이 회장의 이름을 땄다. 연간 100만 달러 이상의 소득을 올리는 부유

층에게 적용되는 실효세율이 적어도 중산층보다는 높도록 세율 하한선을 정하는 방안을 말한다. '슈퍼부자'들은 자본소득이 대부분이라 낮은 소득세율을 적용받는 불공정을 막겠다는 것이다.

"날마다 그대 자신을 온전히 새롭게 하라. 날이면 날마다 새롭게 하고, 영원히 새롭게 하라!" - 중국 탕왕의 욕조에 새겨진 글

* 번아웃 증후군(Burnout Syndrome)

어떤 직무를 맡는 도중 극심한 육체적, 정신적 피로를 느끼고 직무에서 오는 열정과 성취감을 잃어버리는 증상을 뜻한다. 정신적 탈진 상태를 말한다. 소진(消盡) 증후군 혹은 연소 증후군이라고도 한다.

기러기 날아가는 이 소리 '솨솩 솨솻 솨솩 솨솻……'. 풀이 선 옷깃이 스치는 듯한 이 소리, 이 오밤중에 추위를 피해 남녘으로 날아가는 기러기 떼의 날갯짓 소리가 마치 어떤 혼령이 허공을 지나가는 소리처럼 들린다.

* 벌처펀드(Vulture Fund)

썩은 고기까지 뜯어 먹는 독수리(벌처)의 습성처럼, 파산한 기업이나 경영난에 빠져 있는 부실기업을 저가에 인수한 뒤 되팔아 단기간에 높은 수익을 올리는 투기자금을 말한다.

문명은 점진적으로 사람을 시들게 만든다. 그러나 자연은 원초적이고 건강한 것이며 인간의 궁극적인 의지처다.

* 법보행

범죄 현장을 담은 영상의 화질이 안 좋거나 범인이 얼굴을 가리는 등 위장으로 신원 확인이 어려울 때 사람의 걸음걸이 특성을 분석해 용의자와 동일인인지 범인을 밝혀내는 과학수사 기법이다.

산의 고요와 침묵은 인간에게 명상의 씨를 뿌려 주고, 바다의 드넓음과 출렁거림은 꿈과 움직임을 만들어 낸다.

* 법정선거비용

선거운동 과열과 선거 비용의 조달에 따르는 정치의 부패를 피하기 위하여 공직선거법에서 규정한 선거비용 제한액이다. 선거운동 기간 중 선거 벽보 및 공보물, 방송 연설, 신문 및 방송 광고, 공개장소 연설 등에 들어가는 비용이 포함된다. '10% 이상, 15% 미만'을 득표할 경우 중앙선거관리위원회의 확인을 거쳐 신고금액의 반액을 보전받는다. 15% 이상을 득표하거나 당선 또는 선거운동 기간 중 사망할 경우는 전액을 보전받는다.

국민소득이 좀 불어났다고 해서, 국제 경기에서 메달을 몇 개 더 차지했다고 해서 선진국이 되는 것은 아니다. 그 나라 국민의 자질과 교양과 시민의식과 책임감과 도덕성이, 버젓한 세계 시민의 수준에 도달해야만 비로소 선진국의 문턱에 들어설 수 있다.

* 베크렐(Becquerel, 기호 Bq)

식품, 음료수 등에 포함된 방사능 활동의 양을 나타내는 단위로,

화제가 빈곤한 30~40대라면 반드시 알아야 할 시사상식

방사성물질의 세기를 표시한다. 국제 표준 단위이며 1초에 방사
성 붕괴가 1번 일어날 때 1베크렐이다.

국립수목원의 쓰레기의 썩는 기간 표시가 끔찍하다. 양철 깡통은 1백 년, 알루미늄
캔은 5백 년, 플라스틱과 유리는 영구적이고, 비닐은 반영구적, 스티로폼은 1천 년
이상 걸린단다. 이래도 쓰레기 버리는 사람은 또 있겠지.

* 베네피트 기업(Benefit corporation)

주주 이익뿐 아니라 사회적 공익, 넓게는 환경 문제까지 고려하
는 기업을 뜻한다. 일반 기업처럼 회사와 주주의 이익 추구를 위
해 운영된다는 점은 같지만, 동시에 기업 경영의 책임성, 투명성
등을 회사 운영방침에 명기하고 실천한다. 그런 점에서 취약계층
에 일자리 등을 제공하는 사회적 기업과도 다른 개념이다.

인도에서는 50세의 나이를 '바나프라스타'라고 한다. 이 말은 '산을 바라보기 시
작할 때'라는 뜻이다. 젊어서는 산이 나를 바라보고 나이가 들면 내가 산을 바라
본다.

* 베니스비엔날레

베니스비엔날레는 미술, 음악, 연극, 영화, 건축 등 5개 부문의 예
술 행사가 동시에 열리는 종합 예술제이다. 세계 미술계에서 가
장 오래되고 영향력 있는 국제 미술전이다. 휘트니비엔날레, 상파
울루비엔날레와 함께 세계 3대 비엔날레로 꼽힌다. 홀수 해엔 미
술전이, 짝수 해엔 건축전이 열린다. 한국은 1986년 이탈리아관

의 작은 공간을 빌려 참가하기 시작했고, 1995년 26번째로 독립된 국가관인 한국관(김석철 설계)을 건립했다. 1995년 한국관 개관 첫 회 전수천 작가를 시작으로 1997년 강익중 작가, 1999년 이불 작가 등 미술전에서는 연속으로 3회 특별상을 받았다. 1993년 미술전에서 예술가 백남준(1932~2006년)이 독일관 공동 대표로 참가해 독일관이 황금사자상을 받은 적이 있다.

자연보다 더 큰 스승이 어디 있겠는가. 우리는 자연으로부터 겸허하게 배울 수 있어야 한다. 사람은 산소와 물을 만들지 못한다. 나무와 풀만이 산소와 물을 맑게 간직한다. 산소와 물이 없다면 우리가 어떻게 살 것인가. 나무와 풀에 고마워하자.

* 베블런 효과(Veblen Effect)

가격이 상승한 소비재의 수요가 증가하는 현상으로 상류층 소비자들의 허영심에 의해 수요가 발생하는 효과이다. 미국 경제학자 겸 사회학자인 소스타인 베블런이 1899년 출간한 저서『유한계급론』을 통해 "상류층의 소비는 사회적 지위를 과시하기 위한 것"이라고 말한 데서 유래됐다.

언젠가 방송에서 들은 이야기인데, 72세 된 노인이 6·25전쟁 후부터 40년이 넘도록 한 트럭을 몰고 다닌다고 했다. 그는 그 차로 지금도 대관령에서 목장의 건초를 실어 나르는 일을 하고 있다. 어떻게 다루었기에 그처럼 오랫동안 같은 차를 굴릴 수 있었느냐고 그 비결을 묻자, '오르막길에서 엔진의 힘을 다 쓰지 말아야 한다'고 했다.

* 베이(Bay)

아파트 전면부의 구획된 공간이다. 4베이라면 앞 발코니 쪽으로 방 3개와 거실(총 4개의 공간)이 일렬로 배치돼 있다는 의미다.

좋은 차(茶)는 좋은 물을 만나야 제맛을 낼 수 있다. 사람도 좋은 짝을 만나야 좋은 사람이 될 수 있다고 생각한다.

* 베이비부머

1955~1963년에 태어난 인구집단을 말한다. 그 수가 약 713만 6,000명으로 국내 인구의 14.3%를 차지한다. 일각에서는 606만 명에 이르는 1968~1974년 출생 인구를 '2차 베이비부머'로 분류하기도 한다.

매화는 원산지가 중국의 남쪽인데, 중국에서는 예로부터 매화에 네 가지 귀함(四貴)이 있다고 전한다.

1. 드문 것을 귀하게 여기고 무성한 것은 귀하게 여기지 않는다.

2. 해묵은 노목을 귀하게 여기고 어린 나무는 귀하게 여기지 않는다.

3. 여윈 것을 귀하게 여기고 살찐 것은 귀하게 여기지 않는다.

4. 꽃망울을 귀하게 여기고 피는 것은 귀하게 여기지 않는다.

* 변액보험

보험계약자가 납입한 보험료 가운데 일부를 주식이나 채권 등에 투자해 그 운용 실적에 따라 계약자에게 투자 성과를 나누어 주는 보험 상품이다. 포트폴리오의 구성 비중에 따라 국내 및 해외 주식형, 주식·채권 혼합형, 채권형 등의 종류가 있다.

동백은 고창 선운사나 강진 만덕사 동백숲도 좋지만, 보길도 예송리 바닷가에 무리 지어 핀 동백꽃이 단연 일품이다. 돌 자갈밭을 쏴아르륵 쏴아르륵 씻어 내리는 물결 소리 들으면서, 바닷바람에 여기저기서 뚝뚝 떨어지는 동백꽃을 보고 있으면, 지는 꽃도 꽃의 아름다운 한 모습임을 느낀다.

* 변양호 신드롬

2003년 외환은행의 론스타 매각에 주도적 역할을 한 변양호 전 재정경제부 금융정책국장이 외환은행 헐값 매각 혐의로 기소된 뒤 공무원들이 논란이 되는 사안에 책임을 지지 않으려고 결정을 미루는 경향을 지칭하는 용어다.

내 경험에 의하면, 생활에 불편한 점이 조금은 있어야 한다. 그 불편을 이겨내려면 체력과 의식이 살아 움직여 삶에 리듬을 가져온다. 그리고 그 불편 속에서 사물의 본질과 마주칠 수 있고 또한 그 안에서 삶의 묘미를 터득할 수도 있다.

* 변온동물

외부 온도에 따라 체온이 변하는 동물을 말한다. 조류, 포유류를 제외한 거의 모든 동물이 이에 해당한다. 체온조절 능력에 한계가 있기 때문에 겨울에는 겨울잠을 자는 경우가 많다. 한편 항온동물은 외부 온도나 활동량과 관계없이 체온을 일정하게 유지할 수 있는 동물이며 중온동물은 성장률과 신진대사량이 변온동물과 항온동물의 중간에 위치한 동물을 일컫는다.

강원 정선군 민둥산 하얀 억새밭, 바람 불어 은빛 물결에 눈이 시리다. 황혼에 붉게 저문 서해 갯벌, 쭈글쭈글 짭조름 할머니 냄새. 갈매나무처럼 정갈하게 흐르는 섬진강, 물오리 떼 종종종 집으로 가네. 황소 뼈로 웅크리고 있는 인왕산, 반공중에 동그마니 그네를 탄다. 쪽빛 하늘 가로지르는 기러기 가족, 고향이 따로 있나 사는 곳이 고향이지. 참 아름다워라. 늦가을 어디 가도 참 좋구나!

* 볏짚말이

일명 곤포라고도 한다. 볏짚을 비닐로 말아 가축의 사료로 쓰는 것을 말한다. 생물 다양성 관리 계약 사업의 일환으로 철새 먹이용 볏짚과 알곡을 논에 남겨 두면 정부에서 농가에 실비 보장을 한다.

가을 참게는 소가 밟아도 깨지지 않을 만큼 살이 꽉 찬다. 엄지발가락 하나로 삼부자가 먹고도 남는다.

* 보리새우

보리새우는 십각목 보리새웃과의 갑각류이자 새우로, 새우 중에서는 큰 덩치를 자랑하고 맛도 좋아 식자재로 많이 이용된다. 보리새우는 보리 팰 때 잡히는 새우가 아니다. 그 자체가 이름이다. 호랑이 줄무늬처럼 몸에 가로줄이 나 있고 꼬리의 진한 노란색이 누런 보리 색깔과 흡사하다고 해서 붙여진 이름이다. 일본말인 '오도리(踊)'라고 부르는 사람도 많다. 오도리는 '뛰어오르다, 춤을 추다'라는 뜻이다. 보리새우가 막 잡혔을 때 팔딱팔딱 뛰어오르는 것을 비유한 것이다.

'진정한 예술은 예술이라는 것 너머에 있고, 진리는 종교라는 울타리 밖에 있으며, 사랑은 껴안는 행위 너머에 있다.' - 네덜란드 명상화가 프레데릭 프랑크

* 보톡스

보툴리눔 독소(보톡스)라는 세균을 미세 침(針)으로 근육에 주사해 주름 개선 효과를 노리는 시술이다.

자연은 모든 생명의 원천이고 사람이 기댈 영원한 품이다. 또 자연은 잘못된 현대문명의 유일한 해독제. 하늘과 구름, 별과 이슬과 바람, 흙과 강물, 햇살과 바다, 나무와 짐승과 새들, 길섶에 피어 있는 하잘것없는 풀꽃이라도 그것은 우주적인 생명의 신비와 아름다움을 지니고 있다. 건성으로 보지 말고 유심히 바라보아야 한다.

* 보통국가

일본 오자와 이치로 전 민주당 대표가 1993년 자신의 저서『일본개조계획』에서 처음 사용한 단어다. 일본 우익 사관에서 말하는 '보통국가'는 '전쟁을 할 수 있는 나라'이다. 이들의 역사관에서 현재 일본은 소위 '평화헌법'으로 인하여 전쟁할 권리가 박탈당한 '보통이 아닌 국가'이며, 따라서 일본을 '보통국가'로 만들어서 전쟁을 할 권리를 인정받아야 한다는 주장이다.

한 걸음 다가선 늦가을 산. 발그레 꼭대기부터 물들더니 노릇노릇 발밑까지 불길이 옮았다. 바닥에 수북이 넉장거리로 누운 삐죽삐죽 황갈색 밤송이들. 쌰아! 바람 불 때마다 후드득! 소낙비 날리는 나뭇잎 비. 감나무 꼭대기에 지악스럽게 붙

어 있는 붉은 홍시 몇 알. 가을이 통째로 익고 있다.

* 복잡계 이론

단순한 인과관계로는 잘 설명이 되지 않는 복잡한 현상을 설명하는 이론이다. 대상은 자연과 사회를 가리지 않는다. 복잡계는 구성원의 단순한 상호작용이 규모화되고 축적되면서 특정한 '창발(Emergence)'이나 패턴을 보이는 특성이 있다. 중국 베이징 나비의 날갯짓이 미국 뉴욕에 허리케인을 불러일으킬 수 있다는 미국 대기과학자 에드워드 로렌즈의 '나비 효과'가 전형적인 복잡계 현상이다. 1984년 미국 샌타페이 연구소가 본격적인 연구를 시작했다.

시인은 새, 나무, 꽃들을 눈여겨본다. 그들의 대화를 듣는다. 향기는 꽃의 언어다. 자기 존재를 알리는 수단으로 사용한다. 여러 가지 형태로 자기를 알린다. 자연은 모두 자기 언어를 갖고 있다. 벌은 동료의 춤동작으로 정보를 얻는다. 개미는 '페로몬'이라는 냄새가 소통의 언어다. 조류학자는 얘기한다. '새는 우는 음절로 의사 표시를 한다'고.

* 본 글로벌(Born Global) 기업

일반적으로 한국 기업의 해외 진출은 국내에서 먼저 성공을 거둔 뒤 검증된 모델을 기반으로 글로벌 시장에 도전하는 방식이 많았다. 이와 달리 사업 초기부터 글로벌 시장에 초점을 맞춘 사업모델을 만들고 해외에서 먼저 사업을 펼치는 기업을 본 글로벌 기업이라고 부른다.

꽃은 진종일 비에 젖어도 향기는 젖지 않는다. 한 편의 시는 나에게 또는 세상에 던지는 하나의 질문이다.

* 봇넷(BotNet)

봇넷은 인터넷에 연결되어 있으면서 좀비 PC들로 구성된 여러 컴퓨터의 집합을 가리킨다. 해커는 수십~수만 대의 시스템에 명령을 전달해 특정 웹사이트에 대량의 접속 신호를 보내는 방식으로 해당 사이트를 다운시키는 등 대규모 네트워크 공격을 할 수 있다.

팔손이나무는 잎이 8개(실제 7~9개)로 갈라져 붙은 이름으로 한자로는 팔각금반(八角金盤)이라고 한다. 그늘에서 잘 자라는 늘 푸른 작은 키 나무다. 토종나무 중 잎이 가장 넓다(지름 40㎝). 10~12월에 하얀 꽃이 핀다. 미세먼지와 실내 발암물질, 화학물질, 이산화탄소 흡수에 으뜸. 공기 비타민이라 불리는 음이온도 듬뿍 배출(서양 산세비에리아의 30배)한다. 새집의 포름알데히드 제거는 물론이며 실내 공기정화 식물의 황제다.

* 부귀이득명절난보(富貴易得名節難保)

'부귀는 얻기 쉬우나 명예와 절개는 지키기 어렵다'라는 뜻으로, 서울 종로구 성균관대 박물관이 개관 50주년을 기념해 2014년 9월 21일 최초로 공개한 우암 송시열 선생의 대형 서예 작품집인 「대자첩(大字帖)」에 나온 글귀다.

'가을에는 남자는 마음으로 늙고, 여자는 얼굴로 늙는다.' - **영국속담**

* 부동산투자이민제

외국인이 법무부가 지정한 부동산 투자 상품에 5억 원 이상을 투자하면 투자와 동시에 경제활동이 자유로운 거주(F-2) 자격을 취득할 수 있고 5년 투자 유지 시 영주권(F-5)을 받을 수 있는 제도다. 외국인 투자를 늘려 지역경제 및 부동산 시장을 활성화하자는 취지에서 2010년 2월 제주를 시작으로 강원 평창, 전남 여수, 인천 영종지구, 부산 등에서 순차적으로 도입했다.

운동이든 예술이든 탁월한 경지는 반복되는 연습을 통해서만 가능하다.

* 부실채권(NPL, Non Performing Loan)

3개월 이상 원리금을 갚지 못해 회수가 불확실한 불량 대출을 말한다. 은행들은 보통 대출금보다 낮은 가격에 채권을 팔거나 회계상 손실로 처리한다. 담보물을 경매에 내놔 원리금 일부를 회수하거나, 구조조정을 통해 대출받은 기업의 체력을 회복시켜 부실채권을 정상으로 되돌리기도 한다.

발걸음 헛헛한 퇴근길. 바람에 나뒹구는 마른 가랑잎. 땅거미 어스름 축축한 골목. 발끝에 차이는 시린 추억들. 구름에 달 가듯이 스며든 '아우성의 대폿집', 엇구뜰한 된장찌개 냄새, 새척지근한 묵은지, 걸쭉하고 들큰한 막걸리 한 사발, 바따라지고 엇구수한 주막집 냄새.

* 부유식 원유생산저장하역설비(FPSO)

심해 유전의 원유를 퍼 올리고 정제, 저장하는 초대형 해양플랜트다. '바다 위의 정유공장'이라고도 불리는 고부가가치 제품이다.

세계 70억 명 중에서 약 7%만 차를 탄다. 좋은 차와 집이 부자의 조건이 아니다. 돈 많고 직위가 높아야 행복한 것도 아니다. 대통령을 한 사람, 대기업 회장, 유명 연예인 등이 자살로 생을 마감하는 안타까운 현실을 우리는 많이 보았다.

* 부전이굴(不戰而屈)

『손자병법』에서 백 번 싸워 백 번 이기는 것보다 싸우지 않고 적을 굴복시키는 게 최선이라 했다.

수능시험을 앞두고 팔공산 갓바위, 전국의 유명 사찰과 교회는 기도하는 모정으로 온통 북새통이다. 언제까지 이래야 하는가. 어쩌다 교육이 이 지경이 되었는지 모르겠다. 이런 풍속 세태, 참 안타깝다.

* 부정기형(不定期刑)

형사재판에서, 형의 기간을 확정하지 아니하고 선고하는 자유형이다. 현행 소년법은 장기와 단기를 정하는 부정기형을 선고하게 돼 있다. 형기의 폭을 인정함으로써 처우에 탄력성을 주려는 취지다. 형의 단기가 지난 후 행형(行刑) 성적이 좋고 교정 목적을 달성했다고 인정되면 검찰청 검사 지휘에 따라 그 형의 집행을 종료시킬 수 있다. 예를 들어 대구 D중 2학년 A군(당시 14세)을 상습적으로 폭행하고 괴롭힌 혐의로 장기 3년 6개월에 단기 2년 6개월을 선고받은 B군(15세)은 단기 2년 6개월 후 개선 여부에 따라 출소가 가능하다.

불공정사회의 가장 큰 문제점은 동등한 기회를 박탈당하는 것이다.

* 부채디플레이션(Debt Deflation)

가계 빚이 늘거나 부동산 등 자산가치가 하락하면서 소비가 줄고 결과적으로 전반적인 경제 활력이 떨어지는 현상이다. 물가가 떨어지면서 실질금리가 상승해 채무 부담이 늘어나고, 사람들이 빚을 갚기 위해 자산을 서둘러 매각해 자산가치가 더 하락하는 악순환을 말한다. 미국 경제학자 어빙 피셔가 1930년대 미국 대공황을 설명하면서 만든 개념이다.

비, 눈, 바람에 나뭇가지가 꺾이는 것은 그것의 생존을 돕기 위한 가지치기다.

* 부처님의 진신사리

부처님의 유해에서 나온 사리다. 불교에서는 최고의 신앙 대상으로 꼽는다. 모신 곳을 적멸보궁이라 부른다. 오대산 상원사, 사자산 법흥사, 설악산 봉정암, 양산 통도사, 태백산 정암사엔 부처님의 진신사리를 모셨다 해서 법당에 다른 불상을 설치하지 않는다. 적멸보궁은 지극히 고요해서 맑고 투명한 보배로운 궁전이라는 뜻이다.

도심에 내려온 멧돼지. 얼마나 배고팠으면 사람 세상을 기웃거릴까. 턱없이 모자란 숲속의 겨울 양식인 도토리는 산짐승들의 쌀. 상수리나무, 신갈나무, 떡갈나무, 졸참나무, 갈참나무, 굴참나무의 열매, 다람쥐와 멧돼지가 가장 좋아하는 주식, 도토리. 산에 가거든 도토리 한 알도 줍지 말아야겠다.

* 부취제(附臭劑)

부취제는 일종의 방향 화합물로 환경오염을 일으키거나 인체에 유해한 물질 또는 폭발성 물질의 누출 여부를 냄새로 감지할 수 있도록 첨가하는 액체다. 보통 '가스 냄새'라고 하는 것이 바로 부취제 때문이다.

관광하느니 차라리 집에서 다큐멘터리를 보는 게 낫다. 진정한 여행은 그곳의 눈물을 깊숙이 볼 수 있어야 한다.

* 북촌 골목

경복궁과 창덕궁 사이에 위치한 북촌은 한국 근현대사의 숨 가쁜 변화, 그 중심에 있던 공간이다. 개항과 개화, 일제 강점과 광복, 전쟁의 전환기를 명징하게 보여주는 공간이자, 지난 백 년의 시간이 담긴 선조들의 삶과 숨결을 피부로 느낄 수 있는 장소다. 일제강점기 때 당시 경성은 청계천을 기준으로 조선인이 사는 북촌과 일본인이 사는 남촌으로 나뉘었다. 현재 을지로 지역으로 옛 모습을 완전히 잃은 남촌과 달리 북촌은 지난 백 년의 시간이 공존한다. 바람이 더 차가워지기 전에 세월이 켜켜이 새겨진 북촌 골목을 걸어보자. 저 멀리 창덕궁 후원을 수놓은 단풍은 다 떨어져 얼마 남지 않았지만 여전히 아름답다.

깊어가는 가을밤. 머리에 떠도는 생각은 만리를 달린다. 러시아 국민시인 알렉산드르 푸시킨도 그런 가을을 시로 옮겼다. 그의 시 「가을」은 짧은 계절의 희열을 노래했다. '봄은 끓는 피를 방황하게 하고, 여름은 먼지와 모기 때문에 싫다.' '백발의 겨울은 멀리서 가을을 위협한다.' 그의 가을은 우수와 사색의 계절. '이별의 아름

화제가 빈곤한 30~40대라면 반드시 알아야 할 시사상식

다움이 매혹하고 바닷소리 신선한 호흡'이 들린다고 했다.

* 분리 공시제
통신사의 지원금과 제조사의 장려금을 별도로 공시하는 제도다. 보조금의 투명성을 확보해 과열 경쟁을 막는 한편, 단말기 출고가 인하 효과까지 얻을 수 있다.

매미는 '매움 매움 매움' 울기도 하고, '쓰디쓰 쓰디쓰 쓰디쓰' 울기도 하고, '시어이 시어이 시어이' 하며 울기도 한다. 나는 매미가 나무즙의 맛을 나타내며 운다고 본다.

* 분주파부, 파부침주(焚舟破釜, 破釜沈舟)
'배를 불태우고(배를 가라앉히고) 솥을 깨뜨렸다'라는 뜻으로, 한 고조 유방과 천하를 두고 다투던 초나라 항우는 결전의 날 전장에 도착하면 병사들이 보는 앞에서 일부러 배를 불태우고 밥솥을 깨뜨렸다. 이처럼 절박한 상황에서 목표 달성에 대한 결연한 의지를 표현하는 모습을 손자(孫子)는 '분주파부'라 일컬었다. 위기가 닥쳐올수록 조직 구성원의 일체감이 중요하다. 전쟁이든 경영이든 장수나 경영자 혼자서 모든 일을 할 수 없다. 전 구성원이 하나로 뭉쳐 목표를 공유할 때 나오는 힘은 무엇과도 비교할 수 없다.

태국 북부의 치앙마이(인구 15만 명)에서는 코끼리 똥으로 종이를 만든다. 코끼리는 하루 약 200kg의 풀을 먹는다. 그중 50%는 배설물로 다시 나온다. 배설물은 냄새가 거의 없다. 물기를 제거하고 건초 형태로 만들어 그것을 끓여 죽처럼 만든다. 평평한 곳에 얇게 펴 종이를 만든다. 새끼는 약 5년 동안 어미젖을 먹은 후 독립한다. 죽은 후엔 무덤을 만들고 가족이 빙 둘러서서 애도한다. 코끼리는 코끼리가 아니다.

* **불공정경쟁법**(Unfair Competition Act)
불공정 경쟁 행위를 규제하기 위해 만들어진 법이다. 최근 불법 소프트웨어를 사용하는 기업의 제품을 미국 내에서 판매할 수 없게 하는 데 적용되고 있다.

아이디어란 아무도 생각하지 않는 것을 생각하는 것이다.

* **불산**(弗酸)
불화수소산을 줄인 말로, 무색의 자극적 냄새가 나는 휘발성 액체를 뜻한다. 독성과 침투력이 매우 강해 유리와 금속을 녹이는 성질을 갖고 있으며 일반인들은 절대 가까이하면 안 될 정도로 극단적으로 유독하고 위험한 물질이다. 공기와 결합하면 기체로 변한다. 체내로 흡수되면 호흡기 점막을 해치고 뼈를 손상하거나 신경계를 교란한다. 2012년 9월 27일 경북 구미시에서 발생한 휴브글로벌 사고 때 현장 근로자들이 순간적으로 고농도 불산에 노출되면서 목숨을 잃었다.

그림은 소리 없는 시다. 시는 그림 없는 그림이다.

* 불산가스

불소와 수소가 결합한 맹독성 물질을 말한다. 공기보다 가벼워 대기 중에서 확산 속도가 매우 빠르다. 침투력도 강해 신체에 닿으면 피부나 점막에 쉽게 침투하며 혈액이나 세포 조직에 들어가면 뼈 조직이 망가지고 세포의 생리작용을 교란시켜 호흡 곤란, 심장 부정맥을 부를 수 있다. 반도체 제조 과정에서 생기는 불순물 제거와 웨이퍼의 세척공정에 대표적으로 많이 사용된다.

변명 중에 가장 어리석은 변명은 '시간이 없어서'라는 변명이다. - 에디슨

* 붕장어

근해에 살며 크기는 1m 내외다.

시간은 핵을 비웃는 가장 강력한 괴짜 무기다.

* 브나로드운동

1870년대 러시아에서 청년 귀족과 학생들이 농민을 대상으로 사회 개혁을 이루고자 일으킨 계몽 운동이다. '민중 속으로'라는 뜻으로, 우리나라에서도 1930년대에 도시의 청년 지식인들이 귀농해서 농촌계몽 운동을 벌였다. 당시 《동아일보》는 한글 보급, 문맹 퇴치, 미신 타파, 농업생산 기술 보급, 풍속 개량에 관한 기사를 집중 게재했다.

가을 햇살은 고두밥이다. 고슬고슬하다. 연시처럼 말랑말랑하다. 가래떡처럼 졸깃

하다. 찹쌀떡처럼 맛있다. 몽고반의 대추(완전히 익기 전의 반은 붉고 반은 푸른 대추)처럼 달다. 다람쥐가 잰걸음으로 가져가는 밤처럼 고소하다. 맨발로 이슬 젖은 황토 흙을 걷는 것 같다. 발바닥이 아득하다. 온몸의 작은 세포들이 우우우 눈을 뜬다.

* 브랜드 트위터

광고주의 브랜드 이름으로 트위터를 개설, 운영해 충성도 높은 고객들과 적극적으로 소통하면서, 브랜드 인지도를 높이기 위해 각 기업의 특색에 맞춰 홍보 사항의 전달을 가능케 하는 소셜미디어 마케팅 활동이다.

현대문명의 위기는 기술문명이 토끼처럼 뛰어가는 데 비해서 정신문명은 거북 걸음으로 그 뒤를 쫓고 있다는 데 있다. 교회에 다니고 절에 다니는 것은 정신을 풍요롭게 하기 위해서다. - 토인비 박사

* 브레인 프린트(Brain Print)

미디어 콘텐츠가 독자나 시청자에게 미치는 영향의 정도를 말하는 용어다. 전 산업 분야의 공통적인 CSR(Corporate Social Responsibility, 기업의 사회적 책임) 측정 가이드라인을 마련해 온 유엔 협력 기관 GRI(Global Reporting Initiative)는 2010년 9월 중순경 브레인 프린트의 가이드라인을 새로 마련하기 위해 컨설팅 작업에 착수했다.

진정 순례자나 여행자처럼 살 수 있어야 한다. 그는 어디에도 집착하지 않는다. 그 날그날 감사하면서 삶을 산다. 집이든 물건이든, 어디에도 집착하지 않는 순례자

처럼 살아야 한다.

* **브릭스**(BRICs)

브라질, 러시아, 인도, 중국 등 신흥 경제권을 선도하는 4개국을 일컫는 말로 짐 오닐 골드만삭스 자산운용회장이 2001년 11월 처음 사용했다. 오닐 회장은 당시 "브릭스 4개국이 앞으로 미국, 일본 등을 제치고 세계 성장을 주도할 것"이라고 전망했다. 일부 경제 전문가는 여기에 남아프리카공화국(2010년 12월 공식 회원국으로 가입)을 넣어 'BRICS'라고 부르기도 한다. 이들 국가의 인구는 세계인구의 40%가 넘는다.

용서만큼 어려운 것은 없다. 그러나 용서로 마음에 박힌 독을 풀어야 한다.

* **블루 브레인 프로젝트**

뇌의 재구성 및 디지털 모델 시뮬레이팅을 연구하기 위한 목적이다. 인간의 뇌를 세포 하나부터 만들어가는 스위스 로잔공대 뇌의식 연구소가 진행 중인 '블루 브레인 프로젝트' 현장은 대용량의 슈퍼컴퓨터 속에 인간의 뇌를 '가상으로' 만들어 보는 곳이다. 뇌세포 하나를 가상으로 만든 다음 이런 뇌세포 1,000억 개를 모아 인간의 뇌로 바꾸겠다는 것이다.

독서는 앉아서 하는 여행이고 여행은 걸으면서 하는 독서다.

* 비관세장벽

관세 이외의 무역 장벽을 의미하는데 첫째, 무역을 직접적으로 제한하는 것을 목적으로 하는 비관세장벽(수량 제한, 수입허가제, 각종 수입과징금 및 외환 할당 등)과 둘째, 간접적으로 무역 제한 효과를 갖는 비관세장벽(보건위생 규정 또는 내국세제도 등)으로 크게 구분되고 있다.

『마지막 잎새』, 오 헨리 단편 소설의 제목. 소설처럼 11월 집 앞의 담쟁이덩굴 잎을 쳐다볼 일은 드물겠지만, 이야기의 각인 효과는 아직도 여운을 남긴다. 마지막 작품으로 세찬 비바람에도 떨어지지 않을 잎을 담에다 그려놓고 세상을 떠난 무명화가. 그 그림을 보고 병세가 호전된 환자. 이런 상념 속에 따뜻한 겨울을 맞는다.

* 비대칭 규제

규제기관이 시장의 공정한 경쟁과 이용자의 편익을 위해 시장 지배적 사업자에게는 엄격한 규제를, 후발 사업자에게는 상대적으로 느슨한 규제를 유지하는 정책이다. 약자인 후발 사업자의 경쟁력을 강화하기 위한 조치이다.

힘 빠질 때 너그러워지지 말고 힘 있을 때 너그러워져라. 힘 빠졌을 때의 너그러움은 진정한 너그러움이 아니다.

* 비대칭 전력

상대방의 우위 전력을 피하면서 약점이나 급소를 공격할 수 있는 전력을 말한다. 전차나 야포 같은 재래식 무기가 아닌 핵과 생화

화제가 빈곤한 30~40대라면 반드시 알아야 할 시사상식

학무기 같은 대량살상무기(WMD)와 탄도미사일, 화학무기, 특수부대, 사이버 전력, 잠수함 등을 꼽을 수 있다. 비대칭 전력은 고가의 첨단 재래식 전력보다 낮은 비용으로 더 효과적인 타격을 가할 수 있다.

너무 빨리 걸으면 영혼이 쫓아오지 못한다. - 인디언 속담

* 비(非)소비 지출

수입 가운데에서 세금이나 의료 보험 같은 사회 보장의 분담금으로 납입되는 금액이다. 상품과 서비스를 구매하는 데 들어간 것을 제외한 지출 항목들로 재산세, 소득세, 자동차세 등 세금과 건강보험료, 국민연금, 이자비용 등 경직성 비용을 뜻한다. 비소비 지출 비중이 높을수록 가처분소득은 줄어든다.

나는 허수아비다. 한여름 이삭도 패지 않은 논에 철딱서니 없이 서 있다고 웃지들 마라. 지난가을 내가 지킨 낱알들이 이렇게 싹이 터 구물구물 크고 있다. 봄날 노란 병아리 떼처럼 쑥쑥 자라고 있다. 아름다워라. 천지 사방에 가득 찬 이 울근불근한 생명의 기운…….

* 비영리민간단체 지원제도

서울시를 비롯한 각 지방자치단체는 비영리민간단체 지원법에 근거해 공익활동을 벌이는 민간단체에 필요한 행정지원 및 법에서 정하는 재정지원을 받을 수 있도록 돕고 있다. 관련법에 따라 등록된 정규 단체가 그 대상이다. 각 단체가 추진하는 1개 사업별

로 최대 3,000만 원을 지원한다. 지원 사업은 각 지자체가 구성
한 공익 사업선정위원회가 선정한다.

너부데데한 해바라기꽃, 생기발랄한 울긋불긋 무궁화꽃, 자줏빛 엉겅퀴꽃, 달걀프
라이 개망초꽃, 낮은 땅에서 빙글거리는 하얀 토끼풀꽃.

* BoP(Bottom of Pyramid)

통상 1인당 연간소득이 3,000달러 이하인 최하 소득계층을 뜻하
며 원래 의미는 '피라미드의 밑바닥'이다. 세계 인구의 60%에 육
박하는 40억 명 이상에 달한다. 이들의 하루 지출액은 8달러 정
도로, 구매력은 낮지만 전체 시장규모는 약 5조 달러에 이를 것
으로 추산된다. 저축이나 투자보다는 현재 생활을 위한 소비성향
이 매우 높고 커 잠재력이 풍부한 신흥시장 개척 수단으로 주목
받고 있다.

빅토르 위고는 '최고의 시는 아기가 어머니 자궁 밖으로 나오면서 질러대는 첫울
음이다'라고 했다.

* 빅 데이터(Big Data)

기존 데이터베이스 관리 도구의 능력을 넘어서는 대량(수십 테라
바이트)의 정형 또는 기존의 데이터베이스로는 처리하기 어려울
정도로 방대한 양의 데이터를 의미한다. 저장 관리, 분석 역량을
넘어서는 대량의 정형 및 비정형 데이터와 이러한 데이터로부터
의미 있는 가치를 찾아내고 그 결과를 분석하는 기술을 통칭한

화제가 빈곤한 30~40대라면 반드시 알아야 할 시사상식

다. 과거에는 이 데이터를 분석할 수 있는 방법이 없었지만 정보기술(IT)의 발달로 다양한 방식의 분석이 가능해졌다. 빅 데이터 기술의 발전은 다변화된 현대 사회를 좀 더 효율적으로 읽어내고 대응할 수 있게 하는 차세대 패러다임으로 주목받고 있다.

안개 사이로 봄이 걸어온다. 안개는 지표면의 얼음과 눈이 녹으면서 대기 중에 수증기가 많아지고 지표면 부근에서 기온 역전층이 생기면서 발생하는 현상이다. 보통 때와는 반대로 고도가 높아짐에 따라 기온이 높아지는 것이 역전층인데, 공기의 상하 섞임이 적으면 안개 현상이 심해진다.

*빅 데이터 선거

선거 승리를 위해 데이터의 수집과 분석이 그 어느 때보다 중요해진 2012년 미국 버락 오바마 대통령의 재선을 상징하는 용어다. '빅 데이터'는 인터넷과 스마트폰 등 새로운 정보기술(IT)의 발전에 따라 생겨나는 방대한 데이터를 뜻한다. 버락 오바마 대통령이 대선을 대비해 살아 있는 민심을 정교하게 분석하기 위한 '빅 데이터 팀'을 꾸리면서 정치 현장의 화두로 주목받았다.

섣달그믐, 온 집안 환하게 불 밝혀 놓고 새벽닭 울 때까지 이야기꽃 피운다. 오랜만에 온 식구 둘러앉아 구물구물 피워대는 웃음꽃. 고단했던 한해살이 돌아보니 참 우습구나. 인생 뭐 별거더냐. 그저 밥 잘 먹고, 아프지 않고 맘 편히 살면 그만이지.

* 빅 히스토리(Big History, 대역사)

역사에 대한 관점을 인류나 우주 전체의 경과까지 넓게 확장하여 보는 학문적 움직임이다. 전 세계 중고교생에게 우주 탄생부터 현재까지의 역사를 가르치기 위한 문·이과 융합 교육이다. 빌 게이츠 전 마이크로소프트 회장이 2008년 데이비드 크리스천 교수에게 이 프로젝트를 제안했고 2009년 3월 본격 출범했다. 현재 마련된 교육과정은 '우주의 탄생', '지구의 형성', '인류의 등장' 등 총 20개 단원이며 2009년 9월부터 미국 고교 5곳에서 시범 수업을 실시했다.

아무리 사소한 행동이라 하더라도 그것은 위대한 생각보다 낫다.

시옷

* 40-80클럽

1인당 국민소득 4만 달러, 인구 8,000만 명 이상으로 국민의 생활 수준이 높고 경제 규모도 커서 내수 시장을 바탕으로 안정적인 성장을 할 수 있는 나라를 뜻한다. 현재 '40-80클럽' 가입국은 미국, 일본, 독일 등 세 곳뿐이다. 2012년 '2만 달러, 인구 5,000만 명'을 달성해 세계에서 일곱 번째로 '20-50클럽'에 진입한 한국은 통일만 된다면 '40-80클럽'에 가입할 가능성이 가장 큰 나라로 꼽힌다.

정신이 돼지처럼 무디어져 있을 때 시의 가시에 찔려 정신이 번쩍 나고 싶어 시를 읽는다. 나이 드는 게 쓸쓸하고, 죽을 생각을 하면 무서워서 시를 읽는다. 꽃 피고 낙엽 지는 걸 되풀이해서 봐온 햇수를 생각하고 이제 죽어도 여한이 없다고 생각하면서도 내년에 뿌릴 꽃씨를 받는 내가 측은해서 시를 읽는다. - 박완서, 『못 가본 길이 더 아름답다』

* 사내유보금(Retained Earnings)

기업이 창출한 이익 중 주주들에게 배당하고 난 뒤 설비, 연구개발, 부동산 등에 재투자하거나 현금 및 단기 금융상품으로 '사내(社內)'에 남긴 누적 금액을 말한다. 재무제표나 법 조항에는 등장하지 않는 회계학 용어다.

성취감은 가장 강력한 마약이다.

* 사리
사리는 원래 산스크리트어에서 온 말로, 타고 남은 유골을 가리
킨다. 불교에서 화장을 하는 이유는 아무것도 남기지 않기 위해
서다. 사리를 수습하고 요란을 떠는 것은 맞지 않는다.

사회적 성공은 조건에 좌우하지만 인간적 행복은 자기 속에 있다.

* 사모투자전문회사(PEF, Private Equity Fund)
소수의 투자자에게서 모은 자금으로 기업이나 금융회사를 인수
해 구조조정으로 가치를 높인 뒤 되팔거나 주식시장에 상장해
수익을 얻는 사모(私募)펀드를 말한다.

삶은 모험이거나 혹은 아무것도 아니다. 변화에 맞서 얼굴을 들고 운명 앞에서 자
유로운 영혼답게 행동하는 것이 불멸의 힘이다. - 헬렌 켈러

* 사물인터넷(IoT, Internet of Things)
각종 사물에 센서와 통신 기능을 내장하여 주변의 여러 물건들
을 유무선 네트워크로 연결해 사람과 사물 혹은 사물과 사물 간
에 정보를 주고받을 수 있는 지능형 인프라를 말한다. 전력망이
나 물류시스템은 물론이고 가전제품이나 각종 생활용품 등에도
폭넓게 적용할 수 있는 지능형 인프라다.

한 분야에서 일가를 이룬 사람의 외피를 가만히 들춰보면 눈물과 고통, 투쟁과 열정이 씨줄 날줄이 되어 촘촘한 시간의 그물을 형성하고 있음을 알게 된다.

* 사바세계

산스크리트어로 '참고 견뎌 나가는 세상'이란 뜻이다. 참고 견디면서 살아가는 세상이기 때문에 거기에 삶의 묘미가 있다.

멧돼지야, 폭설 속에 잘 잤느냐, 사람 키만큼 내린 길눈. 한자 정도 쌓인 잣눈. 한순간 폭포처럼 퍼부은 소낙눈. 펑펑 쏟아진 함박눈. 늘어뜨린 발처럼 줄줄 흘린 눈발. 쌓인 눈이 어지럽게 흩날리는 눈갈기. 침묵의 백색 계엄령. 이번엔 영락없이 굶어 죽을 판 멧돼지야! 고라니, 산양아! 미안하다. 우리만 잘 먹고, 살아왔구나.

* 사생(私生)팬

K-pop 및 한류에 종사하는 가수, 배우, 모델 등의 연예인, 특히 아이돌의 사생활을 쫓아다니는 극성팬이다. 공식 팬클럽과는 다른 비밀 네트워크를 갖고 비공개 인터넷 카페나 스마트폰 단체 문자 등을 통해 스타의 동선을 공유한다. 스타는 물론이고 그 가족이나 지인들의 휴대전화 번호, 주민등록번호를 알아내기도 한다. 이처럼 선을 넘어 사생활을 쫓는 팬 문화는 HOT 이후 생겨났으며 2000년대 '사생팬'이라는 용어로 정리됐다.

정월대보름. 놋다리밟기, 고싸움놀이, 달집태우기, 깡통 돌리기, 윷놀이, 쥐불놀이, 풍등 날리기, 더위팔기……. 정월부터 섣달까지 보름달은 매달 뜨지만 예부터 정월대보름은 상원이라 하며 으뜸으로 여겼다. 그래도 호두, 땅콩, 잣 등 부럼을 깨고, 시금치 취나물 고사리 같은 나물 얹은 오곡밥은 챙겨 볼까. 휘영청 둥근 달 보며 소원 빌기도 필수. 점점 사라져 가는 것 같아 아쉬움이 크다.

*사실상 실업률

실제 체감하는 실업률과 공식 실업률의 괴리가 크다는 비판이 전 세계적으로 높아지자 국제노동기구(ILO)가 2014년 10월 제시한 고용보조지표다. 공식 실업률에 주 36시간 미만으로 아르바이트를 하면서 구직을 준비하는 '시간 관련 추가 취업자'와 공무원 준비생, 경력단절 여성 등 잠재적 경제활동인구를 추가했다. 공식 실업률은 경제활동인구 중 조사가 이뤄지는 4주간 적극적으로 구직활동을 하고도 수입이 없는 사람의 비율이다.

시시한 일로 밤늦도록 헤매면 어쩌리오? 이른 아침을 맞을 수 없음을 안타까워만 하리오? 술을 삼가며 맑은 머리를 유지해야 된다. 저 푸른 하늘처럼, 구름 한 점 없는 창백한 푸른 하늘을 보면 안개 낀 자신의 머리가 부끄러운 줄 알아야 된다. 고개를 들고 하늘을 보라. 그대 가슴에 어떤 전율이 일어나는지 체크해보라.

*사용량 연동 약가 인하제

예상치보다 실제 사용량이 많은 약품의 가격을 최대 10% 인하하도록 하는 제도다. 신약은 제약사와 정부가 건강보험 등재 약품의 값을 협상할 당시 산정한 예상 사용량보다 실제 사용량이 30% 이상 높은 경우(2차 연도는 60%)에 적용한다. 복제약과 2007년 1월 이전에 등재된 신약은 4차 연도 사용량이 전년보다 60% 증가할 때 적용한다.

세계에서 가장 넓은 사막인 아프리카 사하라에 1979년 2월 18일 눈이 내렸다. 이는 사하라 사막에 눈이 내린 유일한 기록으로 남아 있다. 30분간 몰아친 눈보라는 눈이라고는 생전 처음 겪어본 알제리 남부를 마비시켰다.

* 사용 후 핵연료

원자력발전소에서 연료로 사용된 뒤 폐기물로 나오는 우라늄 연료 다발이다. 이렇게 빼낸 연료는 방사능이 높고 핵분열 생성물로부터의 붕괴열도 크기 때문에 방사능을 줄이고 열기를 냉각하기 위해 사용 후 핵연료 저장 수조에 수년간 저장된다. 사용된 후에도 남아있는 플루토늄-239와 우라늄-235 등 방사성물질은 핵분열해 높은 열을 낸다. 강한 방사선과 높은 열을 내뿜는 위험물질이기 때문에 특수기술을 이용해 지하 수백 미터 깊이에서 안전하게 영구 처리해야 한다.

합환목(合歡木), 자귀나무는 잎이 어긋나지 않고 마주하고 있다. 아침이면 헤어졌다가 저녁이면 다시 만나 포개어진다. 꽃은 분홍빛 감색으로 후투티 깃털과 흡사하다. 부부 금실이 좋아진다고 하여 집에 많이 심는다. 참으로 금실 좋은 신기한 나무다.

* 사이드카(Sidecar)

선물가격이 전일 종가 대비 5% 이상(코스닥은 6% 이상) 상승 또는 하락해 1분간 지속될 때 발동한다. 일단 발동되면 컴퓨터로 자동 매매하는 프로그램 매매호가의 효력을 5분간 정지한다.

딱정벌레와 개화 식물은 서로 종족 번성을 위해 진화에 진화를 거듭한다. 딱정벌레는 개화 식물만 먹는다. 그러면 개화 식물은 가시를 만든다. 이에 딱정벌레는 가시를 먹기 위해 턱이 발달하고 개화 식물은 안 먹히려고 나쁜 냄새를 풍긴다. 그러면 그걸 먹기 위해 딱정벌레는 또 진화한다.

* 사이토카인 폭풍
면역계의 과민 반응으로 면역물질인 사이토카인이 과다 분비돼 오히려 신체 조직이 파괴되는 현상이다. 주로 젊은 사람에게 많이 나타난다.

떨어지는 꽃잎 하나에 봄이 깎여 나간다.

* 사자개
중국 부호 사이에서 최고급 선물로 인기를 끄는 명견이다. 사자와 분간하기 힘들게 생긴 중국 어느 부호의 사자개가 경호원, 수의사, 요리사, 영양사 등 11명을 거느리며 호화롭게 사는 모습이 외신을 통해 전해져 화제가 되기도 했다. 성견의 몸무게는 80kg에 이르고 털은 황색, 검은색, 흰색이 있다. 중국에서 천재지변 등의 위험을 예지하는 능력이 있어 '신견(神犬)'으로 불리기도 한다. 수억 원을 호가하는 순종은 중국 내에 2만여 마리가 남아 있는 것으로 알려졌다.

호저(豪豬)의 딜레마, 가까이 가면 가시에 찔리고 멀리 떨어지면 얼어 죽는다. 현명한 호저는 찔리지도, 외롭지도 않은 거리를 유지한다. 삶에 필요한 거리 유지는 필수다.

* **사카키바라 에이스케**

1997년 아시아 외환위기를 전후해 일본 대장성 국제금융국장과 재무관(차관급)을 역임하고 '미스터 엔'으로 불리며 일본의 외환 정책을 담당했던 세계적인 경제 분석가다. 1995년 대장성 국제금 융국장으로 부임해 당시 달러당 79엔까지 급등하며 강세를 보였던 엔화를 약세로 뒤집어 세계적인 주목을 받았다. 아시아 위기 때 미국과 국제통화기금(IMF)을 비판하며 아시아통화기금(AMF) 창설을 제안했지만, 당시 래리 서머스 미국 재무차관의 반대로 좌절됐다. 현재 아오야마가쿠인대 교수로 있다.

새로운 생각은 꽃이고 새로운 가능성은 열매다.

* **사할린 한인**

주로 1939~1945년 2차 세계대전 당시 과거 일본령 사할린섬 남부 탄광에서 노역한, 일제에 의해 강제 징용 등으로 끌려간 한국인과 그 후손들을 말한다. 1990년부터 현재까지 4,000여 명의 한인 1세가 영주 귀국했다.

이란 가전제품 80%가 한국산이다. 시리아 차의 70%가 한국 차다. 경제적으로는 정상이지만 삶의 질은 바닥을 헤맨다. 루브르박물관을 1시간에 관람하는 사람은 우리나라밖에 없다.

* 사회적 기업

주주나 소유자의 이윤 추구보다는 취약계층에게 사회서비스 또는 일자리를 제공하거나 지역사회에 공헌함으로써 지역주민의 삶의 질을 높이는 등의 사회적 목적을 추구하면서 재화 및 서비스의 생산·판매 등 영업활동을 하는 기업이다. 최근 들어서는 빈부격차 해소 등 사회문제 해결에 기업도 책임을 져야 한다는 인식이 확산되면서 대기업이 사회공헌 프로그램의 일환으로 사회적기업을 설립, 운영하는 사례가 늘고 있다.

완벽함이란 무얼 하나 더 추가하는 게 아니고 더 이상 뺄 것이 없는 상태를 말한다. - 생텍쥐페리

* 삭비지조(數飛之鳥)

'삭비지조 홀유라망지앙 경보지수 비무상전지화(數飛之鳥 忽有羅網之殃 輕步之獸 非無傷箭之禍)', '자주 나는 새는 그물에 자주 걸리는 재앙이 따르고 가벼이 걸어 다니는 짐승들은 화살에 상할 그런 재앙이 없지 않으리라'라는 뜻이다. 재주가 있다고 날뛰거나 경거망동을 하면 안 된다는 교훈이다.

달걀을 밖에서 깨면 프라이가 되고 안에서 깨면 병아리가 된다.

* 산별노조와 기업별노조

산별노조는 동일 산업의 모든 근로자가 가입된 노조이며, 기업별노조는 개별 기업 근로자들로 구성된 노조이다. 우리나라 노조

는 기업별노조 중심이었다가 1990년대 말 외환위기 이후 사업주들의 대규모 정리해고가 잇따르자 이에 대응하기 위해 기업별노조가 뭉친 산별노조가 조직됐다.

산별노조가 되면 사업주는 단위사업장 노조가 아니라 이들이 속한 산별노조와 단체교섭을 한다. 노조 역시 단체행동을 할 경우 단위 사업장이 아니라 산별노조 차원으로 하게 된다. 이 경우 노조는 더 강한 교섭력을 가질 수 있어 노동자의 이익을 더 크게 대변할 수 있다는 긍정적 측면이 있다. 하지만 한국의 산별노조는 최근 들어 협상과 대안 마련의 능력을 높이는 대신 개별 기업 근로자들의 사정을 고려하지 않고 투쟁 일변도로 나가 너무 정치화되었다는 비판을 많이 받는 편이다.

상상력은 미래의 꿈이다.

* **산업정책**(Industrial Policy)
국가가 여러 부처의 제도적 지원과 규제 완화 등을 통해 특정 산업을 집중적으로 육성하는 정책을 말한다. 1970~80년대 중화학공업 육성, 1997년 외환위기 이후에 실시한 산업 구조조정 등이 우리나라의 대표적인 산업정책이다.

국민 한 사람 한 사람 마음 아프게 하는 불공정 안 돼! 마녀 사냥식 부화뇌동과 가치판단의 호도 같은 여론몰이, 자의식 실종, 군중심리 탐닉 또는 함몰 등이 젊은 이들의 충동적 언행에 고스란히 반영된다. 국내 트위터 사용자 100만 명 시대에, 자기 의견의 형성보다는 소셜미디어상 친구들과의 대화를 통해 뉴스나 정보의 생산 및 정보에 다가서고 있다.

* 살찐 고양이

2008년 글로벌 금융위기 이후 턱없이 과도한 기본급과 천문학적인 보너스, 퇴직금을 챙기면서 세제 혜택까지 누리는 월가의 탐욕스러운 경영진을 꼬집는 말이다. 심상정 의원이 기업이 임직원에게 제공할 수 있는 최고 임금을 최저임금의 30배가 넘지 못하도록 하는 '최고 임금법' 제정안을 발의하면서 붙인 이름이다.

남자들이 제일 무서워하는 사람은 '아줌마'다. '아줌마'는 '에라 모르겠다', '이판사판'이라고 할 때 '아줌마'가 된다.

* 삼강마을

동에서 낙동강/동북에서 내성천/서북에서 금천/푸르게 하나로 어우르니/낙동강 칠백리 수를 놓는다/대구 팔공산맥 동남으로 이백리/문경주흘산맥 서북으로 일백리/안동 학가산맥 동으로 이백리/산과 강 셋씩 모여 정기가 가득하니/청풍자 할아버지 광해에/삼강으로 이름 지어 솟는 기운/대대손손 이어가는 곳/유서 깊은 삼강/그 고명/영원히 빛나리(경북 예천 삼강주막에 쓰여 있는 '삼강마을' 시)

경북 예천 삼강주막은 삼강나루의 나들이객에게 허기를 면하게 해주고 보부상들의 숙식처로, 때론 시인 묵객들의 유상처(流觴處, 시를 외우며 술을 마신 후 빈 술잔을 띄워 보내 술을 권하며 노닐던 곳)로 이용된 건물이다. 1900년경에 지은 이 주막은 규모는 작지만 그 기능에 충실한 집약적 평면구성의 특징을 보여 주고 있어 건축 역사자료로서 희소가치가 클 뿐 아니라 옛 시대상을 읽을 수 있는 지역의 역사와 문화적 의의를 간직하고 있다.

성공이라는 못을 박으려면 끈질김이란 망치가 필요하다.

* 삼성 드림클래스

교육 환경이 열악한 저소득층 중학생들을 대상으로 방과 후 등
에 영어와 수학을 무료로 가르쳐주는 삼성그룹의 교육 사회공헌
프로그램이다. 삼성 드림클래스 학생들이 좋은 학교에 진학하여
좋은 직업을 갖게 함으로써 불안을 희망으로 바꾸고 우리 사회
가 통합으로 나아가는 밑거름이 되고자 시작됐다. 기초생활수급
자 혹은 차상위 계층 중학생 가운데 학습 의지가 높은 학생들을
각 지역 교육청에서 추천받아 운영한다.

인간은 타인의 눈길에서 지옥을 경험한다.

* 삼육재활센터

국내 복지시설의 효시로 꼽는다. 대학 사회복지학과 개론서에도
장애인 복지의 산실로 소개되는 곳이다. 1952년 6월 서울 용산
구 용문동에서 민오식 이사장의 부친이 삼육아동원으로 복지사
업을 시작했다. 1960년대 초 세브란스병원과 함께 국내 최초로
장애인 재활 치료를 시작했다. 이어 특수학교, 직업훈련을 도입했
으며 장애인복지법 제정에도 큰 역할을 했다. 1993년 경기 광주
로 이전해 4만9,587㎡(1만5,000평)의 터에 재활병원과 장애인 초중
고교, 노인요양원, 암 환자 병동, 재활관, 재활작업장, 재활체육관
등 총면적 2만6,000여㎡(7,865평)의 시설을 갖춰 운영됐다. 서울
관악구 봉천동에도 장애인학교와 재활병원, 체육시설이 있다. 서

울과 광주의 직원 수는 총 530명, 민 이사장의 부친에 이어 큰형과 셋째 형이 이사장을 지냈고, 4년 전부터 민 이사장이 운영하고 있다. 서울 노원구 공릉2동에 있는 삼육대학과는 무관한 비영리 사회복지법인이다.

하루살이 버섯은 그믐과 초하루를 알지 못하고 쓰르라미는 봄과 겨울을 알지 못한다.

* 삼중(三重)수소

화학수소 동위 원소의 하나다. 원자로에서 핵반응으로 생성되는 방사성물질로 수소폭탄의 핵심 재료다. 일반 수소에 중성자가 1개 더 있으면 중수소, 2개 더 있으면 삼중수소가 된다. 자연 상태에는 일반 수소 99.983%, 중수소 0.015%가 있으며 삼중수소는 극히 회박해 인공으로 만들어야 한다. 방사선 치료, 백혈구 검사 등에 주로 사용되나 호흡기나 피부를 통해 체내에 다량 흡수되면 암을 유발할 가능성이 있는 것으로 알려져 있다.

원자핵의 인공 파괴로 만든 질량수 3인 인공 방사성 원소로, 베타 붕괴(β 崩壞)를 하며, 반감기는 12.3년이다.

김 구두쇠가 박 구두쇠네 집에 가서 장도리를 빌려오려 했다. 장도리가 닳는다며 빌려주지 않자 장롱 왼쪽 구석에 장도리를 꺼내 못을 박은 김 구두쇠. 누가 더 구두쇠인가.

* 삼짇날

강남 갔던 제비 돌아오는 날이다. 이날 풍속은 어느덧 완연해진 봄기운을 반영하고 있다. 선조들은 산과 들에 핀 진달래꽃으로 화전(花煎)을 부쳐 먹었다. 제주도에서는 꿩알 줍기, 충남에서는 머리 감기 놀이를 했다. 돌아오는 제비를 맞으려고 전남에서는 제비집을 손보기도 했다. 봄기운에 맘껏 취해보자.

사랑은 오래 참고 사랑은 온유하며 시기하지 아니하며 사랑은 자랑하지 아니하며 교만하지 아니하며 무례히 행하지 아니하며 자기의 유익을 구하지 아니하며 성내지 아니하며 악한 것을 생각하지 아니하며 불의를 기뻐하지 아니하며 진리와 함께 기뻐하고 모든 것을 참으며 모든 것을 믿으며 모든 것을 바라며 모든 것을 견디느니라. - 고린도전서 13장 4~7절

* 3차 감염

발병지에서 직접 바이러스에 감염된 환자를 1차 감염자라 부른다. 1차 감염자로부터 직접 바이러스에 감염된 환자는 2차 감염자다. 3차 감염자는 1차 감염자가 아닌 2차 감염자로부터 바이러스에 감염된 환자를 말한다. 이 때문에 3차 감염이 활발할 경우 2차 감염보다 더 광범위하게 바이러스 전파가 이뤄질 수 있다. 중동 지역을 중심으로 주로 감염자가 발생한 메르스바이러스의 경우 3차 감염은 2차 감염보다 전파력이 더 떨어진다는 게 전문가들의 의견이다.

내 빈창자 가득 채운 술마다 그것은 내 가득한 눈물이어라.

* 386세대

1990년대에 30대이고, 대학 학번이 1980년대이며, 1960년대에 출생한 세대를 말한다. 이 세대는 과외 금지 세대로 호전적, 전투적, 진취적, 앞으로 전진, 집단주의가 특징이다.

불시일번 한철골 쟁득매화 박비향(不是一番 寒徹骨 爭得梅花 撲鼻香) - 당나라 고승 황벽 선사
뼈를 깎는 추위를 한 번 만나지 않았던들 코를 찌르는 매화 향기를 어찌 얻을 수 있겠는가.

* 상고법원

대법원의 하급 기관으로 상고 사건 중 개인 간의 권리구제에 관한 사건을 전담하기 위해 대법원이 설립을 추진 중인 법원을 말한다. 기존 대법원은 사회적 관심이 크거나 법률적으로 중요한 사건만 심리하고 나머지 사건은 대법원 심사를 거쳐 상고법원이 맡는다. 19대 국회에서 논의되었지만, 대법원의 권위 향상을 위한 것이라는 비판과 현행 3심제 헌법 구조에 대한 위헌 여부 등 여러 가지 논란으로 인해서 폐기되었다.

거목을 넘어지게 하는 것은 천하를 호령하는 벼락이 아니라 나무 속에 사는 조그만 딱정벌레라는 사실을 명심해야 한다.

* 상소권 회복 청구

형사소송법에서, 상소권자나 대리인이 책임질 수 없는 사유로 인

하여 상소의 제기 기간 안에 상소하지 못하였을 때, 원심법원에 대하여 상소권 회복을 청구할 수 있는 권리다.

창의력은 철들면 죽는다. 어린이 마음, 특히 6세 어린이 마음을 지녀야 한다. 그 나이에는 세상이 경이롭고 온갖 호기심으로 가득한 나이다. 난 지금도 그때의 시선을 갖고 있다. 그래서 아직 철들지 않은 6세 어린이 수준이다.

* 상속분 상당가액 지급청구권

생부, 생모가 사망한 뒤 인지 소송 등을 통해 공동상속인이 된 사람이 기존 공동상속인들을 상대로 자신의 상속분에 상당하는 액수를 달라고 청구할 수 있는 권리다.

공자 왈(曰), '지지자(知之者)는 불여호지자(不如好之者)요, 호지자(好知者)는 불여낙지자(不如樂之者)라'. 공자가 말하기를 '아는 자는 좋아하는 자를 당할 수 없고 좋아하는 자는 즐기는 자를 당할 수 없다'.

* 상수원 보호구역

수도법을 근거로 상수원 수질에 직접적인 영향을 주는 지역을 말한다. 팔당호 일대의 경우 팔당 취수장으로부터 유하거리(流下距離, 하천 등 수역의 중심선을 따라 물이 흘러가는 방향으로 잰 거리)가 10㎞ 이내에 있는 곳으로 남양주시, 양평군, 광주시, 하남시 등 경기도 내 4개 시군에 걸쳐 151.7㎢(약 4,588만9,250평)가 지정돼 있다. 이곳에는 소, 돼지의 사육 및 매몰이 전면 금지돼 있다.

성황당 나무처럼, 마을 어귀 장승처럼, 백 년이 한결같은 줄로만 알았는데 춥고 배고프고 아프고 슬픈 아버지도 사람이셨구나. - 조현정의 「아버지」 중에서

* 상피세포 성장인자 수용체(EGFR)

신호전달 경로를 활성화시켜 암세포를 성장, 분화하게 하고 생존에 영향을 미치는 중요한 역할을 하는 물질이다. 티로신키나제 억제제(EGFR TKI)는 EGFR 중에서도 가장 중요한 매개 효소로 알려진 티로신키나제를 억제해 암세포의 생존 증식 전이를 막는 약물을 일컫는다.

남자는 자기의 비밀보다 타인의 비밀을 성실히 지키는 성품을 가지고 있지만, 여자는 타인의 비밀보다 자기의 비밀을 성실히 지키는 성품을 가지고 있다. 어떤 의미에서든 여자에게는 비밀이 재산이다. 타인의 비밀은 수다를 팔아먹을 수 있는 재산이고 자기의 비밀은 교양을 사들일 수 있는 재산이다. - 이외수의 「괴물」 중에서

* 상하이 스캔들

중국 상하이 한국총영사관 일부 외교관이 수년간 중국 여성 덩신밍 씨와 부적절한 관계를 맺으며 내부 정보를 유출한 의혹이 제기돼 정부 합동 조사가 이뤄졌다. 조사단은 정보 유출의 전모를 밝히지 못한 채 '심각한 공직기강 해이 사건'으로 결론지었다. 김정기 당시 상하이 총영사는 해임됐다.

아침에 일어나자마자 TV를 켜거나 신문을 보는 것은 절대금물이다. 세상의 소리로 하루를 시작하면 세상에 끌려다닌다. 자신의 미션으로 하루의 첫 두 시간을 시

작하라. 책을 읽거나 아침 일기를 써라. 오래전부터 아침 시간을 가진 사람이라면 명상을 위한 산책도 괜찮다. - **법정**

* 상호확증파괴(MAD, Mutually Assured Destruction)

냉전 시절의 핵전략이다. 핵무기를 보유하고 대립하는 2개국이 있을 때, 핵무기의 선제적 사용은 쌍방 모두가 파괴되는 상호파괴를 확증하는 상황이 된다. 따라서 상호확증파괴가 성립된 2개국 간에는 핵전쟁이 발생하지 않게 된다. 실제로 미국과 옛 소련 양극체제에서 상대방을 치명적으로 파괴할 핵 능력으로 공포의 균형(Balance of terror) 상태를 달성해 평화를 유지한다는 논리다.

디지털 치매 환자가 되지 않으려면, 생각을 많이 하고 그 생각들을 나의 것으로 만들 수 있어야 한다.

* 상호확증경제파괴(MAED, Mutually Assured Economic Destruction)

탈냉전 이후 미국과 중국의 경제적 의존관계를 MAD(상호확증파괴)에 빗댄 것이다. 미·중 양국이 국제 상품 및 자본 시장에서 상호 의존관계여서 어느 한쪽이 일방적으로 경제적 단절을 선언하면 공멸할 수 있다는 논리다. 주요 2개국(G2) 체제에서 갈등보다 협력이 우선시되는 현상을 설명한 것이다.

에베레스트를 최초로 오른 사람은 에드먼드 힐러리 경과 셰르파 텐징 노르게이가 그 주인공이다.

* 샐리의 법칙(Sally's Law)

계속해서 자기에게 유리한 일만 일어나는 법칙으로, 반대는 머피의 법칙(Murphy's Law)이다. 1989년 제작된 라이너 감독의 영화 〈해리가 샐리를 만났을 때〉의 여주인공 샐리가 해피엔딩을 맞는 모습에서 빌려온 것이다.

남자들에게는 인정받고 싶어 하는 욕구가 강하다. 그 자존심을 건드리는 순간, 남자는 큰 상처를 받는다.

* 생태관광(Ecotourism)

생태와 경관이 우수한 지역에서, 자연의 보전 및 책임 있는 여행과 현명한 이용을 추구하는 자연 친화적인 관광(자연환경보전법)을 하는 것을 말한다. 환경부는 국민의 생태관광 체험 증대 및 지역 관광 활성화를 위해 2014년 9월 17일 전북 고창에서 유관기관 및 생태관광 성공모델 4개 지역대표 등과 '생태관광 성공모델 육성을 위한 협약식'을 체결했다.

채소는 농부의 발소리를 듣고 자란다.

* 생물다양성협약

지구상에 존재하는 생태계, 종, 유전자를 보호하고 생물 다양성의 보전, 생물 다양성 요소의 지속 가능한 이용, 유전자원의 활용을 위해 1992년 브라질 리우회의에서 채택된 국제협약으로, 생물자원에 대한 국가의 주권을 인정하는 계기가 됐다.

여행은 다른 세상을 관찰하는 것. 문득 떠나기, 문득 여행하기, 거창하게 계획 세우고 벼르고 하지 말 것. 미루게 되면 시간만 낭비한다. 일상을 살짝 벗어나기만 하면 된다. 생각과 동시에 행동으로 옮긴다.

* 생생지락(生生之樂)

『서경』에 나오는 말로, 중국의 고대 상나라 군주 반경이 "너희 만민들로 하여금 생업에 종사하며 즐겁게 살아가게 만들지 않으면 내가 죽어서 꾸짖음을 들을 것이다"라고 한 데서 유래한 말이다.

기적이란 때맞춰 내리는 빗물과 같다. 비는 시시때때로 하늘에서 내리지만, 자기 그릇에 담지 않으면 모두 밖으로 흘러가 버리고 만다. 그릇을 준비해야 빗물을 받을 수 있다.

* 생체모방공학(Biomimetic)

동식물의 행동이나 구조를 모방하여 첨단 기술로 응용하는 것으로, 1969년 미국 과학자 오토 슈미트가 처음 사용한 용어다. 그들이 갖고 있는 다양한 기능을 분석하고 모방해 우리 생활에서 활용하는 기술을 말한다. 기계, 항공, 소재, 생활용품, 의학 등 응용 범위가 더 넓어지고 있다. 바이오미메틱스(Biomimetics)라고도 한다.

주변의 한 사람 때문에 살기도 하고 죽기도 한다. 한 사람 때문에 하늘 위로 붕붕 날기도 하고, 한 사람 때문에 천 길 낭떠러지로 굴러떨어지기도 한다. 가장 가까이에 있는 한 사람이 한결같은 믿음과 사랑으로 응원한다면, 상대방은 설령 바보라도 영웅으로 다시 태어날 것이다.

* 샤넬 넘버5

1924년 첫 시판한 향수의 대명사 샤넬 넘버5는 30초에 하나씩 팔리는 상품이다. 80여 가지의 꽃향기를 섞어 만들어 오묘한 향을 만들어 냈다.

누군가가 나를 알아본다는 것은 나의 겉이 아니라 속을 바라본다는 뜻이다. 그것은 현재의 모습이 아니라 미래의 모습을 내다본다는 뜻이기도 하고, 무구한 잠재력과 가능성을 보고 사랑을 공유한다는 의미이기도 하다. 햇빛을 받아야 나무가 성장하듯 사람은 누구나 타인의 인정을 받을 때 진정한 성장이 이루어진다.

* 샤오미 아파트

중국 스타트업인 유플러스가 만든 청년 전용 임대주택을 말한다. 창업 지원 시설을 갖춰 창업 기숙사로 활용된다. 중국 스마트폰 제조사인 샤오미의 창업자 레이쥔이 설립한 펀드가 투자해 '샤오미 아파트'로 불린다.

대륙이동설에 따르면 약 일천만 년 전, 저 남쪽 바다 곤드와나 대륙 한 덩어리가 떨어져 나와 북쪽 앙가라 대륙에 부딪히면서 오늘의 히말라야 준령이 솟아올랐다. 그러므로 히말라야 일대는 원래 바닷가였다. 지금도 그곳 고산 화석 중에 조개껍데기가 나온다. 또한 티베트 랑탕 고원이나 만년설의 하부 능선에는 히말라야 갈매기가 날고 있다.

* 샹그릴라

이상향을 말하며, 샹그릴라가 있다는 히말라야는 오늘날 복잡한 문명 세계를 살아가는 현대인에게 최고의 힐링 장소다. '신도 버린 땅'이란 카라코람산맥 계곡에 위치했으나, 사람들이 천천히 늙고 오래 산다는 파키스탄 장수마을 '훈자', 물질보다는 정신적인 문명을 꿈꾸는 인도 라다크, 세상의 중심이라고 말하는 티베트의 성산 카일라스, 숨겨진 은둔의 땅 부탄의 탁상 곰파가 바로 그 장소다.

일단 매화나무는 수백 년 정도 늙고 깡말라야 한다. 줄기는 구불구불 틀어지고, 껍질이 울퉁불퉁 부르튼 것을 으뜸으로 친다. 가지도 듬성듬성 드물게 나야 하고, 꽃은 다소곳이 오므린 것을 귀하게 여긴다. 향기도 진한 것보다 맑고 청아해야 한다. 1561년 조식 선생이 손수 심은 산청 남명매(南冥梅)가 화르르 꽃 등불을 달았다.

* 섀도보팅(Shadow Voting)

기업이 주주총회 의결정족수가 부족할 때 참석하지 않은 주주들의 투표권, 즉 한국예탁결제원에 주주들이 맡긴 주권에 대한 의결권 대리 행사를 요청하는 제도다. 예탁결제원은 주총 의결 방향에 영향을 미치지 않도록 참석 주주의 의결 비율대로 해당 주식의 의결권을 행사하기 때문에 '그림자 투표(섀도보팅)'로 불린다.

한식(寒食), 동지로부터 105일째 되는 날. 찬 음식 먹는 날. 조상님 산소 찾아 제사 지내고 무덤 돌보는 날. 해코지하던 귀신들이 하늘로 올라가 '손'이 없는 날. 죽은 땅에서 라일락이 피어나는 4월, 부지깽이를 거꾸로 꽂아도 새싹이 돋는 생명의 달이다.

* 서봉총(瑞鳳塚)

1926년 경주시 노서동에서 발견된 대형 신라 고분이다. 서봉총이라는 이름은 스웨덴의 한자 표현 서전(瑞典)의 '서' 자와 봉황의 '봉(鳳)' 자를 따서 지은 것으로, 조선총독부 초청으로 발굴 현장을 찾은 스웨덴 왕자가 봉황 장식의 금관을 발굴하여 이렇게 붙였다.

한국 사람들은 느리고 여유 있게 살 수 있는 능력을 잃어버렸다. 프로방스는 미래의 행복을 위해 현재의 삶을 저당 잡힌 사람들이 아니라 지금 여기에서 행복을 누리는 사람들이 사는 곳이다. 삶을 바꾸는 방법은 더 적게 갖고 더 만족하며 사는 것이다. 생각을 바꾸는 게 그 시작이다. - 『프로방스에서의 완전한 휴식』(정수복)

* 서상커(奢尙客)

고급스럽고 세련된 취향을 가진 중국인 관광객을 일컫는 신조어다. 이들은 한국을 자주 방문해 쇼핑하는 우수 고객이며 한 백화점에서 연간 1,000만 원 이상씩을 쓴다.

어린 자식을 잃고 비탄에 잠긴 젊은 부부에게 현자가 물었다. "지금 당신들이 겪고 있는 그 일은 마치 끓는 물 속에 던져진 것과 같습니다. 만일 당신들이 달걀이라면 끓는 물 속에서 더욱 단단해지고 차차 아무런 반응도 하지 않게 되겠지요. 하지만 당신들이 감자라면 끓는 물 속에서 더욱 부드러워지고 유연해지면서 탄력이 생기겠지요. 당신들은 어느 쪽이고 싶습니까?"

* 서제막급(噬臍莫及)

배꼽을 물려고 해도 입이 닿지 않는다는 뜻으로, 기회를 놓치면 후회해도 소용이 없다는 의미다. 우물쭈물하다가 기회를 놓친 것이 후회스럽고, 좀 더 진취적인 모습이 부족했으며, 남의 시선을 너무 의식한 나머지 과감한 승부를 하지 못한 것이 아쉽다고 생각하는 것이다.

고통은 극복하는 게 아니라 견디는 것이다.

* 서킷브레이커(Circuit Breakers)

주가지수가 전날보다 10% 이상 하락한 상태가 1분 이상 지속되면 모든 주식 거래를 20분간 중단한다. 20분이 지나면 10분간 호가를 접수해서 매매를 재개한다.

향수 원료인 용연향은 원래 고래의 상처에서 발생한 부산물이다. 향유고래가 대왕오징어 등을 섭취하다가 내장에 생긴 상처를 치료하는 과정에서 생긴 것으로, 토해내면 역한 냄새가 난다. 그렇지만 그 배설물은 10년 이상 바다를 떠돌면서 염분에 씻기고 햇볕에 바짝 말라 아주 귀한 향수의 원료가 된다. 처음엔 비록 상처의 똥이었지만 오랜 세월 인고의 시간을 견딤으로써 고통의 향기를 지니게 되었다. 아마 고래의 똥은 자신이 왜 험한 바다를 떠도는지 그 고통의 의미를 알았을 것이다.

* 석유 전자상거래

2011년 3월 석유 유통의 투명성 제고와 경쟁 촉진으로 가격 인하를 이루겠다는 목표로 정유업체, 수출입업자, 석유제품 대리

점, 주유소 등이 전자시스템을 통해 석유제품을 거래하도록 하는 제도를 도입했다. 정부는 전자상거래를 활성화하기 위해 수입 석유제품에 각종 혜택을 부여하고 있다.

자유(自由)는 자기의 이유(理由)로 걸어가는 것이다.

* 석패율제

선거 제도 중 하나로, 소선거구제 선거의 지역구에서 아깝게 당선되지 못한 후보를 비례대표로 당선될 수 있게 하는 제도다. 한 후보자가 지역구와 비례대표에 동시에 출마하는 것을 허용하고 중복 출마자 중에서 가장 높은 득표율로 낙선한 후보를 비례대표로 뽑는다. 일본이 유일하게 1994년 과열된 공천 경쟁을 완화하려고 도입해 실시하고 있다. 국내에서는 취약한 지역에 출마해 낙선한 후보를 구제해 지역주의를 극복하기 위한 방안으로 검토되고 있다.

소요산은 요석공주와 관계가 깊다. 신라 29대 무열왕의 딸 요석공주와 고승 원효 대사(617~686) 사이에 '설총'이 태어났다. 원효는 주유천하하며 '수허몰가부아작지 천주(誰許沒柯斧我斫支天柱)', 즉 '그 누가 자루 없는 도끼를 내게 빌려주겠는가, 나는 하늘을 떠받칠 기둥을 찍으리라'라고 노래하며 다녔다. 이것이 무열왕 귀에까지 들어가고 왕은 큰 인물이 될 것으로 짐작하여 딸 요석과 결혼시키기에 이르렀다. 결국 당대 최고 문인 '설총'을 낳았고 그 이후 원효는 환속하였다.

* 설갱벼

일반 쌀보다 뽀얀 것으로 향이 뛰어나고 미세한 구멍이 많아 쉽게 부서지는 품종이다. 국순당이 농촌진흥청 국립식량과학원(전신 작물과학원)과 곡주 제조를 위한 쌀로 공동개발했다. 병충해에 약해 손이 많이 가지만 농가엔 효자 품종이다.

차(茶)나무는 반양반음(半陽半陰) 식물이다. 차나무 뿌리는 수직으로 뻗고, 대나무 뿌리는 가로로 뻗는다.

* 설중매(雪中梅)

눈 속에 피어난 매화를 설중매(雪中梅)라 하고, 봄소식을 알린다는 뜻으로 일지춘(一枝春), 맑은 손님에 견주어 청객(淸客), 꽃 빛깔이 희고 그 자태가 고결하다고 해서 일명 옥골(玉骨)이라고도 한다.

병든 아버지를 위해 허벅지 살을 베어 바친 소년 시절의 김구는 그의 조국애와 나란히 효도의 표상이기도 했다.

* 성매매특별법

'성매매방지 및 피해자보호 등에 관한 법률'과 '성매매알선 등 행위의 처벌에 관한 법률'을 묶어서 부르는 표현이다. 2002년 전북 군산시 개복동의 집창촌 화재 참사를 계기로 피해 여성 인권 보호를 위해 만들어졌다. 2004년 9월 23일부터 시행됐다.

국토의 가을은 찬란하다. 지난여름의 모진 고온다습이 만들어 낸 것인가. 벌써 산마루 잎새는 아기의 피처럼 새롭고 붉다. 땅 위의 온갖 과일들이 달다. 뭇 열매 저마다 알알이 익어 미련 없이 떨어지고 있다. 이런 가을이 인간에게는 수확의 계절이고 자연에게는 파종의 계절이다.

* 성충동 약물치료

성폭력범죄를 다시 범할 위험성이 있다고 인정되는 사람에 대하여 성충동 약물치료를 실시해 성폭력범죄의 재범을 방지하고 사회 복귀를 촉진하는 것을 목적으로 한다. 일부에서 사용하는 '화학적 거세' 대신 법적 공식 용어인 '성충동 약물치료'로 표기한다. 약물치료는 '거세'처럼 영구히 성적 욕구를 없애는 게 아니라 일시적으로 억제하는 방식이다.

고개 들면 하늘의 가슴은 한없이 넓다. 산토끼도 귀를 쫑긋 세우고 사람의 마음 한구석에도 숭숭 바람이 드나들지 않을 수 없다.

* 셧다운제

청소년 보호법 제26조에서 '인터넷게임의 제공자는 16세 미만의 청소년에게 오전 0시부터 오전 6시까지 인터넷게임을 제공하여서는 아니 된다.'라고 규정하고 있다. 과도한 게임 중독으로부터 청소년을 보호하기 위한 것이다. 0시부터 새벽까지 인터넷으로 게임을 못 하게 한다는 점 때문에 '신데렐라법'으로도 불린다.

국토의 가을은 지상의 잔치만으로 국한되지 않는다. 널어놓은 태양초 고추 멍석과 황금 들판, 그리고 남으로 번져 내려가는 단풍의 절경도 끝내는 하늘의 푸름에 귀결된다. 한국의 가을 하늘은 절대다. 그래서 한국의 푸른 하늘은 한국의 혼의 장소이다.

* 세계수학자대회(ICM)

국제수학연맹(IMU)이 4년마다 개최하는, 전 세계 수학자들을 위한 모임이다. 일종의 수학자들을 위한 올림픽이라고 할 수 있다. 1897년 스위스 취리히 대회를 시작으로 4년마다 열리는 기초과학 최대의 학술대회. 매회 5,000명 이상의 수학자가 참가하는 ICM에서는 수학계의 노벨상으로 불리는 필즈상을 개막식에서 수여한다. 수상자는 대회 때까지 비밀에 부쳐지는 서프라이즈 이벤트로 전 세계의 주목을 받고 있으며, 개최국의 국가 원수가 직접 수여한다. 2014년 8월 13일부터 9일간 한국에서 열렸으며, 100여 개국 6,000여 명의 국내외 수학자들이 참여했다. 아시아에서는 1990년 일본 교토, 2002년 중국 베이징, 2010년 인도 하이데라바드에 이어 네 번째다.

사막여행에서 가장 힘든 건 뜨거운 태양이 아니라 운동화 속에 들어온 작은 모래알갱이다.

* 세로토닌

모노아민 신경전달 물질의 하나이며 행복을 유발하는 뇌 물질이다. 뇌에서 분비되는 물질로 대뇌피질의 예민한 기능을 억제해 스트레스와 갈등을 줄이고 격한 마음을 차분하게 해준다. '행복

씨앗'이라는 별칭을 갖고 있다. 세로토닌은 창조성을 높인다. 장마철, 하늘을 올려다보면 기분이 우울해진다. 일조량이 적어지면서 빛의 양과 비례해 우리 몸에 분비되는 세로토닌 양이 적어지기 때문이다. 세로토닌은 필수 아미노산 중 하나인 트립토판이 뇌 내에서 대사될 때 생성되는 물질로, 사람의 기분, 식욕, 수면, 기억, 체온 등에 큰 영향을 미친다. 이 때문에 장마철에는 되도록 실내조명을 밝게 유지하자. 빛의 양이 늘어나면 기분이 한결 좋아진다.

미국에서는 '정직'하지 않고서는 대통령은 물론 어떤 직책도 가질 수 없다. 바로 청교도 정신 때문이다. 우리는 언제쯤이나…….

* 세월호 참사

2014년 4월 16일, 온 나라가 슬픔에 빠졌다. 6,825톤 세월호가 인천항을 출발, 제주로 가다가 진도 앞바다(진도 팽목항에서 약 20㎞) 맹골도 부근에서 침몰하는 사고가 오전 8시 55분경 발생했다. 배에는 안산 단원고등학교 학생 여행단(325명)을 비롯한 승객, 승무원 등 476명이 타고 있었지만, 4월 17일 17시 현재 생존자는 174명, 나머지는 사망 9명을 포함, 302명이 실종 상태다. 전 국민은 슬픔에 잠겼고 모든 행사는 올스톱이다. 사고 해역은 기상악화로 더 이상의 구조작업은 불가능한 상태. 박근혜 대통령까지 현장에 내려가 구조대원들을 위로하고 한 사람의 생존자라도 구조하는 데 최선을 다하라며 격려했다. 참으로 안타깝고 애석하다. 가족들의 울부짖음은 전국을 울먹이게 했고 왜 이런 사고가 일어났는지 분노를 나타내는 사람도 많았다.

나비는 애벌레에서 네 번의 탈바꿈 뒤에 아름다운 나비로 탄생한다. 날개엔 약 15만 개의 아름다운 빛깔이 들어 있다. 우주의 신비요 자연의 찬란한 아름다움이다. 인간의 힘으로는 도저히 어찌해 볼 수 없는…….

* 세인트빈센트그레나딘

중앙아메리카 카리브해 윈드워드 제도에 있는 섬나라다. 영국령 서인도 연방 일원으로 있다가 1979년 영국 연방에서 독립했다. 바나나, 코프라, 갈근(葛根)의 생산 및 관광이 주요 산업이며 공용어는 영어, 전체 면적은 389㎢, 인구는 10만여 명이다. 한국과는 1979년 10월 수교했다.

전문가에 따르면 우리의 뇌는 슈퍼컴퓨터보다 7천 배 이상 우수하다고 한다. 창조주께서 이런 위대한 작품을 겨우 100년 정도 써먹으려고 만들지는 않았다.

* 세컨더리 보이콧

북한과 거래하는 자국 기업 제재에서 한발 더 나아가 제3국의 기업과 은행, 정부 등에 대해서도 제재 대상에 포함하는 방식이다. 미국의 경우 2010년 6월 이란의 원유를 수입하는 제3국에 대해 미국 내 거래를 못 하도록 하는 이란 제재에 효과적으로 사용하고 있고, 이후 이란은 경제난에 시달렸으며 2015년 미국 등과 핵 협상을 타결하였다. 대량살상무기 개발과 관련된 북한의 모든 자금 흐름을 원천적으로 봉쇄하기 위한 조치다. 미국 금융기관과의 거래가 차단되면 90% 이상의 국제 거래에 쓰이는 달러화 결제가 불가능해져 북한과의 거래를 끊을 수밖에 없다.

뇌로 올라가는 대동맥의 소리를 들어 본 적 있는가. '쏴쏴', 힘찬 고동 소리를. 쉼 없이 죽을 때까지 그런 일을 한다. 우리가 열심을 내어 살아야 할 이유가 되기도 한다.

* **셉테드**(CPTED, Crime Prevention Through Environmental Design)
  범죄예방 환경디자인의 줄인 말이다. 도시환경 설계를 통해 범죄를 사전에 방지하는 선진국형 범죄 예방 기법이다. 유리창이 깨진 집이 범죄의 표적이 된다는 '깨진 유리창 이론'을 기반으로 1990년대 미국 뉴욕 경찰이 범죄 단속에 적용해 성과를 냈다.

번개는 구름 속의 작은 입자들에 축적된 전기적 성질이 평형 상태에 도달하기 위해 방전되면서 생기는 현상이다. 구름과 구름 사이에서 발생하면 번개이고, 구름과 지표면 사이에서 발생하면 벼락이 된다. 천둥은 방전 때 갑자기 뜨거워진 공기가 팽창하면서 나는 소리다. 자연에는 '차면 기우는' 현상이 참 많다. 번개도 그런 현상의 하나. 하긴 세상사도 마찬가지 아니던가.

* **셰일가스**(Shale gas)
  진흙이 수평으로 퇴적하여 굳어진 암석층(혈암, Shale)에 함유된 천연가스이다. 세계적으로 매장량이 풍부한 데다 가격도 상대적으로 싸 최근 개발과 생산이 본격화하고 있다. 원유 등과 달리 암반을 뚫고 지하 1㎞ 아래서 채굴해야 하기 때문에 고도의 기술이 요구된다. 미국인 채굴업자 조지 미첼이 프래킹(Fracking, 수압파쇄) 공법을 통해 상업 채굴에 성공하면서 다른 나라도 개발에 앞다퉈 나서고 있다. 가스뿐만 아니라 타이트 오일(Tight oil)로

불리는 원유도 함께 생산된다. 매장량 1위는 중국이지만 채굴에 어려움을 겪고 있다. 미국은 4위다.

매일 명랑한 마음과 위대한 목적을 갖고 일하는 사람은 언제나 그날의 주인이다.

* 셴겐조약(Schengen Agreement)

1995년 발효된 유럽연합(EU) 회원국 간 국경 개방 조약이다. 한마디로 조약 가입국 사이에 사람과 물자의 이동을 자유롭게 하고 범죄 수사도 협조하자는 조약이다. 회원국 중 영국 등을 제외하고 총 26개국이 가입해 있다. 가입국 국민은 검문검색을 받지 않고 국경을 오갈 수 있으며 여권 없이 자국 신분증만으로도 항공기에 탑승할 수 있다.

홀로 있어도 의연하고 늘 한자리에 서 있는 나무처럼 변하지 않는 삶의 진리와 일관된 철학을 담아라.

* 소득공제, 세액공제

둘 다 근로소득자의 세금 부담을 덜어 주는 제도다. 두 제도의 가장 큰 차이점은 세율을 언제 곱하느냐에 있다. 세액공제는 과표에 따라 먼저 세율을 곱해놓고 나온 세액에서 일정 금액을 빼준다. 소득공제는 소득에서 경비를 빼고 난 뒤 세율을 곱한다. 근로소득자의 전체 급여 가운데 신용카드 사용액 등 일부를 경비로 인정하는 방식으로 세금 부과 기준금액인 과표를 낮춘다.

전남 강진 김영랑 생가에 모란꽃 활짝. 자주색 감도는 붉은 꽃. 우아하고 기품이 넘쳐흐르는 꽃. '꽃의 재상(花相)'이 작약이라면, 모란은 '꽃의 왕(花王)'으로 불렸다. 중국인들은 '꽃의 신(神)'이라고까지 떠받들었을 정도. 꽃이 피면 그 앞에 술을 놓고 절까지 했다. 오죽하면 영랑은 '모란이 뚝뚝 떨어져 버린 날, 봄을 여읜 설움에 잠긴다'라고 했을까. 이래저래 봄날은 가고, 인생도 간다.

* 소득대체율

소득대체율이란 말 그대로 연금이 현직 소득을 어느 수준까지 대체할 수 있는가를 나타내는 지표다. 예를 들어 재직 당시 소득이 월 500만 원인 근로자가 은퇴 후 월 300만 원의 연금을 받으면 소득대체율은 60%가 된다.

위대한 창조는 무심에서 나온다. 그것은 침묵의 세계이고 텅 빈 충만의 경지다.

* 소셜 스타(Social Star)

페이스북이나 인스타그램 등 소셜미디어에서 팬층을 거느린 일반인 유명인사를 가리킨다. 이들이 업로드한 콘텐츠를 받아보기 위해 계정을 '팔로'하는 사람이 적게는 수천 명, 많게는 수십만 명에 이른다.

우리는 지금 죽지 않고서 살아 있다는 사실에 고마워할 줄 알아야 한다. 이 세상에 영원한 존재는 그 누구에게도, 그 어디에도 없다. 모두가 한때일 뿐이다.

* 소셜펀딩

크라우드 펀딩(Crowd Funding, 대중 모금)이라고도 불리는 소셜펀딩은, 온라인 커뮤니티와 소셜네트워크서비스(SNS)를 기반으로 불특정 다수의 일반 대중이 조금씩 돈을 내 기금을 조성하는 것을 말한다. 사업자금이나 기금을 모으고 싶은 사람들이 인터넷에 사업 프로젝트 제안서를 올리면 원하는 사람이 투자하는 방식이다. 미국의 대표적인 소셜펀딩 사이트인 '킥스타터(www.kick-starter.com)'는 2009년 4월 서비스를 시작해 전 세계를 대상으로 약 1만 개가 넘는 모금 프로젝트를 진행했다.

꽃은 하루아침에 우연히 피지 않는다. 여름철의 그 뜨거운 뙤약볕 아래에서, 그리고 모진 겨울 추위 속에서도 얼어 죽지 않고 참고 견뎌낸 그 인고의 세월을 거쳐야 아름다운 꽃으로 탄생한다.

* 소셜 하우징(Social Housing)

공통의 관심사가 있는 이들이 커뮤니티를 이뤄 같은 공간에 어우러져 살면서 공동체 또는 지역사회에 기여하는 공동 주거 방식이다.

봄철에는 꽃이 지천이다. 건성으로 스쳐 지나가지 말고 그 곁에서 유심히 들여다보라. 꽃잎 하나하나, 꽃술과 꽃받침까지도 놓치지 말고 낱낱이 살펴보라. 알맞은 거리에서 꽃향기를 들어 보라.

* 소승불교와 대승불교

소승불교는 부처님 말씀을 그대로 지키는 것이고 대승불교는 중국이나 우리나라에서처럼 제자들이 스승의 가르침을 극복해 더욱 생산적이고 창조적으로 한걸음 발전한 것이다.

내가 겪는 불행이나 불운을 누구 때문이라고 생각하지 말라. 남을 원망하는 그 마음 자체가 곧 불행이다.

* 소조(小組)

같은 목적으로 특수 업무나 한시적 업무를 위해 조직되는 작은 집단이나 조직을 말한다. 당이나 정부 내 여러 부문에 걸쳐 있는 일을 종합 관리 및 협의한다. 중국의 기존 개혁은 대부분 소조를 통해 진행되었다. 공산당 최고지도부가 개입하면 '중앙○○영도소조'라고 부르며, 1958년에 재경, 정법, 외사, 과학, 문화의 5개가 효시다.

걷는 것은 자신을 세계로 열어 놓는 것이다. 발로, 다리로, 몸으로 걸으면서 인간은 자신의 실존에 대한 행복한 감정을 되찾는다. 걷는다는 것은 곧 자신의 몸으로 사는 것이다. - 다비드 르 브르통의 산문집 『걷기 예찬』에서

* 소해면상뇌증(BSE)

일명 광우병으로 불리며, 소에서 발생하는 만성 신경성 질환이다. 1986년 영국에서 처음 확인된 뒤 미국, 캐나다, 일본 등 세계 25개국에서 발병했다. 광우병에 걸린 소는 뇌에 스펀지 같은 구

멍이 생기며 포악하게 행동하다 죽는다. 영국을 중심으로 동물성 사료 사용을 금지한 후 발병 건수가 급격히 줄었다. 광우병에 감염된 소를 먹으면 인간도 광우병에 걸릴 수 있지만 광우병 감염 소가 실제 유통될 가능성은 극히 적다.

눈에 보이지도 않는 수증기가 모여 지름 0.2mm 이상의 물방울이 되면 지상으로 떨어진다. 구름 속에서 작은 물방울과 얼음알갱이는 상승과 하강을 반복하며 서로 합쳐져 지름이 점점 커진다. 상승과 하강 기류가 약하면 이슬비, 강하면 장대비가 만들어진다. 여름으로 갈수록 상승, 하강 기류가 강한 구름이 많아져 굵은 비가 잦고 우박도 내리게 된다.

* 솔로몬의 지혜

어느 날 다윗 왕이 금세공업자를 찾아가 '시련을 극복하고 성공했을 때 교만하지 않도록 하는 문구를 넣어서 반지를 만들어 달라'고 주문했다. 금세공업자는 고민 끝에 솔로몬을 찾아갔다. 솔로몬은 '이것 또한 지나가리라'라고 얘기해 줬다.

글이나 사상은 그 저자의 정신 연령에 이르러야 비로소 제대로 이해할 수 있다. 그리고 생활환경이 비슷해야 더욱 공감할 수 있다.

* 솟대

인간과 하늘을 연결시켜 주는 매개물이다. 마을의 안녕과 풍년과 과거 급제를 기원한다고 하여 마을 어귀에 설치했다.

물에는 고정된 모습이 없다. 둥근 그릇에 담기면 둥근 모습을 하고 모난 그릇에 담기면 모난 모습을 한다. 그뿐만 아니라 뜨거운 곳에서는 증기로 되고, 차가운 곳에서는 얼음이 된다. 이렇듯 물에는 자기 고집이 없다. 자기를 내세우지 않고 남의 뜻에 따른다.

* 쇼루밍

소비자들이 오프라인 매장에서 제품을 둘러보고 구매는 상대적으로 값이 저렴한 온라인에서 하는 소비 행태를 말한다. 오프라인 매장이 마치 온라인 쇼핑몰 전시장인 '쇼룸'처럼 변했다는 의미다.

소위 일류대학 출신들은 대부분 덜 인간적이다. 인간미가 없다는 말이다. 그들은 어려서부터 일류만을 지향하면서 비정한 경쟁 속에서 자라왔기 때문에 인간적인 폭이나 여백이 생길 여유가 없었다. 따라서 자칫 선민의식에 도취되어 이기적인 벽에 갇히기 쉽다. 그들한테서는 인간다운 체취를 맡기 어렵다. 반면 세칭 이류나 삼류 쪽 사람들한테서는 보다 인간적인 기량과 저력을 느낄 수 있다. 그들을 대하면 우선 마음이 편하다. 저쪽 마음이 곧 내 마음의 문을 열게 한다. 그들에게는 공통적으로 후덕함과 여유가 있다.

* 쇼윈도 세대

소유할 수 없는 화려한 물건이 즐비한 쇼윈도의 내부를 응시하며 외부에 서 있는 사람들의 심리를 묘사한 말이다. 현실과 이상적인 삶 사이의 괴리로 불만을 가진 한국의 젊은 세대를 의미한다.

싱그러운 자연의 소리를 듣고도 잠자리에서 뭉그적거리며 일어나지 않는 사람이 있다면 그는 구제 불능의 게으름뱅이다. 신록은 그 자체가 꽃이다. 아름다운 조화를 이룬 찬란한 화원이다.

* 쇼팽 국제 피아노 콩쿠르

1927년 시작된 쇼팽 콩쿠르는 러시아 차이콥스키 콩쿠르, 벨기에 퀸엘리자베스 콩쿠르와 더불어 세계 3대 음악 콩쿠르로 꼽힌다. 쇼팽의 고향인 폴란드 수도 바르샤바에서 5년에 한 번씩 열리며 16~30세의 연주자들이 쇼팽의 곡만으로 실력을 겨룬다. 유명한 우승자는 마르타 아르헤리치(1965년), 크리스티안 지메르만(1975년), 스타니슬라프 부닌(1985년) 등이 있다. 한국인은 2005년 임동민, 임동혁 형제가 공동 3위에 오른 것에 이어 2015년 17회 때 조성진이 우승하였다.

어린이에게 가장 큰 선물은 '칭찬'이다.

* 수능 훌리건

'훌리건'은 축구장 안팎에서 난동을 부리는 무리를 일컫는 뜻으로, '수능 훌리건'은 대학 서열을 매기는 식으로 특정 대학을 헐뜯거나 조롱하며 허위 입시정보를 유포해 수험생에게 혼란을 주는 이들을 말한다.

행복은 문을 두드리며 밖에서 찾아오는 것이 아니다. 내 안에서 꽃향기처럼 고개를 들고 찾아온다. 따라서 자신의 일상생활에서 그것을 느끼면서 누릴 줄 알아야 한다. 굳이 행복에 어떤 조건이 따른다면 어디에도 얽매이거나 거리낌이 없는 홀가분함이 전제되어야 한다.

* 수련(睡蓮, Water Lily)

물에 둥둥 떠 있는 물의 요정이다. '잠잘 수(睡)' 자 쓰는 잠꾸러기 꽃이다. 시도 때도 없이 봉오리 오므리고 잠을 자는 '미인 꽃'. 한밤 자시(오후 11시~오전 1시)에 봉오리를 열어 한낮 오시(오전 11시~오후 1시)에 닫으면 자오련, 미시(오후 1~3시)에 피면 미초(未草), 찻잎을 봉오리 닫기 전 속에 넣었다가 열릴 때 꺼내어 끓이면 연향차(蓮香茶)가 된다.

사람들은 가을에 귀가 밝다. 바람에 감성의 줄이 팽팽해져서 창밖에 곤충이 기어가는 소리까지도 다 잡힌다. 다람쥐가 겨우살이 준비를 하느라고 상수리나무에 부지런히 오르내리는 소리도 놓치지 않는다. 오관이 온통 귀가 된다.

* 수리답(水利畓)과 수리안전답(水利安全畓)

강수 등 자연 용수에만 의존하는 논인 천수답(天水畓)의 반대 개념이다. 수리 시설을 통해 용수를 공급받을 수 있는 논을 총칭해 수리답이라고 한다. 수리안전답은 그중 10년 빈도의 가뭄에도 물을 안정적으로 공급받을 수 있는 논을 의미한다.

공부에는 시작은 있어도 끝은 없다. 날마다 새롭게 시작하라. 묵은 수렁에서 거듭 거듭 털고 일어서라.

* 수소연료 전지차

연료로 주입한 수소가 공기 중 산소와 결합하는 과정에서 발생하는 전기로 구동하는 차량으로 완전 무공해 차량이다. 전기자동차 등과 함께 차세대 교통수단 후보로 경쟁하고 있으며, 내연기관 차량보다 연료비가 싸고, 출력이 높으며, 전기자동차에 비해 충전 시간, 주행 거리 등에서 장점이 있다.

우리나라 정치가 서민들 살맛 잃게 하고, 정치가 피로 파괴감의 절정을 만든다. 그들만의 잔치 위해 모든 서민들 뒤치다꺼리에 허덕이는 꼴이다. 정치란 우리의 삶을 풍요롭게 하는 게 최우선 과제이거늘 우린 되레 정치 때문에 행복감이 파괴된다. 무슨 권리로 우리 행복을 빼앗는지 모르겠다.

* 수원 지지대 공원

정조가 그의 아버지인 사도세자 무덤을 다녀가다가 돌아보고 또 돌아보고 하였다는 곳이며, 그 때문에 신하들이 일부러 어가행렬을 늦췄다고 한다.

청계천 길섶에 하얗게 다발로 핀 이팝나무꽃. 기름 자르르 먹음직스러운 쌀밥 꽃. 조선 시대 '이성계의 이씨 성 가진 사람만 쌀밥을 먹는다' 하여 그렇게 이름 붙었다던가. 전북 진안 평지리 이팝나무(천연기념물 214호. 250년)는 굶어 죽은 아이의 아버지가 그 무덤 위에 심은 것이다. '저승에서나마 맘껏 쌀밥을 먹어라'라는 뜻. 밥벌이 아비들의 피눈물 꽃.

* 수질보전특별대책지역

'수질 및 수생태계 보호에 관한 법률'에 따라 수질을 보호하기 위해 지정하는 지역으로, 팔당호 일대의 경우 상수원 보호구역 외에 북한강, 남한강, 경안천 등과 인접해 있는 2,096㎢(약 6억3,404만 평)가 지정돼 있다. 이곳은 축사를 이용한 대량 사육이 금지돼 있다.

나이 들어감을 느낄 땐 유서를 남기는 듯한 그런 글을 쓰고 싶다. 언제 어디서 누구에게 읽히더라도 부끄럽지 않을 삶의 진실을 담고 싶다.

* 수처작주입처개진(隨處作主立處皆眞)

언제 어디서나 주체적일 수 있다면, 그 서 있는 곳이 모두 참된 곳이다. 어디서나 주인 노릇을 하라는 것이다. 소도구로서, 부속품으로서 처신하지 말라는 것이다. 어디서든지 주체적일 수 있다면 그곳이 곧 진리의 세계라는 뜻이다.

봄이 와도 봄을 느끼지 못하고 꽃이 피고 새가 노래해도 그것을 보거나 들을 줄 모르는 사람이 있다면 그는 이미 병든 것이다. 그런 병은 어떤 의사도 치유할 수 없다.

* 수쿠크(Sukuk)

이자를 금지하는 이슬람 국가에서 자금 조달을 위해 발행하는 채권이다. 이슬람채권이라고도 하며 실물거래 형식을 빌린다. 예컨대 산업은행이 이슬람 자금을 빌릴 경우 산은은 자기 건물을 이슬람 투자자에게 파는 형식을 취해 매각대금을 활용한다. 산은은 이자 대신 건물 사용료를 지불한다. 만기가 되면 반대매매로 소유권을 원상회복한다. 문제는 부동산이 오가면서 취득·등록세, 부가세, 양도세 등이 발생한다는 것이다. 이 세금을 면제해 주는 것이 수쿠크법이다.

펜에 봄이 왔다. 펜에 봄물이 들었다. 시냇가엔 은빛 물 그물이 찬란하게 빛난다. 그 위를 이른 나비 한 쌍이 불규칙 비행 곡선을 그으며 사랑 춤을 춘다. 컴퓨터 자판기에 올라간 손끝은 로데오처럼 천지를 휘젓는다.

* 수타니파타

불경 초기 경전으로, '소리에 놀라지 않는 사자처럼/그물에 걸리지 않는 바람처럼/진흙에 더럽히지 않는 연꽃처럼/무소의 뿔처럼 혼자서 가라'가 실려 있다.

도보로 걷는 맛을 제대로 즐기려면 반드시 혼자여야 한다. 왜냐하면 자유가 그 내재적 속성이기 때문이다. 걷는다는 것은 침묵을 횡단하는 것이다. 걷는 사람은 시끄러운 소리에서 벗어나기 위해 세상 밖으로 외출하는 것이다. 걷는 사람은 끊임없이 근원적인 물음에 직면한다. '나는 어디서 왔는가? 나는 어디로 가는가? 그리고 나는 누구인가?'

* 수평무지개

상공 5천 미터 이상에 있는 구름 속 얼음 결정에 태양 빛이 반사되어 생긴다. 좀처럼 보기 드문 무지개로, 이 무지개를 보면 행운이 온다는 설이 있다.

살아 있는 산은 나무와 물과 바람과 바위와 메아리와 짐승들이 함께 어울려 산다. 산에 짐승이 없으면 그건 살아 있는 산이 아니다. 돈에 눈먼 못된 밀렵꾼들과 몸보신에 혈안이 된 못된 군상들이 작당하여 생명의 조화인 이 땅의 생태계를 모조리 파괴하고 있다.

* 수행평가

학생이 학습 과제를 수행하는 과정이나 그 결과를 측정하는 평가 방법이다. 창의력과 실전 문제 해결 능력 배양을 목표로 1999년에 도입됐다. 리포트 작성, 발표, 포트폴리오 구성, 말하기(외국어 등), 토론 수업에 대한 평가 등 다양한 형태로 실시된다.

나는 근래 신문과 방송을 가까이하지 않는다. 그런데도 살아가는 데 아무런 지장이 없다. 정치는 없고 온갖 비리와 부정과 싸움박질만 지속되는 이 땅의 시끄럽고 너절한 정치 집단에 더는 내 마음을 더럽히고 싶지도 않고 그들의 삶 속으로 끌려가는 것도 싫어서다.

* 순항미사일

비행기처럼 날개와 제트엔진을 사용해 미리 입력된 좌표와 비행 경로를 따라 비행하는 미사일이다. 레이더망을 피하기 위해 저고도로 지표면의 높낮이에 따라 장시간 비행할 수 있고 표적을 우회해 공격할 수도 있다.

흙과 물과 바람과 꽃과 나무와 햇볕을 가까이하면 시들하던 내 마음 깊이 맑은 기쁨이 솟는다.

* 순환출자

대기업집단(그룹) 계열사들이 'A-B-C-A'처럼 꼬리에 꼬리를 무는 형태로 지분출자 관계를 맺는 지배구조다. 대기업 총수가 적은 지분으로 전체 그룹에 영향을 미치고 상대적으로 적은 부담으로 계열사를 확대하는 수단으로 활용돼 왔다.

담장을 쌓는 데는, 크고 작은 돌과 모나고 둥근 돌이 다 필요하다. 여기에 조화와 균형의 비밀이 있다.

* 술 취하지 않고 잘 마시는 법

1. 주소담다(酒少談多)
2. 잔소찬다(盞少饌多)
3. 육소채다(肉少菜多)

삶이란 우리에게 주어진 단 한 번의 행운이다.

* 숭어국찜

경남 거제도에서 춘궁기에 먹던 향수 아련한 전통 음식으로 요즘은 별미로 각광받는다. 각종 산나물에 쌀가루 또는 밀가루로 비빈 후 그 속에 숭어 토막을 넣고 고기가 빠져나오지 않도록 짚으로 묶어 솥에 찐다. 국물과 함께 숭어 토막을 먹을 수 있는 별미다.

사람이 사람답게 살아가려면 주변의 흐름에 맹목적으로 따르지 말아야 한다. 시류에 한눈팔거나 들뜨지 않고 차분히 자기 자신의 의지로 순간순간을 살아가야 할 것이다.

* 슈퍼가젤형 기업

매출이나 종업원이 3년 연속 평균 20% 이상 성장한 기업을 가젤형 기업이라고 하고, 이 중에서 매출액이 1,000억 원 이상이면 슈퍼가젤형 기업이라고 부른다. 성장이 빠르고 고용증가율이 높아서 '빨리 달리면서 높게 점프하는' 영양류의 일종인 가젤과 닮았다고 해 붙은 이름이다.

인간은 홀로 사는 존재가 아니다. 흙과 물과 불과 바람 그리고 나무와 새와 짐승 등 수많은 생물이 함께 어울려 살아가는 커다란 흐름이 곧 이 세상이다. 부분에 집착하여 전체를 보지 못한 현대인들의 맹목이 언제나 문제다.

* 슈퍼 컨슈머

마케팅에서 자주 쓰이는 '헤비 유저(Heavy Users)'와 개념이 다소 다르다. 헤비 유저는 단순히 많이 사는 사람을 뜻한다. 하지만 슈퍼 컨슈머는 구매량이 많으면서 동시에 브랜드에 대한 높은 충성심을 가진 고객을 뜻한다. 이들은 제품을 혁신적으로 사용하고 새롭게 변형하는 데 관심이 많다. 가격에는 그리 민감하지 않으며 제품을 자주 사용한다.

우리나라에서 한 해에 소비되는 종이는 7백만~8백만 톤 수준. 한 해 동안 소비되는 온갖 종이를 순전히 나무로만 만든다면 30년생 나무 1억1천~1억3천만 그루가 필요하다. 다행히 전체 종이 소비량 중 3분의 2가량이 한 번 쓴 종이를 재활용해서 만든 재생지로 충당하고 있다. 그러니 우리 손으로 매년 4천만 그루의 나무를 종이 소비를 위해 벌목하고 있는 셈이다.

* 슈퍼컴 순위

2014년 6월 25일 현재, 1위는 중국의 톈허-2(33.86페타플롭스, 1페타플롭스는 1초에 1,000조 회의 연산능력 보유, 이것은 1시간에 13억 중국인이 계산기를 이용해 1,000년간 계산하는 것과 맞먹는 양임).
2위는 미국의 타이탄(17.59페타플롭스. 에너지부 보유)이며, 우리나라 기상청에서 보유한 '해온'은 137위다.

우리가 몸담아 사는 이 지구를 맑고 푸르게 하기 위해서는 더 말할 것도 없이 종이를 아껴 써야 한다. 종이를 대할 때면 자꾸 살아 있는 나무와 숲이 떠오른다.

* 슈퍼컴퓨터

통상 세계 500위 안에 드는 대용량 컴퓨터를 말한다. 매년 유럽과 미국에서 열리는 슈퍼컴퓨터 대회에서 성능 순위를 발표하는데 한국과학기술정보연구원의 슈퍼컴 4호기는 도입 당시인 2009년에는 14위였지만 2012년에는 64위로 밀려났다. 슈퍼컴 4호기는 1초에 300조 회를 연산하는 총 성능 300테라플롭스급 초병렬 컴퓨팅 시스템으로 고성능 PC 1만여 대를 동시에 구동하는 것과 같다.

날마다 세계 전역에서 3만5천 명의 어린이들이 먹지 못해 굶어서 죽어 간다. 세계

전역에서 10억 명의 사람들이 하루에 1달러로 목숨을 이어가고, 10억 명 이상이 마실 물을 얻지 못해 병들어 간다.

* 스마토피아(Smartopia)

스마트와 유토피아를 합친 말로, 지식경제부 연구개발 전략기획 단장을 지낸 황창규는 "PC와 인터넷의 만남이 정보기술(IT) 업계의 첫 번째 빅뱅이었다면 두 번째 빅뱅은 모바일 시대의 개막이었고, 스마트 혁명은 세 번째 빅뱅에 해당한다"라고 설명했다.

물기가 마르면 사랑도 마른다. 꽃이 피어난다는 것은 곱고 향기로운 우주가 문을 열어 보이는 것이다.

* 스마트 그리드(Smart Grid)

기존의 전력망에 정보기술(IT)을 접목해 에너지 효율을 최적화하는 차세대 지능형 전력망이다. 전력 공급자와 소비자가 양방향으로 실시간 정보를 교환한다. 전력 공급자는 전력 사용 현황을 실시간으로 파악해 공급량을 탄력적으로 조절할 수 있고, 전력 소비자는 요금이 비싼 시간대를 피해 사용 시간과 사용량을 조절할 수 있다.

브라질 동부에서만 사는 설치동물 '카피바라'는 인디오말로 '초원의 지배자'라는 뜻이다. 설치동물 중에서 몸집이 가장 크며 물갈퀴가 있어 헤엄을 잘 친다. 다 자라면 60kg이나 나가며 수컷 한 놈이 암컷 40마리 정도를 거느린다.

스마트폰, 태블릿 PC, 인터넷 전화, 클라우드 서버 등 유무선 인
터넷망과 연결된 각종 스마트 기기 및 설비가 개인, 기업, 국가를
대상으로 하는 공격에 활용되는 진화된 사이버 공격을 말한다.

몸이 피곤한 것은 체력이 달려서다. 휴식도 좋지만 체력을 길러야 한다. 힘들다고
엘리베이터 이용하면 다리는 더욱 약해질 수밖에 없다. 악순환이다. 불편함은 당
신을 강건하게 만든다. 편리함만을 너무 추구하지 마라.

* **스마트시티**(Smart City)

기후변화와 환경오염, 산업화, 도시화에 대응하기 위해 자연 친화
적 기술과 정보통신기술(ICT)을 융복합해 효율성을 높인 도시를
말한다.

2008년 중국 쓰촨성에 대지진이 발생하기 직전, 두꺼비들이 떼를 지어 이동하는
것이 관측됐다. 과학적으로 규명되진 않았지만, 일부 동물은 재해를 예지하는 능
력을 갖고 있다는 게 기상학자들의 생각이다. 밥만 축낸다고 생각하는 돼지도 날
씨는 잘 알아맞힌다. 비가 오기 전 기압이 떨어지면 돼지는 이에 적응하기 위해 몸
속 기체를 내보내려 한다. 돼지가 기둥에 몸 비비는 날이 그때다.

* **스마트 워크**(Smart Work)

똑똑하게 일한다는 의미로, 시간과 장소에 구애받지 않고 정보기
술 인프라 등을 활용해 일을 처리하는 업무환경을 뜻한다.

산자락 밭둑 곳곳에 하얗게 핀 찔레꽃 무리. 들밥 먹다가 문득 돌아보면 저만치 서서 배시시 웃고 있는 꽃. 있는 듯 없는 듯 수더분한 시골 고향 꽃.

* 스마트 워터 그리드

물의 생산, 운반, 소비과정에 정보통신기술(ICT)을 접목하여 공급자와 소비자가 상호작용해서 효율성을 높이는 지능형 물 공급망 시스템이다. 수도관 여러 개를 하나의 네트워크(그리드)로 엮어 전체가 효율적으로 운영되도록 각각의 수도관을 관리한다.

자신의 행복을 갉아먹는 시간은 이미 자신의 시간이 아니다. 숨만 쉬는 껍데기 시간일 뿐이다.

* 스마트 원자로

핵분열을 이용해 발생한 열로 10만kW의 전력을 생산할 수 있는 중소형 원자로다. 바닷물을 이용해서 하루에 4만 톤의 식수도 만들 수 있다. 인구 10만 명 이하인 중동의 중소도시에서 발전용으로 활용하기에 적합하다. 증기발생기, 가압기, 원자로 냉각재 펌프 등 원자로 계통 주요 기기들이 모두 한 압력용기 안에 들어 있는 것이 특징이다.

내 약점에 연연하기보다 장점을 찾아내 발전시키면 부족한 나머지도 충분히 상쇄할 수 있지 않을까 싶다. 부족하면 부족한 대로 내가 잘하는 부분이 분명 있음에도 남 앞에 드러날 약점을 감추는 데 급급해서 모두 스스로 만든 감옥에 갇혀 산다.

* 스마트 팜(Smart Farm)

비닐하우스, 과수원, 축사에 정보통신기술(ICT)을 접목하여 원격 자동으로 작물과 가축의 생육환경을 적정하게 유지, 관리할 수 있는 농장이다. 기존 비닐하우스보다 9~12배 생산성 향상, 난방비와 자재비 등 운영비용 절감, 안정적 수익 창출 등으로 수익성 개선 효과가 가능하다.

개별적 생명 가치를 자각해야 한다. 침을 뱉으면 더럽다. 나 자신이 아까워서도 그런 침 뱉는 행위를 하지 말아야 한다.

* 스몰 럭셔리

명품가방이나 차, 시계 등으로 사치를 부리고 싶지만 그게 어려우니까 이것보다는 저렴한, 백화점에서만 파는 화장품, 고가 생필품, 식료품 등 가격 부담이 덜한 기호품과 사치품으로 만족을 극대화하는 소비 행태와 그런 제품을 말한다. 예를 들어 주머니 부담이 작은 머리카락·몸·발 관리 제품 등으로 자신을 소중하게 가꾸는 일에 쓰이는 제품이다.

내 삶이란 씨앗을 열매로 만들어 가는 과정이다. '나는 얼마나 많은 것을 가졌나'보다 '내가 무엇을 하고 살았나?'에 초점이 맞춰져야 한다.

* 스크립트(Script)

정형화된 특정 사건이 발생했을 때 통상적으로 진행되는 '행동의 순서'다. '식당'에 가는 상황이라면, 이후 일어나는 '착석-주문-식사' 등의 행동에 대한 패턴을 일컫는다.

지구상에는 비가 오지 않는 하늘이란 없다.

* **스키마**(Schema)

계획이나 도식(圖式)을 가리키는 영어 낱말로 새로운 경험이 그동안의 경험을 통해 이미 조직화된 지식의 틀 속에 받아들여지는 과정이다. '럭비공'을 처음 접했다면, 전부터 알고 있던 '야구공'에 대한 정보를 바탕으로 이를 이해하는 식이다.

시작은 언제나 낯선 길을 헤매는 것과 같다.

* **스타벅스 지수**

각국의 물가 수준을 감안한 구매력평가(PPP) 환율로 환산한 가격으로 동일한 상품은 어떤 시장에서든 가격이 같다는 '일물일가의 법칙'을 전제로 했다. 《동아일보》는 한국 스타벅스에서 가장 많이 팔리는 아메리카노를 기준으로 KOTRA 무역관을 통해 경제협력개발기구(OECD) 20개 회원국의 현지 가격을 비교했다. 영국 주간지 《이코노미스트》는 각국의 맥도널드 햄버거인 빅맥 가격을 달러로 환산한 '빅맥지수'를 발표하며 물가와 적정 환율을 산정하는 지수로 주로 활용된다.

반성은 진취적이고 후회는 퇴보적이다.

* 스태그플레이션

스태그네이션(Stagnation, 경기침체)과 인플레이션(Inflation)의 합성어다. 2차 세계대전 이전까지는 불황기에 물가가 하락하고 호황기에는 물가가 오르는 것이 일반적이었지만, 1970년대 세계적으로 경기후퇴가 계속되는데도 물가가 폭등하는 현상이 지속하면서 생긴 신조어다.

담쟁이 넝쿨은 철조망이다. 분단의 아픔이다. 철새가 줄지어 철조망 위를 비행한다. 그 녀석들의 고향은 어딜까. 그곳에서 어떻게 무얼 하며 지낼까. 저 히말라야를 넘나드는 갈매기의 후손은 아닐까. 그 녀석이 자유롭게 넘나드는 곳을 나는 왜 갈 수 없을까. 그들은 저 녹슨 철조망을 보기나 했을까.

* 스테이트 오브 더 유니언(State of the Union)

미국에서 대통령 신년 국정연설을 '스테이트 오브 더 유니언'이라고 부르는 것은 미국 헌법 2조 3항에 '대통령이 때때로(from time to time) 연방의 상태(State of the union)에 관한 정보를 의회에 제공해야 한다'고 규정돼 있는 것에서 유래한다. 1790년 1월 8일 초대 조지 워싱턴 대통령이 상하 양원 합동회의에서 연설을 하기 시작하면서 매년 1월 초 국정연설은 미국 정치의 관행이 됐다. 하지만 3대 토머스 제퍼슨 대통령은 이런 연설 방식이 제왕적이라고 생각해 서면으로 대체했고 이후 112년 동안 국정연설은 이루어지지 않았다. 국정연설을 부활시킨 것은 1913년 우드로 윌슨 대통령이며, '스테이트 오브 더 유니언'이라는 자구(字句)를 사용한 사람은 1935년 프랭클린 루스벨트 대통령이다.

여행은 울음으로도 풀 수 없는 외로움과 늘 싸워야 한다.

* 스트라디바리우스

시가 35억 원의 이탈리아 명품 바이올린이다. 앞판은 가문비나무, 뒤판은 단풍나무로 만들어졌고, CT 촬영 결과 밀도 편차가 적다는 게 입증되었다.

사향제비나비는 덩치가 크고 검은빛 큰 날개를 가져 매우 위협적이다. 하지만 어떤 나비도 가지지 못한 향기를 갖고 있다. 편견이나 잘못된 선입견은 때론 치명적이다.

* 스트리밍(Streaming) 서비스

디지털 음원을 내려받아 기기에 저장하지 않고 인터넷 연결을 통해 실시간으로 듣는 것을 말한다, 대체로 초당 192KB(킬로바이트) 이상의 데이터가 전송돼야 '괜찮은 음질'이 보장되는 LTE 서비스로 가능해졌다. 음악이나 영상 콘텐츠를 파일 형태로 내려받아 저장하지 않고 스마트 TV나 태블릿 PC 등 디지털 기기에서 곧바로 재생하는 서비스다. 다운로드 방식과 달리 파일을 내려받는 데 시간을 들이지 않아도 된다는 장점이 있지만, 파일을 다른 기기로 옮기거나 공유할 수는 없다.

비 내리던 오월이 그쳤다. 비 갠 하늘빛을 따라 느린 삶을 옮기는 달팽이와 그의 늙은 집과 그의 집이 옮겨가며 남긴 뒤에 반짝이는 것들이 모두 함께 길이 되어 가고 있다.

　　　　　화제가 빈곤한 30~40대라면 반드시 알아야 할 시사상식

* 스페셜올림픽과 패럴림픽

스페셜올림픽은 지적발달장애인이 출전하는 올림픽 형태의 스포츠 대회다. 승패보다는 도전과 노력에 의미를 둔다는 의미에서 입상자는 메달, 나머지 참가자는 리본을 받는다. 패럴림픽은 엘리트 지체장애인(지적발달장애인 일부 포함) 선수들이 국가대항전 방식으로 경쟁하는 대회다. 장애 등급에 따라 메달을 다툰다.

허공에 가득한 빗소리는 하늘의 소리와 땅의 소리가 부딪는 소리다. 그 소리가 크면 울음이 되고 작으면 노래가 된다.

* 스포츠 마케팅 3.0

국내 주요 기업들의 스포츠 마케팅 트렌드가 '프로 또는 아마추어 스포츠팀 운영(1.0)', '국제대회와 해외 유명 스포츠팀 후원(2.0)'에서 '사회공헌 메시지 강조(3.0 버전)' 방향으로 움직이고 있다는 의미다.

일본인은 관상어 '코이'를 많이 기른다. 코이는 넣어 두는 어항에 따라 큰다. 작은 어항에 넣으면 작게 자라고 큰 어항에 넣으면 크게 자란다.

* 스포츠 산업

스포츠와 관련한 재화나 서비스를 생산하고 유통해 부가가치를 창출하는 산업을 말한다. 스포츠 시설의 건설 및 운용, 스포츠 용품의 생산 및 유통, 스포츠 관람 및 마케팅 산업, 게임 등을 총칭한다.

장작을 패자. 그럼 두 번 따뜻해진다. - 포드의 일화

* 스핀 닥터(Spin Doctor)

이야기를 자신의 입맛에 따라 만들고 관리하는 기술이 있는 정치홍보 전문가를 일컫는다. 특정 정치인이나 고위 관료의 최측근에서 그들의 대변인 구실을 하는 사람이다. 일반적으로 정치지도자나 고위 관료들이 몸을 사릴 때 그 스핀 닥터들이 자신이 마치 정책결정자인 것처럼 이야기하며 언론조작을 서슴지 않고 있는 것이 특징이다.

어디선가 코끝을 자극하는 진한 커피 향기. 습도가 높으면 냄새 분자가 콧속에 잘 달라붙는다. 다른 때라면 지나쳤던 커피 향을 쉽게 느낄 수 있다. 커피 가게 주인들은 비 오는 날을 반긴다. 평소보다 매출이 늘기 때문이다. 고개를 들고 주위를 둘러본다. 어디, 커피 한잔 마셔볼까.

* 슬로푸드(Slow Food)

신선하고 맛 좋은 제철 음식, 지역에서 나는 좋은 음식, 생산과 소비과정이 인간, 동물, 지구환경에 해를 끼치지 않는 음식, 소비자에게는 합리적인 가격으로, 생산자에게는 공정한 보상을 지불하는 공정한 음식을 의미한다. 패스트푸드의 반대 의미로 많이 사용된다.

시든 장미나무 가시에 심장을 바친 나이팅게일의 피가 빨간 장미를 만들었다던가. 열정. 기쁨, 아름다움……. 탄생은 슬프지만 꽃말은 화려하다. 영화감독 켄 로치는

〈빵과 장미〉(2000년)에서 말한다. "우리는 빵을 원하지만 장미도 갖고 싶다"라고.
생존만으로는 부족한 게 인생이다.

* 승계계획(Succession Plan)

리더십 연속성을 유지하기 위해 기업의 요직에 갈 후임자를 미리 선정하고 필요한 역량을 갖추도록 체계적으로 육성하는 활동을 말하는 경영학 용어. 단순히 후임자를 정해 놓았다가 전임자를 대신해 직책을 맡게 하는 대체계획(Replacement Plan)과는 다른 개념이다.

태풍이 한반도에 영향을 끼칠 가능성은 여름이 깊어질수록 커진다. 북태평양 고기압이 북쪽으로 그만큼 더 확장해 태풍에 에너지를 풍부하게 제공하고, 태풍의 평균적인 진로도 북쪽으로 밀어 올리기 때문이다. 특히 늦여름에 닥치는 태풍은 추수를 앞두고 쌀이나 과일 재배에 마지막 정성을 쏟는 농부들의 가슴에 큰 상처를 내기 일쑤다.

* 시니어 어치브먼트(Senior Achievement)

선진국에서는 은퇴가 '자유, 만족, 행복'을 의미하지만, 한국에서는 '가난, 고독, 무기력'을 뜻하는 게 현실이다. '가난'은 생활 활동 참여로, '외로움'은 생활공동체 구축으로 지루함은 '자아실현과 봉사활동'을 축으로 해결할 수 있다.

고대 그리스와 로마에도 우산은 있었다. 그 시대 남성들은 비가 와도 우산을 쓰지 않았다. 나약해 보이기 싫어서였다. 18세기까지 주로 여성의 액세서리였던 우산은 영국의 무역업자 조너스 한웨이에 의해 대중화됐다. 30년 동안 늘 우산을 들고 다닌 덕분이었다. 우산 장수는 장마철을 별로 좋아하지 않는단다. 대부분 집에서 미리 우산을 들고 나오기 때문이라나.

* 시르투인(Sirtuin)

하루 한 번 배에서 꼬르륵 소리가 날 정도로 배고픔을 느끼는 시간을 가져라. 배가 고파야 세포를 치료하는 '시르투인'이 활발하게 활동한다.

장마철 기분이 축 처지는 이유의 하나는 호르몬 때문이다. 인체는 주위에 빛이 부족해지면 '멜라토닌'이라는 호르몬을 분비한다. 이 호르몬이 잠을 청하기 때문이다. 날이 어두우니 몸이 밤으로 착각해서 나른하고 우울해진다. 그뿐이다. 그러니 긍정적으로 생각해보자. 겨우 호르몬 때문인걸. 곧 밝은 날이 온다.

* 시복식(Beatification)

가톨릭에서 성덕이 높은 이가 선종하면 일정한 심사 절차를 거쳐 복자(福者, 성인의 전 단계, blessed)로 추대하는 것을 말한다. 대개 선종 후 5년의 유예기간 뒤 생애와 저술, 연설에 대한 검토와 함께 의학적 판단이 포함된 심사에서 기적을 행한 것으로 판정되면 교황이 이를 최종 승인한다. 시복식에 이어 시성식을 거쳐 성인으로 추대된다. 순교자의 경우에는 목숨을 버리는 순교 행위 자체가 기적을 행한 것으로 인정된다. 후보자가 복자나 성인이될 수 없는 이유를 조사하는 '악마의 변호인' 제도가 있을 정도로 심사가 까다롭다.

시골집 마당 평상에 누워 별 헤는 밤, 초롱초롱 금방이라도 쏟아져 내려 정수리에 박힐 듯한 싸라기별. 우윳빛 '하늘의 강물' 은하수. 남북 하늘을 가로지르는 '은빛 납작 접시 떼'. 유난히 여름밤 별은 가깝다.

* 시아파와 수니파

이슬람교 창시자 무함마드가 사망한 이후 교리상의 문제로 갈라졌다. 수니파가 사우디아라비아, 이집트, 터키 등 전 세계 이슬람의 80% 이상이고, 시아파가 15% 정도. 시아파가 다수인 나라는 이란과 이라크. 이라크는 시아파가 3분의 2. 수니파가 3분의 1 정도다.

큰 경기나 중요한 프레젠테이션에서 떠는 사람과 떨지 않는 사람의 차이에 대해 미국의 인지심리학자 대니얼 윌링엄은 '연습이 완벽을 만든다'라고 명쾌하게 설명한다.

* 시장경제지위(MES, Market Economy Status)

한 국가의 원자재 및 제품 가격, 임금, 환율 등이 정부가 아닌 시장에 의해 결정된다고 판단할 때 교역 상대국이 인정하는 것을 말한다. 과거 사회주의 체제 국가의 덤핑 수출을 규제하기 위해 도입한 개념이다. MES를 인정받지 못하는 국가는 자국 국내 가격이 아닌 MES가 부여된 제3국 가격을 기준으로 반덤핑 조사를 받게 돼 수출품에 고율의 반덤핑 관세가 부과된다.

스스로 아무런 꿈도 꾸지 않는데 부모나 사회나 국가가 꿈을 대신 꾸어주고 이뤄

줄 수는 없다. 지금 가진 것이 없다고, 몸과 마음과 환경에 장애가 있다고 절망하는 젊은이들이 없기 바란다. 어느 분야에서나 죽어라 하고 노력하면 보상이 따른다. 꿈을 이루기 위해 땀방울을 흘리는 젊은 세대가 많을수록 우리 사회는 밝아진다.

* 시장형 실거래가 제도

병원이 제약업체에서 구입하는 약값을 깎으면 정부가 깎은 금액의 70%를 건강보험 재정에서 병원에 인센티브로 주는 제도다. 예를 들어 건강보험 등재 약값이 1,000원인 약을 병원이 제약사에서 900원에 사면 정부는 깎은 금액 100원의 70%인 70원을 병원에 준다. '저가 구매 인센티브제'라고도 불린다.

부모는 자식을 잘 알지만, 부모를 제대로 아는 자식은 드물다. 거울에 비친 내 얼굴에서 언뜻언뜻 아버지의 모습을 보는 일이 잦아진 요즈음, 그를 잘 알지 못했고 실은 알려고 애쓴 적도 없다는 생각은 가슴에 시린 회한을 오래도록 남긴다.

* 시청률과 시청점유율

시청률은 특정 프로그램을 시청한 가구 수를 TV를 보유한 전체 가구 수로 나눈 비율이며, 시청점유율은 시청자의 총 시청 시간 가운데 특정 프로그램을 시청한 시간이 차지하는 비율을 뜻한다.

우리 인간은 종이 사용량을 늘려야 한다. 그렇지 않으면 뇌가 쥐 대가리처럼 작아진다. 급기야 컴퓨터 또는 문명의 노예가 되고 만다.

* 식품안전관리인증기준(HACCP)

식품이 원재료 생산부터 소비자가 섭취하기 전까지의 과정마다 각종 위해요소에 오염되지 않도록 하기 위한 사전 예방적 식품 안전관리 체계다. 미국에서 처음 개발돼 국내에는 1995년에 도입됐다.

여행은 움직이는 학교다.

* 신대자보세대

부모 세대의 매체인 대자보를 이용해 새로운 형식의 대자보 열풍을 일으킨 20대(1990~1995년) 청년들을 말한다. '386세대'의 자녀인 이들은 2002년 미선, 효순 추모 촛불집회, 2008년 광우병 촛불집회에 참여해 '촛불 세대'로 주목받은 바 있다. '우리'의 문제를 적극적으로 고민하는 이들은 '나'의 문제에 빠져 소극적인 '88만 원 세대'와 다른 성향을 보인다.

비바람에 꺾인 나무와 떨어진 이파리를 보면 처량하다. 그러나 생존을 위한 가지치기라고 생각하면 경외심이 일어난다. 고름이 살 되지 않듯 병든 가지를 끝까지 달고 간다는 건 모두에게 해롭고 어리석다. 공멸을 불러올 뿐이다.

* 신용위험 세부평가

여신 규모가 500억 원 미만인 중소기업의 신용위험도를 은행권이 공동 평가해 위험도가 높은 중소기업을 골라 종합 평가한 뒤 A~D등급을 매긴다. A등급은 정상기업, B등급은 부실징후 가능성이 큰 기업, C등급은 부실기업으로 분류한다. B등급은 개별은행이 금융을 지원해 정상화를 유도하고 C등급은 기업개선작업(워크아웃) 등을 통해 채권단의 관리를 받는다. D등급은 기업회생절차(법정관리) 같은 과정을 밟게 한다.

자신은 물론 주변도 더럽히는 달팽이의 삶에서 벗어나라.

이응

* 아날로그 반도체

2진수를 기초로 정보를 처리하는 디지털과 달리 아날로그는 일상생활에서 발생하는 빛, 소리, 압력, 온도 등 인간이 감지하는 자연계의 신호를 처리하는 반도체다. 컴퓨터가 인식할 수 있도록 아날로그 신호를 디지털 신호로 변환하거나, 반대로 디지털 신호를 사람이 인식할 수 있도록 아날로그 신호로 바꿔주는 역할을 한다.

섬은 바다에 있는 게 아니다. 섬 사이에 바다가 있다. 대륙은 큰 섬이다. 큰 섬 사이에 바다가 있는 것이다.

* 아르메니아 학살사건

오스만튀르크제국 당시 이스탄불 등 대도시와 아나톨리아 동부에서 이슬람계 튀르크인이 기독교계 아르메니아인을 두 차례에 걸쳐 학살한 사건이다. 첫 번째는 1894~1896년에, 두 번째는 1915~1916년 제1차 세계대전 중 아르메니아인 강제 이주가 시작되면서 각각 벌어졌다. 현대사의 첫 조직적 학살사건으로 인정받는다. 그러나 오스만제국을 이어받은 터키 정부는 전시 상황에서 오스만제국을 침공한 러시아군에 직간접적으로 가담했던 아르메니아인 전투원이나 스파이가 죽은 것이며 숫자도 부풀려져 있다고 주장한다.

"맴맴 매앰~" 조신하게 홀짝홀짝 우는 참매미, '누님의/반짇고리/골무만한/참매미' (박용래 시인, 「참매미」), "따르륵 따르르~" 기관총 사격 참깽깽매미, 모시 적삼 껍질 부르르 떨며 피 토하듯 울어대는 한여름 소리꾼들.

* 아마존 야노마미

야노마미는 인류(Humanbeing)란 뜻이다. 아마존 밀림 속 원시 부족 야노마미, 2만 명에 이르렀지만 지금은 1만여 명으로 줄었다. 스테픈 코리 서바이벌 인터내셔널 사무총장은 "모든 아마존강 유역의 국가들은 만연하는 불법 채굴, 벌목을 멈추게 해야 한다"라고 밝혔다. 지난 2010년 MBC 다큐멘터리 〈아마존의 눈물〉에 나온 야노마미족 추장은 "당신들의 탐욕이 우리를 죽이고 있다. 하지만 우리의 죽음은 곧 이 세상의 멸망이며 그 대가는 결국 당신들이 짊어져야 한다"라며 인류에게 경고한 바 있다.

기러기는 40,000㎞를 날아간다. '왁 왁' 하는 울음소리는 실은 리더에게 보내는 응원의 소리다. 기류에 영향을 주어 뒤따르는 기러기는 71%나 쉽게 날 수 있다. 사고가 발생하면 두 마리는 대오를 이탈하여 그들을 돕는다. 처리가 끝나면 다시 합류한다.

* 아메리칸 사모아

호주 동쪽 남태평양 사모아제도의 일부다. 5개의 화산섬과 2개의 산호섬으로 이루어졌다. 1900년 동사모아가 미국령에 편입됐다.

이것이 아메리칸 사모아다. 반면 서사모아는 독일령과 뉴질랜드령을 거쳐 1962년 독립했다. 1997년 서사모아에서 사모아로 국명을 바꿨다.

국민이 정부(대통령)를 너무 우습게 여긴다. 도대체 권위를 인정하지 않는다. 정부는 줏대가 있어야 한다. 대변인의 역할이 미흡하다. 홍보담당자의 역할이 미흡하다. 사회적 이슈거리가 나타나 온통 여론이 들끓어도 꿀 먹은 벙어리다. 그렇게 되면 국민은 '무슨 약점이 있는가, 자신이 없는가' 같은 의구심을 갖게 된다. 호재가 있어도 적극적인 활용이 없다. 악재가 나타나도 자료를 제시하는 적극적 해명이 없다. 답답하고 안타깝다. 자유란 물렁하고 두루뭉술한 게 아니다. 진정한 자유는 '진퇴유절'이 분명하고 강할 땐 강하게, 부드러울 땐 한 없이 부드럽게 할 때 진정한 자유가 창조된다. 민병대를 방불케 하는 오합지졸의 모습은 민주 자유와는 거리가 멀다.

* 아메리카테이퍼

몸은 곰, 코는 코끼리, 눈은 코뿔소를 닮은 '아메리카테이퍼'는 남아메리카 아마존강 유역이나 우림에서 서식하는 포유류다. 고대 신화에 등장하는데 꿈을 먹고 사는 동물로도 알려져 있다. '국제 야생동식물 멸종 위기종 거래에 관한 조약(CITES)'으로 보호받는 희귀동물이다.

봄 하늘은 복사꽃 색깔이다. 하늘이 온통 발그레하다. 대지의 수컷이 발정 난 복사꽃을 향해 저돌적으로 달려든다. 여름은 하얀색이다. 파도의 거품색이다. 그들이 썰물 되고 밀물 되면서 만물을 살찌운다. 가을은 오렌지다. 온통 노랑물 세상이다. 그들은 알곡을 품고 있다. 겨울은 청자 항아리다. 섬뜩한 차가움이 만물을 쉬게 한다. 꿈을 꾸게 한다.

* 아몰레드(AMOLED)

능동형 유기발광다이오드를 일컫는다. 자체적으로 빛을 내는 유기발광다이오드(OLED)의 한 종류로 전력 소모가 상대적으로 적고 더 정교한 화면을 구현할 수 있다는 장점이 있다. 생산단가가 높아 그동안 휴대전화 등 소형기기에 주로 쓰였으나, SMD(Samsung Mobile Display)와 LGD(LG Display)가 대형 아몰레드TV 양산 체제에 들어갔다.

고산지대 나무와 들꽃은 키가 작다. 모진 비바람을 견뎌야 하기 때문이다.

* 아미시 공동체

종교개혁 후 유럽에서 생겨나 17세기 말 스위스에서 시작된 침례교 종파로 이후 유럽과 미국을 중심으로 퍼져나갔다. 전기, 전화, 자동차 등 현대문명의 이기를 사용하지 않고 교회를 중심으로 가족 단위의 공동체를 형성하고 있다. 남성은 턱수염을 기르며 여성은 땋아 올린 머리에 두건을 쓰고 앞치마를 두른다. 미국 내 아미시는 24만 명가량으로 20년마다 두 배로 늘고 있다. 인위적인 산아 제한을 금하고 있어 자녀를 많이 두고, 공동체를 이탈하는 수가 적으며 엄격한 가부장제다.

여행이란 이 생에서 다른 생을 사는 것이다.

* 아베독트린

아베 신조 일본 총리가 동남아시아 국가연합(아세안)과 중국 포위 망을 구축하겠다는 외교원칙이다. 중국의 힘에 의한 현상 변경을 비판하면서 '적극적 평화주의'를 내세워 일본의 보다 능동적인 역할 확대를 천명한 것이다.

배는 항구에 정박해 있으면 안전하긴 하지만 배를 만든 목적과는 다르다. 거친 파도를 헤치고 앞으로 나아갈 때 진정한 배다.

* 아스팔트

원유 정제 과정에서 액화석유가스(LPG), 휘발유, 등유 등을 추출하고 남은 잔류물이다. 색은 검은색 또는 흑갈색을 띠며 접착성이 뛰어나 도로 포장용으로 주로 쓰인다.

119 회식이란 한 가지 술을 일차만 하고 9시 전에 귀가하는 것.

* 아시아로의 귀환

2011년 힐러리 클린턴 당시 미 국무장관이 외교전문지 《포린 폴리시》에 기고한 '미국의 태평양 시대'라는 글에서 선언한 개념이다. 처음에는 '피벗 투 아시아'라는 용어를 사용했지만 이후 아시아로의 귀환으로 수정했다. 미국의 외교·군사 정책의 중심을 아시아로 이동시키겠다는 뜻으로, 아태지역에서 중국을 견제하기 위한 전략이기도 하다.

남의 얼굴만 보다가 자신의 얼굴을 까맣게 잊어버리지 않았는지 반성해 보아야 한다. 남의 말에 팔리지 말고 자기 눈으로 보고 자신의 귀로 들어야 한다. 그렇지 않으면 자신의 삶을 이룰 수 없다.

* 아시아인프라투자은행(AIIB)

중국 주도로 2016년 1월 출범한 기구다. 미국과 일본 주도의 아시아개발은행(ADB) 등에 맞서겠다는 의도로 시진핑 중국 국가주석이 2013년 10월 아시아 순방 중 공식 제안했다. 총 자본금 한도는 1,000억 달러(약 100조 원)다.

나이는 상대적인 문제다. 나이 들어 하는 일 없이 골방이나 양로원에 들어앉아 텔레비전이나 보면서 소일을 하고 있다면, 그는 틀림없이 나이 든 노인이다. 그러나 할 일이 있어 자신에게 주어진 삶의 뜻을 순간순간 펼치면서 살아간다면 육신의 나이와는 상관없이 그는 영원한 젊음을 누리고 있는 것이다.

* 아웃라이어

말콤 글래드웰(전 《워싱턴포스트》 기자)은 저서 『아웃라이어』에서 1만 시간의 법칙을 이야기했다. 어떤 분야에서든 경지에 오르려면 1만 시간을 연습해야 한다는 내용이다. 1일 3시간, 일주일 20시간을 10년간 계속해야 하는 엄청난 시간이다.

은퇴한다는 것은 나에게는 죽기 시작한다는 것을 뜻한다. 일하며 싫증을 내지 않는 사람은 늙지 않는다. 가치 있는 것에 대하여 흥미를 가지고 일하는 것은 늙음을 밀어내는 가장 좋은 처방이다. 나는 날마다 거듭 태어나며 날마다 다시 시작해야

한다. - 첼리스트 파블로 카살스(96세 사망)

* **IC카드**

일반 플라스틱 카드에 소형 컴퓨터와 유사한 집적 회로(IC, Inte-grated Chip) 칩을 넣은 카드다. 기존 마그네틱(MS, Magnetic Strip) 카드보다 안전하게 데이터를 전송하고 보안성이 높아 위조나 불법 정보 유출을 막는 데 효과적이라고 알려져 있다.

기온과 습도가 높으면 불쾌지수도 높다. 더운 날 몸은 땀 분비를 늘려 체온을 조절하려 하지만 높은 습도 탓에 땀은 증발하지 않고 몸속 수분만 빠져나간다. 생체시계가 리듬을 잃으니 쉽게 피로해지고 스트레스도 증가한다. 기온보다는 습도가 문제다. 섭씨 45도의 건조한 사막보다 30도의 끈적끈적한 서울이 불쾌지수가 더 높은 이유다. 쾌적한 여름나기는 냉방보다는 제습이다.

* **ICT융합**

정보통신기술을 활용하여 각 산업부문의 상품과 서비스의 본질에 영향을 미쳐 새로운 유형의 상품과 서비스를 창출하는 것을 의미한다.

입추는 가을 문턱이다. 아침저녁 선선한 바람. 곡식이 여무는 계절이다. 하지만 뭐든 순순히 오는 법이 없다. 비바람 몰고 온 태풍은 조물주가 만든 '분노의 바람개비'. 한여름 내내 펄펄 끓던 지구가 참다 참다가 토해낸 울부짖음. 그렇다. 가을은 천둥 번개 폭풍우 속에 숨어 있다. 비 갠 뒤 산과 들에선 가을 새물내가 난다.

* **ISS**(Institutional Shareholder Service)

미국 모건스탠리캐피털인터내셔널(MSCI)의 자회사로 1985년 설립된 세계 최대 의결권 자문사다. 세계 115개국 3만3,000여 개 상장기업의 주주총회 중요 안건을 분석해 1,700여 곳의 기관투자가에게 의결권 행사 방향을 조언한다.

"비는 오다 그치다 하지요, 그게 비가 하는 일입니다." 내리다 말다 하는 비를 보며 독일 작가 다니엘 켈만이 『나와 카민스키』에서 쓴 구절이 떠오른다. 작가가 그런 비를 불평하는 누군가에게 유머 있게 지적했듯이 비란 그런 게 아닌가. 참 긴 여름이다.

* **IMS**

침을 이용해 근육을 자극해서 신경근성 통증을 치료하는 시술이다.

담벼락 아래 별 싸라기처럼 활짝 핀 풀소나무 꽃 채송화(菜松花). 바람 살랑일 때마다 "까르르~ 까르르~" 웃어 젖힌다. 크고 높은 것만 찾다가 정작 발밑의 '소박한 꿈' 잊고 살았구나. 장독대 돌계단 밑에 납작 엎드려 피는 '아기 꽃'. 분홍, 노랑, 빨강 울긋불긋 어우러진 색동꽃밭.

* **아포리아**(Aporia)

그리스어 '막다른 골목'에서 유래하였으며 해결하기 어려운 문제, 난제와 모순을 의미한다. 통로나 수단이 없어 앞으로 나갈 수 없는 상태를 말하며 위기 상태보다 더 심각한 상태를 설명할 때 사

화제가 빈곤한 30~40대라면 반드시 알아야 할 시사상식

용하는 용어다.

불안정한 대기는 연일 소나기를 품었다 내뱉곤 한다. 장석주 시인은 '소나기'를 이렇게 읊었다. '구름은 만삭이다/양수가 터진다/흰 접시 수만 개가 산산이 박살난다/하늘이 천둥 놓친 뒤/낯색이 파래진다'

* 아포리즘(Aphorism)

깊은 체험적 진리를 간결하고 압축된 형식으로 나타낸 짧은 글로 금언이나 격언, 경구, 잠언을 뜻하는 말이다. 가장 유명한 아포리즘으로는 히포크라테스의 "인생은 짧고 예술은 길다"(히포크라테스 아포리즘)라는 말이 있다.

가을 소리 들린다. "찌르르~ 찌르르~." 섬돌 아래 여치 울음소리. '여치소리를 듣는다는 것은/여치소리가 내 귀에 와 닿기까지의 거리를 생각하는 것/그 사이에 꽉 찬 고요 속에다 실금을 그어놓고/끊어지지 않도록 붙잡고 있는 것'(안도현 시인, 「여치소리를 듣는다는 것」). 가슴에 젖어오는 구슬픈 추억의 하모니카 소리.

* 아프가니스탄전쟁

미국은 9·11테러 직후 '테러와의 전쟁'을 선포하고 오사마 빈라덴 체포에 나섰다. 빈라덴은 탈레반이 통치하는 아프가니스탄에 기지를 만들고 은신 중이었다. 탈레반은 빈라덴을 넘기라는 미국의 요구를 거부했고 미국은 2001년 10월 7일 아프가니스탄을 공습했다. 2001년 11월 탈레반 정권은 붕괴됐다. 하지만 잔당들의 저항이 계속됐고 조지 W. 부시 행정부에 이어 버락 오바마 행정부에서도 전쟁이 이어졌다.

대추나 알밤을 여물게 하는 태양 빛은 입자가 아니라 파장이지 싶다. 여름엔 초록으로 물들이더니 지금은 더 긴 파장인 붉은색으로 덧칠하고 있으니 말이다. 따가운 햇살을 따라 우주에서 온 '성숙'의 파장은 결코 서두르는 법 없이 한 겹 한 겹 '젊음'의 초록을 감싼다. 시간도 함께 켜켜이 쌓여간다. 그래서 시인은 대추 한 알에서 태풍과 천둥과 번개를 몇 개씩 보았나 보다.

* **악마의 기둥 의식**

이슬람 성지순례 코스의 대미를 장식하는 의식으로 메카 동쪽의 미나에 위치한 3개의 돌기둥에 자갈 49개를 7번에 나눠 던지며 "악마여 물러가라"라고 외치는 행사이다. 선지자 아브라함이 아들 이스마일을 제물로 바치려 하다가 돌을 던져 악마의 유혹을 물리쳤다는 이야기에서 유래한다. 미나는 아브라함이 악마를 물리친 장소로 여겨진다. 좁은 공간에서 수많은 사람이 동시에 돌을 던지는 탓에 그동안 압사 사고가 빈번히 발생했다. 하지만 상당수 이슬람교도가 성지순례를 하다가 죽으면 천국으로 갈 수 있다고 믿는 탓에 사고가 끊이지 않고 있다.

걷기는 느릿느릿, 뚜벅뚜벅, 두리번두리번, 어슬렁어슬렁, 건들건들, 허위허위, 기웃기웃, 어정어정, 사붓사붓 걸어야 제맛이 난다.

* **악마의 편집**

TV 오디션 프로그램 〈슈퍼스타K〉 고유의 편집 스타일이다. 눈

화제가 빈곤한 30~40대라면 반드시 알아야 할 시사상식

을 떼기 힘들 정도로 현란하고 자극적인 재미를 준다는 의미에서 붙은 별칭이다. 촬영분에 대해 편집, 변경, 커트, 재배치, 채택, 자막(OAP) 삽입, 영상 개정, 수정 등의 기법들을 활용하여 원래의 상황을 의도적으로 오해하도록 사실관계를 왜곡하거나 시청자가 상황을 오해할 수 있도록 영상 편집을 한다는 뜻의 인터넷 용어다. '악마의 편집'은 슈스케(슈퍼스타K)를 다른 오디션 프로들과 차별화하면서 시청자들을 빨아들이는 일등 공신으로 꼽혔지만, 출연자와 제작진 간 갈등의 요소가 되기도 했다.

나는 달리고 싶다. 인간은 왜 달릴까. 본능일까. 원시 사냥의 흔적일까. 달구벌을 달구는 지구촌 달리기 축제. 더 빨리(Citius)! 더 높이(Altius)! 더 힘차게(Fortius)! 새는 날고, 물고기는 헤엄치고, 인간은 달린다(에밀 자토페크). 그렇다. 나는 던진다. 고로 포효한다. 나는 몸을 솟구쳐 뛰어넘는다. 고로 피가 끓는다. 나는 달린다. 고로 살아 있다.

* 알레고리(Allegory)

어느 사물을 직접적으로 표현하는 것이 아니라, 다른 사물에 의해서 암시적으로 표현하는 방법이란 뜻인데, 이 표현 방법으로 창작된 문학 작품이나 조형예술 작품을 알레고리라고 한다(예『이솝우화』).

하늘 도화지에 물감을 뿌렸다. 해와 친한 뭉게구름. 날아갈 듯 새털구름. 비와 가까운 먹구름……. 지형과 바람은 때때로 예술작품 같은 구름을 만들어낸다. 강한 바람이 산을 넘어갈 때 생기는 모자구름이 그렇다. 아름답게 보여도 비행기 조종사들이 피해 가는 무서운 구름이다. 구름만 잘 봐도 날씨를 알 수 있다.

* 알리바바
중국 저장(浙江)성 항저우(杭州)에 본사를 둔 세계 최대 전자상거래 업체로 '알리바바와 40인의 도적'에서 이름을 따왔다. 1999년 기업 간 상거래(B2B), 2003년 인터넷 쇼핑몰 타오바오(B2C) 개장 이후 급성장했다. 2014년 9월 뉴욕증시에도 상장했다.

햇빛에 그을린 구릿빛 피부는 건강함의 상징으로 통한다. 하지만 자외선은 피부 노화의 주범이다. 피부 질환을 유발하고 기미와 주근깨를 악화시킨다. 햇빛이 강할 때 외출하려면 자외선 차단제를 바르는 게 좋다. 그렇다고 태양을 아예 외면할 수는 없다. 자외선은 체내에서 우리 몸에 꼭 필요한 비타민 D를 합성한다. 살균작용도 한다. 가는 여름이 아쉽다 해도 햇빛은 하루 15분 정도만 쐬면 충분하다.

* 알바추노
아르바이트를 하다가 아무 말도 없이 연락을 안 하거나 도망가는 것을 비유적으로 사용하는 말이다.

코스모스 한들한들. 실바람 산들산들. 걷기 좋은 날. 코는 한옥 처마처럼 살짝 위로 올리고, 눈은 먼 들판 끝을 바라보고, 어깨는 의젓하게 젖히고, 느릿느릿 걷는다. 자연은 '글자 없는 경전(無字天書)', 여기 기웃 저기 기웃. 해찰하며 걷는다. 나무늘보처럼 걷는다. 뒷짐 지고 건들건들 걷는다. 어슬렁어슬렁 걷는다. 허위허위 걷는다. 막내딸 손 잡고 걷는다. 아, 가을은 어딜 가도 참 좋구나!

* RCS(Rich Communication Suite)
기존 음성, 문자 서비스를 넘어서는 차세대 통합 커뮤니케이션 서비스를 말한다. 통화 중 동영상이나 사진을 실시간으로 공유할 수 있으며 상대방 휴대전화의 온오프(On Off) 상태도 쉽게 확인할 수 있으며 주소록에서 곧바로 문자, 채팅도 가능하다. 통화 중 동영상이나 사진도 실시간으로 공유할 수 있다. 모바일 메신저 '카카오톡'처럼 특정 상대와 채팅을 하거나 파일을 전송할 수도 있다.

시원한 바람 때문에 따가운 햇살마저 즐겁게 느껴지는 요즘. '햇살과 산들바람은 한쪽 편만 들지 않아'라는 일본의 할머니 시인 시바타 도요의 시구를 음미하며 위안과 용기를 얻자. 바람은 항상 '모자란 곳(저기압)'으로 흐르기 때문이다. 따뜻한 마음으로 항상 낮은 곳으로 임하는 사람에게서 청량감을 느낄 수 있는 것도 이런 이유일까.

*알아크사 사원

이슬람교의 세 번째 성지다. 첫 번째는 메카의 알마스지드 알하람 사원으로 카바 신전이 있다. 두 번째는 메디나의 알마스지드 알나바위 사원이다. 특히 알아크사 사원과 이어진 황금사원인 '바위의 돔'은 이슬람교 창시자인 무함마드가 승천한 곳이라고 전해진다. 2000년 아리엘 샤론 당시 이스라엘 총리가 이곳을 방문하자 제2의 인티파다(무장봉기)가 일어났을 정도로 이슬람교도들이 매우 소중한 곳으로 여긴다.

백로, 깊은 산속 풀들이, 넓은 들녘 농작물이 하얀 이슬을 머금었다. 밤이면 이슬점 이하로 내려가는 기온이 공기 속 수증기를 영롱한 물방울로 만든다. 고추는 갈수록 붉어지고, 망둥이가 살이 통통 오를   때다. 매미 떼의 절규에 묻혀 있던 귀뚜라미 소리가 휘영청 밝은 달밤을 울린다.

* R테크

유통(Retail)과 기술(Technology)의 합성어다. 소비자 경험을 포함해 유통의 모든 단계에 필요한 다양한 모바일 및 위치 기반 서비스로 온·오프라인 융합 시스템을 의미한다.

"사람은 태어날 때 입안에 도끼를 가지고 나온다. 어리석은 사람은 말을 함부로 함으로써 그 도끼로 자기 자신을 찍고 만다." - 불교 초기 경전 수타니파타

* 알파걸(Alpha Girl), 알파맘(Alpha Mom)

모든 분야에서 남성과 동등하거나 남성보다 뛰어난 여성을 알파걸이라 한다. 알파맘은 탄탄한 정보력을 앞세워 아이를 체계적으로 교육하는 엄마를 의미하는 신조어다. 기사에서는 알파걸로 자라나 일과 가정에서 모두 뛰어난 여성을 일컫는다.

'홀로 있을수록 함께 있다'라는 토머스 머튼. '혼자 지내기 적적하거나 무섭지 않느냐'라는 질문을 받는다. 천만의 말씀. 혼자 있을 때 나는 가장 넉넉하고 충만하다. 그야말로 내 안에서는 시원한 물줄기가 흐르고 향기로운 꽃이 피어난다. 홀로 있는 그 시간 속에서 일상에 매몰되어 까맣게 잊어버린 순수한 자신의 모습을, 자신의 현 존재를 점검해 보아야 한다.

* 앙코르 유적지

캄보디아의 수도 프놈펜에서 서북쪽으로 약 300㎞ 떨어진 시엠레아프에 위치한 유적지다. 크메르어로 '도시'를 의미하는 앙코르는 9세기부터 15세기까지 번성했던 크메르 제국의 수도였다.

1861년에야 비로소 세상에 알려진 앙코르 유적지는, 1113~1150년에 축조된 앙코르 와트와 고대 크메르 왕조의 마지막 도성이었던 앙코르톰 등으로 구성돼 있다. 1992년 유네스코 세계문화유산으로 지정됐다.

자연은 말없이 우리에게 많은 깨우침을 준다. 자연 앞에서는 우리가 알고 있는 얕은 지식 같은 것은 접어두어야 한다. 입을 다물고 침묵 속에서 '우주의 언어'를 들을 수 있어야 한다.

* 애국법(Patriot Act)

미국 의회가 2001년 9·11테러 이후 테러 대응 기능을 획기적으로 강화하기 위해 만든 테러방지법이다. '국가안보를 위한 법안'이라는 것을 강조하기 위해 법명에 'Patriot(애국자)'을 넣었다. 테러 용의자를 조기에 파악하기 위해 수사기관의 유선, 구두 통신 및 인권침해의 소지가 다분한 감청과 수색에 대한 절차가 대폭 간소화되었다. 한편 테러 혐의를 받는 외국인의 기소 전 구금 기간을 최고 7일까지 늘린 것 등이 핵심이다.

사람들이 재물과 색을 버리지 못하는 것은 마치 칼날에 묻은 꿀을 탐하는 것과 같다. 한 번 입에 댈 것도 못 되는데 그것을 핥다가 혀를 상한다.

* 애니버서리 리액션(Anniversary Reaction, 기념일 반응)

사건, 사고 등으로 갑작스럽게 가족을 잃은 사람이 고인의 기일이나 생일 때 평소보다 더 심한 정신적 고통을 겪는 현상을 말한다. 어린이날, 어버이날, 성탄절 등 가족과 함께하는 기념일에도 같은 심리상태에 빠지기 쉽다.

만약 인간이 귀나 눈처럼 입이 두 개라면 세상은 얼마나 더 시끄러울 것인가. 암 (癌) 자를 보면 입구 자 세 개와 뫼산으로 돼 있다. 입 세 개로 산처럼 많이 먹거나 입 세 개로 말을 많이 하면 암에 걸린다고 해석하기도 한다.

* 애프터눈 티세트

19세기 영국 귀족사회에서는 저녁을 제대로 즐기기 위해 점심을 간소하게 먹었다. 오후 3~5시가 되면 허기를 달래기 위해 한입 크기로 간단한 요깃거리를 먹었던 게 애프터눈 티세트의 시초가 됐다. 삼단 접시의 맨 아래층에는 스콘과 샌드위치가, 중간층에는 케이크류가, 맨 위층에는 쿠키나 초콜릿, 마카롱 등 과자류가 담긴다. 위로 갈수록 단맛이 강해 아래부터 먹는다. 대개 홍차와 함께 먹지만 기호에 따라 샴페인이나 티 칵테일 등을 곁들이기도 한다.

자신의 내면이 허약하면 밖으로 눈을 뜬다. 눈을 팔다 보면 자기 자신은 까맣게 잊어버리고 남의 일에 부질없이 참견한다.

* 야스쿠니신사(靖國神社)

2차 세계대전 일본인 전사자를 '호국의 신'으로 모시고 제사를 지내는 곳이다. 현재 야스쿠니신사에 합사된 전사자는 246만 6,000여 명이다. 극동국제군사재판에서 A급 전범으로 분류된 14명의 전범을 1978년 비밀리에 합사했다. 한국인 전몰자 약 2만 1,000명도 일방적으로 합사했다. 신사 안 전쟁 박물관인 유슈칸(遊就館)은 일본의 아시아 침략전쟁을 '식민지 해방전쟁'으로 묘사하고 있다.

타인에 대한 비난은 언제나 오해를 동반한다. 과거의 자로써 현재를 재려고 하기 때문이다. 그 사람의 내면에서 지금 무슨 일이 일어나고 있는지 아무도 알 수 없다.

* 양적완화(QE)
중앙은행이 국채 등 금융자산을 직접 매입하는 방식으로 시장에 자금을 공급하는 통화정책이다. 일반적으로 경기 부양이 필요할 때 중앙은행은 기준금리를 낮춰 간접적으로 통화 공급을 확대하지만 글로벌 금융위기 이후 사실상 제로금리로 더 이상 금리를 낮출 수 없게 되자 미국은 세 차례에 걸쳐 양적완화 정책을 동원했다.

말로써 비난하는 버릇을 버려야 우리 안에서 사랑의 능력이 자란다. 지혜와 사랑이 그 움을 틔운다. '말하기 좋다 하고 남의 말 말을 것이/내가 남 말하면 남도 내 말하거늘/말로서 말이 많으니 말 말을까 하노라.'(조선조 영조 시절에 김천택이 지은 『청구영언』에 실린 작자 미상의 시조)

* 양적완화 출구전략
경기 회복을 위해 풀었던 지나친 유동성(돈)을 경제에 미치는 부작용을 최소화하면서 서서히 거두어들이는 전략이다. 미국은 2008년 글로벌 금융위기 이후 2009년 3월부터 2012년 9월까지 세 차례에 걸쳐 양적완화(QE)를 실시했다. 지나치게 풀린 돈은 경제에 거품을 유발할 수 있는 데다 무한정 돈을 풀 수도 없다. 이 때문에 일정 시점에서 양적완화를 중단하며 출구전략에 나서게 된다.

도둑은 여름을 싫어한다 했다. 밤이 늦게 찾아와 훔칠 시간이 줄어들기 때문이라나. 처녀의 깻잎 한 장 크기의 미니스커트 같던 밤이 길어지고 있다. 활동 시간은 줄었어도 태양은 여전히 위력적이다. 노숙인의 잠을 쫓아다니는 햇빛이 아직 날카롭기만 하다. 초가을 늦더위, 커진 일교차를 주의해야 한다.

* 어깨 회전근개 파열

회전근개 파열은 어깨를 고정하는 힘줄의 일종인 회전근개의 일부가 찢어지면서 발생하는 질환으로 운동하기 좋은 계절인 요즘 골프, 야구 등 중년층이 어깨 관절을 움직이는 운동을 하면서 많이 생긴다. 증세는 오십견과 비슷하다. 방치하면 회전근개가 완전히 끊어져 어깨가 고정되지 않고 불안정해지면서 어깨를 거의 움직일 수 없다. 또 어깨 관절염으로 발전할 확률도 높다. 회전근개 파열을 예방하기 위해서는 우선 나이에 맞도록 운동량을 조절하고, 갑자기 어깨를 들어 올리거나, 던지는 자세는 자제한다. 운동 시작 전 어깨를 풀어주는 스트레칭으로 관절 부위를 유연하게 만든다. 초기 단계에는 약물요법과 물리치료로 치료하고, 심할 때는 관절내시경 수술을 한다. 관절내시경 수술은 1㎝ 정도만 절개한 뒤 관절 내부를 내시경으로 보면서 어깨의 찢어진 부위를 봉합하는 수술법이다.

대만 2위 부자 왕융칭 회장(대만 플라스틱그룹 회장)은 2008년 10월 15일 타계하면서 한 통의 편지를 남겼다. 모두가 재부를 바라지만 태어날 때부터 가지고 태어난 사람 없고 누구도 떠날 때 가지고 떠날 수 없다. 모은 재산은 다를지 모르지만 세상과 작별할 때는 재산도 모두 사회로 돌아가는 것은 예외가 없다. "돈이란 하늘이 잠시 빌려준 것, 떠날 땐 세상에 갚고 빈손으로……."

* 어른이
'어른'과 '어린이'를 합친 신조어로서, 어린이들이 좋아하는 영화나 만화, 장난감 따위에 열광하거나 이를 광적으로 수집하는 취미를 가진 어른을 말한다.

가을빛 완연한 하늘. 하늘에 펼쳐진 하얀 도화지다. 구름이 평소보다 더 아름답다. 높은 하늘 위를 노니는 양떼구름, 솜사탕을 닮은 뭉게구름, 가을 신부를 떠올리게 하는 면사포구름, 길게 늘어선 새털구름…….

* 얼라이언스(Alliance)
항공, 해운업계에서 서로 다른 회사가 전략적 제휴 관계를 맺어 고객에게 마치 한 회사처럼 서비스를 제공하는 시스템이다. 해운업계의 얼라이언스는, 얼라이언스에 속한 회사들의 배, 터미널, 하역장비 등을 공동으로 사용한 뒤에 사전에 정한 규정에 따라 운임과 이용요금 등을 정산하는 시스템을 채택하는 것이 일반적이다.

인간은 강물처럼 흐르는 존재다. 날마다 똑같은 사람이 아니다. 그러므로 함부로 남을 심판할 수 없다. 우리가 어떤 판단을 내렸을 때 그는 이미 딴사람이 되어 있을 수도 있다.

* 업사이클(Upcycle)

오래된 재고 상품이나 낡아서 쓸 수 없는 제품 등을 가공해 완전히 새로운 디자인과 용도의 제품을 만드는 것을 말한다. 트럭의 방수 덮개를 이용해 가방을 만들거나, 낡은 소파의 가죽을 이용해 지갑을 만드는 것이 좋은 예다. 원래와 다른 새로운 용도의 제품을 만든다는 점에서 리사이클(Recycle)과 다르다.

나는 날씨다. 기상 예보가 내 미래를 맞힐 수는 없다. 나는 파란 하늘에 날벼락을 때리고, 무서운 태풍 저편에 일곱 색깔 무지개를 띄운다. 갑작스러운 눈비로 많은 이를 곤란케 하다가 언제 그랬냐는 듯 빛나는 태양을 보여준다. 춥건 덥건 맑건 흐리건, 나는 날씨다. 울다 웃고 좌절하다 용기를 얻고 기분 나빴다가 좋아지는 인생. 그러고 보니, 날씨는 나다.

* 얼리버드(Early Bird)족

남들보다 일찌감치 부지런하게 움직여 다양한 혜택을 챙기는 사람을 지칭한다.

메밀꽃 필 무렵, 평창 봉평에서 대화까지 칠십 리 밤길, 숨 막힐 듯한 적막, 딸랑! 딸랑! 나귀 방울 소리 밟으며 떠도는 장돌뱅이, 산허리엔 온통 소금을 뿌려 놓은 듯한 하얀 꽃밭. 싸락눈 꽃. 흐뭇하고 알싸한 향내. 짐승 같은 달의 숨소리. 이슬

달빛 푸르게 젖은 콩 포기와 옥수수 잎새. 찌르르~ 구슬픈 여치 울음소리 처량
지다.

* 에너지음료

카페인, 타우린 등 단시간에 집중력을 높이고 피로감을 낮춰주는
식용 각성 성분에 비타민 등을 함유한 음료 제품이다. 미국에서
1997년 '레드불'이란 제품이 출시되며 시작된 에너지음료 시장은
2012년 세계 시장 규모가 약 140억 달러(약 15조 원)에 이른다.

윈스턴 처칠은 연설을 위하여 한 연단에 오르다 넘어지는 실수를 했다. 이 모습에
청중들이 웃음을 터트리자 마이크를 잡고 했던 말. "여러분이 즐겁게 웃을 수 있다
면 다시 한번 넘어지겠습니다. 상처, 좌절, 실패, 절망의 엉덩방아에서 웃으며 다시
일어서는 사람만이 꿈을 이룰 수 있습니다."

* 에리스로포이에틴(EPO)

적혈구 생성을 촉진해 산소 운반 능력을 증가시킴으로써 피로를
줄이고 지구력을 향상시킨다. 소변검사에서 적발되지 않는 경우
가 많아 육상, 사이클 선수들이 불법 투여하는 경우가 있다. 하
지만 과다 투여하면 심장마비 등을 일으켜 사망에 이를 수 있다.

자기 삶에 어떤 변화나 향상이 없다면 그는 숨 쉬는 시체와 같다.

* SDR

IMF가 1969년 국제준비통화인 달러와 금의 문제점을 보완하기 위해 도입한 가상 통화로 IMF는 '국제준비자산'으로 표현한다. IMF 회원국이 외환위기를 겪을 때 담보 없이 필요한 만큼의 외화를 인출할 수 있는 권리다. SDR의 가치는 각 구성 통화의 가치를 가중 평균해 산정하며 현재 1SDR는 1.38달러가량.

낙엽귀근(落葉歸根), 잎이 지면 뿌리로 돌아간다. 나무들이 걸쳤던 옷을 훌훌 벗어버리고 알몸으로 서 있는 낙목한천(落木寒天) 아래서 우리의 삶을 되돌아보게 하는 그런 계절이다. 올 한 해가 또 사라져간다. 우리에게 허락된 세월이 손에 쥔 모래알처럼 술술 빠져나간다.

* SSD(Solid State Drive)

메모리반도체의 일종인 낸드플래시를 기반으로 작동하는 차세대 대용량 저장장치다. 하드디스크드라이브(HDD)에 비해 속도가 빠르고 오류가 적어 안정적이다.

너무 약삭빠르고 탐욕스럽고 극성스러우며, 몸에 좋다고 하면 이것저것 가리지 않고 게걸스럽게 마구 먹어대면서도 성인 남녀 중 30%가 일 년 내내 책 한 권 읽지 않는다고 하니 그 숫자가 너무 많다. 이웃 일본인의 일 년에 책 읽는 양이 69권인데 비해, 우리는 월간지 포함 9권이 채 안 된다. 극일은 그냥 이루어지는 게 아니다. 선진국은 그냥 되는 게 아니다.

* SSL(Secure Sockets Layer)

인터넷 사용자와 서버가 인증기관에서 발급한 비밀 키를 암호로 정보를 교환하는 방식이다. 공인된 인증기관에서만 '키'를 발급하기 때문에 보안성이 높은 것으로 알려져 있다.

우리는 한 생애의 3분의 1을 잠으로 흘려보낸다. 그것도 모자라 기회만 있으면 잠을 더 자려고 하는 나쁜 버릇을 갖고 있다. 세상에서 큰일을 이룬 사람들은 그 누구를 막론하고 하나같이 남들이 자는 시간에 자지 않고 깨어서 일한 사람들이다. 잠도 습관이다. 게으른 사람들은 잠자리에서 늦게 일어나는 버릇이 있다.

* SAT(Scholastic Aptitude Test, 미국 수학적성시험)

'SAT1'은 필수 시험으로 1. 비판적 독해 2. 수학 3. 작문(에세이) 등 총 3과목에서 800점씩 구성된다. 2014년 에세이가 필수에서 선택으로 변경되었다. 'SAT2'는 선택 시험으로 수학1, 수학2, 생물, 화학, 물리, 세계사, 미국사 등 20개 과목 중 1개를 선택하며, 한국 학생들은 주로 수학과 과학을 고른다.

인간은 시간과 건강이 주어졌을 때 잘 살아야 한다. 얼마나 많은 사람이 이 시간의 여유와 건강이 모자라 인생의 꽃과 열매를 펴보지도 거두지도 못한 채 사라져갔을 것인가. 『코스모스』를 쓴 미국의 우주과학자 칼 세이건은 무한한 우주를 연구하기엔 사람의 인생 80년이 너무 짧다고 했다.

* SPA(Speciality Store Retailer of Private Label Apparel)

상품 기획을 비롯해 디자인, 생산, 제조, 유통, 판매 등의 전 과정

을 자체적으로 하는 의류 전문 소매 브랜드다. 대량생산으로 제
조원가를 낮추고 유통 단계를 축소해 저렴한 가격에 트렌디한 상
품을 선보이는 게 특징이다.

나와 내 것에 집착하지 않고, 인연의 끈에 묶이지 않는다. 그래야 틀에서 벗어난
대장부, 즉 자유인이 될 수 있다.

* 에어로졸

대기 중에 떠다니는 고체 또는 액체 입자를 일컫는 용어다. 자동
차 배기가스나 공장 굴뚝에서 나오는 매연 성분이 에어로졸에 해
당한다. 황사를 일으키는 모래 입자나 화산이 분출할 때 나오는
황산염도 에어로졸이다.

게으름은 더 말할 것도 없이 인생에서 최대의 악덕이다. 이런 게으름은 자신도 더
럽히고 남도 더럽히는 달팽이의 삶과 전혀 다를 바가 없다.

* ASMR(Autonomous Sensory Meridian Response)

'자율 감각 쾌감반응'이라는 뜻이다. 빗소리, 책장 넘기는 소리,
나긋나긋한 귓속말 등 일상 속 '듣기 좋은' 소리를 통해 청각 등
의 자극으로 심리적 안정감을 주는 시청각 콘텐츠를 의미한다.

무슨 일이든지 일단 시작한 일은 자신에게나 타인에게 폐가 되지 않는 한 중도에
내던져서는 안 된다. '반거충이'의 삶은 아무짝에도 쓸모없다.

* AP(Access Point)

인터넷을 연결해 데이터 통신을 가능하게 하는 중계 장치다. 사용자가 이동하면서 인터넷을 사용할 수 있다. 최근 스마트폰 사용자가 늘면서 수가 급증했다.

마하트마 간디의 몸무게는 겨우 40kg에 지나지 않았다. 그 가벼운 몸 안에 '위대한 혼(마하트마)'이 깃들 수 있었다.

* 에일과 라거

맥주는 효모를 맥주 통의 위아래 중 어디에서 발효시키느냐에 따라 에일 맥주와 라거 맥주로 나뉜다. 에일 맥주는 술을 맥주 통 위쪽에서 18~25도로 발효시킨 것으로 알코올 도수가 높고 맛이 진한 것이 특징이다.

우리가 겪는 일들이 우리의 삶이다. 함부로 살아서는 안 되는 이유다.

* 에코보보스(Eco-bobos)

환경을 뜻하는 에코와 부르주아(Bourgeois, 물질적 부), 보헤미안(Bohemian, 관습이나 규율 따위를 무시하고 방랑하면서 자유분방한 삶을 사는 예술가)의 정신적 풍요를 누리는 새로운 엘리트 계급을 지칭하는 '보보스'의 합성어다. '에코보보스'는 환경을 자신의 지위를 상징하는 소비대상으로 여긴다.

이제 우리나라도 정직하고 성실하고 예절 바른 사람들이 나라를 다스려야 한다.

그래야 약자들의 어깨가 처지지 않는다. 그래야 행복한 국가가 된다.

* 에코세대(Echo Generation)

베이비붐 세대(1955~1963년생)의 자녀 세대로 1979~1992년 출생자를 뜻한다. 산 정상에서 소리치면 메아리(에코)가 되돌아오는 것처럼 전쟁 후 대량 출산으로 태어난 베이비붐 세대가 자녀를 낳으면서 제2의 출생 붐이 나타났다는 의미에서 이런 이름이 붙었다.

대범함과 너그러움은 강자가 지니는 덕성이다.

* 에토미데이트

정식 명칭은 에토미데이트리푸로 주사제다. 백색의 전신 마취제로, 수면내시경 검사에 사용되는 등 효능과 용법이 프로포폴과 유사하다. 프로포폴과 달리 마약류로 분류돼 있지 않지만, 의사의 처방 없이는 투여할 수 없다.

돌아오는 길에 문구점에 들러 연필 5자루를 샀다. 문구점에 들어서면 내 마음은 아직도 풋풋한 소년의 가슴이 된다. 그리고 칼로 연필 10자루씩 깎는다. 사각사각 소리와 연필 향이 연둣빛 투명한 내 유년 시절의 추억을 되살려 놓는다.

* 에티오피아

아프리카 동북부에 있는 나라로, 정식 명칭은 '에티오피아인민민주공화국'이다. 면적은 112만7,127㎢이고 인구는 8,800만여 명에 이른다. 수도는 아디스아바바다. 국토의 절반이 고원이고 저지대는 매우 더우며 사막도 많다. 2010년 국제통화기금(IMF) 기준으로 1인당 국내총생산(GDP)은 350달러다. 우리나라와는 1963년 12월 23일 외교 관계를 수립했고, 6·25전쟁 당시 보병 1개 대대를 파병한 바 있다.

홀로 있으면 마음이 편하다. 이 고요와 한적을 무엇에 비기리. 홀로 있는 것은 온전한 내가 존재하는 것, 발가벗은 내가 내 식대로 살고 있는 순간들이다.

* FBAR(Report of Foreign Bank and Financial Accounts, 해외금융계좌 신고)
해외금융계좌에 1만 달러 이상 예치하고 있는 미국인이라면 1년에 한 번씩 미국 재무부에 해당 계좌 명세를 신고해야 하는 제도다.

왜 유목민은 가을을 잘게 쪼갤까. 어린 가을, 젊은 가을, 늙은 가을, 그만큼 가을은 그들에게 금쪽같은 계절. 햇살 한 가닥, 바람 한 자락, 구름 한 조각, 어느 것 하나 허투루 할 수 없다. 어린 가을엔 모시 같은 바람꽃이 길 위에 피고, 젊은 가을엔 바람이 비몽사몽 길을 잃는다. 늙은 가을엔 바람이 길손의 가슴팍에 시리게 파고든다. 붉은 꽃무릇 우우 돋은 젊은 가을. 애끓는 산꿩 소리, 뻐꾸기 소리.

* FATCA(Foreign Account Tax Compliance Act, 해외금융계좌 납세순응법)
5만 달러 이상을 예치해둔 미국인(영주권자 포함)의 해외금융계좌를 현지 금융회사가 의무적으로 미국 국세청에 보고하도록 한 제도다.

8명의 대통령과 일하고 2011년 7월 찬사 속에 퇴임한 명장 로버트 게이츠 전 미국 국방장관은 위대한 지도자의 첫 번째 자질에 대해 "매일 벌어지는 오늘의 일과 문제들을 뛰어넘어 내일 이후를 바라보며 가능성과 잠재력을 분별해 내는 비전"이라고 말했다.

* FPR(Film Patterned Retarder, 필름패턴편광방식)

TV패널 전면에 얇은 편광필름 한 장을 붙여 입체영상을 처리하는 기술이다. TV 영상의 세로줄을 절반씩 나눠 왼쪽과 오른쪽 안경으로 분리해 보여준다.

"중학교 입학 때 '머리는 구름 위에 두고, 두 발은 땅에 두고, 한 계단씩 천천히 올라가라'는 교장 선생님의 말씀을 공직 생활 37년과 유엔 사무총장을 하는 지금까지 단 한 순간도 잊은 적이 없다." '높은 이상을 갖되 현실감을 잊지 말고, 무리하지 말고 올라가면 성공한다'라는 뜻이다. - 반기문 전 유엔 사무총장

* X밴드 레이더

4,800㎞ 떨어진 야구공 크기의 금속 물체까지 식별할 수 있는 최첨단 레이더로 미사일의 탄두와 발사체, 유도장치 등을 정확히 추적한다. 이 레이더가 미사일을 탐지하면 이동식 발사대에서 쏘아 올린 요격미사일이 레이더의 유도에 따라 미사일을 향해 날아가 격추한다.

시리고 찌릿한 허무의 향기! 11월 나무가 온몸에 묻히고 있는 허무의 향기, 그 향기를 사랑한다. 그래서 11월이 좋다.

* 엘 시스테마

1975년 설립된 베네수엘라 음악교육 재단이다. 이 재단은 마약과 폭력에 물들 여지가 많은 빈민층 아이들에게 악기를 무상으로 제공하고 음악을 가르쳐 새로운 삶의 방향을 줬다. 11명의 단원으로 시작했지만, 2014년에는 26만5,000명이 참여하고 있다. 20대 나이에 로스앤젤레스 필하모닉의 상임 지휘자로 취임해 화제가 된 구스타보 두다멜, 베를린 필하모닉 최연소 입단기록을 세운 더블베이스 연주자 에딕손 루이스를 키워냈다. 창설자인 호세 안토니오 아브레우 박사(72세)는 2010년 서울 평화상을 받기도 했다.

지구촌에서 가장 빠른 사나이인 자메이카의 '우사인 볼트', 그는 'I Can Cross It(나는 넘을 수 있다)'이라는 글귀가 새겨진 티셔츠를 항상 입는다.

* 엠넷 아시안 뮤직 어워드(MAMA)

2009년 시작된 아시아권 음악 시상식이다. 2010년 마카오, 2011년 싱가포르를 거쳐 2012년부터 홍콩에서 열리고 있다. 2012년 MAMA 행사에는 빅뱅과 싸이 등이 출연해 관객 1만여 명이 행사장을 찾았다.

텃밭 고랑에 족두리꽃 씩씩하게 피었구나. 새우 수염처럼 능청능청 늘어진 꽃 수술, '바람 타고 나는 나비 같다' 하여 풍접화(風蝶花)라 한다던가. 소박하고 강인하지만 당당하고 의젓한 꽃. 바람 불 때마다 겅중겅중 탈춤 추는 바람 나비 꽃.

* MDS

1984년 당시 28세의 프랑스인 콘서트 프로모터인 파트리크 보에(현재 대회 매니저)가 홀로 350㎞의 사하라 사막을 횡단한 뒤 1986년 23명이 참가한 최초의 사막 마라톤 대회인 MDS를 열었다. 해마다 규모가 늘어 최근 매년 1,000여 명이 참가한다. 130명의 코스 자원봉사자, 450명의 진행요원, 50여 명의 의료진이 지원하고 12만L의 물, 300동의 텐트, 120대의 차량이 동원된다. 촬영과 긴급구조를 위해 2대의 헬기가 뜨고 위성통신 시설이 갖춰진다. 한국에서는 2001년 당시 은행 지점장이었던 박중헌 씨가 처음으로 참가한 뒤 매년 도전하고 있다.

상대를 설득할 때는 낮고 부드러운 음성으로 또박또박하는 게 이상적이다. 좋은 목소리를 위해선 성대를 깨끗하게 유지하는 게 중요하다. 술, 담배, 큰소리로 노래하고 대화하는 것 등을 피한다.

* MA-1 점퍼

1950년대 미국 공군이 개발한 옷이다. '보머 재킷'으로도 불린다. 조종사들은 프로펠러 비행기에서는 가죽옷을 입었으나 더 빠른 제트비행기로 바뀌자 불편함을 호소했다. 이에 겉은 면이나 나일론, 안감은 폴리에스테르로 만들어 활동성을 높인 MA-1을 보급했다. 1970년대 펑크스타일이 유행하면서 MA-1도 각광받았다. 최근엔 코트처럼 길게 나오기도 한다.

서늘한 가을바람, 선득한 밤공기, 문득 생각나는 것도, 그리워지는 것도 많은 계절. 늦고 휑한 바람이 부는 거리, 정처 없는 가을, 가을은 누구에게나 서럽고 애처

롭다. 가을은 원래 그렇다.

* 엥겔계수

독일 경제학자 에른스트 엥겔이 먹고 마시는 데 쓰는 돈은 소득 수준이 변해도 거의 일정 수준을 유지하는 점에 착안해 만든 통계용어다. 가계의 식·음료품 지출액을 총지출액으로 나눈 비율로 소득이 많으면 이 계수가 낮아지고 소득이 적으면 계수가 높아진다.

돌을 던지면 그만 "쨍그랑!" 하고 깨질 것 같은 하늘. 새털·양떼 구름 가득 안고 강물에 동그맣게 내려앉은 하늘. 고슬고슬 '새물내' 물씬 나는 하늘. 푸른색이 영글고 지쳐 저항라 적삼이 된 하늘. 고추잠자리 온 허공 휘젓고 다녀도 씩~ 웃고 마는 싱거운 하늘. 눈 달린 인간에게 보라고 무상으로 공중에 매달린 하늘. 그래도 지구만의 하늘은 아니다.

* 여유법(旅游法)

총 10장 112조로 이뤄진 중국의 관광 진흥법이다. 중국 내외를 여행하는 중국인 관광객의 권익을 보호하고 중국 관광산업의 건강한 발전을 촉진하는 것이 목적이다.

허공에 덩그렇게 걸린 둥근달. 아파트 너머 말간 얼굴로 웃는 동자 스님. 푸른 이끼 옛 산성 돌담에 매달린 꽃 등불. 초가지붕에 배꼽 드러내놓고 누워 있는 하얀 박덩이다.

* 여적죄(與敵罪)

외부의 힘을 통해 국가 존립을 위태롭게 하는 외환(外患)죄의 하나로 형법상 유일하게 사형 외에는 다른 형량이 없는 죄다. 다른 외환죄와 마찬가지로 미수, 예비 음모, 선동 및 선전한 자도 2년 이상의 유기징역에 처한다. 이적죄(利敵罪)는 대한민국의 군사상 이익을 해하거나 적국에 군사상 이익을 공여하는 것으로, 무기 또는 3년 이상의 징역에 처한다.

발그레 물든 숲, 샛노란 은행나무 가로수, "쏴아! 우수수!" '나뭇잎 소낙비' 쏟아지는 소리. 이 산 저 산 울긋불긋 등산복 도회인들. 땅거미 축축이 내린 어스름 골목. 아련한 꽃 시절. 우리 슬픈 가을날. 가슴 저릿한 중년. 서늘하고 푸른 달빛. 발길에 차이는 헛헛함. 빈방에 가득한 시린 별빛. 빈 가슴 파고드는 저린 고독. 가슴 한편 짓누르는 이유 모를 갈증. 이 모두는 가을이 유죄다.

* 역린(逆鱗)

『한비자』의 '세난 편'에 나오는 이야기로, 용의 가슴에 거꾸로 난 비늘을 건드리면 반드시 죽임을 당한다는 데서 유래한 '왕의 노여움'을 이르는 말이다.

산에서 만나는 억새 은빛 바다. 바람을 따라 '쏴아아~ 쏴아아~' 소리를 낸다. 거대한 물결을 만든다. 경쾌하게 세 박자 왈츠를 추는 듯하더니 금세 로커처럼 머리를 흔든다. 햇살이 비치면 금상첨화. 눈부신 그 자태에 산행의 고단함은 사라지고 감탄만 남는다.

* **역쇼루밍**

온라인에서 상품 정보와 가격 등을 검색한 뒤 오프라인 매장에
서 구매하는 행위다.

한 꽃대에 한 송이씩 핀 논두렁 구절초. 한 꽃대에 여러 송이 달린 밭두렁 쑥부쟁
이. 꽃잎이 가늘고 긴 쑥부쟁이. 꽃잎 뭉툭한 구절초. 하얀 꽃 구절초. 대부분 보
라색 꽃 쑥부쟁이. '쑥 캐는 불쟁이(대장장이) 딸이 죽어 피어났다'라는 슬픈 꽃이
쑥부쟁이다. 모두 들국화로 불리지만 들국화는 없다.

* **역(逆)직구**

최근 유행하고 있는 '직구(해외 직접구매)'에 반대되는 개념으로 국
내 판매자들이 인터넷 등을 통해 해외 소비자에게 직접 판매하
는 것을 뜻한다. '역직구몰'이란 이러한 역직구의 통로로 쓰이는
온라인 쇼핑몰의 줄임말이다.

하나둘 떨어지는 색색의 낙엽들. 바람에 떠는 앙상한 가지의 나무를 바라보노라
면 감수성이 일렁이고 감정 기복도 심해진다. 일조량이 줄어들고 기온이 낮아지면
신경전달물질 분비가 감소한다. 한 잎 두 잎 내 마음에도 낙엽이 떨어진다. 가을이
면 유난히 심신이 가라앉고 울적한 것은 그 때문이다.

* **역(逆)직구족**

인터넷으로 국내 쇼핑몰에 접속해 물건을 직접 구매하는 해외
소비자를 말한다. 국내에서 해외 사이트로 물건을 사는 '직구족'
에 대비해 역(逆)직구족이라 부른다.

타인의 몸을 만지려 하지 말고 자신의 몸을 만져라. 자신의 몸을 얼마나 알고 있는가. 새끼발가락이 자신의 몸을 지고 매일 얼마나 고생하는지를 알면 적정 체중을 왜 유지해야 하는지 조금은 알게 될 것이다.

* 역행침식

강 본류의 바닥이 준설 등으로 지천보다 낮을 때 물의 낙차에 의한 힘으로 지천의 강바닥과 강기슭이 무너져 내리는 현상이다.

인디언 서머. 북아메리카의 늦가을에 일시적으로 나타나는 포근한 날씨. 본격적인 추위가 오기 전 짧은 기간의 봄볕. 옛 선비들은 소춘으로 불렀다. 그렇다. 절망의 구렁텅이에서도 반드시 '희망의 씨앗'은 있는 법. '눈물 속에 피는 꽃'이 가장 아름답다.

* 연금저축

최소 10년 이상 납입하고 55세 이후부터 5년 이상 연금을 받는 대표적인 노후대비 상품을 말한다. 연간 납입 금액 중 400만 원까지 소득공제 혜택을 받는다. 다만 중도 해지하면 22%의 기타소득세를 내야 한다. 5년 안에 해지하면 2.2%의 가산세가 추가된다. 판매하는 금융회사에 따라서 연금저축신탁(은행), 연금저축보험(보험회사), 연금저축펀드(자산운용사)로 나뉜다. 연금저축과 펀드는 매달 일정금액을 내거나 금액을 달리 납입할 수 있는 반면에 연금보험은 일정금액을 납입해야 한다. 연금 수령 기간도 연금저축과 펀드는 5년, 10년 등으로 정해야 하지만 연금보험은 일정 기간과 종신 중에서 선택할 수 있다.

우박은 중위도 지방에서는 가을과 봄에 많다. 기온이 섭씨 5~25도일 때 주로 내리는데, 적란운 속에서 여러 차례 상하운동을 하면서 얼음 알갱이들과 결합해 커진다. 상층이 차가울수록, 하층은 더울수록 더 커진다. 단, 떨어지는 도중 우박이 녹지 않을 만큼만 하층 기온이 높아야 한다. 절묘함의 산물이다.

* 열돔(Heat Dome)

대기권 중상층에서 발달한 고기압이 정체하거나 서서히 움직이면서 열을 가둬 마치 뜨거운 돔(반구형 지붕) 아래 대지를 가둬 놓은 듯한 이상 고온 현상을 말한다.

샛노란 은행잎들이 거리 위로 꽃비처럼 쏟아진다. 골목마다 떨어져 있는 색색의 잎들. 막바지 가을이 깊어 올 때까지 한 해 동안 우리가 누려왔던 따뜻한 하늘, 신선한 바람, 눈부신 햇살, 그 일상의 축제들이 남긴 멋진 흔적들이다.

* 영국 스피커스 코너(Speakers Corner)

영국 런던 하이드 파크 북동쪽 끝에 있는 자유발언대로 누구든지 어떤 주제로든 연설할 수 있지만, 영국 국왕과 왕실에 대한 발언이나 국가를 전복하려는 주장은 금지한다. 1872년 당시 하이드 파크가 대중 연설 장소로 인기를 얻으면서 스피커스 코너가 설치됐다.

삽상한 가을바람이 고소하다. 수필은 청자연적이다. 수필은 난이요, 학이요 청초하고 몸맵시 날렵한 여인이다. 수필은 그 여인이 걸어가는 숲속으로 난 평탄하고 고요한 길이다. 수필은 흥미는 주지만 읽는 사람을 흥분시키지는 않는다. 수필은

마음의 산책이다. - 피천득

* 영어 절대평가

2018학년도 수능부터 영어 과목에만 적용되는 새로운 점수 체계다. 그전까지는 상위 4%의 수험생은 1등급, 그 아래 7%는 2등급 식의 상대평가였지만, 2018학년도부터는 90점 이상은 1등급, 80점 이상은 2등급 식의 절대평가로 바뀐다.

거울은 먼저 웃지 않는다. 동그란 목소리의 주인공이 되자.

* 영해(領海)

연안국의 주권이 미치는 해역이다. 유엔 해양법 협약에 따라 12해리까지 인정한다(1해리는 1,852m).

세계화란 수백만 명의 개인이 주도하는 행동의 합이다. 누구에게 책임이 있는 것이 아니며 누구도 그 결과를 예측할 수 없다. - 존 나이스 비트(미국 미래학자)

* 영향공작

1960년대 옛 소련의 정보기관인 KGB가 개발한 심리 전술로, 서방세계 인사를 초청해 미리 짜인 경로에 따라 여행을 시켜주고 극진히 대접한 뒤 이들이 돌아가 책이나 강연 등을 통해 서방세계에 소련에 대한 부정적인 인식을 희석하는 일을 하도록 하는 게 목적이었다.

화제가 빈곤한 30~40대라면 반드시 알아야 할 시사상식

바람이 거셀수록 향기는 멀리 퍼진다.

* 영화 〈화장〉

임권택 감독의 102번째 작품이다. 2004년 '이상 문학상'을 받은 김훈 작가의 동명 소설이 원작이다. 투병하는 아내를 돌보면서 젊은 동료 직원 추은주(김규리)에게 흔들리는 오상무의 내면에 초점을 맞췄다. 2014년 베니스와 토론토, 밴쿠버 영화제 등에 초청돼, "죽음과 욕망에 대한 진지한 고찰을 담았다"라는 평을 받았다. 주연 안성기, 김규리는 각각 〈취화선〉(2002년)과 〈하류인생〉(2004년) 이후 10여 년 만에 임 감독과 함께했다.

하늘 열리는 날, '개천절(開天節)'이다. 하늘 금가는 걸 보고 싶다. 하늘 쪼개지는 걸 보고 싶다. 동서남북 어느 쪽도 좋다. '열려라, 문(門)이여'.

* 예술인복지법

2011년 1월 시나리오 작가 최고은 씨가 서른두 살의 젊은 나이에 생활고와 지병 속에서 월세방에서 숨진 것을 계기로 같은 해 11월 제정된 법이다. 일명 '최고은 법'으로도 불린다. 고용환경이 불안하고 경제적 어려움을 겪는 문학, 미술, 사진, 건축, 국악, 무용, 연극, 연예, 영화 분야 가난한 예술인들을 지원한다. 지원 대상은 예술인복지법 시행규칙 기준에 따라 예술인임을 증명한 사람이다. 2012년 11월 18일 시행되고, 이 법과 관련된 본격적인 지원사업은 2013년 1월부터 시작됐다.

우리 몸속에 NK(Natural Killer) 세포를 많이 만들자. 믿음, 기쁨, 긍정, 기도, 명상, 찬송을 할 때 NK가 많이 만들어진다. NK는 암세포를 잡아먹을 뿐 아니라 암 예방에도 탁월하다.

* 5년 공공임대주택

한국토지주택공사(LH)와 지방자치단체, 민간 건설사가 국민주택기금 지원을 받아 건설해 5년간 임대주택으로 운영한 뒤 세입자에게 우선 분양하는 주택이다. 1992년 무주택 서민의 '내 집 마련' 용도로 도입됐으며, 2001년부터 2010년까지 약 51만 채가 분양 전환됐다. 청약저축 가입자인 무주택 가구주가 입주대상이다.

비 한 방울에 낙엽 한 잎, 가을비는 다이어트 비다. 몹쓸 바람까지 더해지면 잎사귀는 더는 견디지 못하고 곤두박질친다.

* 오디세이 새벽(Odyssey Dawn)

호메로스의 장편 서사시 「오디세이」에 나오는 오디세우스는 지중해를 무대로 한 트로이와의 전쟁에 나서기를 거부하지만, 고민 끝에 참전해 대승을 거두고 영웅으로 귀환한다. 2011년 리비아 군사작전의 무대가 지중해라는 점과 고민 끝에 군사행동 참여 결정을 내린 다국적군의 결의를 담은 작전명이다.

어떤 일이 있어도 3개월만 실천하라, 그러면 습관이 된다. - 도올

* 오룡차

대만 오룡차는 찻잎을 실내외에서 위조(僞凋, 찻잎을 시들게 하는 것)한 후, 찻잎끼리의 마찰을 통해 발효를 고르게 하는 낭청(浪靑), 찻잎을 솥에 넣어 150도에서 10분 전후로 덖어 내는 살청(殺靑, 찻잎의 산화와 발효를 멈춤), 찻잎을 천으로 덮어 또 한 번의 발효가 일어나게 하는 민숙정치, 유념(柔念, 찻잎 비비기), 건조를 거치는 특별한 공정으로 완성된다. 오룡차에는 떫은맛을 내는 성분인 카테킨이 녹차의 절반 이하로 들어 있어서 녹차보다 떫은맛이 적다. 혈중 콜레스테롤과 중성지방을 줄이는 데 효과가 있다. 대만의 차는 등급과 품질이 중국보다 투명하고 정확하다.

거북이가 토끼와의 경주에서 이기는 법은 경주 장소를 '바다'로 하면 된다.

* 오스트리아식 이원집정부제

국민의 직접 선거로 선출되는 대통령은 국가원수로서 외교, 통일 국방 등 외치를 전담하며 국방통수권, 국회나 정당 해산, 계엄 선포, 긴급명령 등의 권한을 갖는다. 국회의 과반을 차지하는 다수당 또는 연립내각에서 선출한 국무총리는 행정 수반으로서 행정부 통할과 법률안 제출권, 예산 편성권, 행정입법권 등 내치 권한을 갖는다. 오스트리아식은 프랑스식보다 총리의 권한이 더 강하다.

'내 마음은 돌이 아니라 구를 수도 없고, 내 마음은 돗자리가 아니어서 돌돌 말 수도 없다.' - 『시경(詩經)』

* 566세 생일 맞은 한글-2012년

1940년 경북 안동에서 훈민정음 원본(해례본)이 발견됐다. '정통 11년 9월 상한'이라 적혀 있었다. 상한을 상순의 끝인 10일로 보고 1446년의 이날을 양력으로 환산하니 10월 9일. 2012년 10월 9일은 566돌 한글날이다. 1991년 법정 공휴일에서 제외됐던 이날을 2013년부터 공휴일로 되돌리자는 움직임이 한창이다. 쉬든 안 쉬든 책 읽기 좋은 계절이다. 새삼 세종대왕께 감사를.

'눈에 거름을 줘라.' 그래서 당신의 눈을 깊게 뿌리 내리고 크게 자라고 튼실한 열매를 맺게 하라. 잘못된 눈은 당신을 망친다. 눈의 거름은 독서와 여행이다.

* 5·24조치

2010년 천안함 폭침 사건이 북한 소행으로 드러난 뒤 5월 24일을 기해 취해진 대북 제재 조치다. 방북과 남북교역, 대북투자는 원칙적 금지가 핵심이다.

옷깃 파고드는 가을바람이 차다. 낫처럼 시퍼렇게 벼려진 달이 을씨년스럽다. 스산한 바람이 종종걸음치게 한다. 추사체로 일필휘지 그리며 날아가는 밤하늘 기러기 떼가 고즈넉하다.

* O2O(Online to Offline)

배달 애플리케이션 플랫폼과 실제 음식점을 연결하는 것과 같이 온라인과 오프라인을 연계한 서비스를 의미한다.

고생대부터 종(種)을 이어온 살아 있는 화석 은행나무, 가을이면 노랗게 물드는 잎 색깔이 예쁘고 병충해에도 강한 가로수의 대명사다. 은행에는 칼륨, 인 등 무기질 과 비타민 B, C 등이 풍부하다. 열매껍질이 풍기는 고약한 냄새만 없다면 더 바랄 게 없는 나무. 그래도 그 악취가 있어 은행나무는 천적으로부터 자신을 지킨다.

* 오퍼레이션 트위스트(Operation Twist)

경기 부양을 위해 중앙은행이 보유한 단기 채권을 시중에 팔고 장기 채권을 사들이는 공개 시장조작의 한 방법으로 변칙적인 (Twist) 경기부양책이다. 중앙은행이 직접 신규자금을 풀지 않고 도 장기 시중금리를 낮춰 금융시장 안정과 경기 부양 효과를 낼 수 있다. 1961년 처음 시행될 당시 트위스트 춤이 유행해 이런 이 름이 붙었다.

아이디어란 생각 같지도 않은 생각이 아이디어다.

* 오픈마켓(Open Market)

특별한 절차 없이 일정 수수료만 지불하면 누구나 온라인상에 점 포를 개설해 구매자에게 상품을 직접 판매할 수 있는 전자상거 래 사이트다. '온라인 장터', '온라인 마켓플레이스(Online Market Place)'라고도 불린다. 이와 달리 온라인쇼핑몰은 제조, 판매업자 가 자체적으로 사이트를 만들어 운영한다.

'가을엔 편지를 하겠어요, 누구라도 그대가 되어 받아주세요.' 시인 고은이 가사를 쓰고 가수 김민기가 곡을 붙인 〈가을 편지〉, 흥얼거리다 보면 정말 편지를 쓰고 싶게 하는 곡이다. 누구에게 쓸까. 고민하는 이도 있을 터다.

* 오픈프라이머리

국민경선제 또는 완전 국민 참여 경선제라고 한다. 대통령, 국회 의원, 지방자치단체장 등 공직 후보를 뽑는 당내 경선에서 당원 아닌 일반 국민에게도 투표권을 주는 예비선거제도다. 당내 경선 부터 국민 여론을 적극적으로 반영해 본선 경쟁력을 높이겠다는 명분도 있다. 그러나 당내 경선에서 정치 성향이 다른 선거인단 이 대거 들어오면 당원의 존재 의미가 약해지고 결과적으로 정당 정치를 포기하는 것이라는 지적도 있다. 선거가 후보의 인지도 위주로 결정될 수 있다는 우려도 제기된다.

어느 가을날 설총은 낙엽을 쓸어 한곳에 모으고 있었다. 이것을 본 아버지 원효대 사는 쓸어 모은 낙엽을 흩뿌리면서 '가을 낙엽은 이렇게 쓰는 거야'라고 했다. 역시 그 아버지에 그 아들이다.

* 온디맨드서비스(On-Demand Service)

모바일 기기나 PC 등을 통해 고객이 원하는 물품과 서비스를 제 공하는 주문형 서비스. 배달, 운송 수단, 건강, 미용, 의료, 법률 등 적용 분야도 다양하다.

인생은 모자이크, 수많은 헝겊 조각으로 구성되지만 정작 낱개 하나는 아무 의미 가 없다. 잃어버린 조각, 빈칸의 제 조각 찾기다. 화해와 용서, 사랑과 우정이 인생의 진정한 즐거움이다.

* 온실가스 배출권거래제

이산화탄소 등 온실가스 감축을 유도하기 위해 정부가 기업마다 온실가스 배출 허용량을 정해주고 이를 초과한 기업은 온실가스 배출권을 구입하도록 하는 제도다. 배출권을 구입하지 않고 허용량을 초과해 온실가스를 배출하면 과징금이 부과된다. 허용량보다 배출량이 적은 기업은 남은 배출권을 팔 수 있으며 거래가격은 정부가 정할 예정이다.

여행은 '즐기기'가 아니라 '위대한 자각'이다. 여행은 시작도 끝도 늘 집이다. 돌아가기 위해 떠난다는 역설이 통하는 이유다. 왜 떠나는 걸까. 떠나면 행복해서다. 여행을 하면 왜 행복할까. 그 답은 배움(Learning)이 있기 때문이다.

* 올레

큰길에서 집 앞까지 이어진 골목길을 뜻하는 제주 방언으로 사단법인 제주올레가 2007년 9월 올레 1코스를 개장한 이후 도보 여행 길을 의미하는 단어로 널리 쓰이고 있다. 제주올레 코스는 2012년 9월 제주해녀박물관에서 성산읍 시흥초등교까지 21코스를 개장하면 정규 21개 코스, 비정규(섬 및 산간) 5개 코스를 합쳐 모두 26개 코스, 430㎞에 이르는 길을 완성한다.

건강하게 장수하려면 병원에 가는 것보다 배우는 데 더 시간을 투자하라. 여행이 배움의 연속이란 걸 안다면 당신은 진정한 여행자다.

* 옷 150수

원단에서 수의 개념은 양모 굵기를 말한다. 원단의 수에는 원사 번수와 원료번수가 있는데 우리나라 업계에서는 원사번수가 아 닌 원료번수를 많이 쓰고 있는데, 이는 소비자들을 현혹하기 위 함이다. 과거 우리 어머니들이 즐겨 삼베는 6수이고 모시 는 13수 정도라고 하는데 명확한 개념에서 수는 양모에서만 가능 하다.

"사람들은 도시화될수록 일상의 번잡에 찌든 영혼을 맑히고 속엣말을 가다듬으려 바쁜 시간을 쪼개 산책을 나선다. 산책은 일부러 고독과 몸의 수고를 빌려 자연에 서 멀어진 발길을 자연에 바싹 붙이는 '본원적 귀향', 즉 자아 회복을 위한 충전이 다." - 김규성 시인

* 옵션거래

미래 일정 시점에서 주식을 사거나 팔 수 있는 '권리'를 매매하는 것으로 살 권리는 콜옵션, 팔 권리는 풋옵션이라 부른다. 콜옵션 의 경우 삼성전자 주가가 오늘 100만 원이라고 할 때 3개월 뒤 주 가가 오를 것으로 예상한 A 씨는 '3개월 뒤 주식을 100만 원에 살 수 있는 권리'인 콜옵션을 1만 원에 산다. 3개월 뒤 실제 주가 가 105만 원이 됐다면 A 씨는 4만 원의 이익을 얻게 된다. 실제 주가가 95만 원이라면 콜옵션을 행사하지 않고 1만 원을 손해 보 면 된다.

바쁘고 어지러운 세상이다. 우리는 느리게 걷는 여유를 잊고 사는 게 아닐까. 걷기 좋은 늦가을, 마지막 잎들이 지는 가로수 길을 천천히 걸으며 걷는 즐거움을 음미

화제가 빈곤한 30~40대라면 반드시 알아야 할 시사상식

해보자.

* 와각서실(蝸角書室)

달팽이 뿔처럼 좁은 서실을 말한다. 정약용에 대한 논문을 쓰려면 정약용만큼 많이 읽어야 하고, 김시습 평전을 쓰려면 김시습만큼 불교를 공부해야 한다.

논두렁 마른 풀냄새, 발길에 차이는 서늘한 밤이슬, 지하도마다 새우처럼 잔뜩 웅크린 노숙자들, 마음 편히 발 하나 뻗을 데 없는 삶, 고단한 하루 내려놓고, 모로 누운 와불(臥佛)들.

* 와송(瓦松)

와송은 오래된 기와지붕이나 산 위의 바위 또는 마사토 위에 자생하는 다육식물의 일종으로 경천과에 속하는 다년생 식물(보통은 3년)이다. 12세기부터 한방고서에 있는 본초에 의하면 와송은 오래전부터 민간요법으로 악성종양, 해독, 지혈, 경혈이 막힌 데 뚫는 것은 물론 노화 방지, 간 기능 개선, 여성의 생리불순 및 갱년기 생리 활성화, 변비 남성의 전립선 및 당뇨에 좋다고 알려져 있다.

겨울이 점점 다가온다. 차가운 북풍이 몰아치면서 갑자기 기온이 떨어지는 날이 잦아진다. 황진이는 외롭게 보내는 겨울의 긴 밤이 추위보다 더 싫었던 모양이다. 그렇기에 긴 겨울밤을 한 움큼 잘라 이불 밑에 두었다가 임이 찾아오시는 봄날 그것을 붙여 이을 상상을 했으리라.

* 와이브로(WIBRO)

2002년 한국전자통신연구원(ETRI)과 삼성전자가 손잡고 세계 최초로 개발한 국산 무선 초고속 인터넷 기술이다. 이동 중에도 인터넷 접속이 가능해 큰 주목을 받았으며 세계 70여 개국으로 수출됐다. 그러나 최근에는 롱텀에볼루션(LTE) 등에 밀려 하향세다.

떨어질 나뭇잎도 몇 개 남지 않았다. 앙상한 나뭇가지 사이를 찬바람이 거침없이 드나든다. '세한연후지송백지후조야(歲寒然後知松栢之後凋也)', 화려했던 풍경이 사라지니 겨울에도 지지 않는 푸른 잎들이 비로소 눈에 잡힌다.

* 완화의료

말기 암 환자와 그 가족의 고통을 완화하고 삶의 질을 향상시키는 것을 목적으로 의사, 간호사, 사회복지사가 팀을 이루어 하는 의료행위다. 통증과 증상의 완화를 위한 신체적 치료와 심리 사회적, 영적 영역에 대한 종합적인 평가와 치료를 뜻한다. '호스피스'라는 말로 더 잘 알려졌지만, 죽음을 기다리는 행위라는 부정적 인식이 강해 완화의료라는 말로 부르기 시작했다. 환자 스스로 차분히 자신의 삶을 돌아보게 하고 가족에게 안정을 가져다준다는 점에서 한국에서도 그 중요성이 점점 부각되고 있다.

첫눈의 기준은 각 지역 기상관측소 직원이 육안으로 내리는 눈을 본 경우이다. 그게 억울한 사람들은 각자 기준을 만든다. '보고 싶은 사람 떠올리게 만드는 눈이 첫눈', '뭉칠 수 있도록 쌓여야 첫눈' 등등.

* 왜소행성

왜소행성은 행성처럼 태양 주위를 공전하지만 달처럼 행성 주위를 돌지는 않는 천체를 말한다. 현재 국제천문연맹(IAU)이 인정한 왜소행성은 세레스와 명왕성을 포함해 처음 발견됐을 때 '10번째 행성'으로 불리던 에리스(Eris)와 하우메아(Haumea), 마케마케(Makemake) 등 총 5개다.

과메기 철이다. 원래 동해에서 많이 잡히던 청어를 포항 구룡포 겨울 바닷바람에 꾸덕꾸덕 말린 것이 과메기다. 요즘은 원양어선이 잡아 온 냉동 꽁치를 쓴다. 고소하고 쫀득쫀득한 맛, 껍질을 벗기고 속살로만 된 통마리는 담백한 맛 일품이다. 쪽파, 생마늘과 함께 초고추장에 찍어 돌김이나 생미역에 싸 먹는다. 비릿한 게 싫으면 묵은김치에 싸 먹어도 좋다.

* 외부감사

회사로부터 독립된 외부의 감사인이 하는 회계감사로 재무상태표와 손익계산서 등 각종 회계처리가 기업회계기준에 따라 적정하게 이뤄졌는지를 검증하는 것이다. 매출과 비용 처리, 부채비율, 본사 송금액, 법적 분쟁 등 기업 경영 전반이 감사 대상이다. 외부감사인은 감사 결과에 따라 적정, 한정, 부적정, 의견거절 등 네 가지 의견을 감사보고서에 표명할 수 있다.

어리란 병아리 따위를 가두어 기르기 위하여 덮어 놓는 싸리 같은 것으로 둥글게 엮어 만든 것으로 닭을 넣어 팔러 다니도록 만든 닭장 비슷한 것이다.

* 외상 후 스트레스장애(PTSD, 트라우마)

PTSD는 지진과 같은 자연재해나 원전 폭발, 교통사고 등을 경험한 사람들 가운데 10~20%가 걸리는 정신질환으로 사건 후 공포감으로 고통을 느끼는 것이다.

진달래 필 무렵에, 먼 수면에서 한 줄로 길게 들끓으면서 번쩍이는 빛의 대열이 북쪽으로 올라가고, 그 위를 새 떼들이 따라가면서 쪼아대면 고등에 떼가 온 것이다.

* 외상 후 스트레스 증후군(PTSS, Post Traumatic Stress Syndrome)

전쟁, 고문, 자연재해, 사고 등의 심각한 사건으로 인한 정신적 외상을 트라우마(Trauma)라고 한다. PTSS는 트라우마가 직접적 원인이 된 일련의 정신질환군을 통틀어 이르는 말로, 외상 후 스트레스장애보다 폭넓은 개념이다. 트라우마를 입었던 당시의 기억을 반복적으로 떠올리며 공포에 시달리고 우울증, 공황장애, 알코올 사용 장애 등을 동반해 정상적인 사회생활에 큰 지장을 준다.

숭어는 눈꺼풀이 기름져서 파도가 때려도 눈을 뜨고 나아갈 수 있다. 숭어의 몸뚱이에는 숭어의 진행 방향과 물살의 무늬와 시간이 찍혀 있다.

* 요동 돼지

『후한서』 '주부전'에 나오는 이야기다. '요동에서 돼지를 키우는 사나이가 있었다. 어느 날 새끼를 낳았는데 머리가 흰 돼지가 나왔다. 이를 상서롭고 진귀하게 여겨 왕에게 바치려고 하동까지 가보

화제가 빈곤한 30~40대라면 반드시 알아야 할 시사상식

니 그곳 돼지는 모두 머리가 희므로 크게 부끄러워하며 황급히 고향으로 돌아갔다'라는 고사다. 요동 돼지는 지식이 짧고 어리석음을 크게 깨달았다는 데서 유래하였다.

평소보다 많은 새가 나뭇가지와 전선 위에 모여 있다. 눈이 내리려는 조짐이다. 눈의 모양은 기온에 따라 달라진다. 섭씨 0도 내외라면 바늘 모양이 되고, 영하 18도 이하라면 여섯 개의 가지 형태를 띤다. 알고 보면 물이 얼어붙은 것에 불과하지만 눈은 사람들을 들뜨게 하는 마법을 가졌다.

* 요즘 신세대
1. 풍요 속에서 글로벌한 가치에 익숙하다 보니 열등감이 없고 주눅 들지 않는다.
2. 물질적인 풍요 속에서 1자녀 가구 부모들의 전폭적인 사랑과 투자를 받다 보니 설움도 구김살도 없다.
3. 금메달을 따도 '국가에 기여했다', '고생을 극복했다'보다는 개인적 성취를 이뤘다고 느낀다.
4. 애국가 들을 때 북받쳐 울지 않고 미소를 띠는 여유를 보인다.

"독특함을 유발할 수 있는 학생이 되어 달라. 인생의 단 1초도 심심해서는 안 된다. 사건에 포함돼야 한다. 저는 매 순간 사건을 만들고 의문을 풀어가며 심심해하지 않으려 노력한다. 또 목적 없이 성공해 버리면 불행하다. 정상에 있을 때 무엇을 할지 고민해야 하고 그다음 목표도 정해야 한다." - 국민 멘토 김태원, 청와대 특강에서

* 요하문명(遼河文明)

요하(遼河, 랴오허)강은 중국 동북지방 남부를 통과해 보하이(渤海)해로 흘러든다. 기원전 7000년까지 거슬러 가는 이 문명은 요하 주변의 다양한 신석기 문명을 통칭한다. 기원전 4500년경 발생한 홍산(紅山)문화가 대표적이다. 우리 학계는 이 문명의 주체가 동이족(東夷族)이며 중원과 한반도에 각각 영향을 끼친 것으로 보고 있다.

산책은 '자아를 채우는 잠깐의 출가'다. 길을 천천히 걸으며 사물들에 하나하나 눈을 맞추면 안다고 여겨온 풍경의 깊고 아득한 내면으로 떠나게 된다.

* 용불용설(用不用說)

프랑스인 라마르크가 제창한 진화설로, 생물에는 환경에 대한 적응력이 있어 자주 사용하는 기관은 발달하고 사용하지 않는 기관은 퇴화하여 없어지게 된다는 학설을 일컫는다.

진정한 앎이란 내가 몸소 체험한 것, 이것만이 참으로 내 것이 될 수 있고 나를 형성한다.

* 용적률 거래제

특정 지역의 건물을 기준 용적률 이상으로 개발하기 위해 같은 지역 내 용적률이 남는 건물에서 용적률을 사올 수 있도록 하는 제도다. 용적률은 땅 면적 대비 지하층을 제외한 건물 전체 바닥 면적의 비율이다. 용적률이 높을수록 건물의 층수를 높일 수 있

화제가 빈곤한 30~40대라면 반드시 알아야 할 시사상식

어 개발이익이 커진다.

밤은 그리운 사람을 더욱 그립게 하는 완벽한 장치다. 그리움은 외로움과 사촌 간이다. 그리움은 어둠과 친하다. 외로움 또한 어둠과 가깝다. 그리움에 갇힌 사람이 숙면할 수 없는 것은 어둠이 좋은 친구여서 그렇다.

* 우도할계(牛刀割鷄)

소를 잡는 칼로 닭을 잡는다. '재목을 가지고 땔감으로 쓰지 마라'라는 뜻이다. 작은 일을 하는데 지나치게 과장하거나 서두름을 빗대기도 하고, 능력이 큰 인물을 작은 일에 쓰는 것을 비유하는 말이기도 하다.

가을비, 쌀쌀한 데다 비까지 내려 을씨년스럽지만 이런 날씨가 상념에 잠기기엔 오히려 낫다. 스산하게 비 내리는 가을이 긴 독일에서 세계적인 철학자들이 많이 배출된 것도 날씨 때문이란 얘기가 나올 정도다. 찬비에 몸은 움츠러들어도 상쾌한 공기는 머리를 맑게 한다. 집중력을 빼앗는 수많은 잡소리도 후드득 빗소리에 묻힌다. 책 읽으며 사색에 빠지기 좋은 날이다.

* 우면산 산사태

2011년 7월 27일 서울 서초구 우면산 지역에서 발생한 산사태를 말한다. 당시 서울에만 하루에 301.5㎜의 비가 퍼붓는 등 7월 26~28일 사이에 폭우가 쏟아졌다. 지반이 약화하면서 산사태가 발생해 16명이 사망하고 51명이 부상을 입는 인명 피해가 났다. 그해 9월 산사태의 원인이 집중호우, 즉 '천재'란 보고서가 나오자

유족과 전문가 등의 이의 제기가 잇따랐다. 2014년 3월 나온 2차 원인보고서에선 '예측 가능한 산사태였다'라며 인재를 일부 인정한 내용이 반영됐다. 그러나 유족들은 아직도 인공지형물 등 산사태를 야기한 원인 규명이 부족하다고 주장한다.

자기 자신이 가장 강한 상대다. 의지는 본마음이며, 갈등은 훼방꾼이다. 이 세상에서 제일 어려운 게 극기다.

* 우버

앱으로 차량을 요청하면 고급 세단이 와서 원하는 곳으로 데려다줘 콜택시에 가깝다. 앱 설치 때 신용카드 정보를 입력해야 해 비용 결제 과정이 없다. 영수증은 가입 때 등록한 이메일로 전송된다. 비용은 택시보다 두 배 정도 비싸다. 앱을 열면 지도에 사용자 위치가 표시되고 차를 부르면 기사 얼굴과 다른 승객들의 평점, 차종, 차량번호 등의 정보가 나온다. 기사도 사용자의 평점을 매긴다. 계속 나쁜 평점을 받으면 이 서비스를 사용할 수 없게 했다.

1년에 책 한 권 읽지 않는 사람이 30%다. 놀랍지 않은가.

* 우분투(UBUNTU)

아프리카 반투족의 말로서 '우리가 함께 있기에 내가 있다'라는 뜻이다. 넬슨 만델라 남아프리카 전 대통령이 자주 강조해서 유명해진 말이다.

어린이 탓하지 마라. 그것은 당신의 올챙이 시절을 탓하는 것이다. 어린이한테는 항복을 받아선 안 된다.

* 우산지목(牛山之木)

『맹자』에 나오는 말로 제나라 우산(牛山)이 원래부터 민둥산은 아니었지만 나무를 베어 가고 조금 자란 풀마저 소와 양이 뜯어먹어 그렇게 됐다는 것을 설명하는 이야기다. 성선설을 주장하는 맹자가 인간의 마음이 세파에 깎여 황폐해짐을 비유한 말이다.

연꽃과 들국화는 이른 아침 이슬을 머금고 있을 때 보는 게 최고다.

* 우수의약품 제조관리(GMP, Good Manufacturing Practice)

의약품과 의료기기 품질을 관리하기 위한 제도로 한국에서는 1994년부터 의무 시행됐다. 국내에서 영업하는 제약사는 의무적으로 GMP 인증을 받고, GMP 규정을 제조과정에서 지켜야 한다. 예를 들어 생산과정에서 일어난 일을 빠짐없이 기록하는 등 전 제조 과정을 문서로 남겨야 한다. 제품 품질에 이상이 발견됐을 때 원인을 정확히 규명하고 재발을 방지하기 위해서다.

모기도 모이면 천둥소리 난다.

* 우수환경산업체(KLEC) 인증

'Korea Leading Environmental Companies'의 약자로, 3만 개

가 넘는 국내 환경산업 업체 가운데 단 1%(300개)에 해당하는 실적과 기술을 보유한 우수 기업을 선정해 금융과 기술 지원을 통해 원활하게 해외에 진출할 수 있도록 정부가 지원하는 사업이다. '우수환경산업체' 인증은 획득일로부터 5년간 유지되며 재심사를 거쳐 갱신할 수 있다. 자세한 정보는 한국환경산업기술원 홈페이지(www.keiti.re.kr)에서 찾아볼 수 있다.

큰 나무를 심으려면 큰 구덩이를 파야 한다.

* 우선매수청구권

자산의 소유자가 자산을 제3자에게 매도하기 전에 같은 조건으로 매수할 수 있는 권리를 말한다. 영미법에서는 '첫 번째 거절을 할 수 있는 권리(Right of first refusal)' 등으로 불린다. 이 청구권은 부동산, 개인재산, 특허권, 영화 상영 등 거의 모든 종류의 자산 및 비즈니스에 적용할 수 있다.

역사는 이런 사람이 쓴다.

1. 자유롭게 방황하라.

2. 먼저 저질러라.

3. 아무 근거 없는 낙관주의자가 돼라.

4. 끊임없이 도전하고 호기심을 가져라.

* 우주배경복사(宇宙背景輻射, Cosmic Background Radiation)

우주배경복사는 우주가 과거에 균일하게 뜨거웠다는 것을 알려주는 증거며 모든 방향에서 같은 강도로 들어오는 전파이다. 우주 전체를 가득 채우며 고르게 퍼져 있는 초단파 영역의 전자기파로 빅뱅 이론의 가장 중요한 증거 중 하나다. 1965년 미국 전파천문학자 아노 펜지어스와 로버트 윌슨이 발견해 1978년 노벨물리학상을 받았다.

성실의 텃밭에 유능의 씨앗을 뿌려라.

* 울금(鬱金)

심황(深黃)이라고도 하며, 강황(薑黃)의 뿌리로 피부암과 대장암 등을 예방하는 커큐민 성분을 다량 포함하고 있다. 생강과의 다년초로 높이 1m가량, 늦은 봄에 싹이 트면서 15~20㎝의 꽃줄기가 나오고, 약간 불그스름한 흰빛의 꽃이 이삭 모양으로 핀다. 인도가 원산지다. 한국을 비롯해 일본, 대만, 인도네시아 등 따뜻한 기후에서 자라는 아열대 식물로, 주요 성분으로는 커큐민 15%, 노란 색소 1~3%, 정유 성분 1~5%, 녹말 30~40%, 약간의 지방이 함유돼 있다. 『세종실록지리지』와 『신증동국여지승람』에는 울금이 궁중 진상품이었다는 내용도 나온다.

카레의 주성분인 울금은 생강과 식물인 강황의 덩이뿌리를 말한다. 노란색 '커큐민' 성분이 간장 해독과 이뇨 작용, 항궤양, 혈중 콜레스테롤 억제 등의 효험이 있어 '땅속의 보물'로 불린다. 세계 의학계가 카레의 효능에 주목하는 것도 이 때문이다. 전남 진도군은 전국 울금 재배 면적의 70%를 차지하는 주산지다. 120여 가구가 연간 360여 톤을 생산해 80억 원의 소득을 올리고 있다. 진도군은 특산품인 울금 명품화 사업에 나서 다양한 기능성 제품을 개발하고 가공시설을 늘리는 등, 부가가치를 높여 지역경제 활성화를 꾀하고 있다.

꿈을 노트에 적고 달성 여부를 수시로 체크한다. 인생에 정년이 있다면 탐구하고 창조하는 노력이 멈추는 바로 그때다. 그것은 죽음과 다름이 없다.

* 울돌목
진도대교 밑을 흐르는 물살이 센 곳이다. 명량 해협에서 물은 겨울 산속 짐승 울음소리로 우우 울면서 몰려갔다. 물이 운다고 지방민들은 이 물목을 울돌목이라 불렀다.

걷기의 미학, '길 위에서는 누구나 사색가가 된다. 서투른 철학자가 된다. 글을 쓰는 사람은 더욱 그렇다. 길은 지상에 만들어진 기다란 공간의 연속이지만 그것은 또 마음속으로 이어지고 이어지는 정신의 통로이기도 하다.' - 나태주 시인

* 울릉분지
울릉분지는 독도와 울릉도 남부에서 대한해협 북부, 그리고 동쪽의 일본분지와 야마토분지에 접해 있는 깊이 2,300m의 해저 분지다. 울릉분지 상층부 바다에는 따뜻한 쓰시마 난류의 한 흐름인 '동한난류'가 대한해협을 지나 북쪽으로 흐르고, 하층부 바다에서는 반대로 북쪽에서 흘러온 찬 해수가 울릉분지를 지나 '대한해협 저냉수층'을 이루고 있다.

우리의 얼굴은 너무 무겁다. 심각하다. 얼굴에서 무거운 짐을 내려놓아라. 거지 같

은 자존심으로 온몸을 가시 철망으로 무장한 감정 없는 로봇, 사람 닮은 인형을 느껴라. 저질러라. 방황하라. 두리번거려라. 생물이 돼라.

* 울산읍성

왜구의 침략에 대비해 고려 우왕(1385년) 때 만들어졌다가 조선 성종 8년(1477년)에 다시 축조됐다. 성곽의 위치는 현재의 함월산 남쪽인 울산 중구 북정동, 옥교동, 성남동 등 구시가지를 중심으로 건립됐다. 정유재란 때 왜군이 허물면서 사라져 지금은 동헌 일원을 제외하고는 대부분 사라졌다.

100년을 컨설팅하라. 경제적, 정신적, 신체적, 사회적, 관계적 측면으로 구체적 계획을 세운다. 경제적으로는 살찌우고, 정신적으로는 갈고 닦으며, 신체적으로는 몸을 날렵한 스포츠카처럼 만들며, 사회적으로는 국가를 위해, 관계적으로는 인적 네트워크를 튼튼히 한다.

* 워터게이트

1972년 6월 17일 미국 대통령 선거를 앞두고, 닉슨 재선 위원회가 민주당 본부가 들어 있는 워싱턴시의 워터게이트 빌딩에서 도청하려던 사건이다. 이 사건으로 1974년 8월 8일 닉슨은 대통령직에서 물러났다.

술잔 비우면 빈 가슴 채워질까. 전깃줄 윙윙 된바람 불고 골목길 "찹쌀떡 사려~!" 아련하고 애틋한 목소리 들린다. 올 한 해도 이렇게 가버리고 마는구나! 퇴근길. 서울 종각역 부근 열차집, 어리굴젓 안주에 들이켜는 막걸리 한 사발. 빈 뜰. 빈 텃

발, 빈 뒤란, 빈 둥지, 빈 나무, 빈 숲, 빈산, 빈 하늘, 빈 논두렁, 빈 물꼬, 빈 연못,
빈 강, 빈 들, 빈 가슴, 빈 마음, 빈 영혼.

* 워터노믹스(Waternomics)

'Water'(물)와 'Economics'(경제)의 합성어다. 생존과 생활에 필요
한 물을 공급하는 필수역량(Life Enabler)과 물을 통해 국가의 부
를 축적하는 가치창출역량(Value Enabler)을 모두 확보한 단계를
뜻한다.

'우물쭈물하다가 내 이럴 줄 알았다.' - 버나드 쇼(영국의 극작가)의 묘비명

* 원격진료

환자가 예약한 시간에 화상을 통해 의사에게서 진료와 처방을
받는 방식이다. 원격의료는 이보다 폭넓은 개념으로 원격진료는
물론 원격모니터링과 원격자문까지 포함한다. 원격모니터링은 의
사가 환자로부터 혈압, 혈당 수치를 전송받아 관리에 참고하는
방식을 말한다. 원격자문은 병원에 가기 힘든 환자가 현지 의사
의 도움을 받아 멀리 떨어진 의사의 도움을 받는다는 뜻이다.

'이것 또한 지나가리라.' - 솔로몬의 지혜

* 원데이이코노미(One-day Economy)

급변하는 소비자의 취향에 맞춰 기업의 신제품 및 서비스 출시

주기가 점점 짧아지면서 하루 단위의 초단기 마케팅 활동까지 등장하는 트렌드를 지칭하는 개념이다.

공간이 작으면 생각이 커지고 집이 크면 주변을 돌아보게 된다.

* 원사번수

양털 1파운드(453.6g)로 840야드(768.1m)의 실을 뽑아낸 것을 1수라 한다. 따라서 100수는 1파운드의 양모로 84,000야드를 뽑아낸 것이며, 150수의 옷이란 1파운드의 양모로 126,000야드의 원사를 뽑았다는 뜻이다. 실제와는 다르지만, 흔히 쉽게 설명해 실 1g으로 150m를 뽑으면 150수라고도 한다. 하지만 정확한 개념의 수는 파운드와 야드로 얘기하는 것이 맞다.

삶이란 우리에게 주어진 단 한 번의 행운이다.

* 원소 113번

주기율표에서 13족(세로) 7주기(가로)에 속하는 원소로 상온에서 은색이나 회색빛의 고체일 것으로 추정된다. 그리스어로 113에 해당하는 '우눈트륨(Unt.Ununtrium)'이라는 임시 이름을 갖고 있다. 일본은 자국의 이름을 딴 '자포늄(Jp.Japonium)'이나 일본이화학연구소의 줄임말인 리켄을 따 '리케늄(Rk.Rikenium)'이라고 부르자고 제안했다.

옛말에 가을비는 빗자루로도 피한다고 했다. 장인 구레나룻 밑에서도 피한다고도 한다. 강수량이 적어서다. 가을비는 내복 한 벌이라는 말도 있다. 비 내린 뒤 찬 대륙성 고기압의 영향으로 추위가 찾아오는 경우가 많아서다.

* 원심분리기와 고농축우라늄

자연 상태의 광석인 우라늄에는 핵폭탄에 쓰이는 우라늄 235가 0.7%에 불과하고 나머지 99.3%는 우라늄 238이다. 우라늄광석을 기체로 만들어 원심분리기에 넣고 1분에 5만~7만 회를 돌리면 가벼운 235는 멀리, 무거운 238은 가까이 모인다. 이렇게 추출한 우라늄 235를 90% 이상 모아 고농축우라늄을 만든다. 이것을 23kg 이상(제2차 세계대전 때 투하된 히로시마 원폭은 62kg) 모으면 핵폭탄으로 실전 사용이 가능하다.

음나무는 엄나무 또는 개두릅나무로도 불린다. 온몸에 가시가 촘촘하다. 세월이 흐르면 평탄해진다. 가시의 출발이 껍질이었음을 보여준다. 인간도 나이 들면 날카롭게 각을 세우지 말고 둥글둥글 살라는 가르침이다.

* 원정 출근족

출퇴근을 위해 시도(市道) 경계를 넘는 사람들을 말한다. 서울에서 세종, 부산에서 경남 등 거주하는 지역을 벗어나 다른 광역지방자치단체로 출퇴근하는 사람들을 이르는 말이다.

보내며 한 잔, 맞으며 또 한 잔, '소금이 음식의 장수(將)라면, 술은 백약의 으뜸(長)이다.' 『한서』의 '식화지' 편에 나오는 말이다. 바야흐로 술의 계절이다. 적당하면 약이 될 수 있지만 지나치면 백약이 무효다.

* 웨딩 프라브(PRAV)족

프라브(PRAV)란 'Proud Realizers of Added Value'의 줄임말로 자기만족을 중시하는 실속파 소비자를 가리킨다. 비슷한 물건을 남보다 싸게 사는 데서 만족을 느끼고 이를 자랑하기 위해 가격 공개 충동을 느낀다. 최근 한국의 젊은 세대 중엔 혼수품을 살 때도 이런 특성을 보이는 '웨딩 프라브족'이 늘고 있다.

'나는 아무것도 바라지도, 두려워하지도 않는다. 그래서 나는 자유다.' - 니코스 카잔차키스의 묘비명

* 웨저시대(Work+Leisure)

일과 여가의 균형을 맞춰 삶의 질을 개선하자는 것을 말하는 신조어다.

겨울 거리에 연일 부는 칼바람이 매섭다. 들풀들은 어두운 황톳빛으로 시들고 바싹 마른 나뭇가지들은 더없이 앙상하다. 색을 잃어버린 듯한 계절. 어딘지 가슴 서늘한 풍경. 하지만 자연은 결코 죽지 않는다. 저 메마른 가지마다 생명이 숨어 꿈틀대고 있다.

* 웰에이징(Well-Aging)

웰에이징은 사람답게 사는 '웰빙(Well-Being)'과 사람답게 죽는 '웰다잉(Well-Dying)'의 중간, 바로 그 과정에서 '사람답게 늙는다(현명하게 나이 먹는다)'라는 의미를 담고 있다.

익숙함에 권태를 느끼고 고요함에 고함을 지르고 싶은 당신과 함께하고 싶습니다.

*위궤양

위액(위산 펩신)에 의하여 위 점막이 손상되는 경우를 말한다. 원인은 헬리코박터 파일로리균 또는 소염진통제 등이다.

칼칼한 바람, 시베리아 자작나무들은 얼마나 추울까. '하얗고 긴 종아리가 슬픈 여자'(최창균 시인), 가녀린 나무들이 한데 모여 거대한 백색 공화국을 만든다. 북풍한설 겨울의 최전선에서만 사는 은백색의 군대, 눈부신 옥양목 맨살 드러낸 채 '얼음 숲을 밝히는' 등불, 영화 〈닥터 지바고〉에서 연인을 감싸던 순백의 정령이다.

*위성 실으면 우주발사체, 무기 실으면 미사일

로켓과 미사일은 모두 고온 고압의 가스를 분출해 그 반동으로 추진하는 발사체로서 원리상 큰 차이가 없다. 다만 맨 윗부분에 인공위성이 실리면 우주발사체(SLV), 핵무기를 비롯한 군사용 탄두가 탑재되면 미사일이 된다. 대륙간탄도미사일(ICBM) 같은 탄도미사일은 탄두를 목표지점에 정확히 투하하기 위해 정밀한 항법, 유도장치 기술이 필요하다. 하지만 로켓은 위성체를 지구궤도에 올리기만 하면 되기 때문에 그런 기술이 필요 없다.

무지(無知)는 자발적 불행이다.

*위안화 사모펀드

글로벌 자본이 중국에서 위안화 계좌로 이뤄진 사모투자전문회

화제가 빈곤한 30~40대라면 반드시 알아야 할 시사상식

사(PEF)를 만들어 중국 비상장 기업에 투자한 뒤 기업을 본토 증시에 상장시키거나 인수합병(M&A)해 투자금을 회수하는 펀드다.

누이의 하얀 모시 적삼 옷섶에 매달린 노란 단추, 나비 날개 같은 노란 민들레가 잔바람에 파닥인다.

* 위안화 적격 해외 기관투자자

중국 정부가 국가별로 할당한 금액 안에서 외국인 투자자가 위안화로 중국 본토의 주식, 채권, 파생상품 등에 투자할 수 있는 제도다. 기존의 적격 해외 기관투자자는 투자금을 중국 내에서 위안화로 환전해야 하지만 RQFII(RMB Qualified Foreign Institutional Investor, 위안화 외국인 적격 투자자)는 역외에서 환전한 위안화를 중국 본토에 투자할 수 있다.

지식인은 인간 정신의 심해를 탐사하는 잠수부인 동시에 구조적 모순과 해악성을 제거하는 거리의 투사가 돼야 한다. 지식인은 자신이 존재하는 사회에 책임이 있다.

* 윔블던 현상

금융시장에서 외국인 투자자들의 영향력이 커지면서 주가 상승의 과실이 외국인 투자자들에게만 돌아가는 등 국부 유출이 나타나는 현상을 말한다. 영국에서 열리는 윔블던 테니스 대회에서 외국인 선수들이 활약하면서 개최국인 영국 선수가 우승하지 못하는 상황을 빗댄 용어.

글쓰기는 우상을 파괴하는 이성의 회복 운동이다. 맹목의 허구성을 밝히고 신앙 같은 미신의 가면을 벗기며, 진실을 밝히는 탐구 정신이 필요하다.

* 유라시아철도

부산에서 유럽까지 철도망을 연결해 유라시아(유럽+아시아)를 포괄하는 운송로를 구축하는 사업이다. 유라시아철도를 완성하려면 남북한을 가로지르는 한반도 종단철도(TKR)를 우선 구축한 뒤 시베리아횡단철도(TSR), 중국횡단철도(TCR) 등 대륙 철도망과 연결해야 한다.

지금은 논리 정연한 완벽함이, 허술하고 모호한 순수에 지고 있는 시대다.

* 유령수술

대리수술이라고도 하며 환자에게 동의를 받지 않은 의사가 수술 전체를 하는 형태다. 고용된 성형외과 의사들이 환자를 진찰한 뒤 상담하면 환자는 수술비를 지불하고 수술실에 입장한다. 수술대에 누운 환자에게 프로포폴을 주사해 수술 마취를 하면 환자가 수면에 빠졌는지 확인한 후 대리 집도 의사인 '유령 의사(섀도 닥터)'가 들어가 수술하는 것을 말한다.

내 안의 '닻'을 강하게 하라. 바다의 파도처럼 인생의 시련은 무시로 온다.

* 유로6

2015년부터 시행된 유럽연합(EU)의 경유차 배기가스 규제 기준이다. 대형 경유 상용차는 질소산화물(NOx) 배출 허용치가 직전 유로5보다 80%, 미세먼지(PM) 허용치는 50% 낮아졌다. 한국은 개정된 대기환경보전법 시행규칙이 유로6 기준을 따르고 있다. 승용차는 2015년 9월부터 적용되고 있다.

거북의 털과 토끼의 뿔을 찾는 심정으로 치열하게 삶을 살아라.

* 유보율

기업의 잉여금을 자본금으로 나눈 비율로 기업이 벌어들인 이익을 회사에 얼마나 쌓아두고 있는지를 보여주는 지표다. 이 비율이 높으면 재무구조가 안정적이며 배당과 설비 투자 여력이 큰 것으로 평가할 수 있지만, 그만큼 투자 활동에 소극적이었다고 해석할 수도 있다.

추억이란 환하고 즐거운 기억의 몸에 전율 이는 그리움이 덧칠된 아름다운 영상이다.

* 유엔 기후정상회의

반기문 유엔 사무총장의 제안으로 2020년 이후 새로운 기후변화 대응 체제를 2015년까지 도출하자는 정치적 의지를 결집하기 위해 2009년 9월 23일 개최된 정상회의다. 국가별로 '기후변화 대응 행동계획'을 발표했다. 각국 대표는 의전 서열(취임 시기 등)에 따라 연설했다.

북한강은 협곡을 끼고 돈다. 높은 산들이 좌우에 걸려 있어 물 색깔이 검다. 이리저리 휘돌고 감돈다. 큰 아나콘다의 움직임이다. 잔물결은 아나콘다의 비늘이다. 잔물결이 모래톱에서 스러진다. 어린아이 주먹만 한 몽돌을 자르랑대며 핥는다. 차르랑 대며 속삭인다.

* 유엔 기후정상회의 재정 세션

유엔 기후정상회의의 가장 중요한 분야인 재정(Finance) 세션은 산림, 농업에너지 등 총 8개 행동 분야 가운데 하나다. 재원 조성의 중요성 및 공공·민간 재원의 협력 방향을 모색하는 것이 목적이다. 2014년 9월 23일 박근혜 대통령은 엔리케 페냐 니에토 멕시코 대통령과 공동의장 자격으로 회의를 주재했다.

동지(冬至), 조상들은 이 절기를 기점으로 낮이 길어지는 것을 태양이 기운을 회복하기 때문이라 여겼다. '작은 설'이라 부르며 명절로 즐겼다. 동지에 빼놓을 수 없는 것이 팥죽이다. 붉은색이 귀신과 액운을 막아준다는 이유다. 영양도 풍부해 남녀노소 모두에게 좋은 음식. 뜨거운 팥죽 한 그릇 절로 생각나는 날이다.

* 유엔평화대학 아시아태평양센터

외교부에 등록한 유피스 AP재단이 2009년 코스타리카의 유피스 본부와 합의각서(MOA)를 체결하면서 이듬해 문을 열었다. 현재 평화와 개발, 환경과 녹색성장 등 2개 분야에 석박사과정을 운영한다.

사막이 아름다운 것은 샘이 숨어 있기 때문이다.

* 유책주의

유책 배우자, 즉 혼인 파탄의 책임이 있는 배우자는 이혼 청구를 할 수 없다는 것이 유책주의이다. 쉽게 말해 자격이 없다는 뜻이다. 배우자가 동거, 부양, 정조 등 혼인의무에 위반되는 행위를 저질러 이혼 사유가 명백하면, 상대 배우자에게만 재판상 이혼 청구권을 인정하는 제도다. 부정을 저지른 배우자의 이혼 청구를 엄격하게 제한해 가정 파탄에 책임이 없는 배우자를 보호할 수 있다.

여행 밖에선 지극히 평범한 일상도 여행 안에선 크나큰 행복이 된다.

* 유해성과 위해성

유해성은 성분 자체의 해로운 특성을 뜻한다. 위해성은 사람이 유해한 물질에 노출됐을 때 겪는 피해의 정도를 의미한다.

건강하게 장수하려면 병원에 가는 것보다 배우는 데 더 시간을 투자하라. 여행이 배움의 연속이란 걸 안다면 당신은 진정한 여행자다.

* 유효지배

일본은 지금까지 한국과 마찬가지로 '실효지배'라는 표현을 써왔다. '실효지배'란 국가가 토지를 유효하게 점유하고 구체적으로 통치하여 지배권을 확립하는 일을 말한다. 2011년 1월 간 나오토 당시 총리는 센카쿠에 대해 "유효지배하고 있다"라고 발언하는 등 드물게 사용한다. 한국이 쓰는 실효지배와 같은 의미다.

시인에게 고립과 유배는 축복이다. 또한, 시인은 유랑을 통하여 일상과 상투에서 벗어나 자유로운 상상과 만난다. 모험과 위험에 노출되지 않고 어찌 아름다움을 만날 수 있으랴.

* 6시그마

모토로라에서 시작되었으며 제너럴일렉트릭(GE)에서 크게 발전한 품질 혁신 방법론이다. 삼성과 LG 등 많은 한국 기업도 도입했다. 진단과 측정, 분석 과정을 거쳐 개선책을 도출하는 세부적인 방법론이 체계화돼 있다. 6시그마는 제품 100만 개당 평균 3.4개 정도의 불량만 나오는 것을 목표로 한다.

이 세상에 참된 사랑은 오직 하나다, 그것은 자기 자신을 사랑하는 일이다. 바깥에서 평생 사랑을 찾아 방황하며 상처받지 말고 자기 내면에서 참다운 사랑의 진실을 발견하라.

* 육참골단(肉斬骨斷)

'내 살을 내주고 상대의 뼈를 끊는다'라는 뜻이다. 일생 한 번도 지지 않았다는 일본의 사무라이 미야모토 무사시(宮本武藏)가 자신의 책 『오륜서』에 쓴 말이다. '승리를 위해 일부 희생을 각오해야 한다'라는 뜻으로 쓰인다.

물질과 이성이 아닌 정신과 본능에 따라 거침없이 사는 자연인, 작은 이익을 위해 머리를 굽실댄다거나 남의 눈치를 보면서 꼼수를 부리지 않는 자유인, 그 자유인이 좋다.

* **윤달**

윤달은 19년에 7번 발생하는 달이다. 썩은 달, 공짜 달, 덤으로 얻은 달, 복덩어리 달, 귀신들도 손 놓고 쉬는 달, 인간이 좀 불경스러운 일을 해도 신의 노여움을 사지 않는다는 달이다. 액이 끼지 않아 산소 이장과 이사에 안성맞춤이다. 어르신들이 조용히 삼베 수의 짓는 달인데, 수의에는 호주머니가 없다. 아무것도 가져갈 게 없기 때문이다.

작은 역사는 낮에 탄생하지만 큰 역사는 밤에 탄생한다.

* **윤일병 폭행 사망 사건**

육군 28사단 의무병이던 윤모 일병(20)이 선임 4명으로부터 35일간 지속적인 폭행과 가혹행위를 당하다 2014년 4월 7일 사망한 사건이다. 처음엔 음식물을 먹다 목이 막혀 사망한 것으로 가해자들이 범행 사실을 은폐했지만 언론 보도로 실상이 공개돼 파장이 일었다.

강원 춘천 공지천에 있는 원두커피 전문점으로 1968년에 개관한 '이디오피아', 황제 하이레 셀라세 1세가 6·25 참전 기념으로 방문했고 당시 박정희 대통령이 '이디오피아 벳(집)'을 지어주었다.

* **융합 보안**

경비 인력이나 지능형 카메라 등 감시 장비를 동원하는 물리적 보안과 기술과 금융정보 등을 지키는 정보 보안을 결합한 형태의 새로운 보안 서비스다.

돈은 가치 있게 벌어야 하고 가치 있게 써야 한다. 각종 모임회장은 그냥 돈 몇 푼 있다고 되는 자리가 아니다. 돈으로 자리를 보존하는 게 아니라면 인품과 덕성에서 그 대표성을 띠어야 한다.

* 은하 3호
광명성 3호를 실은 장거리 로켓의 명칭이다. 2009년 1월 김정은 노동당 제1비서가 김정일의 후계자로 내정된 뒤부터 '은하'를 로켓 이름으로 사용했다. 은하는 북한에서 '김정은은 하늘에서 내린 정치가'라는 점을 강조하기 위해 사용하는 것으로 알려졌다.

당신은 어떤 생활 규칙을 세워 지키고 있는가? 당신을 만드는 것은 바로 당신 자신의 생활 습관이다.

* 음속폭음(소닉붐)
전투기가 음속 장벽을 돌파하면 기체 외부의 기압이 급격히 떨어지면서 깔때기 모양의 수증기가 발생하고 굉음이 터져 나오는 현상을 물리학 용어로 일컬음이다.

생과 사가 따로 없다. 죽음을 두려워 말라. 호기심 어린 눈으로 미지의 세계 탐사에 나선다고 생각하라. 하찮은 즐거움에 연연해하지 말고 이번 생에서의 사명 끝내고 중대한 임무 띠고 자리를 옮길 뿐이다.

화제가 빈곤한 30~40대라면 반드시 알아야 할 시사상식

* **음수사원(飲水思源)**

근원을 생각하고 그에 감사하라는 뜻으로 중국 남북조시대의 시인 유신(庾信)이 패망한 조국 양(梁)나라를 그리워하며 쓴 「징조곡(徵調曲)」에서 비롯된 고사성어다. "1930년대 김구 선생이 저장(浙江)성에서 투쟁을 했고 중국 국민이 김구 선생을 위해 보호를 제공했다"라며, 김구 선생의 아들인 김신 장군(전 공군참모총장)이 1996년 항저우 인근 하이옌(海鹽)을 방문했을 때 '음수사원 한중우의(飲水思源 韓中友誼)'라는 글자를 남겼다.

우리는 먹고 마시고 노래하고 춤추며 젊음을 축내기 위해 얼마나 많은 날들을 정신을 잃은 채 신바람 나게 미친 듯이 놀아보지 않았던가. 내 진정 젊은 시절이 생략된 채 어린이에서 노인으로 점프했다면 슬프고 안타까워할 수 있다. 그게 아닐바엔 멋지게 웃자. 멋진 세상 소풍 놀이 즐거웠다며 파안대소하자.

* **응급실 과밀도**

해당 응급실에 한 해 동안 환자들이 머문 시간의 총합을 '병상 수×365일×24시간'한 수로 나눈 것이다. 과밀도가 100%라면 응급실 병상 100개에 평균적으로 항상 환자 100명이 가득 들어차 있었다는 뜻이다.

코끼리 등에 탄 개미는 코끼리 실체를 잘 모른다. 움직이는 산인가?

* **의궤(儀軌)**

조선 시대 왕실이나 국가에서 주요 행사나 잔치가 있을 때 그 행사에 동원된 인원, 행사 내용, 사용된 재물, 행렬의 배치, 의식과 절차 등의 제반 내용을 정리한 기록물을 말한다.

우리의 발걸음 하나하나가 이 사회와 국가를 강건하게 만든다. 가공할 위력의 태풍 사라호, 매미, 루사, 파라피룬, 곤파스도 만났지만, 질풍경초는 그때마다 오뚝이처럼 살아났다. 살면서 어찌 회한이 없으랴마는 돌이켜보면 즐거운 소풍 놀이였다. 보물찾기하며 허둥대기도 했지만 찾을 때나 못 찾을 때나 기뻤다. 행복했다.

* 이그노벨상(Ig Nobel Prize)

미국의 과학 유머 잡지 《기발한 연구연보》가 물리, 문학, 평화 등 10가지 분야에서 획기적이고 이색적인 연구업적을 이뤄낸 사람들을 선정해 주는 상이다. 이그(Ig)는 '있을 것 같지 않은 진짜(Improbable Genuine)'라는 뜻이다. 수상자에게는 상장과 기념 상패를 주지만 상금은 없다. 시상식은 매년 미국 하버드대의 샌더스홀에서 열리며 실제 노벨상 수상자들이 시상을 돕는다.

꿀은 하늘에서 내리는 이슬이다.

* 이대도강(李代桃僵)

'자두나무가 복숭아나무를 대신하여 죽는다'라는 뜻으로, 나중에 중국 병법에 응용돼 작은 것을 희생해 결정적인 승리를 이끌어내는 전략을 의미하게 되었다.

춥고 건조한 날씨다. 여기저기 어르신 마른기침 소리 들린다. 목구멍 탁하고 간질

간질. 자나 깨나 불조심, 모닥모닥 모아 피우는 모닥불. 투두둑! 타는 화톳불. 이글
이글 불땀 좋은 잉걸불. 아랫목 따끈따끈 군불. 활활 타오르는 장작불. 밤하늘 수
놓는 꽃불. 순식간에 번지는 들불. 깜박깜박 꺼져가는 깜부기불. 지붕 위 맑고 푸
르스름한 혼불.

* 이면도로

도로망의 기본이 되는 주요 도로(간선도로)와 달리 주거지나 건물
주변에 조성된 통상 도로 폭 9m 미만의 편도 1차로 이하 도로를
말한다. 생활도로라고도 부른다.

꿈에도 씨가 있다. 소위 꿈 씨다. 어떤 씨를 파종하느냐에 따라 좋은 꿈이 영글기
도 하고 형편없는 쭉정이 꿈을 추수하기도 한다. 꿈 씨는 하루아침에 갑자기 만들
어지지도 않고 또 파종해서도 안 된다. 정성을 다하여 씨를 만들고 완벽한 계획하
에 최상의 상태로 파종해야 한다.

* 이스라엘

면적은 22,072㎢(전라남북도 넓이와 비슷)이며 인구는 723만 명(세계
인구의 0.1%)이다. 참고로 미국의 면적은 982만6,675㎢다.

꿈은 꿈 안에서 이루어지고 꿈 밖에선 이루어지지 않는다. 꿈 안의 꿈을 위하여
꿈 안에 꿈 씨를 뿌려야 한다. 꿈 밖에 꿈 씨를 뿌리면 사막에 씨를 뿌리는 것과 다
름없다.

* 이스터섬

남태평양에 있으며 칠레령이다. 육지로부터 3,526㎞ 떨어진 곳에 있으며 사람 얼굴 모양의 거대 석상인 '모아이 석상'으로 유명하다. 큰 것은 높이 10미터, 무게 80톤이다. 1200~1500년 사이에 만들어진 것으로 추정하며 세계의 불가사의 중 하나다.

꽃씨에는 용수철처럼 팅겨서 날아가는 놈, 관모를 쓰고 낙하산처럼 날아다니는 놈, 그 자리에 떨구는 놈, 새의 먹이가 되어 똥으로 옮겨지는 놈 등 종족 번식을 위해 온갖 방법을 쓴다. 그러나 꿈의 씨는 바람에 날려 파종하거나 용수철처럼 팅겨서 파종할 생각을 하면 안 된다.

* 이안류(離岸流)

파도가 해안으로 밀려오다 갑자기 반대 방향의 먼바다 쪽으로 빠르게 되돌아가 역조(逆潮)라고 한다. 파고 주기, 해안 및 해저 지형에 따라 변화하고 장소나 강도도 일정하지 않다. 폭이 좁고 빨라 해수욕장 물놀이 사고의 주요 원인이 되고 있다.

마고소양(麻姑搔痒), 손톱 긴 선녀가 가려운 곳을 긁어준다, 즉 모든 일이 뜻대로 되길 바란다는 의미다.

* 이지올로지(Easyology)

단순함이 쉬움을 대변하던 과거와 달리 이제는 쉬움을 추구하는 방식 자체가 다변화하고 있다. 수많은 첨단 기술이 넘쳐나고 수없이 많은 데이터가 쉴 새 없이 생성되는 상황에서 이를 정리하

화제가 빈곤한 30~40대라면 반드시 알아야 할 시사상식

고 해결해줄 수 있는 새로운 쉬움의 개념이 등장하고 있다. 이지올로지는 바로 이런 상황에서 등장한 확장된 쉬움의 개념이다. 현재의 소비자들은 수많은 첨단 기능 제품을 사용하고 있다. 또 온라인에는 감당할 수 없을 정도의 데이터가 넘쳐난다. 쉬움을 통해 복잡한 세상과 상황이 주는 스트레스를 줄여 주면서도 사람들이 누리는 편의 기능이나 사용자 경험을 제한해서는 안 된다. 이지올로지는 '학습이 필요 없는 쉬움', '선택의 고통을 해소해 주는 쉬움'을 추구하는 문화적, 사회적 흐름을 말한다.

설거지를 안 해서 그릇을 깨지 않았거나, 운전을 하지 않아서 사고를 내지 않은 것은 자랑거리도 진정한 실력도 아니다.

* 이지원(e-知園)

'전자 지식정원'이란 의미로 노무현 정부 때 만든 인터넷 통합관리 업무 시스템이다. 기존의 온라인 보고 체계나 전자게시판을 업그레이드해 문서의 생성부터 결재 후 기록까지 전(全) 단계의 처리 과정을 한눈에 파악할 수 있는 방식이다. 이 과정을 거친 문서들은 자동으로 이지원에 저장된다고 한다.

피부에는 온점과 냉점이 있다. 온점이 자극에 반응하면 따뜻함을, 냉점이 반응하면 차가움을 느낀다. 냉점은 온점보다 훨씬 많고 피부 바깥쪽에 분포돼 있다. 사람이 더위보다 추위에 더 민감한 이유다. 온·냉점은 온도에 순응한다. 냉탕에 들어갈 때 처음엔 차가워도 곧 익숙해지는 게 그 증거다. 한파에 적응하는 것은 냉점 덕이다.

* 2차 베이비붐 세대

1968~1974년 출생한 606만 명으로 전체 인구의 12% 정도를 차지한다. 이해할 수 없는 세대라는 뜻에서 X세대라고도 불렀다. 6·25전쟁 이후인 1955~1963년에 태어난 1차 베이비붐 세대 714만 명의 바로 다음 세대에 해당한다.

눈은 춤추듯 하늘하늘 내리고, 비는 수직으로 내리꽂힌다. 눈은 소리 없이 쌓이고, 비는 주룩주룩 웅얼대며 내린다. 눈은 둥글고, 비는 직선으로 서서 죽는다. 눈은 어머니처럼 포근하고, 비는 아버지같이 무뚝뚝하다. 눈은 소나무 가지를 부러뜨리지만, 비는 나뭇잎과 뿌리를 묵묵히 적실 뿐이다. 그렇다. 둥근 사랑은 세상을 소리소문없이 바꾼다.

* 인더스트리 4.0

전 생산 공정의 디지털화를 통해 제조업을 혁신하겠다는 독일 정부의 새로운 경제정책이다. 2011년 하노버 산업박람회에서 처음 언급된 후 점차 구체화되고 있다. 1차, 2차, 3차 산업혁명에 이은 4차 산업혁명을 가져올 것이라는 의미에서 붙여졌다. 1차 산업혁명이란 증기기관의 발명, 2차 산업혁명은 대량생산 체제 구축, 3차 산업혁명은 IT를 접목한 관리 효율화다. 4차 산업혁명은 미래형 스마트공장 구현을 이른다.

대구(大口, Cod), 입이 큰 생선. 찬물에서 사는 흰살생선. 먹성이 좋은 '바다의 꿀돼지'. 머리통이 큼지막하고 볼때기 살 두툼하다. '뽈찜, 뽈탕'도 맛있고 시원하다. 대구떡국, 대구장아찌, 대구김치찜, 대구연잎찜, 대구껍질강회, 대구껍질채, 대구조림, 대구죽, 대구포무침, 대구알찌개, 대구아가미젓, 대구알젓……

* 인디언의 사냥법

뛰는 사슴을 겨냥하기란 쉽지 않다. 그들은 휘파람을 '휙' 하고 분다. 그러면 사슴이 뛰어가다 멈춘다. 그 순간을 놓치지 않고 총을 쏘아 사냥을 한다.

거친 풍랑과 어둠 속에 몸을 숨긴 잠룡(潛龍)의 신세일지언정 마음속에는 하늘로 오르겠다는 거대한 꿈 하나씩 품고 사는 게 청춘의 본래 모습 아니던가. 마침 상서로운 흑룡까지 60년 만에 찾아왔다고 하니 꿈 타래를 하나씩 풀어보기 바란다.

ㅈ
지읒

* **자본시장개방 경제특구**

중국 내 외국 은행의 직접 대출과 외국 기업의 위안화 표시 채권 발행을 예외적으로 허용한 지역을 말한다.

음력 이월 초하루는 바람을 다스리는 영등할매가 하늘에서 내려오는 날이다. 20일간 지상에 머물며 온갖 심술과 변덕을 부린다. 오늘 날씨가 화사하면 딸과 함께, 비가 내리면 며느리와 같이 온 것. 영등할매 잘못 모셨다간 모진 칼바람에 돌개바람 맞는다. 이 기간에 어부들은 바다 나가길 꺼린다. 오늘은 머슴들이 마음껏 놀고 먹을 수 있는 '머슴 날'이기도 하다.

* **자위권**

외국의 무력 공격에 맞서 국가와 국민을 방위하기 위해 필요한 조치를 취할 수 있는 권리다. 긴급한 경우 자위권 행사로 인해 다른 나라의 권리를 침해해도 국제법상 적법한 것으로 본다. 유엔도 자위권을 회원국의 고유한 권리로 인정하고 있다(유엔헌장 제51조). 연평도 포격의 경우 남북 간 우발적 충돌이 아닌 북한의 일방적 무력도발이었으므로 이에 대한 대응은 자위권 차원에서 접근해야 한다는 시각도 있다.

바람은 하는 일이 많다. 비를 나르고 기온을 조절하며 식물의 씨를 퍼뜨린다. 주인은 없다. 한곳에 묶어둘 수 없기에 바람이다. 그 대신 부는 때와 계절, 방향 등의 특성에 따라 이름을 갖는다. 한동안 기승을 부리던 된바람, 황소바람이 고개를 숙였다.

* 자유학기제

중학교 1학년을 대상으로 한 학기 동안 중간·기말고사를 보지 않고 시험 부담에서 벗어나 토론·실습 수업이나 직장 체험 활동 등 진로 교육을 중점적으로 받는 제도다. 문용린 전 서울시 교육감은 이 시기를 중학교 1학년으로 특정했으며 "초등교육에서 중등교육으로 넘어가는 전환기를 진로 탐색 학년으로 정하자"라고 했다. 중간고사와 기말고사를 없애 시험으로 인한 스트레스를 줄이고, 교과별로 다양한 평가 방법을 도입하겠다고 한 것이다. 예를 들어 국어, 진로와 직업, 기술·가정 등 3개 교과를 통합해 '영양교사 되기 프로젝트'를 실시하거나 온종일 진로 체험을 하는 등 기존의 강의식 수업에서는 하기 어려웠던 다양한 수업과 활동이 이뤄진다. 2016년부터 전국의 모든 중학교에서 전면 시행하고 있다.

초콜릿, 피로 해소를 돕고 뇌 기능을 활발하게 한다. 집중력을 높여 수험생에게 좋다. 폴리페놀 성분이 세포에 유해한 활성산소를 제거해 노화를 방지한다. 널리 알려진 초콜릿의 효능이다. 일본 제과업체의 상술에서 유래했다는 걸 알면서도 매년 2월이면 불티나게 팔린다. 많이 먹으면 비만과 성인병을 부르는 초콜릿. 오늘은 밸런타인데이.

* 자율학교

교장 임용과 교육과정 운영, 학생 선발에서 자율권을 갖는다. 농어촌지역 학교의 교육 역량을 강화하기 위해 1999년부터 시범운영을 거쳐 2002년부터 정식 지정했다. 정부 또는 교육청이 지정하므로 자율형 사립고와 달리 학비는 일반계고 수준이며, 학교에 따라 광역 또는 전국 단위로 선발한다. 학생은 대부분 기숙사에서 지낸다.

사람에 따라 공부의 때는 늦게 올 수도 있다. 꿈을 높게 갖고 열심히 노력하다 보면 지금의 어려움이 '위장된 축복'이란 걸 언젠가 깨닫게 된다.

* 작량감경(酌量減輕)

법률상의 감경 사유가 없더라도 법률로 정한 형이 범죄의 구체적인 정상에 비추어 과중하다고 인정되는 경우에 법관이 그 재량에 의하여 형을 감경하는 것(형법 제53조)을 말한다. 판사가 여러 사정을 헤아려 피의자의 선고 형량을 2분의 1까지 줄여주는 제도다. 현행 형법에는 구체적 조건 없이 '범죄의 정상에 참작할 만한 사유가 있는 때' 실시한다고 규정해 '고무줄 잣대'라는 논란이 제기돼 왔다.

늘 우리의 과거를 살펴보고 우리의 현재를 설명하며 우리의 미래를 상상해야 한다.

* 잠수함발사탄도미사일(SLBM, Submarine-Launched Ballistic Missile)

3,000톤급 이상 잠수함에서 발사할 수 있는 중장거리 탄도미사일

로 은밀하게 침투해 타격할 수 있다는 장점이 있다. 수중에서 미사일이 점화되는 방식과 물 밖에서 점화되는 방식이 있다. 대륙간탄도미사일(ICBM)과 다탄두미사일(MIRV), 전략 핵 폭격기 등과 함께 어느 곳이든 핵탄두 공격을 감행할 능력을 갖췄는지를 판단하는 기준으로 꼽는다.

열심히 노력해 원하는 바를 얻는다고 해도 만족감은 일시적일 뿐, 영원한 행복은 없다.

* 장두노미(藏頭露尾)

장두노미는 쫓기던 타조가 머리를 덤불 속에 처박긴 했지만 꼬리는 미처 숨기지 못한 모습에서 유래된 말로, 진실을 숨기려 하지만 그 실마리는 이미 만천하에 드러나 있다는 의미로 쓰인다.

피지상심(被枝傷心), 가지를 꺾으면 나무의 속이 상한다.

* 장마(Rainy Spell in Summer)

장마란 6~7월에 여러 날 동안 계속 비가 내리는 현상을 말한다. 고온 다습한 북태평양고기압이 여름철에 북상하면서 차가운 대륙고기압과 만나면 기압골 경계면에 장마전선이 생긴다. 장마전선은 6~7월에 한반도를 오르락내리락하며 비를 뿌리다가 7월 하순 북태평양고기압이 한반도 북쪽으로 북상하면서 소멸된다.

'깨달음'과 '실천'은 하나다.

* 장마전선

아시아 대륙 남쪽에서 발달하는 더운 북태평양고기압과 대륙 북쪽의 차가운 고기압이 힘겨루기를 하면서 생겨난다. 다가오는 여름과 물러서지 않으려는 겨울의 갈등이 큰비를 뿌리는 것이다. 반대로 가을장마는 다가오는 겨울이 버티는 여름과 기 싸움을 벌이면서 생긴다.

사랑은 언제나 고독의 친구다.

* 재난관리기금

각종 재난의 예방과 복구에 따른 비용을 부담하기 위해 광역 및 기초 지방자치단체가 매년 적립하는 법정 의무기금이다. 공공 분야의 재난 예방 활동, 감염병, 가축 전염병의 확산 방지를 위한 긴급 대응 사업 등에 사용된다.

나의 혈액형은 희망 긍정형이다.

* 재량근무

정부가 시행 중인 유연근무제 가운데 한 유형이다. 국가 공무원 복무 규정에 따라 출퇴근 의무가 없어 프로젝트를 수행하면 주 40시간을 근무한 것으로 인정해준다. 개인과 기관이 합의해 수시로 신청할 수 있다.

요즘 사람들 모두 검은 안경 쓰고 사물을 보는 나쁜 습관을 가졌다. 색안경 쓰지 말고 있는 그대로 사물을 보라.

* **재정절벽**(Fiscal Cliff)

미국 의회가 새로운 법을 제정하지 못할 경우, 2013년부터 세금 인상과 정부 예산 지출 삭감으로 인해 경제에 충격을 주는 현상을 말한다. 재정지출이 갑작스럽게 줄거나 중단돼 경제 전반에 충격을 주는 현상을 뜻하는 용어로, 벤 버냉키 미국 연방준비제도이사회(FRB) 의장이 2013년 초 처음 사용했다. 2013년 3월 조원동 대통령경제수석비서관은 세수 부족이 지속되면 결국 재정지출이 줄어 한국 경제가 큰 타격을 받을 수 있다는 점을 설명하며 이 용어를 끌어와 썼다.

산목숨 죽이지 마라. 나무도 감정이 있고 신경세포도 있다. 나무가 꺾일 때 '딱' 소리가 나는 것은 나무의 비명이다.

* **잭업리그**(Jack up Rig)

대륙붕 지역 유전 개발에 투입되는 시추 설비로 선체에 장착된 승강식 철제 기둥을 바다 밑으로 내려 해저면에 선체를 고정시킨 뒤 해수면에 띄워 원유나 가스를 시추한다. 파도와 조류의 영향을 상대적으로 덜 받아 수심은 얕지만 파도가 거친 해역에 주로 투입된다.

좋은 컨설팅(멘토)은 단점을 보완하는 게 아니고 장점을 더욱 잘 살리는 것이다.

* 저탄소차 협력금 제도

이산화탄소(CO_2) 배출량이 적은 차를 사는 소비자에게는 정부가 보조금을 주는 대신 CO_2 배출량이 많은 차를 사는 사람에게는 부담금을 물리는 규제다. 이 제도는 2015년 1월부터 시행되고 있다.

『부(富)의 미래(未來)』(미래학자 앨빈 토플러 저)에서는 '기업이 시속 100마일로 변하는 반면 관료조직은 25마일, 정치권은 3마일 속도로 움직인다'라고 진단했다.

* 전관예우

일본에서 1916년 퇴직 고위 관료에게 재직할 때와 같은 '장관' 호칭을 계속 사용하기로 한 행정제도에서 유래했다. 일제 강점기인 1920년대부터 조선 총독부가 쓰기 시작했고, 1961년 표준국어대사전에 '장관급 이상의 고위 관직에 있었던 사람에게 퇴임 후에도 재임 때와 같은 예우를 베푸는 일'이라는 뜻으로 처음 등재됐다. 1980~90년대를 거치면서 '퇴직한 판검사가 수임한 사건을 후배인 현직 판검사가 봐주는 것'으로 취지가 변질됐다.

남들 위에 서는 사람은 밑에 있는 사람보다 자유가 제한된다. - 율리우스 카이사르

* 전관예우 금지법

판사나 검사로 재직했던 변호사가 퇴임하기 전 1년간 근무했던 법원 및 검찰청 등 국가기관의 사건을 퇴임한 뒤 1년간 수임할 수 없도록 제한한 변호사법 31조를 이르는 말이다. 2011년 5월 17일

부터 시행됐다.

이 세상에 영원한 것은 없다. 영광, 기쁨, 행복, 슬픔, 젊음 모두 한때다. 잠깐이면 지나간다.

* 전력용 에너지절약장치(ESS)

평소 미리 전력을 저장해 뒀다가 전력 수요가 몰릴 때 저장했던 전력을 방출함으로써 공급 안정성을 유지해주는 리튬이온 전지를 말한다.

애벌레는 세상의 끝을 나비라 부른다.

* 전술조치선(TAL)

우리 영토에 가해지는 공중으로부터의 공격에 효과적으로 대응하기 위해 대한민국이 설정한 선이다. 북한 전투기가 이륙 후 3~5분 안에 수도권에 도달하는 위협 상황을 고려해 한국군이 군사분계선(MDL)과 서해 북방한계선(NLL)에서 20~50㎞ 떨어진 북쪽 상공에 가상으로 설정한 선이다. 북한 전투기가 이 선을 넘거나 근접 비행하면 한국 공군 전투기가 즉각 대응 발진하도록 돼 있다.

벨기에의 온천 관광지 이름에서 유래했다는 '스파', 이제는 온천을 뜻하는 보통명사가 됐다.

* 전술핵무기(Tactical Nuclear Weapons)

소형 핵무기로 위력은 상황과 사용 목적에 따라 다르지만 통상 20kt(1kt은 다이너마이트 1,000t의 폭발력) 이하의 핵무기를 말한다. 야포와 단거리 미사일로 발사할 수 있는 핵탄두와 핵 지뢰, 핵 기뢰, 핵 배낭 등을 포함한다.

넥타이를 맨 야바위꾼이 되지 말라. 기도하는 위선자가 되지 말라. 기업이든 정치든 개인의 삶이든 겸손과 도덕으로 무장해야 성공한다.

* 전자정부로드맵 과제 산출물

전자정부 지원 사업은 정보화 촉진기금 등을 통해 정부가 각 부처 및 기관의 정보시스템 구축을 지원하는 사업으로, 선정된 사업자는 과제에 따른 결과 보고서와 단계별 산출물을 소관 부처와 한국정보화진흥원에 제출하도록 규정돼 있다. 산출물에는 프로그램 설계도뿐 아니라 해당 시스템의 분석, 설계, 구축, 시험 장비 등 전 과정의 결과물이 포함된다.

나의 장점을 말한다면 나의 실수를 빨리 알아챈다는 점이다. - 스티브 잡스

* 전·월세 전환율

전세에서 월세로 전환한 세입자의 실제 부담이 얼마나 늘어나는지 연이자 개념으로 나타낸 비율이다. 전세보증금에서 월세보증금을 뺀 금액으로 연간 월세 총액을 나눠서 계산한다.

화제가 빈곤한 30~40대라면 반드시 알아야 할 시사상식

우정의 비극은 이별이 아니다. 죽음도 아니다. 우정의 비극은 불신이다.

* 전자책(E-book)

종이가 아니라 컴퓨터 파일로 된 책이다. 인터넷을 통해 내려받아 PC, 태블릿 PC, 스마트폰, 전용 단말기 등 다양한 기기로 읽는다.

사랑하면 열린다, 모든 것이.

* 전해환원(電解還元)

전기 분해를 할 때, 양이온이 음극에 모여 전극과 이온 사이에서 일어나는 환원 반응을 말한다. 사용 후 핵연료에서 스트론튬, 세슘처럼 고열을 내는 핵종을 제거하기 위해 전기 분해하는 과정으로 우라늄, 플루토늄 등이 한데 섞여 있는 핵연료를 얻기 위한 첫 단계다.

남녘의 봄비가 자박자박 서울까지 올라온다. 시인이 섬세히 고른 단어와 표현에 계절을 담듯, 빗방울마다 겨우내 기다린 봄이 담겼다. 날씨가 지분거려도 찌푸리지 말자. 이건 봄비가 아닌가.

* 접도구역

도로 파손, 교통사고 위험 등을 막기 위해 도로변 일정 폭(고속도로는 20m, 국도, 지방도, 군도는 5m) 안에 건축물 증개축 등을 제한

한 구역이다.

장강후랑 추전랑 일대신인환구인(長江後浪 推前浪 一代新人換舊人), 장강의 뒷물이 앞 물을 밀어내듯 새 시대 사람으로 옛 사람을 바꾸는 것을 말한다.

* 정교분리

이데올로기적으로는 정치와 종교, 제도론적으로는 국가(정부)와 종교단체(교회)의 분리를 주장하는 것을 의미한다. 국가 권력이 특정 종교를 우대하거나 차별하지 않고, 종교는 정치에 원칙적으로 개입하지 않는 것을 말한다. 정교분리 개념은 강력한 교권을 기반으로 종교가 정치에 개입하면서 혼란을 겪은 서양의 역사적 경험을 토대로 형성됐다. 그 후 토머스 제퍼슨 미국 대통령이 1802년 정교분리라는 표현을 처음 사용했으며 미국 헌법에 이 원칙이 반영된 뒤 한국을 비롯한 여러 나라에서 헌법으로 채택하고 있다.

살아 있는 것 모두를 사랑하라. 생명 있는 것을 죽이면 억울한 죽음의 원혼이 당신을 괴롭힐 수 있다. 특히 사냥은 절대하면 안 된다.

* 정수장학회

1962년 경제적인 어려움으로 학업을 할 수 없는 유능한 인재들을 지원하기 위해 5·16장학회 이름으로 설립된 공익재단이다. 1982년 고 박정희 전 대통령과 육영수 여사의 이름을 따 개칭됐다.

화제가 빈곤한 30~40대라면 반드시 알아야 할 시사상식

친구를 칭찬할 때는 널리 알리도록 하고 친구를 책망할 때는 남이 모르게 한다.

* 정치적 시민교육

충돌하는 이해관계와 사회적 갈등을 토론과 협의를 통해 해결하는 과정을 깨닫고 나아가 국가와 정부의 기능, 민주주의의 기본 원리를 이해하게 된다. '시민교육', '민주시민교육' 등으로 불리기도 하지만 전문가들은 정치적 의사 결정 과정을 배운다는 의미에서 '정치적 시민교육'이 가장 적확한 용어라고 말한다.

마른 잎은 굴러도 아직 대지는 살아 있다.

* 제네바 합의(Agreed Framework)

1993년 북한의 핵확산금지조약(NPT) 탈퇴 선언으로 불거진 '1차 북핵 위기' 이후 1994년 10월 21일 스위스 제네바에서 미국과 북한 사이에 이룬 합의다. 이 합의는 2003년 전격적으로 파기되었다. 북한이 핵개발을 동결하는 대신 미국은 북한에 경수로형 원자력발전소 2기를 건설하고 연간 50만 톤의 중유 지원과 북-미 관계 정상화를 추진한다는 내용을 담았다.

뻘밭은 탱탱 불어 터졌다. 어찔어찔 젖몸살을 앓고 있다. 바닷물은 우르르 떼로 오가며 달아오른 개펄의 이마를 식혀 주고 있다. 모래밭은 말랑말랑 부드럽다. 조개들은 그 뻘밭이나 모래밭 캔버스에 꾸불꾸불 뭔가를 끊임없이 그려댄다. 동죽, 새조개, 바지락, 가리비, 맛조개, 말조개, 모시조개들이 온몸으로 퍼포먼스를 한다.

* 제4여단

이스라엘 접경 골란고원을 지키던 '리파트 알아사드의 방위여단'의 후신이다. 시리아 수도 다마스쿠스의 방위를 맡고 있는 최정예 부대로 아사드 대통령의 막냇동생 마헤르가 이끌고 있다. 2011년 3월 남부 다라에서 반정부 시위가 처음 벌어졌을 때 투입됐다. 그해 4월 제4여단은 다라를 포위하고 무자비하게 인명을 살상한 것으로 악명 높다. 이후 '공포의 제4여단'으로 불린다.

물이 마르면 사랑도 마른다.

* 제조 유통 일괄형(SPA) 브랜드

의류의 기획, 생산에서부터 유통, 판매까지 전 과정을 제조사가 맡는 브랜드를 말한다. 지금은 평범한 듯 옷을 입는 사람의 개성을 나타내줄 수 있는 SPA 브랜드들이 각광받는다. 검정 스웨터나 흰 셔츠와 같이 유행을 타지 않고 오래 입을 수 있기 때문에 인기를 끌고 있다. SPA 패션이 팽창할 수 있었던 이유는 상품 그 자체다. 싼 가격의 비교적 괜찮은 품질과 무난한 디자인의 제품이 대량으로 쏟아지면서 소비자가 지갑을 열게 된 것이 결정적이다.

나무의 혈관에 도는 피가 노랗다는 것은 이른 봄 피어나는 산수유꽃을 보면 안다. 나무는 생명을 먹지 않는 까닭에 결코 그 피가 붉을 수 없다.

* 젠트리피케이션(Gentrification)

영국의 신사 계급을 뜻하는 '젠트리(Gentry)'에서 파생된 말이다. 저소득 노동자들이 살던 낙후 지역에 소득수준이 높은 계층이 유입되면서 지역사회의 성격이 바뀌는 현상을 의미하는 용어로 1964년 영국의 사회학자 루스 글래스가 처음 사용했다. 요즘에는 도심이 개발되면서 임대료가 급등해 자영업자 등이 지역 밖으로 내몰리는 현상을 설명하는 데 쓰인다.

젊을 때는 꽃이 보이지 않는다. 개미, 지렁이, 새들이 보이지 않는다. 구만리 장천 너머 그 어디쯤 있다고 믿는다. 발밑의 들꽃 같은 것은 아예 눈에 차지도 않는다.

* 조두순 사건

2008년 12월 11일 등교 중이던 김나영(가명, 당시 8세) 양이 범인 조두순에게 유인돼 교회 안 화장실로 납치된 뒤 강간 상해를 당한 사건이다. 이로 인해 피해자의 항문 등 신체는 심하게 손상됐다. 범인 조두순은 징역 12년형을 선고받았다. 범행의 잔혹성에도 불구하고 법원은 조두순이 술을 마신 상태였다는 점 등을 참작해줬다. 김 양은 지금도 손상된 신체에 대한 힘겨운 치료를 받고 있다. 사건 발생 초기에 사용되던 '나영이 사건'이라는 용어가 피해자에게 초점을 맞췄다는 비판이 일면서 '조두순 사건'이라 불리게 됐다.

꽃무릇은 왜 절집에 많을까? 그것은 독성이 있는 알뿌리 때문이다. 절집에선 풀을 쓸 때 꽃무릇 알뿌리를 갈아 섞는다. 또 탱화를 그릴 때 천에 바르거나 불경을 묶을 때 접착제로 쓴다. 그렇게 하면 좀이 슬거나 벌레가 꾀지 않아 오래 간다. 천연방부제인 셈이다.

* 조류결핵(Avian Tuberculosis)

결핵균의 감염으로 발생하는 조류의 만성전염병으로 2종 가축
전염병으로 지정돼 있다. 닭, 오리 등이 감염되면 체중이 감소하
고 서서히 폐사한다. 발생한 농가의 토양이나 배설물을 통해 감
염된다. 백신이나 뚜렷한 치료법은 없지만, 고병원성 조류인플루
엔자(AI)보다 전염력은 낮은 것으로 알려져 있다. 인수(人獸)공통
전염병이지만 국내에서 사람이 감염된 사례는 없다.

3월 꽃은 어떤 시러베 꽃이라도 다 예쁘다. 하지만 가을꽃은 슬프다. 나비는 날아
다니는 꽃이다. 꽃은 가부좌 틀고 있는 나비다. 이제 꽃도 나비도 동안거가 머지않
았다.

* 조사(照射) 후 시험

원자로에 핵연료를 넣어 중성자를 조사(照射)한 뒤 핵연료가 제대
로 연소됐는지 확인하는 시험이다.

넓적한 연잎 그늘엔 청개구리가 팔자 좋게 낮잠을 자고 물잠자리는 퉁방울눈 굴리
며 경을 외고 있다.

* 조선백자

오직 소나무로 굽는다. 참나무는 불티가 심해 얼룩이 생긴다. 소

나무는 재가 없이 완전하게 탄다. 금강소나무는 제 몸을 태워 두 둥실 달항아리를 낳는다. 영국엔 느릅나무, 러시아엔 자작나무, 인도엔 보리수, 한국엔 금강소나무다.

자벌레는 몸을 굽혀야 앞으로 나아간다. 이굴위신(以屈爲伸)이다. 자전거도 굽혀야 앞으로 간다. 그러나 자전거는 위의 것에 아부하고 아랫것을 짓밟는다.

* 조선 22대 정조임금(1752~1800)

경기 수원시 팔달문 시장 고객지원센터 앞, 지나가는 사람들에게 '어서 오라'며 반갑게 술을 권하는 정조의 조형물, 한 평(3.3㎡) 남 짓한 자리에서 한 손에는 술병을 들고 있다. 술상에는 안주 하나, 술잔 두 개가 고작이다. 정조는 실제 술을 매우 좋아했고 셌다. 특히 서민의 술 탁주를 좋아했고 안주는 소박한 푸성귀가 전부 다. 밤새 술을 마셔도 몸가짐 하나 흐트러지지 않았다. 수원 화 성을 축조한 정약용(거중기 발명)은 술이 약해 고역을 치렀다. 정 조는 정약용이 술에 취한 상태로도 어떻게든 몸가짐을 바로 하 려고 애쓰는 모습을 재밌어했다. 조형물 아래 좌대에는 풍류를 즐길 줄 아는 정조의 그런 모습을 표현한 글귀가 있다. '취하지 않으면 못 돌아간다'라는 뜻의 '불취무귀(不醉無歸)'가 그것이다. '백성 모두가 풍요로운 삶을 살면서 술에 맘껏 취할 수 있는 그런 아름다운 세상을 만들어 주겠다'라는 정조의 '애민 사상'을 기리 고 있다. 팔달문 시장을 있게 한 주인공 정조, 2011년 12월에 상 인들의 맘을 담아 세웠다.

남자는 울고 싶을 때 길을 떠난다. 혼자 있고 싶을 때 터벅터벅 길을 걷는다. 매월당 김시습, 토정 이지함은 삿갓을 쓰고 전국을 쏘다녔다. 김삿갓(김병연)도 고산자 김정호도 크게 다를 게 없다.

* 조세피난처(Tax Haven)

조세 도피처라고도 하며 개인의 세금에서의 절세와 비슷하다. 개인 또는 법인 소득의 전부 또는 상당 부분에 조세를 부과하지 않거나 부담세액이 실제 발생소득의 15% 이하로 적은 국가 및 지역을 말한다. 외국환관리법이나 회사법 등의 규제가 적고 금융거래의 익명성이 보장되기 때문에 탈세나 돈세탁의 장으로 악용되기도 한다.

미국, 영국, 일본은 걷기 천국이다. 인간은 70세에 이르면 젊은 시절에 비해 하체 근육이 40%밖에 되지 않는다. 인간의 뼈는 216개, 근육은 800여 개, 그중 발에 27%에 이르는 58개의 뼈가 있다. 길을 나설 때마다 늘 행복했다. 가슴이 촉촉해지고 눈이 그윽해졌다. 죽어도 여한이 없다고 느꼈다. 내 가슴 속에도 백두산 천지만 한 눈물샘이 있다는 것 비로소 알았다. 사람 한평생 산다는 것, 종이우산 한 번 접었다 펴는 것. - 김지하 시인의 '한탄'

* 조카바보

조카가 너무 귀여워 어쩔 줄 몰라서 조카에게 수시로 선물을 사주는 미혼 남녀를 뜻하는 말이다. 늦게까지 결혼하지 않는 고소득층이 많아 '골드 앤트' 또는 '골드 엉클'이라고 불리기도 한다. 조카바보가 늘어나는 데는 만혼과 저출산의 영향이 크다.

나에게 촉촉하고 따뜻한 눈물샘이 있는지도 모르는 채, 메마르고 건조한 가슴으로 왜 살아야 하는지 모르겠다.

* 좀비(Zombie)

아이티 등 여러 나라가 믿는 부두교 전설에 나오는 주술에 의해 움직이는 시체로, 영화나 대중문화에서 유령을 일컫는 아이콘이다.

짭조름한 바닷바람, 빙빙 맴도는 잠자리 편대, 바다와 하늘의 경계선은 아슴아슴하다. 그 사이에 아지랑이가 눈가 잔주름처럼 꼬물댄다.

* 좀비기업

영업이익으로 이자 비용도 감당하지 못하는 부실 상태가 3년 이상 지속돼 차입금과 정부 지원에 의존해 유지되는 기업을 말하며 한계기업이라고도 한다.

쇠뜨기, 바랭이, 쇠비름, 개망초, 질경이, 명아주에 나비가 세상 모르고 코를 박고 있다. 은빛 억새가 어른거려 눈부시다. 비뚤배뚤 거무죽죽한 돌담들, 산발머리 억새, 흰거품 뿜어내며 씩씩거리는 파도, 참새처럼 재잘거리는 들꽃, 황야의 늑대처럼 고독한 사내들 가슴이 먹먹하다.

* 좀비 PC

봇에 감염돼 해커의 명령에 따라 마음대로 움직이는 PC다. 봇은 해커가 실시간으로 하달하는 명령에 따라 공격을 수행하는 악성 코드의 한 종류로, 좀비 PC는 사용자도 모르게 해커의 뜻에 따라 특정 시스템으로 대량의 트래픽을 전송하는 역할을 한다.

길은 나무늘보처럼 천천히 걷는 게 맛있다. 느리게 느리게, 라르고(안단테) 가락으로 가다 보면 나도 잊고 길도 잊는다. 나도 없고 길도 없다. 짭조름한 바다 냄새에 가슴은 흔들흔들, 머리는 어찔어찔 멀미난다.

* 종단간암호화(終端間暗號化, End to End Encryption, E2EE)

문서 작성 단계부터 최종 조회까지 모든 문서 내용을 암호화해 처리하는 기술이다. 일반 문서보다 보안성을 높일 수 있다. 문서를 해독하는 키를 서버가 아닌 수신자 단말기 보안영역에 저장해 지정된 수신자만 암호화 파일을 해독할 수 있다.

매화 꽃망울이 탱탱 불어터져 금방이라도 벙글 듯하다. 이미 꽃 모가지가 툭 꺾인 것도 있다. 푸른 잎사귀마다 윤기가 자르르하다. 동박새가 그 이파리 사이를 촉촉 조르르~ 분주하게 오간다. 앙증맞다. 죽도, 가우도, 비라도, 외호도, 내호도, 까막 섬이 올망졸망 한복 단추처럼 점점이 떠 있다. 육지는 늘 바다에 발을 적신다. 그리고 발가락과 발가락 사이엔 만을 만든다. 강진만 발가락 틈새처럼 양쪽으로 갈라져 있다. 봄은 그 발가락 틈새로 흠뻑 젖어 온다. 연둣빛 바다, 연둣빛 아기 보리밭, 파릇파릇 마늘밭, 아릿한 푸른 하늘, 노란 갈대숲, 겹겹이 이어지는 산과 산들의 아슴아슴한 능선이 곱다,

* 종편존(Zone)

케이블 TV, 위성방송, 인터넷TV(IPTV) 등 유료 방송사업자들은 2011년 12월 1일 개국한 종합편성 채널을 대부분 13~20번 사이에 배치했다. 종편이 인기 콘텐츠로 높은 시청률을 올릴 것으로 보고 5~13번인 지상파 방송대역에 인접한 번호를 종편에 부여한 것이다. 하지만 사업자별로 사정에 따라 채널을 배치했기 때문에 같은 번호로 방송이 송출되는 전국 단일번호 도입은 무산됐다.

봄은 해마다 어디서 와서 어디로 가는가. 사람은 어디서 와서 어디로 가는가. 해마다 새로 돋는 나뭇잎처럼 봄은 수천, 수만 년 그렇게 속절없이 오간다. 섬과 섬 사이에 바다가 있다. 바다와 바다 사이에 섬이 있다. 섬은 바다를 뿌리치려 하고 바다는 섬을 밧줄로 끊임없이 동여매려 한다.

* 죄수의 딜레마

함께 범죄를 저지른 두 공범자를 격리해 조사할 때 둘 다 범죄 사실을 부인하면 형량이 낮아지거나 무죄를 받지만, 한 사람은 끝까지 자백하지 않고 다른 사람은 '자백하면 선처해주겠다'는 유혹에 빠져 자백할 경우 자백하지 않은 쪽이 매우 무거운 형을 받게 된다. 따라서 상대가 자백할 것 같은 두려움 때문에 자백을 할지 말지 딜레마에 빠진다. 개인적 욕심과 상대방에 대한 불신으로 결국 모두 손해를 보는 상황에 직면한다는 이론이다.

바닷가 마을들은 움푹 들어간 포구에 숨어 있다. 개펄은 뭍에서 바다 쪽으로 갯벌보다 훨씬 넓게 자리한다. 개펄은 거무스름하고 질퍽하다. 강물이 배설한 똥이다. 그 똥은 수억 년 동안 삭고 삭아서 기름진 생명의 밭이 된다. 지구의 자궁이 된다.

생명은 개펄에서 나고 자란다. 게도 살고 조개도 산다. 철새도 그곳에서 먹이를 잡는다. 사람도 개펄에서 밥을 먹는다.

* 주가지수연동예금(ELD, Equity Linked Deposit)

기준으로 삼은 지수나 주가의 변동에 따라 수익률이 결정되는 금융상품이다. 은행에서 보장받을 수 있어 증권사가 판매하는 주가연계증권(ELS)에 비해 안정성이 돋보인다. 다만 중도 해지하면 수수료를 내야 해 원금 손실이 생길 수 있다.

아직 메마른 바깥 풍경. 가로수는 껑충해 쓸쓸하다. 너무 말라 애처롭기까지 하다. 언제였던가. 화려한 꽃과 무성한 잎을 달고 위세를 뽐내던 시간이……. 어느새 몸속에 나이테 하나 더 새겨 한층 성숙해졌을 터다. 엄동을 보낸 나무가 기지개를 켠다. 적나라한 나목(裸木)의 몸짓이 의젓하다.

* 주식 백지신탁

고위 공직자와 국회의원 등이 직무와 관련 있는 회사의 주식을 3,000만 원어치 이상 소유하고 있는 경우 본인 및 배우자, 직계가족의 주식을 금융회사에 맡기도록 한 제도다. 금융회사는 이 주식을 원칙적으로 60일 이내에 처분해야 한다. 공직자가 스스로 주식을 매각할 수도 있다. 신탁이나 매각을 피하려면 주식 백지신탁 심사위원회에 청구해 직무 관련성이 없다는 사실을 확인받아야 한다.

꽃샘추위는 꼭 몇 번씩 되풀이된다. 을씨년스러운 바람도 한몫한다. 기형도 시인

(1960~1989)의 시가 생각나는 날이다. 도저한 허무와 쓸쓸함을 노래한 젊은 가객. 연평도 가난한 섬 소년. '열무 삼십 단을 이고/시장에 간 우리엄마/안 오시네, 해는 시든지 오래/나는 찬밥처럼 방에 담겨/아무리 천천히 숙제를 해도/엄마 안 오시네.'(「엄마걱정」) 서울 종로의 한 심야극장 의자에서 휴지처럼 구겨져 마감한 삶이 꽃샘추위처럼 가슴을 아리게 파고든다.

* 주식워런트증권(ELW)

코스피 200 등의 기초자산을 만기에 정해진 가격에 사거나(Call) 팔 수 있는(Put) 권리를 나타내는 증권을 말한다. 특정 지수나 종목의 가격보다 적은 금액을 투자해 고수익을 낼 수 있고 손실을 보더라도 투자금액만 포기하면 된다. 특정한 주식을 기초자산으로 하여 특정 시점 후에 사전에 정한 가격보다 높은지 낮은지에 따라 그 수익이 결정되는 상품으로 레버리지 효과를 가진 고위험 고수익 상품이다.

여자는 허전하고 쓸쓸할 때 길을 나선다. 누군가에게 자신의 얘기를 하고 싶을 때 배낭을 챙긴다. 인생살이에 지쳐 허덕일 때, 비로소 새소리, 물소리, 바람 소리가 귀에 들어온다.

* 주택담보인정비율(LTV)

은행을 비롯한 금융회사들이 주택을 담보로 대출을 해줄 때 적용하는 담보가치 대비 최대 대출 가능 한도를 뜻한다. 일반적으로 주택의 기준시가가 아니라 시가를 대상으로 하며, 수도권은 50%, 지방은 60%이다. LTV가 50%라고 한다면 시가 2억 원 아파트를 담보로 최대 1억 원까지 빌릴 수 있다.

차시환혼(借屍還魂), 중국의 병법서인 '36계' 가운데 14계에 해당하는 말이다. '죽은 사람의 영혼이 다른 사람의 시체를 빌려 부활한다'는 의미로, 이용할 수 있는 것은 무엇이든 빌려 원하는 것을 이뤄야 한다는 것을 뜻한다.

* 주택 바우처

주거비 지불 능력이 부족한 전·월세 저소득 주민의 주거비 부담 완화를 위해 정부가 임차료의 일부를 쿠폰 형태로 보조하는 제도다. 정부가 집주인(임대인)에게 곧바로 현금처럼 지불하거나, 정부가 세입자(임차인)에게 쿠폰을 주면 집주인이 세입자에게서 받은 쿠폰을 공공기관에서 돈으로 바꾸는 방법 등이 있다.

어느 늙은 마사이족 전사가 손자에게 말했다. "인생이란, 서로 끊임없이 싸우는 두 마리의 사자를 가슴속에 품고 사는 것과 같은 것이란. 한 놈은 복수심에 가득 차 있고, 공격적이고 난폭하지. 다른 한 놈은 정이 많고, 부드럽고, 사랑이 가득하단다." 둘 중 누가 이길까 묻는 손자에게 그는 답했다. "네가 먹이를 주고 키우는 놈이 이기게 된단다." 선택은 늘 내 몫이다. 독 묻은 화살을 만지면 내 손에도 독이 묻는다.

* 주한미군기지 반환

전국 93개 기지 242㎢(약 7,320만 평) 중 54개 180㎢(약 5,445만 평)가 2005년부터 연차적으로 반환 중이다. 2012년 32개가 반환됐다. 반환 기지는 해당 지자체에 먼저 반환된다. 정부는 도로, 하

화제가 빈곤한 30~40대라면 반드시 알아야 할 시사상식

천, 공원에 한해서만 용지 매입비의 60~80%를 지자체에 지원하고 있다.

생명의 원천은 우주다. 고로, 나는 별이다! 그가 곧 당신의 별이고 당신이 곧 그의 별이다. 중요한 건 그 진리를 온몸으로 감지할 수 있는 열정과 경이로움뿐이다.

* 주휴수당

근로기준법에 따라 1주간 소정 근로를 한 근로자에게 부여되는 유급휴일에 대한 수당이다. 1주일간 최소 15시간 이상 일해야 지급된다. 1일 8시간씩 주 40시간 일한 근로자에게는 하루 치 임금을 주휴수당으로 지급해야 한다.

눈가의 새발 주름을 닮은 봄 아지랑이 가득한 새날, 찬란을 그대 영혼에 담는다.

* 준예산

헌법 54조 3항에 따라 국회나 지방자치단체 의회가 법정 기한까지 새해 예산안을 의결하지 않았을 때, 정부는 국회에서 예산안이 의결될 때까지 전년도 예산에 준해 인건비, 시설 유지 운영비, 계속사업비 등을 제한적으로 집행할 수 있게 한 제도다. 행정 마비 상태를 막기 위한 취지이지만 신규 사업 추진은 불가능하다.

햇빛처럼 쏟아지는 은행잎, 그 굴절 반사에 눈 맞고 뇌 맞아 선 자리에 선돌 된다. 고인돌 되면 지구와 이혼에 이른다.

* 중국의 국가안전 위해죄(國家安全危害罪)

한국의 국가보안법이라 할 수 있다. 중국의 주권, 영토, 안보 저해, 국가 분열, 인민민주독재정권 전복, 사회주의제도 파괴 행위를 한 단체와 개인에게 적용된다. 국가 배반죄, 국가 분열 선동죄, 간첩죄 등 11개의 죄로 구성돼 있다. 주모자와 주요 가담자의 최고 형량은 사형 또는 10년 이상의 징역이다.

누구나 내일 죽을 수 있다. 때문에 허랑방탕한 생활은 용서되지 않는다.

* 중간광고(中間廣告, Commercial Break)

프로그램 중간에 흐름을 끊고 삽입되는 광고로, 광고 제도의 하나다. 1974년 이후 지상파 방송의 중간광고는 허용되지 않고 있다.

볼 하페(네덜란드의 유명 의사)의 유산이 경매에 나왔다. 그중 『건강의 비결』이란 책 한 권이 나와 비싼 가격에 낙찰됐다. 낙찰받은 이가 내용이 궁금하여 책을 폈으나 책은 백지상태였고, 끄트머리에 다음과 같이 적혔다.
1. 머리는 차게 하고 발은 따뜻하게 하라.
2. 지나친 욕심을 부리지 말고 항상 마음을 편안하게 하라.
3. 그러면 모든 의사를 비웃게 될 것이다.

* 중간선거

미국은 대통령 선거일과 대통령 당선 2년 뒤 번갈아 연방 상·하원 의원, 주지사, 시장, 주 의원 선거를 실시한다. 이 중 대통령 당선 2년 뒤, 즉 임기 중간에 실시되는 선거를 '중간선거(Midterm Election)'라고 한다. 선거일은 11월 4일이다. 연방 상원의원 100명 중 3분의 1, 하원의원 435명 전원, 주지사 절반가량 등이 대상이다. 하원의원은 임기가 2년이어서 선거 때마다 전 지역구를 대상으로 실시된다. 상원의원과 주지사 임기는 각 6년, 4년이어서 임기가 끝나는 지역에서만 선거를 치른다. 2018년 상원의원과 주지사가 각각 36석의 주인을 가리게 된다. 임기 중반에 실시되는 만큼 대통령과 집권 세력의 국정 운영에 대한 중간 평가 성격이 강하다. 미국 역사에서 재선에 성공한 대통령은 집권 2기 중간선거에서 대부분 패했다.

현대그룹 창업자 정주영 회장(1915~2001). "이봐, 해보기나 했어?" 샘물처럼 솟던 자신감. 강원 통천 산골 8남매 장남으로 태어나 초등학교가 전부인 학력의 소유자. 어릴 적 세 번의 가출과 막일꾼으로 전전한 파란만장한 젊은 시절을 거쳐, 소 500마리 몰고 단숨에 '분단의 선'을 넘은 사람. 그 유쾌, 통쾌한 퍼포먼스. '20세기 마지막 전위예술'(기 소르망, 프랑스인 칼럼니스트 겸 대학교수)이란 평을 받았던 그. 평생 폼 잡을 줄 모르던 소탈한 시골 할아버지 정주영, 그가 지금 그립고 아쉬운 건 무슨 이유일까.

* 중산층

경제협력개발기구(OECD)는 전체 가구를 소득 순으로 줄을 세웠을 때 중간에 해당하는 '중위소득'의 50~150% 소득을 버는 가구를 중산층으로 규정하고 있다.

호수는 눈물 가득한 '우멍 눈'(움펑눈)이다. 산과 산 사이에 움펑한 눈물샘이다. 참고 기다리다 마침내 터져 버리는 설움 보따리이다. 저수지는 과묵하다. 출랑대지 않는다. 그저 묵묵히 기다릴 뿐이다. 가슴속 저 밑바닥에 홍어처럼 푹푹 삭힌다. 그러다가 장마철 수문 열면 탱탱 불은 슬픔들 터져 나온다.

* 중성미자(Neutrino, 유령입자)

일명 '뉴트리노'는 약력과 중력에만 반응하는, 아주 작은 질량을 가진 우주를 이루는 기본입자 12개 중 하나다. 물체와 반응하지 않고 그대로 통과해버려 '유령입자'라는 별명을 갖고 있다. 그만 큼 검출하기도 어려워 아직 물리적 성질이 잘 알려지지 않았다. 질량을 가진 입자 중 가장 가볍다. 우주를 가득 채우고 있지만 눈에는 보이지 않으며 물질과 반응하지도 않는다.

산과 강 그리고 구석구석에 숨어 있는 마을들이 오목조목 정겹다. 눈곱만큼도 지루하지 않고, 서럽도록 아름답다.

* 중성자

흔히 '핵'이라 불리는 원자핵 안에는 중성자와 양성자가 함께 있 다. 중성자는 양성자와 질량이 거의 같지만 전기를 띠지 않는다 는 특성이 있다. 원자 바깥에 있는 전자와 반응하지 않기 때문에 물질 깊숙이 들어가 내부 구조와 성분을 확인할 수 있다.

청춘은 봄이고 나무라 했다. 나무가 땅의 지기를 받지 못하면 뿌리를 내리지 못한 다. 뿌리가 약하면 열매를 맺기는커녕 꽃샘추위도 견디기 어렵다. 몸을 쓰면 마음 이 쉬고, 몸을 쓰지 않으면 마음이 바쁘다. 때문에 집중력이 떨어진다.

*중소기업 적합업종

대통령 직속 기구인 동반성장위원회의 권고에 따라 대기업의 진출이 금지되거나 제한되는 업종이다. 2011년 9월부터 제조업과 서비스업에서 각각 85개, 15개 등 총 100개 품목이 지정됐다.

공부하니까 청춘이다. 삶은 공부의 연속이다. 처음 뒤집기(걸음마)에 성공했을 때, 길을 잃었다가 고생 끝에 돌아왔을 때, 그때 몸의 세포들은 죽음과 부활을 동시적으로 체험한다. 그때의 충격과 경이로움이란!

*중(重)이온가속기

가속기는 원자핵이나 원자핵에서 떼어낸 양성자, 전자, 이온 등의 전기적 성질을 가진 입자를 강력한 전기장을 사용해 빛의 속도(초당 30만㎞)에 가깝게 속도를 높여 충돌시키는 장치다. 한국형 중이온가속기(KoRIA)는 원형가속기에서 수소의 양성자를 가속할 수 있어, 원소번호 1번부터 92번인 우라늄까지 모든 종류의 이온을 가속할 수 있다. 가속한 이온을 표적에 충돌시켜 희귀한 동위원소(양성자 수는 같지만 중성자 수가 다른 원소)를 많이 얻는 게 목표다.

너를 모욕하는 사람의 기분에 휩쓸리지 말라. 너를 모욕하는 사람에게 복수하는 가장 좋은 방법은 그 사람처럼 행동하지 않는 것이다. - 톨스토이

*중·저준위 방사성폐기물

원자력발전소 등에서 사용된 작업복, 장갑, 부품 등 방사능 함유

량이 미미한 폐기물. 콘크리트나 아스팔트로 혼합해 드럼에 넣어 응고시킨 뒤 보관하며, 자연 방사능 수준으로 방사능이 떨어질 때까지 격리시킨다.

숙맥(菽麥)은 숙맥불변(菽麥不辨)의 준말. 콩인지 보리인지 구별하지 못한다는 말로 어리석고 못난 사람을 일컫는다.

* 중추절과 반보기

며느리가 명절날 시집과 친정집의 중간 지점에서 잠깐 만나 부모에 대한 그리움과 힘든 시집살이를 위로받으며 애환을 나누었던 풍습에서 나온 말이다.

엘 시스테마는 1975년 베네수엘라 빈민층 아이들을 위한 오케스트라 육성 사업으로 시작됐다. 음악을 통한 청소년 선도 효과를 보여주면서 세계적으로 화제를 모았고 2008년에는 영화로도 제작됐다.

* 즉시범(卽時犯)

살인, 강간 등과 같이 범죄 행위가 시작하는 동시에 종료되는 범죄를 말한다. 범죄 행위가 성립되는 동시에 종료되기 때문에 범죄 발생 시점부터 즉시 공소시효가 시작된다.

칠순 넘은 노인들은 늙은 느티나무처럼 살고 있다. 자식들은 손가락 사이로 모두 빠져나가고 누렁이와 백구만 남았다. 느티나무 잎은 무려 10만여 장, 할머니 사랑은 그보다 더 무성하다. 마르지 않는 샘물이다.

* 증강현실(Augmented Reality)

화면에서 보이는 현실 이미지에 가상 물체를 겹쳐 보여주는 기술이다. 현실과 가상 이미지가 한곳에서 보인다는 뜻에서 '혼합현실(Mixed Reality)'이라고도 한다. 1990년대 후반부터 미국과 일본을 중심으로 연구 개발이 진행됐으며 원격 의료진단, 방송, 건축설계, 제조공정 관리 등에 활용돼 왔다. 최근 스마트폰이 대중화되면서 교육과 게임 분야에도 빠르게 보급되고 있다.

부권(父權) 회복을 서둘러야 한다. 아버지를 귀하게 여겨야 한다. 모(母)도 중요하지만 부(父)보다 더 귀한 것은 없다. 이 사회가 그와 반대로 흘러가는 현실이 안타깝다. 하루빨리 옛날로 돌아가야 한다.

* 증권형 크라우드펀딩(Crowd Funding)

창업가 등 자금이 필요한 사람이 인터넷 기반의 중개업자를 통해 불특정 다수(Crowd)로부터 자금을 조달(Funding)받고 지분이나 배당 등을 제공하는 투자 기법이다. 스타트업 기업이 주된 투자 대상이다.

시간에 방부제를 뿌려라. 시간이 썩으면 냄새가 고약하다. 낙망, 실패, 절망, 후회 같은 것들이 함께 부패하기 때문에 뇌의 실신을 가져올 만큼 냄새가 고약하다. 어구(漁具)가 썩을 때의 몇 배다.

* 증도가자(證道歌字)

고려 불교서적 『남명천화상송증도가(南明泉和尙頌證道歌)』를 인쇄한 금속활자를 뜻한다. 이 서적은 고려 고종 26년(1239년) 목판본으로 다시 만들어 후에 인쇄한 것(보물 758호)이 남아 있지만 당초 사용했던 금속활자와 그 활자로 인쇄한 책은 발견되지 않았다. 2010년 9월에 경북대학교 남권희 교수가 발표하면서 세상에 드러났다. '증도가자' 실물이 확인되면 세계에서 가장 오래된 금속활자본인『직지심체요절』(1377년)보다 최소 138년, 구텐베르크의 금속활자(1455년)에 비해서는 무려 216년 이상 앞서는 금속활자 유물이 된다.

양초는 아름다운 여자가 자기 몸을 먹는 것이다.

*지구당

지역 주민의 의견을 수렴해 중앙정치에 반영하자는 취지에서 국회의원 선거구 단위로 설치됐던 중앙 정당의 하부조직이다. 1962년 정당법이 제정되면서 도입됐다. 그러나 지구당 위원장이 좌지우지해 비민주적 조직으로 전락했다는 지적과 함께 '돈 먹는 하마'라는 비판이 커지면서 2004년 3월 당시 한나라당 오세훈 의원의 주도('오세훈법')로 폐지됐다.

3월 14일은 '화이트데이'다. 또 '파이데이'다. 원주율 '3.1415926……'에서 따온 날이다. 알베르토 아인슈타인의 생일이기도 하다. 원주율 3.14와 일치한다. 그는 과학자의 운명을 타고난 모양이다. 상혼으로 물든 국적 불명의 '밸런타인데이', '화이트데이'는 일본 사람이 얄팍한 상술로 만든 것. 어쨌든 초콜릿을 줄 사람, 받을 사람이 있다는 것은 작은 행복이며 즐거움이다. 나도 주인공?

* 지역법관제도

법관이 신청하면 대전·대구·부산·광주 고등법원의 관할 법원 내에서만 근무하도록 한 제도다. 10년 이상 근무하면 다른 지역으로 전보를 요청할 수 있다. 기존에 관행으로 있던 향관(鄕判)을 2004년 제도화한 것이다. 법관의 수도권 쏠림 현상을 막고 지역 사정에 밝은 법관을 양성하기 위해 도입됐으나 지연과 학연을 통한 유착 등 폐해가 지적돼 왔다.

'아펜 리베'(독일어), '원숭이 사랑'이란 뜻으로 잘못된 부모의 사랑을 꼬집는다.

* 지역행복생활권

지방자치단체들이 주민의 생활 편의를 증진하고 생활권이 비슷한 지역의 공동사업을 촉진하기 위해 박근혜 정부 출범 이후 자발적으로 구성한 권역이다. 전국에 63개 생활권이 있다. 이를 활용하면 기존 시군구 읍면동 행정구역이 아닌 생활권을 토대로 주민 생활과 밀접한 교육, 문화, 복지, 환경 등 정책사업을 효과적으로 펼칠 수 있는 장점이 있다. 지역행복생활권은 크게 수도권시범생활권, 도농 연계권, 중추도시권, 농어촌생활권 등 4개 유형으로 구분된다.

성공과 소유에 대한 꿈을 꾸는 한 청춘은 시든다. 눈빛이 닫히고 사지가 풀리고 폭력 충동에 시달린다. 나무의 목표는 열매가 아니다. 열매를 맺기 위해 사는 게 아니고 잘 살다 보니 열매가 달렸을 뿐이다. 삶 또한 그렇다. 무엇이 되기 위해 사는 게 아니고 잘 살다 보니 성취를 이루는 것뿐이다.

* 지음지교(知音之交)

중국 춘추 전국 시대 때 『열자』 '탕문편'에 나오는 얘기로, 거문고의 명수 백아와 그의 음악을 완전히 이해하는 친구 종자기의 이야기다. 종자기 사후 백아는 그 유명한 '백아절현'의 고사를 탄생시켰으며, 거문고 줄을 끊고 통곡하며 "단 한 사람일지라도 자신을 진심으로 이해해 주는 친구를 가진 사람은 그 삶이 든든하며 행복하다"라고 했다.

"어제는 역사(history), 내일은 미스터리(mystery), 오늘은 선물(present)!" 영화 〈쿵푸팬더〉에 나오는 명대사다. 현재는 그 자체로 선물이다. 선물을 깔아뭉개고 짓밟는 어리석음은 삶의 낙제생이다. 인생의 전 과정(생로병사, 희로애락)이 선물이지만, 청춘은 그중에서도 최고의 선물이다.

* 지적장애

지적장애는 대개 언어, 인지, 학습기능 발달의 지연으로 실제 생활에서의 능력 부족과 적응의 어려움이 지속되는 상태를 가리킨다. 통상적인 기준으로 지능지수(IQ)가 70 이하며 기능적인 장애를 수반한다.

봄은 첫사랑 같다. 개나리와 철쭉, 벚꽃이 빚어내는 마법은 세상을 온통 파스텔 톤으로 바꿔놓는 그 사랑을 닮았다. 꽃샘추위 지나고 '진짜 봄인가' 싶으면 떠나가 버리는 허무함, 그 뒤 좀처럼 지워지지 않는 여운까지 틀림없이 첫사랑을 닮았다.

* 지정자문인

금융당국이 2013년 7월에 출범한 제3 주식시장인 코넥스(중소기업 전용 주식시장)에서 증권사를 지정자문인으로 선정해 상장심사와 상장 대상 기업에 대한 정보 생성 기능 등을 수행토록 하는 것이다.

봄은 겨울의 밑동을 먹고 자란다. 죽은 듯, 죽은 체하며 침묵으로 일관하던 겨울나무, 그들의 움직임이 바쁘다. 그들은 포크레인도, 삽도, 거중기도 갖고 있지 않다. 그래도 여리디 연한 새싹으로 땅을 밀고 올라온다. 양수기도 없지만 나무 꼭대기까지 물을 올린다. 움을 틔운다, 크게 부풀린다. 꽃봉오리를 맺는다. 꽃을 피운다. 그들은 누가 시키지 않아도 스스로를 키우며 피운다. 그 존재와 충실함이 외경스러울 뿐이다.

* 지하드 제인

이슬람 성전(聖戰)을 뜻하는 단어 '지하드'에 미국 유명 여배우 데미 무어가 미 해군 특수부대(네이비실) 대원으로 출연한 1997년 작 〈지아이(GI) 제인〉의 주인공 이름 '제인'을 합쳐 만든 단어다. 서구 언론이 '자생적 여성 테러리스트'를 뜻하는 말로 사용하고 있다.

새들은 사랑 노래로 짝을 부르느라 소란스럽다. 그래도 시끄럽지 않다. 겨울 철새는 날아가고 여름 철새는 날아온다. 하늘이 분주하다. 신호등도, 내비게이션도 없지만 이탈하거나 미아가 되는 일도, 충돌도 없다. 참 신통하다.

의사 업무 중 일부를 위임받아 수행하는 간호사를 말하며 영어로 'Physician Assistant'의 약자다. 의료법상 의사는 의료와 보건 지도, 간호사는 간호 및 진료 보조를 해야 한다. 수술, 약물 처방, 예진과 회진, 환자 상담은 의사의 의료 행위이므로 간호사가 할 수 없다. PA가 의사의 지시 없이 회진을 돌거나 약물을 처방하면 의료 행위이므로 문제가 생긴다.

'봄'은 볼 게 많다. 그래서 '봄'이 되었나 보다. 볼 것 없음에서 볼 것 있음으로 '페이드 아웃, 페이드 인'한다. 회색에서 초록으로 채색한다. '사(死)'에서 '생(生)'으로, '정(靜)'에서 '동(動)'으로 모드를 전환한다. 조팝나무 가는 줄기에 손 사마귀 같은 움이 다닥다닥 붙었다. 소매물도 형제바위 앞에 붙은 따개비처럼. 따개비가 열리면 꽃이 되고 잎이 되고 따개비 밥이 된다.

치읓

* 차등의결권 제도
기업 지배주주의 경영권 보호 등을 위해 주식 종류별로 의결권 수에 차등을 두어 발행할 수 있도록 하는 것이다. 현행 한국 상법은 주주 평등 원칙에 따라 1주에 1개 의결권만을 부여하고 있어 차등의결권 부여가 불가능하다.

청춘은 고민으로 아프고 노인은 신체의 노후화로 아프다.

* 차이콥스키 콩쿠르
냉전 시대 공산주의권의 문화적 자존심의 상징으로 1958년 러시아 모스크바에서 창설됐다. 벨기에 퀸엘리자베스 콩쿠르, 폴란드 쇼팽 콩쿠르와 함께 세계 3대 콩쿠르로 불린다. 4년마다 피아노, 바이올린, 첼로, 남녀성악 부문을 동시 개최한다. 1974년 정명훈 예술 감독이 미국 국적으로 이 콩쿠르 피아노 부문에서 2위를, 1994년 백혜선 대구가톨릭대 석좌교수가 한국 국적으로 3위를 차지했다.

보이지 않는 그리움은 가슴에 박힌 보석이다.

* 착한 운전 마일리지

'도로교통법을 준수하겠다'라고 서약한 운전자가 1년간 과태료, 벌금, 인명 피해 등 법규 위반을 하지 않으면 특혜 점수 10점을 부여하는 제도다. 나중에 법규를 위반해 벌점을 받았을 때 마일리지 점수만큼 벌점을 깎을 수 있으며, 유효기간은 따로 없다.

사람은 건강할 때 왜 고마움과 감사를 모를까? 말기 암 진단을 받고, 큰 사고를 당하고 나서야 생의 고마움과 삶의 의미를 느낀다고 모두들 이야기한다. 오늘 당장, 아니 지금 당장 멀쩡한 내 몸을 쓰다듬고 부드럽게 마사지해 주며 '고맙다. 고맙다' 하기 바란다. 다리가 불편하여 고생하는 사람이 정말 많다. 다리가 불편하면 그 즉시 행복은 사라진다. 하체 근육을 키워라. 이것은 거의 절대적이다.

* 찬양고무죄

국가의 존립, 안전이나 자유민주적 기본질서를 위태롭게 한다는 것을 알면서도 반국가 단체나 그 구성원 또는 그 지령을 받은 자의 활동을 찬양, 고무, 선전, 선동, 동조하는 범죄행위다. 국가보안법 7조에 규정돼 있으며, 법 위반 시 7년 이하의 징역형을 받게 된다.

세상에서 제일 불행한 사람은 완벽해지려고 애쓰는 사람이다. 이 세상에 완벽한 사람은 존재하지 않는다.

* 찰러리맨

찰러리맨은 아이를 뜻하는 차일드(Child)와 직장인을 뜻하는 샐러리맨(Salaryman)의 합성어로, 경제활동을 하면서도 부모님에게 심리적·물질적 지원을 받는 직장인을 말한다.

봄은 찬란이며 환희다. 36만 평(약 120만㎡) 서울 숲은 초등학교 운동장처럼 소란스럽다. 땅은 풀어질 대로 풀어지고 해질 대로 해졌다. 놓칠세라 참새 혀 같은 여린 싹들이 돋고 솟는다. 나무줄기에도 마마 열꽃 같은 연둣빛 부스럼이 온몸에 돋았다. 풀어진 엄마 젖가슴을 여린 아기 손이 점령하듯 온통 그 어린 것들의 세상이다. 모두가 봄 잔치 준비하느라 웅성웅성 웅얼웅얼 한다.

* 참나무

참나무란 나무는 없다. 참나뭇과에 속하는 신갈나무, 떡갈나무, 졸참나무, 상수리나무, 굴참나무, 갈참나무 6종류의 나무가 있을 뿐이다.

시각을 바꾸어 사물을 보라! 모든 사물은 다른 각도에서 볼 때만 새로운 모습을 드러낸다.

* 창조

지금까지와는 다른 무엇인가를 만들어 내는 것이다. 인간의 사고에는 과거의 경험과 지식의 틀에서 벗어나기 어렵게 하는 '틀짓기(Framing) 효과'가 있어 다른 생각을 하는 것이 그만큼 어렵다고 한다. 그래서 우리는 생각이 다른 사람을 괴짜라고 한다. 창조적인 사회는 이 같은 괴짜가 많은 사회다. 괴짜는 자신의 믿음에 충실하기에 창조에 필요한 우직함이 있다. 우직함은 몰입을 가져온다. 이런 소수의 괴짜, 우직한 소수가 숨을 쉴 수 있고 나아가 그들이 인재로서 우대를 받을 수 있을 때 창조의 역량은 커진다.

납작 단추처럼 풀밭에 박혀 있는 올망졸망 푸른 제비꽃, 깜찍하고 앙증맞은 들꽃. 왜 '오랑캐꽃'일까. 꽃 모양이 정말 '오랑캐의 길게 땋아 내린 머리채를 닮아서'일까. 아니면 이 꽃이 필 때쯤, 북방의 굶주린 오랑캐들이 쳐내려와서일까.

* 창조경영

기존 시장에 존재하지 않고 사람들이 기대하지 않았던 새로운 가치를 창출하거나 창출할 토양을 마련하는 경영 방식을 의미한다. 과거 대량생산 시대의 경영은 제품의 질이나 제조의 효율성을 강조했으나, 다품종 소량생산, 지식 정보화로 대표되는 현대사회에서는 가치 창조가 경영의 최대 관심사가 됐다. 해외에선 두바이, 애플의 아이폰, 국내에선 전남 함평 나비 축제, 삼성의 발광다이오드(LED) TV 성공이 창조경영의 대표적 사례다.

하지 감자 철, 농부들은 감자꽃 피기 무섭게 따내기 바쁘다. 그래야 씨알이 굵어지기 때문이다. 꽃 시절 못내 그리워 냉장고 채소 칸에서조차 싹을 밀어 올리는 감자의 억척스러움은 역시 대단하다.

* 채무자 취소권

채무자의 불법 행위로 다른 채권자의 권익이 침해됐다면 이 행위를 취소할 수 있는 민법상의 권리다. 고객이 저축은행에 맡긴 예금은 저축은행에는 부채가 되기 때문에, 채무자는 저축은행, 채

화제가 빈곤한 30~40대라면 반드시 알아야 할 시사상식

권자는 예금주가 된다.

같은 시간과 같은 환경 속에서도 누구는 성공하고 누구는 절망한다. 그것이 바로 생각의 차이이며 우리가 긍정적으로 생각해야 하는 이유이다.

* 챕터 9(Chapter 9)

지방자치단체의 파산 절차를 규정한 미국 연방 파산법 9조를 말한다. 기업이나 개인의 파산 절차를 규정한 다른 미국의 파산법에 비해 판사에게 주어진 재량권이 적다. 판사가 기업 또는 개인에게 하는 것처럼 자산 매각 등 적극적으로 구조조정을 지시할 수 없고 지자체의 자체 역량에 구제 여부가 달렸다.

"그 무엇도 내 허락 없이는 나를 불행하게 만들 수 없다. 각자의 마음속에 이 말을 새겨둔다면 결코 인생에서 좌절이나 포기는 없다. 똑같은 것을 놓고 어떤 사람은 그것을 불행으로 치부할 수 있다. 하지만 그것이 어떤 사람에게는 행복의 이유가 될 수도 있다. 모든 것은 내 허락 여부에 달려 있다. 이것이 생각의 힘이다." - 차동엽 신부

* 천요하우(天要下雨)

'비는 내리고 어머니는 시집간다.' 이는 중국 고사에 나오는 '천요하우 낭요가인(天要下雨 娘要嫁人)', 즉 '하늘에서는 비가 내리려 하고 어머니는 시집가고 싶어 하네'라는 구절에서 나온 말이다. 주요종이라는 서생이 장원급제를 한 뒤 홀어머니 진수영에게 열녀문을 지어드리기 위해 황제의 허락까지 받았다. 하지만 어머니는

아들의 스승 장문거에게 개가하겠다는 뜻을 밝혔다. 주요종이 "어머니가 개가하면 황제를 속인 죄로 목숨을 잃을 것"이라고 탄식하자, 어머니는 비단 치마를 풀며 "이 치마를 빨아 널어 내일까지 마르면 개가하지 않겠다"라고 약속했다. 주요종은 마른하늘에 비가 오겠느냐고 생각하며 동의했지만 갑자기 짙은 구름이 끼더니 폭우가 온종일 쏟아져 결국 어머니가 개가했다는 내용이다. 막으려 해도 어쩔 수 없는 상황을 뜻한다.

모험이라는 날줄과 위험이라는 씨줄이 인생이라는 아름다운 피륙을 만든다.

* 첫 번째 펭귄상

미국의 랜디 포시 교수는 "적이 잠복해 있을지 모를 물속으로 뛰어들어야 할 때는 반드시 누군가는 첫 번째 펭귄이 되어야 한다"라며, 목표는 달성하지 못했지만 새로운 아이디어를 시도한 제자에게 '첫 번째 펭귄상'을 줬다. "경험은 원하는 것을 얻지 못했을 때 얻어지는 것이다"라는 뜻에서였다. 특히 취업과 창업 과정에서 실패를 맛본 이들에게 들려주고 싶은 얘기라고 한다. 랜디 포시(폐암 말기의 시한부 생명을 살았음) 교수는 그의 마지막 강의에서 '죽음'과 '절망'을 얘기한 게 아니라 어린 시절의 꿈과 도전을 얘기했다. '무중력 상태로 있어 보기', '미식축구선수 되기', '세계 백과사전에 내가 쓴 항목 등재하기', '디즈니의 이매지니어 되기'…….

영국의 극작가 '버나드 쇼'는 어느 날 친구 두 명을 자기 집으로 초대했다. 응접실엔 먹다 남은 포도주가 있었다. 먼저 온 친구는 반병밖에 없다며 불평했다. 나중에 도착한 친구는 반병씩이나 남은 포도주를 보고 기뻐했다. 먼저 온 친구는 비어 있는 빈 공간을 보았고 나중에 온 친구는 남아 있는 채워진 부분을 보았던 것이다. 긍정적 시각과 부정적 시각의 결과는 어떨까?

* 청려장(靑藜杖)

명아줏대로 만든 지팡이(장수 지팡이)를 말한다. 명아주란 명아줏과의 일년초 식물로 줄기 높이 1미터가량에 납작한 달걀꼴의 잎이 어긋맞게 나는데 여린 잎은 붉은빛을 띠고 여름에 황록색 꽃이 이삭 모양으로 핀다. 어린잎은 먹을 수 있고 씨는 건위제나 강장제로 쓰이기도 한다. 고아한 학의 목을 닮았다고 하여 학항초(鶴項草)라고도 부른다.

벌교 꼬막, 간간하면서 쫄깃하고 알큰하기도 하고 배릿하기도 한 복합적인 맛이다. 전남 벌교읍 회정리에는 '꼬막정식거리'가 있다. 꼬막무침, 꼬막탕, 꼬막파전, 통꼬막, 양념꼬막 등이 손님을 기다린다.

* 청명(淸明)

부지깽이를 거꾸로 꽂아 놓아도 싹이 돋는 날. 그악하고 요란했던 봄비 뒤끝, 돌개바람, 진눈깨비 언제 그랬냐는 듯, 또다시 뭉근하게 덥혀지는 햇살. 아가의 파란 실핏줄처럼 맑고 투명한 연초록 잎맥. 갓 깎은 상고머리처럼 하늘하늘 배냇짓하는 아기보리밭. 헤진 하늘 감쪽같이 깁고, 묵은해 얼굴 말갛게 씻어준 단비. 까무룩 설핏한 봄기운 인다.

'내가 바라는 것이 있다면 내가 있음으로써 이 세상이 더 좋아졌다는 것을 보는 일

* 청출어람 이청어람(靑出於藍 而靑於藍)

'쪽에서 나온 물감이 쪽빛보다 더 푸르다'라는 뜻이다. '쪽'이란 마디풀과의 일년초로 중국이 원산이며 줄기는 50~60㎝, 잎은 길둥글거나 달걀 모양이며 8~9월에 붉은 꽃이 이삭 모양으로 핀다. 잎은 남빛을 물들이는 물감의 원료로 쓰인다.

70을 바라보는 나이에도 아프면 안 됩니다. 늘 청춘이어야 합니다. 더군다나 아름다운 꿈을 꾸는 사람, 무거운 등짐을 지고 굽이굽이 언덕을 오르는 사람에게는 늘 건강해야 합니다. 늘 청춘이어야 합니다.

* 체당금(替當金)

기업 도산으로 일자리를 잃은 근로자를 보호하기 위해 정부가 예산으로 마련한 기금이다. 근로자가 회사 파산으로 임금을 받지 못한 채 퇴사한 경우 국가가 사업주를 대신해 임금 등을 체당금으로 지급해 준다. 체당금 제도는 IMF 외환위기 이듬해인 1998년 처음 도입됐으며 임금채권보장법에 규정돼 있다.

창의적 아이디어는 뇌가 지루하다고 느낄 때 나온다. 지루하다고 느낄 만큼 한가로워져라. 인터넷이 안 되는 곳, TV, 신문 없는 세상에서 꽃과 이야기하며 시간 보내는 걷기를 권한다.

* 체리피커(Cherry picker)

체리가 장식된 케이크에서 하나뿐인 체리를 빼먹는 사람과 같이 여러 기능 중에서 자신에게 필요한 기능만 쓰고 다른 것은 이용하지 않는 사람을 일컫는 경제학 용어이다. 신용카드 이용 시 자신의 소비패턴을 알고 필요한 할인 혜택만 받고 더 이상 사용하지 않는 실속형 소비자를 뜻한다.

내 나라도 제대로 모르며 외국 견문 넓힌다고 나가는 것은 모국어도 제대로 못 하는 어린아이가 영어부터 배우는 격이다.

* 체질량지수(BMI, Body Mass Index)

체중(kg)을 키(m)의 제곱으로 나눈 수치가 체질량지수다. 23 이상이면 과체중, 25 이상이면 비만이다. 사망위험도는 BMI가 22.6 이상 25 이하인 사람의 사망 위험을 1(기준 지수)로 봤을 때 상대 위험도. BMI 15 이하인 경우 사망위험도가 2.76이라는 것은 기준 지수보다 2.76배가 높다는 의미다. 키가 170cm이고 몸무게가 70kg인 경우 체질량지수(BMI)는 '70÷(1.7×1.7)=24.2'가 된다. 성인 기준으로 수치가 18.5 이하면 저체중, 18.5~23은 정상, 23~25는 과체중, 25~30은 비만, 30~35는 고도비만, 35 이상은 초고도비만으로 분류한다.

영혼을 살찌워라. 몸은 날씬하게, 영혼은 뚱뚱하게. 영혼의 양식은 독서, 걷기, 명상이다. 영혼의 비만 여부는 자연을 대하는 태도를 보면 안다.

* 초고화질(UHD) 방송서비스

UHD 방송은 기존 고화질(HD) TV 방송보다 4배 이상 선명한 화질과 입체적인 음향을 제공하며, TV에 인터넷이 연결되면 다양한 양방향 서비스도 구현할 수 있다.

가출은 집을 버리고 밖으로 나가는 무목적적한 행동이고, 출가는 집을 놔두고 자아실현을 위해 밖으로 나가는 목적 행위이다. 따라서 여행은(산책은) 자아 충족을 위한 잠깐의 출가다.

* 초국가적 마을

레비트는 이주민에 의해 만들어진 이산마을을 국가를 횡단하는 초국가적 마을로 정의했다. 이 마을은 단순히 자신의 고국과의 연결성을 강화하는 향수적·귀환적 성격을 지닌 것이 아니라 고국과 수용국 사이를 매개하면서 단일한 귀속성을 초월하는 성격을 가진다고 한다.

진실된 말은 즐거움을 주지 못하고 즐거움을 주는 말은 결코 진실되지 못하다.
- 노자

* 초복(初伏)

음력 오월 그믐, '복(伏)'은 '사람 인(人)과 개 견(犬)'의 합성어다. 사람 옆에 개가 충직하게 엎드려 있는 듯한 글자꼴이다. 주인이 화를 낼 때조차도 묵묵히 순종하는 의리의 반려동물. 세상엔 '개만도 못한 인간'이 얼마나 많은가. 복달임 음식점이 북적거린다. 삼

화제가 빈곤한 30~40대라면 반드시 알아야 할 시사상식

계탕, 장어구이, 민어탕, 전복죽……. 뭉게구름 사이 언뜻언뜻 푸른 하늘 성큼 한발 다가온 앞산 머리, 마당엔 통방울눈 고추잠자리 떼 윙윙댄다.

색즉시공(色卽是空), 『반야심경(般若心經)』에 나오는 말로, 이 세상에 존재하는 모든 형체(色)는 공(空)이라는 뜻이다. 곧 형상은 일시적인 모습일 뿐, 실체는 없다는 것을 의미한다.

* 초열대야

'열대야'로 잠을 못 이룬다고 하지만 의외로 열대의 적도 지방은 별로 덥지 않다. 비가 오지 않는 건기에는 밤이면 쌀쌀해 긴 옷을 꺼내 입는 경우도 있다. 열대야라는 말은 한국과 일본에서만 쓰인다. 일본의 기상수필가 구라시마 아쓰시의 글에 나온 표현이 퍼진 것이다. 그는 최근 '초열대야'라는 말까지 만들어냈다. 오후 6시부터 다음 날 9시까지 최저기온이 섭씨 30도가 넘는 밤을 말한다.

초원의 거친 바람이 들꽃들을 아름답고 향기롭게 만들듯 당신을 몸부림치게 하는 거친 바람이 당신의 인생을 더욱 아름답고 향기롭게 할 것입니다.

* 촉법소년(觸法少年)

법령에 저촉되는 행위를 한, 10세 이상 14세 미만의 소년을 의미한다. 형사 책임 능력이 없기 때문에 범죄 행위를 하였어도 처벌을 받지 않으며 보호 처분의 대상이 된다. 법령 위반 소년이라고도 한다.

"오늘 나는 처음으로 인간다운 인간 하나를 만났다." 나폴레옹이 괴테를 처음 상면하고 남긴 말이다.

* 추적권

외국 선박이 연안국의 영해 또는 내수(內水)에서 연안국의 법령을 위반한 경우 이 선박을 공해까지 추적해 나포할 수 있는 연안국의 권리를 뜻한다. 유엔 해양법 조약 111조 2항은 배타적 경제수역과 대륙붕 상부 수역에서도 추적을 개시할 권리를 부여했으며 3항에 도주 선박이 자국 영해나 제3국의 영해로 들어가면 추적권이 소멸한다고 규정했다.

"한 치 앞을 바라볼 수 없는 상황이 끝없는 지적 호기심을 일으킨다." 그린스펀(20년간 FRB 의장)의 이야기로 그는 4명의 대통령을 거쳤다. 그의 나이 78세였다. 그는 평소 나이와 능력, 성공 사이에는 아무런 함수 관계가 없다고 갈파했다. 다만 본인이 어떻게 인생을 설계하고 얼마나 뚜렷한 목표를 가지고 지조 있게 살아가느냐가 중요하다고 역설하였다.

* 축출이혼

부정을 저지른 배우자가 잘못 없는 상대 배우자를 혼인 관계 파탄을 이유로 사실상 가정에서 내쫓는 이혼 형태다. 위자료와 재산 분할 등을 해주지 않기 위해 재산을 미리 차명으로 빼돌린 뒤 빈손으로 내쫓을 수도 있다.

화제가 빈곤한 30~40대라면 반드시 알아야 할 시사상식

사람이 늙는 것은 나이를 먹어서가 아니다. 꿈을 잃어 늙는 것이다. 나이가 들어서 못 하는 게 아니라 스스로 의지를 꺾기 때문에 못 하는 것이다.

* 출자총액제한제도(출총제)

공정거래법이 정한 특정 규모 이상의 대기업 집단 계열사가 순자산의 일정 비율을 초과해 국내 다른 계열회사에 출자할 수 없도록 한 제도로 1987년 처음 도입됐다. 예를 들어 이 비율이 30%이고 현대차의 순자산이 100억 원이라고 가정하면 현대차는 계열사인 기아차에 30억 원 이상 투자할 수 없다. 1998년 2월 폐지되었다가 2001년 4월 부활했으며, 2007년 4월 완화를 거쳐 2009년 3월 다시 폐지되는 등 우여곡절을 겪었다.

이관규천(以管窺天), 대롱 구멍으로 하늘을 엿보다. 좁은 소견으로 사물을 보았자 전체를 파악할 수 없다는 뜻이다.

* 치킨게임(Game of Chicken)

원래 국제정치학에서 사용되던 게임이론으로 어느 한쪽이 양보하지 않을 경우 양쪽이 모두 파국으로 치닫게 되는 극단적인 상황을 뜻한다. '겁쟁이(치킨) 게임'으로도 불리는 이 게임은 1950년대 미국 젊은이들 사이에서 유행한 것으로, 한밤중에 도로 양쪽에서 두 명의 경쟁자가 각자 차를 몰고 정면으로 돌진하다가 먼저 운전대를 꺾는 사람이 지는 경기다. 마지막까지 충돌을 감수하는 쪽이 이기지만 어느 쪽도 양보하지 않을 경우 충돌해 모두 파국에 이른다.

오동나무는 천년을 늙어도 늘 노래를 간직하고, 매화는 일생토록 추워도 향기를 팔지 않는다.

* 친수구역 조성사업

정부가 4대강 살리기 사업으로 환경 여건이 개선된 국가 하천 주변 지역을 체계적이고 계획적으로 조성, 이용하여 난개발을 방지하고 지속 가능한 발전을 목표로 개발하는 사업이다. 난개발을 막겠다는 취지로 추진되는 것으로 친수구역으로 지정되면 국가 하천 2㎞ 이내 지역에 하천과 조화를 이루는 주거, 상업, 산업, 문화, 관광, 레저 시설 등을 건설할 수 있다.

콜리지는 셰익스피어를 가리켜 '아마도 인간성이 창조한 가장 위대한 천재'라고 했다. 그 말이 틀렸다면 '아마도'라는 말을 붙인 데 있을 것이다. 콜리지는 영국의 위대한 시인이자 기독교 철학자이며 형이상학자이고 비평가이며 강연자다. 그에게 필적될 만한 사람이 거의 없었다.

* 친환경차

하이브리드차, 플러그인 하이브리드차, 전기차, 수소차 등 기존 내연기관차보다 대기오염 물질이나 이산화탄소 배출이 적고 연료 소비효율이 우수한 자동차를 말한다.

인간은 어떤 계획으로 만들어졌는가? 아니면 우연인가? 계획적으로 만들어졌다면 '왜?'라는 질문을 안고 살아라.

1972년 7월 4일 이후락 당시 한국 중앙정보부장과 김영주 북한 노동당 조직지도부장이 서울과 평양에서 동시에 발표한 공동성명이다. 자주, 평화, 민족 대단결의 3대 통일 원칙을 제시했다. 또 상호 중상, 비방, 무력도발 중지, 다방면에 걸친 교류 실현에 합의했다. 이를 추진하기 위해 남북조절위원회가 구성됐다. 그러나 이 성명은 남북 정권의 권력 강화에 이용됐다는 비판을 받기도 했다.

두루미는 개방된 곳에서 한쪽 발을 물에 담그고 한쪽 발로 서서 잔다.

ㅋ

키윽

＊ 카르텔

동일 업종의 기업이 경쟁의 제한 또는 완화를 목적으로 가격, 생산량, 판로 따위에 대하여 협정을 맺는 것으로 형성하는 독점 형태를 말한다. 담합을 뜻하는 카르텔이라는 용어가 멕시코 마약 폭력 조직을 뜻하게 된 것은 과거 두 폭력 조직이 마약 유통 경로와 사업 방식 등을 담합해 운영한 데서 비롯됐다. 이후 두 조직은 갈라섰지만 멕시코 마약 관련 범죄 조직은 여전히 카르텔이라 불리고 있다.

우리나라 사람이 1년 동안 읽는 책의 수는 12.1권(2014년)이다. 한 권의 책도 읽지 않는 사람은 무려 30%다.

＊ 카르페 디엠(Carpe Diem)

현재를 잡아라. 현재를 즐겨라. 바로 지금이다. 지금 이 순간 도망갈 수 없다면 지금 이 순간, 이 계절, 이 미풍을 즐겨라.

"인생사에서 유일하게 예측할 수 있는 것은 인생이 예측 불가능하다는 것." 만화영화 〈라따뚜이〉의 대사처럼 잠깐 갰다가도 여지없이 빗방울이 쏟아지는 '배신'의 나날이 반복되는 요즘에 발견한 장마와 인생의 공통점. 무거운 우산 때문에 가방이 축 처진 날은 비 한 방울 내리지 않다가도 우산을 두고 온 날이면 여지없이

화제가 빈곤한 30~40대라면 반드시 알아야 할 시사상식

장대비가 쏟아지는 이 기막힌 머피의 법칙.

* **카리스마**(Charisma)
히브리어로 영어의 파워(Power)에 해당되며 다른 사람을 매료하
고 영향을 끼치는 능력을 가리킨다. '신의 축복'을 뜻하는 그리스
어의 카리스마(Kharisma)로부터 유래하였다. 여호와께서 자신이
찾아내신 사람에게 맡기는 능력을 뜻하기도 한다.

지구에서 가장 더운 곳은 이란의 루트사막이다. 미국의 한 대학 연구팀이 위성자료
를 분석한 결과에 따르면 최고기온은 2005년 기록한 70.7도다. 박테리아조차 살
수 없어 우유가 상하지 않는다. 중국 타클라마칸사막의 역대 최고 기온은 66.7도.
여름 평균기온은 40도를 넘나든다. 루트사막과 달리 이곳에는 사람이 산다.

* **카복시**
주사기로 피하 지방층에 탄소가스를 주입해 지방을 분해하는 시
술이다.

"묵은 추위 몸속에 숨어 있어 배가 차니 싸늘하게 식은 음식 입에 대지 마라. 얼음
물과 찬 과실도 많이 먹으면 가을철 학질을 일으킨다."(동의보감) 한의학에서는 여
름철일수록 배 속이 더 차기에 찬 음식을 피하라고 강조한다.

* **카 셰어링**(Car Sharing)
1950년대 스위스에서 사회운동 형태로 처음 시작되었으며 자동

차를 빌려 쓰는 방법 중의 하나로 일종의 공유경제 시스템이다. 이후 1990년대 들어 서유럽과 미국에서 상업화되었으며 특히 2008년 금융위기 이후 실용적 소비 패턴과 지속 가능성에 대한 관심이 높아지면서 확산되었다. 회원 가입 후 시내 곳곳에 위치한 무인 거점(차량보관소)에서 차를 빌리고 지정된 무인 거점에 반납하면 된다. 현재 60여 개국 1,000여 개 도시에서 운영되는 것으로 추산하고 있다.

> 염천고열(炎天高熱), 악머구리 끓듯 하는 매미 울음소리 요란하다. 검고 축축한 땅속에서 5~17년 절이고 삭혔다가, 마침내 터져 나오는 피울음소리. 붕붕 으르렁대는 자동차 소음과 줄기차게 '맞짱 뜨는' 수컷들의 울음폭포. "트르륵~찌~" 홑적삼 날개 미친 듯이 비벼대며, 목이 터져라 울부짖는다.

* 카피라이터(Copywriter)

상품이나 기업을 홍보하기 위해 신문, 잡지, 포스터 등과 그래픽 광고, TV CM, 라디오 CM, 배너 광고 등에 사용하는 문구(캐치프레이즈)를 쓰는 것을 직업으로 하는 사람을 말한다. 말하자면 광고주가 하고 싶은 말을 소비자가 듣고 싶은 말로 바꿔주는 사람을 일컫는다.

> 빗속 우수수 떨어진 회화나무 하얀 꽃잎. 마치 아까시나무 꽃잎이 바람에 날려 쌓인 듯 길가에 수북하다. 선비 무덤, 궁중에 심었던 학자수(學者樹)다. 조선 시대 평민 집엔 감히 심을 수조차 없었던 선비나무(Scholar Tree)다. 서울 조계사 대웅전 앞마당 450년 늙은 회화나무. 그 그늘 아래 고단한 삶 쉬어가는 중생들 오늘도 가득하다.

* 칵테일파티 효과

칵테일파티처럼 여러 사람이 모여 이야기를 나누는 시끄러운 장소에서도 자신의 이름이나 평소 관심을 가지고 있는 이야기는 유난히 잘 들리는 현상을 말한다. 의사가 일반인보다 청진기를 통해 나는 소리를 잘 듣는 것도 이 효과에 따른 것이다.

주황 동자꽃은 발그레 화사하다. 푸른 풀잎 사이에 연지곤지 화장한 새색시 꽃이다. 한겨울 먹을 것을 탁발하러 간 큰스님을 기다리다, 끝내 얼어 죽은 동자의 전설이 배어 있다. 동자의 무덤에서 화르르 피어났다는 슬픈 꽃이다. 만항재 풀밭에 은은하게 꽃등불을 밝히고 다소곳하게 서 있다.

* 칼리프

아랍어로 '뒤따르는 자'라는 뜻이다. 610년 이슬람교를 창시한 예언자 무함마드의 뒤를 잇는 사람으로 이슬람권 전체의 지도자이자 최고 종교 권위자를 가리키는 칭호. 무함마드 사후 제4대 칼리프까지(632~661년)는 분열이 없어 이 시기를 '정통 칼리프 시대'라고 부른다. 그러나 이후 칼리프의 정통성을 따지면서 수니파, 시아파 등 여러 종파로 나뉜다.

풀꽃은 산과 들이 좋아 그곳에서 산다. 예쁘다고 그것을 캐다가 온실에 가져다 심으면 시름시름 죽는다. 제발 내버려 두어라. 이름이 없으면 어떤가. 뭐라 부른들 또 어떤가. 누가 밟고 가도 괜찮다. 짓뭉개지면 다시 옆으로 누워 피어난다. 그저 내버려 두면 된다. 들꽃은 자유다. '자기 이유대로' 살 뿐이다.

* 캠프데이비드 산장

미국 워싱턴DC 쪽 메릴랜드주 커록틴 산맥 기슭에 있는 180에이커(1에이커는 1,224평, 약 22만 평으로 서울 능동 어린이대공원과 비슷함)의 대통령 별장으로 원래 이름은 샹그릴라(티베트 이상향 낙원)다.

햇빛이 있는 날 잠깐 오다 그치는 여우비. 세차게 쏟아지다 금세 뚝 소나기. 먼지 나지 않을 정도로 살짝 내리는 먼지잼. 밤새 창가 기웃대는 도둑 비. 오랜 가뭄 끝 약비. 모낼 무렵 한바탕 쏟아지는 목비. 이슬비보다 가늘고 안개비보다는 굵은 는개. 장마로 큰물이 난 뒤 한동안 쉬다 다시 퍼붓는 개부심. 굵직하고 거센 작달비……. 비는 이렇게 이유와 목적에 맞게 대지를 적신다.

* 캠프(Camp)와 개리슨(Garrison)

미국 육군이 운용하는 기지의 개념으로 해당 주둔 국가 내 최고 사령부가 있는 곳은 개리슨, 사단장이나 여단장급 지휘관이 지휘하는 곳은 캠프 등으로 분류한다. 통상 개리슨이 캠프보다 규모가 크다. 포트(Fort)는 미 본토 내에 있는 기지에만 쓰는 용어다.

칠월 칠석, 한·중·일 3국 모두 칠석을 기념하는데, 특히 중국에서는 '치시제(七夕節)'를 연인절이라고 부르며 사랑하는 사람에게 꽃을 선물한다. 국내에서도 남산 한옥마을 등에서 칠석을 기념하는 행사가 이어진다. 연인과 함께 즐거운 나들이에 나서 보자.

* 컬링

중세 스코틀랜드의 얼어붙은 강이나 호수에서 돌덩이를 미끄러뜨리던 놀이에서 유래하였다. 1998년 나가노 겨울올림픽부터 정식 종목으로 채택됐다. 한 팀이 4명으로 구성되며 스톤을 하우스라는 표적 안에 넣어 득점하는 방식이다. 10엔드로 치러지며 각 엔드마다 선수당 2개씩 총 16개의 스톤을 번갈아 던진다. 하우스 안에 들어간 스톤 중 하우스의 중심인 티(Tee)에 근접한 스톤이 1점을 얻는다. 예를 들어 붉은색 스톤 4개가 하우스에 들어가 있더라도 노란색 스톤 1개가 티에 가장 가깝다면 노란색 팀이 1점을 얻는다.

태풍엔 이름이 있다. 그 영향을 받는 14개 국가와 지역이 자국어로 된 명칭 10개씩을 태풍위원회에 제출해 이를 활용한다. 총 140개에 순서를 정해 사용한 뒤 다 쓰면 1번으로 돌아간다. 재활용이 원칙이지만 예외가 있다. 막대한 피해를 준 태풍의 이름은 퇴출시킨다. 2005년 '나비'가 '독수리'로 바뀐 게 대표적이며 라오스에서 명명한 태풍 '볼라벤'도 퇴출 대상이다.

* 컴퓨팅적 사고

기본적으로 인간 사고와 컴퓨터 능력을 통합했다는 뜻이다. 데이터 수집 및 분석, 표현, 문제 분해 및 추상화, 자동화 등 컴퓨터의 해결 능력을 그대로 사고에 적용해 각종 분야에서 문제 해결에 적용하려는 시도인 셈이다. 유비쿼터스 컴퓨팅(컴퓨터 분야), 음성 인식(인공지능 응용 분야), 유전자 치료 및 게놈 스캐닝(바이오 의약 분야) 등은 컴퓨팅적 사고를 유용하게 활용한 대표적 모델이다.

아버지는 언제나 수탉 같은 존재. 언제나 먼발치에서 서성이며 가족을 지키지요. 어머니는 어미 닭이지요. 새끼들을 품고 사는 어미 닭.

* 케어기빙(Caregiving)

노인, 장애인, 만성질환자처럼 스스로 자신을 돌보기 힘든 사람들을 돌보는 서비스를 말한다. 국내에서는 돌봄 서비스, 사회 서비스 등의 용어로 쓰이고 있다. 케어기버(Caregiver, 돌봄 제공자)는 간병인, 요양보호사, 간호사 등 전문직업인뿐 아니라 가족도 포함한다.

> 쑥부쟁이, 구절초, 감국이 피를 토한다. 하얀 피. 한 톨의 수분이라도 덜어야 한다. 그래야 미라가 된다. 꽛꽛한 미라로 한겨울을 나야 한다. 어쩌면 그렇게 나를 닮았나.

* KCI 인용지수

한국학술지인용·색인(KCI) 등재 및 등재 후보 학술지에 실린 논문을 국내 다른 연구진이 얼마나 인용했는지 보여준다. 학술지 논문의 인용 횟수를 논문 수로 나눈 수치를 말한다. 특정 학술지에 실린 논문 10편이 다른 논문에서 모두 5번 인용됐다면 인용지수는 0.5가 된다.

> 창조성은 제약(制約)을 사랑한다. 부족하고 쫓길 때 창조성이 늘어난다.

* KI

정보통신정책연구원(KISDI)의 '방송프로그램 시청자 만족도 평가지수(KI) 조사'는 2006년부터 실시됐으며 종합편성채널에 대한 KI는 종편 개국 이후인 2012년 1분기(1~3월)부터 시작됐다. 방송프로그램에 대한 시청자 의견을 반영해 방송의 질과 공적 책임을 높이는 것을 목적으로 한다. 전국 13~69세의 남녀를 대상으로 채널별 만족도 지수(SI)와 질 평가지수(QI)를 합산해 결과를 산출한다.

실패한 경험을 기억하고 관리한다. 젊은 시절 성공한 사람보다 실패해 본 사람들이 위기 극복 능력이 더 뛰어나다.

* KIC(Korea International Circuit)

국제자동차연맹(FIA)이 공인한 국내 유일의 국제 1등급 자동차 경기장이다. 전남 영암의 국제 1등급 자동차경기장은 185만3,000㎡(약 56만 평)의 대지에 길이 5,615㎞(상설서킷 3,045㎞)의 서킷과 12만 개의 관람석, 팀 빌딩(14동), 패덕, 피트(64동), 미디어센터 등을 갖춘 국내 최대 모터스포츠 시설이다.

어린 가을. 아침저녁 반소매 살갗에 싸하게 돋는 '모시 바람꽃'. 훌쩍 한걸음 다가온 앞산. 속울음 울며 저릿하게 흐르는 강물. 발길에 차르르~ 부서지는 논두렁 이슬방울. 연못에 담긴 흰 구름 송이들. 진주빛 영롱한 자개구름. 나팔꽃 트럼펫 모루구름, "매애~" 울음소리 양떼구름, 아득히 떠도는 새털구름, 둘둘 말린 두루마리구름. 외딴 산봉우리 삿갓구름. 피어라 꽃구름. 놀구름…….

* 코넥스

2013년 7월 1일 설립된 대한민국의 주식시장이다. 창업 초기의 중소·벤처 기업들이 자본시장을 통해 필요한 자금을 원활하게 조달할 수 있도록 개설된 중소기업 전용 주식시장이다.

노란 마타리꽃과 하얀 당귀꽃은 껑충 키가 크다. 불쑥불쑥 머리를 내밀어 소박한 '우산 꽃'을 펼친다. 보랏빛 엉겅퀴꽃도 드문드문 훤칠하다. 보라 낙지 머리에 나비가 너울거리며 정신없이 꿀을 빤다. 노란 두메고들빼기꽃은 한들한들 한가롭다. 주황 꽃잎에 깨점박이 말나리, 하늘나리, 참나리는 트럼펫이다. 금방이라도 재즈가 흐느껴 나올 것 같다. 꽃이 하늘을 향하면 하늘나리, 옆을 바라보면 중나리나 말나리, 아래쪽을 굽어보면 참나리나 땅나리다.

* 코넥스(KONEX)시장

'Korea New Exchange'의 약자로 초기 벤처·중소기업의 자금 조달 시장이다. 상장 요건은 자기자본 5억 원 이상, 매출액 10억 원 이상, 순이익 3억 원 이상(세 조건 중 한 가지만 충족해도 상장 가능)으로 투자자는 금융기관, 상장법인 등 전문투자자, 벤처캐피털, 기관투자가, 3억 원 이상 개인투자자다.

사랑은 언제나 고독을 향해 가는 즐거운 괴로움이다.

* 코드셰어(Codeshare Agreement)

공동운항을 말하며 2개의 항공사가 1개의 항공기를 함께 운항하는 것을 말한다. 여러 대를 각각 운항하는 것이 경제적으로 손해거나 해당 공항의 항공기 수용 능력이 부족할 경우 등에 이뤄진다.

바람이 앓은 옷을 입고 나타났다. 하늘이 구름 이불을 걷었다. 하얀 하늘이 푸른 구름을 덮었다. 검은 구름은 솜이불이다. 하얀 구름은 삼베 이불이다. 아기가 솜이불에 오줌을 지렸나 보다.

화제가 빈곤한 30~40대라면 반드시 알아야 할 시사상식

* 코코본드(Contingent Convertible Bond)

은행이 발행하는 조건부 자본증권의 일종이다. 평소 채권 형태로 사고팔지만 은행의 자기자본비율이 일정 수준 밑으로 떨어져 경영 개선 명령을 받거나 부실 금융기관으로 지정되는 등 은행 경영이 어려워지면 원리금이 주식으로 바뀌거나 원리금을 떼일 수 있다. 이런 리스크 때문에 일반 채권보다 금리가 높다.

추적추적 흐느끼는 가을비. 그 많던 나비들은 모두 어디로 갔을까. 살랑살랑 가뭇가뭇 춤추던 요정. 나긋나긋 나풀나풀 하늘을 떠다니던 꽃잎. 한여름 유리창떠들썩팔랑나비는 요즘 뭘 하고 있을까, 천방지축 풀숲을 헤집고 돌아다니던 수풀떠들썩팔랑나비는 어느 꽃그늘에 숨었을까. 물결나비, 시골처녀나비, 금빛어리표범나비, 각시멧노랑나비, 거꾸로여덟팔나비는 다 어디로 갔을까.

* 콘덴세이트

천연가스에서 나오는 휘발성 액체 탄화수소다. 지하에 매장돼 있을 때는 기체로 존재하지만 지상으로 끌어올리면 액체가 된다. 비중이 가벼워 초경질원유로 분류되며 나프타 함량이 약 50%로 중질유(약 20%)보다 많다.

야성적 충동(Animal Spirit), 영국의 경제학자 존 메이너드 케인스가 만든 용어다. 외부 여건 등에 좌우되지 않고 자신의 판단과 본능에 따라 과감한 의사 결정을 내리는 기업가 정신을 의미한다.

* 콘텐츠큐레이션

정보의 선택 과정을 효율적으로 만들어 준다. 사람들은 디지털화된 정보를 통해 자신을 표현하고 포맷된 정보 선택의 행위를 반복한다. 이 과정에서 빅데이터가 축적되고 분석되어 정보 선택이나 이를 활용한 자기표현의 효율적 과정을 창출하는, 말하자면 미술관 큐레이터처럼 콘텐츠를 골라서 보여주는 서비스를 말한다.

태풍은 무섭지만 나쁘기만 한 것은 아니다. 저위도 부근의 과잉 에너지를 고위도 지역으로 옮겨 대륙과 해양, 적도와 극지방 사이의 열 불균형을 해소한다. 강풍을 동반하기에 태풍이 지나가고 나면 대기는 한층 맑아진다. 지표에 쌓인 오물을 청소해 주는 것도 순기능 중 하나. 지구 에너지의 순환 과정에서 생길 수밖에 없는 태풍. 인간은 태풍을 미워할지 모르지만 태풍은 제 할 일을 했을 뿐이다. 자정 기능, 병든 놈 가지치기, 약한 놈 가지치기, 암에 걸린 놈 미리 제거하기, 바닷물 뒤집기, 공기 청소하기 등⋯⋯.

* 콜타르

아스팔트 찌꺼기와 비슷한 탄소 소재이며 침상코크스는 콜타르를 증류 및 정제한 후 고온·고압의 열처리 공정을 통해 만드는 바늘 모양의 석탄 덩어리를 말한다. 주로 반도체, 발광다이오드(LED), 태양전지, 2차 전지, 전극 재, 전극봉 등의 소재로 사용되는 고부가가치 탄소 소재다.

으슬으슬할 땐 쉬는 게 명약이다. 차가운 아침 공기에 목이 칼칼하고 몸이 으슬으슬해졌다면 유자차나 모과차, 민들레차, 쌍화차 등을 진하게 타 마셔보자. 유자는 열을 내려주는 성질이 있고, 모과는 폐를 보호하고 기관지를 튼튼하게 한다. 민들레차는 기침과 천식에, 쌍화차는 몸살에 특히 좋다. 하지만 감기 기운이 있을 땐 야근이나 술자리 등을 피하고 일찍 퇴근해 푹 자는 게 최선이다.

* 콥트교

이집트에서 가장 오래된 토착 기독교 교파로 전체 인구(8,500만 명)의 10%를 차지하고 있다. 콥트교를 제외한 대부분 이집트인은 이슬람 수니파다. 콥트는 '이집트'란 뜻의 아랍어다. 사도 바울과 전도 여행을 했던 예수의 제자 마가가 알렉산드리아에 교회를 세운 이후 이집트에서 자생적으로 발전했다. 예수의 인성을 믿지 않고 신성만을 믿는다는 점에서 단성설을 신봉한다. 수장은 알렉산드리아에 본산을 둔 교황이다.

강원도 평창군 봉평면은 메밀꽃으로 온통 새하얀 융단이 깔렸다. 햇살을 품은 새하얀 꽃잎이 살랑대는 바람에 흔들릴 때마다 순백의 메밀꽃밭이 장관을 연출한다. 다시 찾아온 이 가을, 야속하게 흐르는 시간에 쓸쓸해진 마음이라면 흐드러진 메밀꽃으로 달래보면 어떨까.

* 콥트교도

콥트는 기독교의 한 분파로 중동 내에서 가장 큰 기독교 공동체다. 이집트 전체 인구의 10% 정도를 차지한다. 콥트의 어원은 아랍 무슬림들이 640년경 이집트를 침략하면서 이집트를 부르던 '아이깁토스'에서 유래한다. 가톨릭계 콥트와 다양한 신교 계열의 콥트로 나뉜다. 무슬림이 지배 세력으로 자리 잡으면서 오랜 차별의 역사를 겪어왔다.

우리는 늘 현재보다 과거를, 이곳보다 저곳을 동경하며 산다. 지루한 일상에서는 별 볼 일 없는 잿빛 서울도 촉촉이 젖은 날이면 마술 같은 도시로 변한다. 자정이면 사라질 호박 마차에라도 탄 것처럼 설레는 마음으로 걸어보자. 우리가 미처 몰랐던, 구석구석 숨겨진 낭만을 기대하면서 말이다.

* 쿨링오프(Cooling Off)

할부판매 또는 세일즈맨에 의한 방문판매 등에서 권유에 이끌려 필요하지도 않은 물품의 구입계약을 하게 된 소비자가 일정한 냉각 기간(지점이나 보험설계사 등을 통해 가입하면 15일, 전화·인터넷 등 통신수단으로 가입하면 30일) 안에는 위약금(違約金) 없이 계약을 해제(계약 신청의 철회)할 수 있도록 한 제도다.

계절이 바뀔 때마다 바람에서는 계절을 담은 향기가 난다. 봄·여름 향기가 새 생명의 활기를 담은 들뜬 향이라면 시원한 가을 향기에는 마음을 차분하게 진정시켜 주는 위로가 담겨 있다. 비가 오는 날이나 단풍이 물들 즈음에는 향기가 더 짙어진다.

* 크라우드펀딩

인터넷을 통해 특정 프로젝트에 다수가 소액을 투자하는 방식이다. 트위터, 페이스북 등 소셜네트워크서비스(SNS)를 적극 활용하기 때문에 '소셜펀딩'이라고도 불린다. 자금이 없는 예술가나 사회 활동가들이 많이 활용한다.

한여름 열기를 떠나보내고 세상을 차분히 가라앉히는 가을비가 내린다. 뜨거운 청춘을 마음속에 묻고 일상을 살아가는 우리네 모습과 겹친다. "정다웠던 그 눈길 목소리 어딜 갔나, 아픈 가슴 달래며 찾아 헤매이는 가을비 우산속에 이슬 맺힌다." (최헌의 노래 <가을비 우산속>) 그 목소리를 다시 들을 수 없음에 마음이 서늘해진다.

* 크레이그스 리스트

미국 출생의 기업인 크레이그 뉴마크가 1995년 설립한 온라인 생활정보 사이트다. 샌프란시스코에 본사를 두고 있다. 각종 구인구직과 상품 매매 광고를 비롯해 다양한 생활정보가 교류되고 있다. 설립 초기 샌프란시스코 지역 내 행사 정보를 실으며 시작된 이 사이트는 현재 50여 개국에서 이용되고 있다.

미국 메이저리그 역대 최다승(511승) 투수 덴턴 트루 영(1867~1955)은 사이클론처럼 위력적인 공을 던져 '사이 영'으로 불렸다. 아시아는 태풍, 미국은 허리케인, 인도는 사이클론, 지역에 따라 명칭은 달라도 열대 바다에서 발생한 저기압을 이르는 말이다. 일본 히로시마에 떨어진 원폭의 1만 배에 달할 정도로 위력적이라 난폭자라고도 부른다.

* 크리켓

영국에서 창안된 스포츠로 야구의 원조다. 배트로 공을 치는 점은 야구와 비슷하지만 진행 방식과 룰은 다르다. 137~150m 너비의 타원형 경기장에 높이 약 81.5㎝, 폭 약 23㎝의 위킷(세로 막대 3개와 가로 막대 2개로 만든 문) 2개를 20.1m 간격으로 세운 뒤 타자 2명이 각각 위킷을 지키고 볼러(투수)가 공을 던지는 방식으로 진행된다. 타자가 공을 친 뒤 반대편 위킷에 서 있던 타자와 위치를 바꾸면 득점이 된다. 볼러가 위킷에 공을 맞히면 아웃이 된다. 팀당 11명으로 구성되고 타자 10명이 아웃되면 공수가 교대된다.

푸르던 잎사귀 노랗게 붉게 물들고, 기온이 점차 낮아지는 가을이다. 시려오는 옆구리가 쓸쓸해지는 계절······. 가을의 허전함을 느끼는 사람이라면 높아지는 청량한 하늘을 보며 세상의 아름다움을 만끽해보자.

* 크세논(제논)

크립톤과 함께 원전이 폭발했을 때 누출되는 방사성 물질의 80%를 차지하는 비활성기체다. 배출량은 많지만 대기 중에서 금세 흩어지기 때문에 인체에 직접 큰 해를 끼치진 않는다. 원자번호는 54이며, 물에 녹지 않고 색과 향이 없는 게 특징이다. 자연 상태에서는 거의 발견되지 않지만 우라늄 농축 과정에서 대량 방출된다. 크세논의 비율을 측정하면 핵실험의 위치와 시기를 확인하는 것도 가능하다. 미국은 2006년 북한 1차 핵실험 때 특수정찰기 WC-135를 띄워 대기 중 크세논을 확인한 것으로 알려졌다.

기상청은 산 전체의 20%가 물들면 단풍의 시작으로, 80%가 넘게 물들면 절정으로 본다. 아침저녁 기온이 뚝 떨어지면 설악산엔 이미 붉은빛이 감돈다. 반갑다. 예년보다 열흘쯤 늦은 단풍이지만.

* 큰빗이끼벌레

호수나 저수지 같은 정체 수역에 주로 사는 '큰빗이끼벌레'는 1㎜ 정도 크기의 개충(個蟲)들이 엉켜 축구공만 한 군체(群體)를 형성 하는데, 개충의 생김새가 빗 모양을 닮아 이런 이름이 붙었다.

'툭…… 투둑……' 알밤 떨어지는 소리다. 튼실하게 알밴 벼 이삭. 통통 살이 오른 갈치. 가지가 찢어질 듯 주렁주렁 매달린 밤송이. 아스팔트 바닥에 널린 붉은 고추. 저무는 논두렁 너머 낮게 깔린 밥 짓는 연기. 단정하게 밤톨처럼 깎은 뒷동산 옹기종기 상고머리 무덤들. 그 옆 구부정한 늙은 소나무, 이 모두는 가을의 정겨운 풍경들이다.

* 클라우드

영어로는 'Cloud'로 구름을 뜻한다. 정보기술(IT) 분야에서는 소 프트웨어와 데이터를 인터넷과 연결된 중앙컴퓨터에 저장해 놓 고 필요한 경우 언제든 접속해서 데이터를 이용할 수 있는 시스 템을 말한다.

책 한 권에는 앞서간 사람들이 일생 겪은 고민과 시행착오가 고스란히 담겨 있다. 누구나 외로움을 타는 계절, 굳이 '힐링'이라 이름 붙이지 않아도 많은 책이 마음 을 토닥토닥해 주는 이유다. 가을은 독서, 아니 치유의 계절이다.

* 클라우드 게임

이용자가 인터넷에만 접속하면 스마트폰, 태블릿 PC, 인터넷 TV 등 어느 기기에서나 게임 설치 과정 없이 곧바로 최신 게임을 즐길 수 있다. 게임이 이용자의 기기가 아닌 원격 서버에서 구동되기 때문에 게임을 내려받고 설치하는 과정이 필요 없다. 게임을 사용한 만큼만 요금을 내면 된다.

가을은 따뜻한 정이 그리운 계절. 한의학에 따르면 차가운 것과 조화를 이루는 목, 화 기운으로 이뤄진 남성은 봄보다 가을에 활동이 더 왕성해진다고 한다. 그래서 예로부터 가을엔 남자들의 '바람'을 조심하라고 했다. 감수성은 예민해지는데 기력은 활발해지니 참 오묘한 자연의 섭리다.

* 클라우드 컴퓨팅(Cloud Computing)

기업이나 소비자가 필요한 저장 공간이나 프로그램을 직접 구입해 설치하는 대신 인터넷 네트워크를 통해 실시간으로 빌려 쓰는 기술을 말한다.

제1차 세계대전 중 연합군 장교들을 혹독한 추위에서 지켜준 트렌치코트. 한 세기가 흐르는 동안 트렌치코트는 영화배우 험프리 보가트부터 샤를로트 갱스브르까지 세월과 성별을 떠나 낭만과 우수의 아이콘으로 사랑받고 있다. 아침 기온이 쌀쌀해진다는 예보다. 도심 곳곳에서 시크한 트렌치코트를 입은 '차도남', '차도녀'들을 찾아볼 수 있을까.

티을

* **타조세대**(駝鳥世代)

맹수로부터 위협을 받으면 땅속에 머리를 파묻는 타조(장두노미, 藏頭露尾)에 빗대 노후에 대한 불안이 있지만 대책이 없는 세대를 뜻하는 신조어. '2012년 신어 기초자료' 보고서를 펴냈고 '우리말샘'(온라인 한국어 지식 대사전)에 올라 있다.

> 봄은 날씨가 화창해 마음을 크고 넓게 하지만 가을의 맑고 상쾌함이 사람의 심신을 맑게 하는 것만 못 하다. - 『채근담』

* **탄도미사일**

발사 초기에는 로켓의 동력으로 날아가다가 최종 단계에서 자유낙하하는 방식의 미사일이다. 탄도와 같은 포물선 궤적을 그리며 날아간다. 대기권 밖에서도 작동하고 속도가 매우 빨라 요격하기 어렵다.

> 감정의 실타래가 풀리지 않을 때, 소슬한 밤바람에 쉽사리 잠이 들지 않을 때, 가만히 마음에 귀 기울이고 싶을 때 시가 우리에게 온다. 가을에만 즐길 수 있는 소박한 사치다.

* 탄소발자국

사람의 활동 혹은 기업의 제품 생산부터 소비, 폐기에 이르기까지의 전 과정에서 직간접적으로 배출되는 온실가스 배출량을 이산화탄소로 환산한 총량을 말한다. 인간 활동의 흔적으로 남는 탄소 배출량을 발자국처럼 상징화한 개념이다.

'낙엽이 지거든 물어보십시오. 사랑은 왜 낮은 곳에 있는지를'(「가을엽서」, 안도현) 키 크고 낯선 빌딩 무리 사이 오래전 헤어진 친구처럼 다정하게 말 걸어오는 글판. 길 잃고 헤매는 모두에게 위로를 건네는 간결한 문장. 당신의 마음을 다독여줄 오늘의 글귀는 무엇인가요.

* 탄소섬유

철에 비해 강도가 10배인 반면 무게는 5분의 1 수준에 불과해 '꿈의 신소재'로 불린다. 자동차, 압력용기, 항공기, 골프채 등 다양한 분야에서 철을 대체할 첨단 소재로 주목받고 있다. 2013년 세계 탄소섬유 시장규모는 20억 달러(약 2조2,800억 원)이며 2020년 50억 달러로 성장할 것으로 전망된다.

입동(立冬), 겨울의 문턱. "쏴아!" 찬바람에 우수수 떨어지는 '나뭇잎 소낙비'. 여기저기 발길에 나뒹구는 낙엽들. 노란 은행나무, 아까시나무, 자작나무 잎. 붉디붉은 붉나무, 단풍나무, 화살나무, 옻나무, 복자기나무 잎. 수수한 갈색의 상수리나무, 떡갈나무, 신갈나무, 갈참나무, 졸참나무 잎. 밟으면 무릎이 말랑말랑해지는 황갈색 솔가리 오솔길, 겨울이 오기 전 맘껏 즐기라고 자연이 우리에게 주는 아름다운 선물이다.

화제가 빈곤한 30~40대라면 반드시 알아야 할 시사상식

* 탄소세(炭素稅, Carbon Tax)

탄소세는 환경세의 일종으로, 이산화탄소와 같은 온실가스 방출 시에 부과된다. 대개 화석연료를 사용하는 매체에 부과되며, 원자력, 수력, 풍력 등에는 적용되지 않는다. 지구 온실효과의 주요 원인 물질인 이산화탄소의 배출을 줄이기 위해 탄소배출량 기준을 정하고 초과분에 대해서는 종량제로 세를 부과하는 것이다. 유럽연합(EU)이 적용하는 탄소배출권 거래제도(ETS)에 따르면, 각 항공사가 할당받은 상한선 초과 이산화탄소 1톤에 100유로(약 15만 원)의 벌금을 내야 한다.

"겨울이 돼서야 소나무와 잣나무가 시들지 않는다는 걸 알게 된다." 『논어』 '자한편'에 나온 말이다. 추사 김정희는 제주도 대정마을에서 8년 3개월간의 유배 생활을 한 후에야 진정한 친구의 의미를 깨닫게 된다. 그는 유배된 자신을 잊지 않고 책을 보내주는 제자 우선 이상적에게 감동해 〈세한도(歲寒圖)〉를 그려줬다. 요즘 같은 겨울 추위 속에서도 초라한 집 한 채를 지키는 '송백(松柏)' 몇 그루. 당신의 송백은 과연 있기나 한가.

* 탄수화물 과잉섭취

흰 쌀밥이나 밀가루 음식, 단 음식 등 탄수화물이 다량 함유된 음식을 지나치게 많이 섭취하는 것을 말한다. 중독이나 집착 증상을 부르며, 배불리 먹고도 또 다른 탄수화물 음식을 찾게 한다고 해서 '탄수화물 중독'으로 불리기도 한다. 당을 섭취하지 않았을 때 우울증이 생긴다는 이유로 '슈거 블루스(Sugar Blues)', 탄수화물을 극단적으로 많이 섭취할 경우 주의가 산만하고 감정의 기복이 심해지는 등의 부작용이 나타나 '신드롬X' 등으로도 일컬어진다. 탄수화물 섭취 자체가 몸에 해로운 것은 아니기 때문에 탄수화물 중독 대신 '과잉섭취'라는 표현을 주로 쓴다.

행복이란 하늘이 파랗다는 걸 발견한 것만큼이나 단순한 것이다. - 요수타인 가아더
(노르웨이 소설가)

* 태안 사설 해병대캠프 사고

2013년 7월 18일 충남 태안군 안면읍 백사장 해수욕장에서 열린 사설 해병대캠프에 수련 활동 및 병영 체험학습으로 참가했던 공주대 사범대 부설고 2학년생 198명 가운데 5명이 바다에 빠져 사망했다. 이들은 구명조끼를 벗고 바다로 들어오라는 교관의 지시를 따르다가 깊은 바다에 빠져 파도에 휩쓸렸다.

현대인의 불행은 '시야 협착증'에서 온다. 세상을 넓게 바라보지 않고 자기의 제한된 사고에 갇혀 감옥 생활을 자처하고 있다.

* 터널링(Tunneling)

그룹 내 이익이 지배주주 지분이 낮은 기업에서 높은 기업으로 이전되는 것을 지칭하는 용어로, 굴을 뚫어 회사 재산을 빼돌린다는 의미로 쓴다. 기업 오너가 자녀 이름으로 유망한 분야의 회사를 창업한 뒤 계열사를 동원해 이 회사의 성장을 돕고, 훗날 증시 상장을 통해 부의 대물림을 손쉽게 하는 것도 이에 해당한다.

화제가 빈곤한 30~40대라면 반드시 알아야 할 시사상식

눈물이 나는 경우는 세 가지다.

1. 안구가 마르지 않도록 자연스럽게 나는 눈물

2. 파, 마늘 같은 자극에 의해 나는 눈물

3. 감정에 의해 뇌를 자극해 나는 눈물

눈물은 참으면 안 된다. 펑펑 눈물을 흘리며 울어라.

* 테라헤르츠파(THz)

10의 12제곱을 뜻하는 테라(Tera) 단위 진동수를 가진 전파다. 1초에 1조 번 진동을 하는 전자기파로 유명하다. '꿈의 주파수'로 불리며 전 세계적으로 연구가 한창이다. 금속을 제외한 플라스틱이나 섬유 등 투과가 가능하고 적외선과 밀리미터파 사이에 존재하는 0.1~10THz 주파수 영역의 전자기파다. 전파의 투과성과 광파의 직진성을 동시에 가지고 있어 독특한 물리적 특성을 보인다. X선보다 투과력이 강하고 인체에 무해해 비파괴 검사장비 개발에 주로 쓰인다.

하늘이 이 사람에게 장차 큰 임무를 내리려고 하면 반드시 먼저 그 심지를 괴롭게 하며, 그 근골을 힘들게 하며, 그 체부를 굶주리게 하며, 그 몸을 곤궁하게 하며, 행하려고 하는 바가 다스려지지 못하게 하니 마음을 움직이도록 하여 성질을 참도록 함으로써 이에 능하지 못했던 것을 보태주기 위함이다. - 『맹자』고자하

* 테이저 건(Taser Gun)

미국 엑슨에서 생산하는 비치사성 전기 충격 무기다. 유효 사거리 5~6m, 5만 볼트의 전류가 흐르는 전선이 달린 침이 발사된

다. 무게 175g 정도로 '테이저 건' 침에 맞으면 중추신경계가 5초 간 마비돼 쓰러진다.

"갈망하라, 우직하게(Stay hungry, Stay foolish)." - 스티브 잡스

* 톈안먼 성루

길이 66m, 폭 37m로 60개의 각기 다른 굵기의 기둥으로 받쳐진 2층 지붕 구조로 되어 있다. '톈안먼'은 명청 시대 황성의 정문으로 원래는 '청톈먼(承天門)'이었으나 1651년 청나라 순치제 때 재건 하며 이름을 바꿨다. '하늘로부터 나라와 국민을 평안하게 다스 리라는 명을 받았다(受命于天 安邦治民)'라는 뜻을 갖고 있다. 왕조 시대 백성은 이 문을 통해 궁을 엿보는 것만으로도 사형에 처해 졌으나 1987년 전면 개방됐다.

'나는 모든 것을 갖고자 했지만 결국 아무것도 갖지 못했다.' - 모파상의 묘비명

* 텔카슈랑스

은행에서 보험 상품을 파는 '방카슈랑스'에 빗대 SK텔레콤과 신 한생명이 '통신회사(Tele-communication Company)'와 '보험(Assur- ance)'을 합성해 만들어낸 말이다. 은행이 보험회사의 상품을 대 신 판매해 은행은 영업망을 최대한 활용하고 보험사는 보험설계 사 비용을 줄여 상생하듯, 통신사와 보험사도 비슷한 모델을 만 들어 보려는 시도다.

평균적 가치관이 세상을 유지할 수는 있지만 변화시키기는 어렵다. 물 새는 물동이가 세상에 아름다운 꽃을 피울 수 있는 것이다.

* 토네이도(미국), 용오름(한국)

미국 중남부를 강타한 토네이도는 자연에 대한 경외감을 갖게 한다. 토네이도는 우리나라에도 있다. '용오름'이다. 용이 오른다는 뜻이다. 1964년 9월 13일 오전 2시경 서울 뚝섬 일대를 휩쓴 용오름은 팔당 부근까지 이동했다. 당시 대문을 고치던 부부는 200m나 날려갔다. 육지에선 흙먼지를, 바다에선 물방울을 끌어올리는 토네이도는 흑룡, 백룡으로 보일 만하다.

어떤 것이 됐건 자기가 선택한 것에 대해서는 책임을 져야 한다. 건강 또한 마찬가지다. 사고를 제외하고는 건강을 방치하고 함부로 다루었기에 지금의 나쁜 건강상태가 온 것이다. 잘 관리했다면 지금 나쁠 이유가 없다.

* 토마호크 순항미사일

초음속 장거리 순항미사일로 잠수함 또는 군함에서 발사된다. '토마호크'라는 이름은 아메리칸 인디언이 사용하던 전투용 도끼에서 유래됐다. 작은 날개를 단 몸통에 연료를 탑재하고 미리 컴퓨터로 입력해둔 목표물을 향해 날아가기 때문에 '폭탄을 탑재한 무인비행기'에도 비유된다. 길이 7m, 직경 53㎝ 크기의 미사일로 최저 7m에서 최고 100m 고도를 날아 레이더 포착이 어렵다. 또 사거리가 450~2,500㎞로 잠수함, 항공기, 지상발사대 등 어떤 장소에서든 발사가 가능하다. 목표물 반경 3~10m 거리에 투하될 정도로 정밀도가 높다. 1991년 걸프전 등 1990년대 미군이 개입한 전쟁터에서 사용됐다. 최초 순항미사일은 독일이 제2차 세계대전 당시 개발한 V-1 미사일이었지만 지금은 미국의 토마호크가 순항미사일 중 실전에 가장 많이 배치된 것으로 알려져 있다. 기당 100만~150만 달러(약 11억~17억 원)에 거래된다.

윤봉길 의사는 23세 때 집을 떠나면서 유서를 남기고 아버지께는 친척을 방문한다고 하며 떠났다. 떠날 때 남긴 글은 다음과 같다. '장부출가생불환(丈夫出家生不還)', '사내대장부는 집을 나가 뜻을 이루기 전에는 살아 돌아오지 않는다.'

* 토빈세(Tobin Tax)

토빈세는 국제투기자본의 무분별한 자본시장 왜곡을 막기 위해 단기(短期) 외환거래와 해외 주식, 채권 등 금융상품 국제거래에 세금을 부과하는 것이다. 노벨경제학상 수상자인 미국의 제임스 토빈이 1972년 처음 주장했다. 프랑스와 독일은 유럽연합(EU)에 0.1%(토빈은 0.5%를 주장)만 도입해도 한 해 550억 유로 이상을 거둘 수 있으니 이를 경제위기 해소 재원으로 쓰자는 입장이다. 하지만 금융산업 비중이 큰 영국은 EU가 전체 토빈세의 80% 이상을 부담해야 한다며 반대했다. 국제결제은행(BIS)에 따르면 2010년 현재 세계 외환 거래 중 36.7%가 영국에서 일어나 세계 1위를 차지하고 있다.

대중 앞에서 말을 잘하려면 서두에 "나는 말을 잘 못 합니다"라고 시작하라. 실수 안 하려고 긴장하면 실수를 더 하게 되고 가슴은 뜀박질한다. 가식과 허울은 모두 벗어버리고 자기의 본 모습대로 하면 된다. 전문가도 아닌데 전문가인 척하면서 위장, 변장하려고 하니 얼마나 가슴이 뛰겠는가. '자연스럽게, 있는 그대로'가 키포인트다.

* 통상임금

근로자에게 정기적이고 일률적으로 지급되는 돈이다. 월급명세서상의 기본급, 직책수당, 직무수당 등이 포함되며 휴일, 야근 수당이나 퇴직금 등을 계산하는 기준이 된다. 근로기준법 시행령 제6조는 통상임금을 '근로자에게 정기적이고 일률적으로 소정(所定 정한바) 근로 또는 총 근로에 대하여 지급하기로 정한 시간급, 일급, 주급, 월급 금액 또는 도급금액을 말한다'라고 추상적으로 정의했을 뿐 구체적 내용이 없어 논란이 돼 왔다. 대법원이 "상여금도 통상임금에 해당한다"라고 판결한 이후 대기업 노조를 중심으로 비슷한 소송이 줄을 이었다. 통상임금에 상여금을 포함하고 그에 따른 휴일 및 야근 수당 등의 과거 3년 치 인상분을 달라는 것이다. 참여 근로자 300명 이상의 소송이 확인된 것만 12건이다. 한국 GM은 패소에 대비해 관련 인건비 8,140억 원을 장부에 반영, 2012년 3,400억 원의 영업적자를 기록했다.

죽음, 두려워 말라. 삶과 죽음을 생각하지 못하는 미물로 돌아가는 연습을 하라. 쓸데없는 생각이 죽음을 두렵게 한다. 죽음이라는 생각조차도 않는 생물 또는 무생물이라고 생각하라. 하찮은 개미, 지렁이, 하루살이를 생각하면 된다.

* 통석(痛惜)의 염(念)

'애석하고 안타깝다'라는 뜻으로 1990년 5월 아키히토 일왕이 일본을 방문한 노태우 당시 대통령에게 한일 과거사에 대해 사과의 뜻으로 한 표현이다. 통상적으로 사용하는 표현이 아니어서 사과의 진정성을 놓고 논란을 불러일으키기도 했다.

헌 몸, 허물어지는 몸은 용서되어도 헐한 몸, 싼 몸은 용서되어서는 안 된다.

* 통화스와프(Currency Swap)

외화 유동성 위기에 대비해 양국 중앙은행(정부)이 단기적인 자금 융통이 필요할 때 자국 통화를 상대방의 통화나 미국 달러화로 맞바꾸기로 하는 계약이다. 두 개 이상의 금융회사나 기관이 약속한 기간에 미리 정한 환율로 통화를 맞바꾸는 거래다. 2011년 한국은 일본과 700억 달러 규모, 중국과는 3,600억 위안 규모의 통화스와프 계약을 각각 맺고 있다. 당장 필요한 외화를 빨리 조달할 수 있다는 것이 장점이다.

천 시간의 약속, 김연아는 한 번의 점프를 위하여 1,000번의 엉덩방아를 찧는다. 나무, 꽃, 나비, 벌, 잠자리와 대화하려면 최소한 천 시간은 그들과 함께하며 그들의 침묵을 들어야 한다. 천 시간의 투자는 느림의 실천이 그 생명이다.

* 투르크멘족

터키계 소수 민족으로 터키 국경과 가까운 시리아 북부 라카티아 산악지대에 주로 거주한다. 세계 각국에 흩어져 사는 규모는 1,200만~1,800만 명으로 추산되며, 시리아 내에만 150만~350만 명이 있는 것으로 알려져 있다. 11세기경 시리아에 둥지를 튼 이

화제가 빈곤한 30~40대라면 반드시 알아야 할 시사상식

들은 바샤르 알아사드 정권 아래서 심한 탄압을 받았다. 시아파인 알아사드 정권은 수니파인 투르크멘족의 지위를 인정하지 않았고 터키어 사용도 금지해 왔다. 이에 투르크멘족은 2011년 시리아 내전 발발 이후 시리아 반군에 합류했다. 공격 대상은 시리아 정부군과 '이슬람국가(IS)'다. 최근 이들은 자신들의 거점 지역을 공격해 온 러시아와도 교전을 벌이고 있다. 시사주간지 《타임》은 "서구 사회가 IS 격퇴에 뜻을 모은 시점에서 투르크멘족이 러시아와 터키의 갈등에 의외의 복병으로 떠올랐다"라고 했다.

여행은 자아를 채우는 잠깐의 출가다. 길을 천천히 걸으며 사물들에 하나하나 눈을 맞추면 안다고 여겨온 풍경의 깊고 아득한 내면으로 떠나게 된다.

* 투자개방형 의료법인

주식회사처럼 일반 투자자로부터 자금을 조달해 병원을 운영하고 수익금을 투자자들에게 돌려주는 형태의 의료법인이다. 국내에서는 경제자유구역과 제주에만 허용돼 있다. 한국, 일본, 네덜란드 등 일부 국가만 투자개방형 의료법인을 금지하고 있다.

행복을 누리는 사람들의 특징을 보면,

1. 공부를 시작한 사람,

2. 취미활동을 계속하는 사람,

3. 봉사활동에 참여하는 사람들이다.

* **투자자-국가소송제**(ISD)

외국에 투자한 기업이 현지의 부당한 정책이나 법으로 피해를 볼 경우, 현지 법원이 아닌 국제기구에 제소해 구제받을 수 있도록 하는 제도다.

잎은 한 가지에서 났으면서도 서로 가는 길을 모른다. 그게 인생과 닮았다.

* **트라이애슬론**

수영, 사이클, 마라톤을 동시에 하는 스포츠다. 철인 3종 경기로도 불리는 '아이언 맨 코스(수영 3.8㎞, 사이클 180.2㎞, 마라톤 42.195㎞)'와 올림픽에서 치러지는 '올림픽 코스(수영 1.5㎞, 사이클 40㎞, 마라톤 10㎞)'로 나뉜다.

전국에 있는 평화로운 가정을 초상집으로 만드는 아침 드라마, 하루빨리 없애야 한다. 아침부터 대성통곡하는 소리 집집마다 울려 퍼져…….

* **트랜스포터**

일명 지네발로, 울산의 온산공단에서 볼 수 있는 바퀴 200여 개의 운송수단으로 쓰이는 물체다. 조립된 선박을 바다로 이동하는 수단으로 사용된다.

꽃과 약속했다. 천 시간만 참으면 입을 열겠다고. 하나를 이루려면 1만 시간이 필요하고 한 번의 점프를 위해 천 번의 엉덩방아를 찧어야 한다. 천 시간도 참지 못하고 입 열지 않는다고 불평하지 마라. 술이 익어야 냄새가 나듯 천 시간은 숙성의 시간이다. 이제 겨우 소통된다. 꽃아, 사랑한다.

---

* **트레이드오프(Trade-off)**

미사일 사거리를 늘리면 탄두의 중량을 줄이고 탄두 중량을 늘리면 사거리를 줄이는 시스템이다. 어떤 것을 얻으려면 반드시 다른 것을 희생해야 하는 관계를 설명하는 경제 용어에서 비롯된 말이다.

사랑은 신이 보내는 신호다. 사랑은 죽음에서 사람을 살게 한다. 사랑은 신의 영역이다.

---

* **트리즈(TRIZ)**

창의적 문제 해결 방법론을 의미하는 트리즈는, 옛 소련의 과학자 겐리히 알트슐러가 해군 특허국에서 일할 당시 창시한 이론이다. '모든 발명 과정에 공통의 법칙과 패턴이 있다'는 사실을 파악하고 전 세계 특허 200만 건 중 창의적 특허 4만 건을 추출해 분석한 결과를 체계화한 이론이다. 삼성전자 등 많은 기업에서 생산성 향상과 문제 해결 방법론으로 활용하고 있다. 러시아어 'Teoriya Resheniya Izobretatelskikh Zadatch'의 약자이며 영어로는 'Theory of inventive problem solving'이다. 특허 분석을 통해 공통된 원칙성을 찾아내 문제를 해결하는 사고 방법을 40가지로 정리했다.

이 세상 나쁜 날씨란 없다. 단지 좋은 날씨가 여럿 있을 뿐이다. - 존 러스킨(영국 시인)

* 트위스트(TWIST, This Week In Startups)피칭대회

스타트업(초기 벤처기업)을 지원하기 위해 미국에서 시작된 것으로, 1분 안에 자신의 사업계획을 투자자에게 전달하는 대회다. 미국에선 창업자들이 실리콘밸리에 있는 투자자들을 엘리베이터에서 만나 즉석에서 자신의 사업계획을 설명하는 일이 많아 1분 안에 사업계획을 전달하는 피칭대회가 유행이다.

1923년 출간된 칼릴 지브란의 『예언자』는 일상의 문제를 조언하는 산문 시집으로 20세기 성경 다음으로 많이 팔린 책이다. 그 속에는 '당신의 자녀는 당신의 자녀가 아닙니다. 당신과 함께 있기는 하지만 당신의 소유는 아닙니다'라고 적혀 있다.

* 트위터(Twitter)

'팔로(Fallow)' 관계를 맺은 사람들(팔로워, Follower)끼리 서로가 올린 글을 자유롭게 볼 수 있는 인터넷상의 네트워킹 시스템이다. '팔로'는 '싸이월드'의 1촌과 비슷한 개념으로, 상대방의 허락 없이도 '팔로'를 맺을 수 있다. '팔로' 관계를 맺은 누군가가 글을 올리면 자동적으로 다른 '팔로워'들의 트위터에 전달되고 스마트폰을 갖고 있으면 어디서든 실시간으로 이를 받아 보게 된다. 한 번에 최대 140자까지만 쓸 수 있어 깊이는 없지만 신속히 메시지를 전달한다는 장점이 있다.

반기문 전 유엔 사무총장은 "웅대한 비전과 열정을 갖고 꿈을 실현하기 바란다. 멀리 내다보고 세계적인 인물이 되도록 노력하라"라며, "세계를 가슴에 품은 인재가 될 것"도 주문했다.

* 트통령

트위터 팔로워가 162만 명이 넘는 작가 이외수는 '트통령'이라고 불린다.

요즘 부모들은 명심해야 한다. '재산, 자식한테 안 주면 맞아서 죽고, 반만 주면 목 졸려 죽고, 다 주면 굶어 죽는다.' 소름 끼치는 유머다.

* 특별교부세

지방자치단체가 특정 사업을 추진하기 위해 정부로부터 지원받는 교부세다. 행정자치부(2017년 7월 행정안전부로 바뀜)가 지방교부세 중 일부를 떼어 지방자치단체 사업 지원과 인센티브 등으로 사용하는 재원이다. 그동안 구체적인 집행 명세가 공개되지 않아 중앙정부와 실세 정치인들의 '쌈짓돈'이란 비판을 받았다.

자신을 발전하게 하는 법

1. 매주, 매달 목표를 세운다.

2. 여행을 자주 한다.

3. 다른 분야에 종사하는 사람을 만나 대화한다.

4. 신문, 잡지와 친해져라.

5. 의논(대화) 상대를 두자.

6. 하고 싶은 일을 적는다.

7. 특별 요리에 도전한다.

8. 어린 사람과 친하게 지낸다.

9. 한 줄이라도 일기를 써라.

10. 경험해 보지 못한 일을 경험하라.

11. 초심을 잃지 마라.

12. TV 보는 시간을 줄여라.

* 특수상대성이론

시간과 공간을 한데 묶어 4차원으로 설명한 개념이다. 빛의 속도는 변하지 않는다는 전제에서 출발하며 빛의 속도보다 빠른 물질은 없다는 결론이 나온다. 물리 법칙은 속도가 일정한 일직선상의 운동을 하는 모든 관측자에게 동일하고 진공 중의 빛의 속력도 모든 관측자에게 동일해야 한다는 이론이다. 1905년에 아인슈타인이 제창하였다.

음식점마다 왁자지껄 술 익는 송년 모임이 시작되는 계절이다. 원래 봄 술은 뒤란 꽃그늘 아래에서 벗들과 마시고, 여름 술은 산과 들에 나가 시냇가 풀밭에서, 가을 술은 맑고 그윽한 강 위에 조각배 띄워 놓고 마셔야 맛있다. 겨울 술은 눈 내리는 밤, '꾀복쟁이 동무'와 허름한 주막에서 따끈한 대포 한잔이면 최고다. 그렇게 술시에 술 먹고 해시에 해롱대다가 자시에 자면 된다.

* 특수활동비

기밀 유지가 요구되는 정보 및 사건 수사, 기타 이에 준하는 국정 수행 활동에 직접 소요되는 경비로 국가정보원, 국방부, 법무부, 국세청 같은 정보 수집 및 사건 수사 기관이 주로 사용한다. '기타 이에 준하는'이라는 조항에 근거해 국회의장 및 부의장, 여야 원내 대표 상임위원장에게도 지급된다.

건배는 술자리에서 서로 잔을 들어 축하하거나 건강이나 행운을 비는 만국 공통의 관습이다. 미국과 영국은 '치어스(Cheers)'나 '토스트(Toast)', 독일은 '프로스트(Prost)', 프랑스는 '상테(Sante)', 이탈리아는 '살루테(Salute)'라고 외친다. 커뮤니케이션 전문가들은 'KISS(Keep It Simple and Short, 단순하고 짧게 말하기)'와 'TPO(시간, 장소, 상황을 고려하기)' 원칙을 강조한다. 모임 성격에 맞게 진솔한 느낌과 이야기를 담아 30초~1분을 넘지 않는 자신만의 건배사를 준비하면 좋다.

* 특임검사

검사의 범죄 혐의와 관련한 국민적 의혹이 제기됐을 때 검찰총장이 임명할 수 있는 한시적 소추(공소 제기 및 소송 수행)기관이다. 특임검사는 직무와 관련해 누구의 지휘, 감독도 받지 않으며 수사 결과만 검찰총장에게 보고한다. 특임검사가 가동된 것은 그랜저 검사, 벤츠 여검사 사건에 이어 김학의 사건이 세 번째다.

"인생을 빈한하게 사는 것은 지혜가 짧기 때문이요, 말이 여위면 털이 길다. 우리 모두 일상생활 속에 '부모에게 나기 전에 어떤 것이 참 나던고?' 하고 오매불망 간절히 의심하고 또 의심할지어다." - 종정 진제 스님

피읖

* 파독 광원

박정희 정부는 경제 성장과 일자리 마련을 위해 1963~1977년 독일에 광원을 파견했다. 간호사도 1962~1976년에 파견했다. 광원 7,936명과 간호사 1만300여 명이 한국으로 보낸 돈은 연평균 5,000만 달러로 한때 국민총생산(GNP)의 2%에 달했다. 광원들은 지하 1,500m 막장에서 한 달 1,400~1,600마르크(당시 28만~32만 원)의 월급을 받아 대부분을 고국의 가족에게 보냈다.

제구포신(除舊布新), 낡은 것은 버리고 새것을 받아들이되 낡은 것의 가치도 다시 생각하고 새것의 폐단도 미리 봐야 한다. 이것이 진정한 제구포신의 정신이다.

* 파라다이스

㈜파라다이스는 1972년 4월 설립됐으며 외국인 전용 카지노를 서울 광진구 광장동 워커힐 호텔에서 운영하고 있다. 파라다이스 그룹은 대표 계열사인 ㈜파라다이스를 비롯해 비상장회사로 파라다이스 부산, 골든게이트(인천), 제주그랜드, 제주롯데 등의 카지노도 보유하고 있다. 2010년 워커힐 카지노의 매출액은 2,962억 원이다. 카지노 대부로 불리는 고 전낙원 회장이 설립했으며 현재는 장남인 전필립 씨가 회장을 맡고 있다.

불안은 영혼을 잠식한다.

* 파랑새 증후군
벨기에 작가 모리스 마테를링크의 동화 『파랑새』의 주인공들처럼 미래의 행복을 꿈꾸며 파랑새를 찾아 헤매듯 현실에 만족하지 못하고 이상을 찾아 떠도는 젊은이나 직장인들을 빗댄 신조어다.

어떤 운동이든 오랫동안 꾸준히 하게 되면 소위 '현상(現狀)'이라는 게 생긴다. 이 '현상(現狀)'은 그간의 노력에 대한 보상이다.

* 파이넥스(FINEX) 제철 공법
포스코가 세계에서 처음 상용화한 첨단기술로 기존 고로 방식을 대체할 수 있는 차세대 친환경 제철 공법이다. 파이넥스 공법은 일반 고로처럼 철광석과 유연탄 가루를 덩어리로 가공하지 않고 바로 용광로에 부을 수 있어 각종 비용과 오염물질 배출량을 크게 줄일 수 있다.

중요한 건 연필심이지 심을 둘러싸고 있는 나무가 아니다. - 코엘류

* 파이로 프로세싱(Pyro Processing)
한국과 미국 연구진이 공동으로 연구 중인 사용 후 핵연료의 재처리 신기술이다. 원자력 발전 후 남은 '사용 후 핵연료'를 처리해 다시 원자력 에너지로 사용할 수 있도록 하는 기술이다. 수조에

담아두는 습식정련기술과 다른 건식정련기술로 핵무기의 원료인 플루토늄 추출이 어렵다. 아직 개발이 안 된 기술로 한국은 이를 사용 후 핵연료의 재활용으로 보고 있으나 미국은 한국의 플루토늄 추출 가능성을 우려하고 있다.

사용 후 핵연료 처리의 전통적 방식인 퓨렉스(Purex)공법과 구분되는 신기술로 아직 상용화 단계까지 이르지는 못했다. 순도가 높은 추출 플루토늄을 생산하지 않기 때문에 원자력의 평화적 이용을 확대할 수 있다는 게 정부의 설명이다. 한미가 2020년을 목표로 공동 연구 중인 사용 후 핵연료 재처리 기술로 '건식재처리'라고도 부른다. 1980년대 미국 아르곤국립연구소(ANL)가 발전소와 핵무기 원료를 동시에 생산한다는 목표로 시작했으며 1990년대 후반까지 실험실 수준에서 연구한 뒤 종료됐다.

어머니가 사랑하는 건 자식이 아니다. 자식 안에 있는 자기 자신을 사랑하는 것이다. - 니체

* **파생상품**

환율이나 금리, 주가 등의 시세 변동에 따른 손실 위험을 줄이기 위해 일정 시점에 일정한 가격으로 주식, 채권, 통화 등의 기초자산을 토대로 한다. 자산가격 변화에 따른 위험을 줄이는 '헤지 기회'를 제공하거나 소액으로도 높은 수익을 낼 수 있는 '레버리지 효과(지렛대 효과)'를 위해 개발된 금융상품이다. 1996년 국내에 첫선을 보였으며 여러 상품 중 주가지수 옵션상품인 '코스피 200 옵션'의 거래가 가장 많다.

운명애(運命愛)란 니체 철학에서 자기 운명을 긍정하고 받아들일 뿐 아니라 적극적으로 사랑하는 일이다.

* 파키스탄 탈레반(TTP)

2007년 아프가니스탄 탈레반을 지지하는 파키스탄 13개 군소 무장단체가 뭉쳐 만든 이슬람 무장단체다. 파키스탄 정부를 전복하고 이슬람 율법(샤리아)이 시행되는 강력한 이슬람 국가 건설이 목적이며 알카에다와 연계된 것으로 알려져 있다. 2014년 최연소로 노벨 평화상을 공동 수상한 말랄라 유사프자이 양(17)의 얼굴을 총으로 쏜 적이 있다.

독서와 사색으로 자기 자신을 돌아보는 자기 자신의 거울을 가져라.

* 파탄주의

결혼 관계가 사실상 회복될 수 없을 만큼 파탄 났다면 어느 배우자에게도 책임을 묻지 않고 이혼을 허용하는 제도다. 서로 책임을 묻기 위해 상호 비난하는 가운데 부부 사이가 더욱 악화되는 걸 방지하고 껍질뿐인 혼인 관계를 법률적으로 정리할 수 있다.

언제 우리는 성장할 수 있는가?
1. 자기 책상이 있을 때 - 자기 성장 공간을 만든다.
2. 자기 시간을 확보할 때 - 스스로에게 엄격한 시간 관리가 필요하다.

* 판매수수료

유통업계에서 관례적으로 사용되는 용어다. 백화점 업계는 입점
업체로부터 매출의 일정 부분을 받아 마케팅, 고객관리, 서비스
등의 비용에 사용하고 남은 부분을 수익으로 잡는다며 판매수수
료라는 용어보다 '마진(이익)'이라는 용어를 써야 한다고 주장한다.

상고대는 나무서리다. 나뭇가지에 매달린 물방울이 얼어붙은 것이다. 겨울나무의
눈물 꽃이다. 멍울멍울 은구슬 꽃이다. 나뭇가지들은 겨우내 상고대를 피우며 얼
었다 녹기를 되풀이한다. 살은 갈라지고, 껍질은 트다 못해 얼어 터진다. 겨울 대관
령 황태 덕장이다. 내년에 어떤 얼큰한 해장국을 안기려나.

* 팔라우제도

남태평양상에 있는 300여 개 섬으로 이루어진, 신들이 사는 섬
으로 일컬어질 만큼 아름다운 곳이다. 제일 큰 섬 8개를 합쳐도
우리나라 거제도 넓이밖에 안 된다. 가장 아름다운 곳은 록 아일
랜드다. 밀키웨이는 환상적인 남색 우윳빛이다. 산호 가루가 이루
어낸 작품이다.

사람 일생 고작 길어야 100여 년. 그런데도 모두들 천 년, 만 년 살 것처럼 아등바
등 채우고 또 채운다. 별들이 수런거리는 소리가 들린다. 겨울 산 신음이 가슴 시
리다. 겨울 새벽 강물처럼 은하수가 푸른 기운으로 흘러간다. 이 세상은 넘어져도
살만하다. 그러니 겁낼 필요 없다. 절벽 둥지의 새끼 독수리가 첫 날갯짓을 할 때
도 목숨 걸고 한다. 어미 독수리는 지켜볼 수밖에 없다.

화제가 빈곤한 30~40대라면 반드시 알아야 할 시사상식

* 8레벨 잔류 측파대(8VSB)

디지털 방송 전송 방식 중 하나로 아날로그 케이블TV 방송 가입자라도 디지털 TV만 있으면 셋톱박스가 없어도 종편, 스포츠, 드라마 채널 등을 고화질(HD)로 시청할 수 있다.

삼쌍둥이는 하나인가 둘인가? 랍비는 이렇게 대답했다. "한쪽 머리에 뜨거운 물을 붓거나 가시로 찔렀을 때 다른 하나의 머리가 아프고 뜨거움을 느낀다면 둘이고 그렇지 않으면 하나로 본다."

* 88만원 세대

2007년 경제학자 우석훈과 월간《말》기자이자 사회운동가인 박권일이 공동으로 집필한 경제 에세이 서적, 또는 이 서적에서 나온 주장을 바탕으로 나온 책 제목과 동일한 용어다.
대졸자가 비정규직으로 취직하면 평균 월 119만 원을 받았다. 119만 원×100분의 74=88만 원(74% 취업, 26% 미취업) 공식에서 나왔다.

"인생사 모든 일이 끝없이 일어나니 꿈에서 깨어나고 집착에서 벗어나면 한 줄기 깨달음의 길이 훤히 열린 것이다. 청정한 연꽃이 진흙에서 솟아나듯 고통과 번뇌 속에 깨달음의 싹이 트며, 보리의 싹은 눈 속에도 푸르고 깊은 샘의 물줄기는 쉬지 않고 흘러간다. 실천하는 그 자리에 새해가 찾아오니 정진하고 정진해 관자재를 이뤄라." - **천태종 종정 도용 스님의 법어**

* 패드립

패륜과 애드립을 합친 신조어로 별생각 없이 즉흥적으로 자신의 부모 혹은 조상을 욕하고 비하하는 패륜적 언어 행태를 일컫는다. 최근에는 다른 사람의 부모나 조상을 비하하고 조롱하는 행태에도 폭넓게 사용되고 있다. 4~5년 전부터 온라인에서 시작된 패드립 현상은 청소년들의 실제 언어생활에까지 깊숙이 파고들어 하나의 새로운 '문화'로 자리 잡았다.

건강한 사람에게 재래시장과 중환자실, 응급실을 비롯한 병원 투어를 권해 보라. 자기가 얼마나 행복한 사람인가를 알게 된다.

* 패혈증(敗血症, Sepsis)

혈액이 인체에 침입한 세균에 감염됨으로써 심각하게 나타나는 전신성 염증반응 증후군을 의미한다. 전신으로 퍼지면 쇼크나 다발성 장기 손상을 일으키고 빠른 시간 내에 사망할 수 있다.

"그저 환하게 살면 된다. 자네가 꽃만 피우고 있으면 열매를 맺는 건 주변 사람의 몫이네. 즐겁게 사시게." - 선암사 등명스님

* 퍼블리시티(Publicity)권

자신의 이름, 초상(肖像), 목소리 등이 갖는 경제적 가치를 상업적으로 사용할 수 있는 배타적 권리다. 인격권인 초상권이나 이름에 대한 권리와 달리 재산권이어서 양도가 가능하다고 보기도 한다.

화제가 빈곤한 30~40대라면 반드시 알아야 할 시사상식

혼자 꾸는 꿈은 단지 꿈일 뿐이지만 함께 꿈을 꾸면 그 꿈이 현실이 된다. 꿈은 날짜와 함께 적으면 계획이 되고 그것을 실행에 옮기면 현실이 된다. 당신의 꿈은 무엇입니까?

* 퍼슈머(Pursumer)

영어단어 'Pursue'(추적하다)와 'Consumer'(소비자)를 합쳐 만든 신조어다. 농·축·수산물이나 가공식품을 고를 때 어디서 어떻게 생산됐는지, 뒤를 캐듯이 이력을 꼼꼼히 추적해 확인하는 소비자를 말한다.

필요 이상의 소유가 번민을 낳는다. - 스티브 잡스

* 펀드 보수, 수수료

펀드 투자자가 판매사나 운용사로부터 받는 각종 서비스의 대가로 지불하는 비용이다. 수수료는 투자자가 펀드에 가입하거나 환매할 때 판매사에 지불하고, 보수(운용, 판매, 수탁 등)는 매년 펀드 잔액의 일정 비율로 내야 한다. 수수료와 보수 모두 투자자의 실질 수익률을 깎아 먹는 요인이 된다.

돈은 자립하는 수단일 뿐 사람의 정체성을 만들지는 않는다.

* 페미니즘의 효시

페미니즘의 효시로 인정받는 메리 울스턴크래프트는 1759년 영국 런던 출생으로 작가이면서 시민운동가로 활동하였다. 1792년에 쓴 『여성의 권리 옹호』가 대표작이다. 『여성의 권리 옹호』에서 그녀는 '여성도 남성과 동등한 이성을 갖고 있으며 여성이 복종해야 할 대상은 아버지나 남성이 아니라 이성(理性)'이라고 주장했다.

세상에 존재하는 공짜는 딱 한 가지가 있는데 그것은 쥐덫에 걸려 있는 치즈다.
- 러시아 속담

*페어 프라이스(Fair Price, 공정가격 표시)제도

KT의 합리적 수준의 공정가격을 투명하게 공개해 고객이 안심하고 휴대폰을 구매할 수 있게 한 휴대폰 공정가격 표시제도다. 본사에서 가격을 일률적으로 정한 뒤 모든 대리점에서 동일한 가격에 판매한다.

매사에 남을 헐뜯기 좋아하는 사람의 심장은 맑지 못하다. 남에게 치명상을 입히는 언어를 구사하기 좋아하는 사람은 사악함에 전염되어 있다.

*페이고(PAYGO, Pay As You Go)

새로운 지출 증가나 재정수입 감소를 수반하는 법률안이나 선거공약을 낼 때 재원 확보 방안을 함께 마련토록 하는 제도이다. 재정 건전성을 높이기 위한 것이다.

겨울나무는 얼음꽃을 수없이 피운 뒤에야, 비로소 새봄 황홀한 꽃을 피워 올린다.

화제가 빈곤한 30~40대라면 반드시 알아야 할 시사상식

붉은 철쭉꽃도 그렇게 올라온다. 맑고 향긋한 매화꽃 등불도 그렇게 화르르 불을 켠다. 진달래도 그렇게 울컥울컥 붉은 꽃을 토해낸다. 사람도 그렇다. 묵은지처럼 오래오래 곰삭아야 향내 나는 사람이 된다.

* 페이스북

2004년 하버드대 2학년생이던 마크 저커버그가 에드와도 새버린, 더스틴 모스코비츠, 크리스 휴스 등 친구 3명과 함께 개설한 세계 최대 소셜네트워크서비스(SNS)다. 기숙사 방에 앉아 재미삼아 동급생을 놀릴 방법을 궁리하다 학생들의 얼굴 사진을 모아놓고 랭킹을 매기는 사이트를 개발한 게 계기다. 그래서 이름도 페이스북(얼굴 책)이다. 저커버그는 사이트에 여자 친구의 사생활을 올려 헤어지는 아픔도 겪었다. 이메일 주소로 가입하면 '친구 맺기'를 통해 각국 사람들과 교류하며 정보를 공유하고 인맥을 쌓을 수 있다. 2020년 6월 기준 월 사용자 수는 27억 명에 이른다. 본사는 캘리포니아주에 있으며 직원은 2020년 3월 말로 9,000여 명이다.

속이 차야 겸손해진다. 속이 차지 않으면 천둥벌거숭이처럼 날뛴다.

* 페이퍼컴퍼니(Paper Company)

물리적 실체가 존재하지 않고 서류상에만 존재하는 회사를 말한다. 기업에 부과되는 세금을 줄일 수 있고, 기업 활동을 유지하기 위해 드는 경비도 줄일 수 있어 탈세 목적으로 설립하는 경우가 많다. 그러나 금융회사나 항공사가 사업상 편의를 위해 만드는 경우도 있어 그 자체가 불법은 아니다.

누구와 교제를 할 것인가? 우리는 다른 사람이 가진 것을 부러워하지만 다른 사람은 우리가 가진 것을 부러워한다.

* 펭귄 부부

가족의 생활방식을 모두 어린 자녀에게 맞추는 부부를 말한다. 자녀를 한 명만 낳아 귀하게 키우는 저출산 풍조다.

'노블레스 오블리주', 가진 자들의 도덕적, 윤리적 책임을 말한다. '닭의 볏과 달걀의 노른자'를 빗댄 말. 닭의 존재 이유는 볏을 자랑함에 있지 않고 알을 낳는 데 있다.

* 편견(LG경제연구원)

2009년 5월 19일 LG경제연구원이 사내에 발표한 '조직 창의성을 가로막는 4가지 편견'을 살펴본다.

1. 머리 좋은 사람이 창의적이라는 것
2. 나이 든 사람은 창의력이 떨어진다는 것
3. 기발한 아이디어는 자유로운 조직 분위기에서 나온다는 것
4. 창의성에 대한 최고 보상은 '돈'이라는 것

우리가 가진 생명의 시간은 한정되어 있다. 그러니 다른 사람의 삶을 사느라 시간을 낭비할 이유는 없다. 다른 사람의 생각에 따라 살거나 신조에 빠져들지 말고 자신의 마음과 직관을 따르는 용기를 갖는 것이 중요하다.

* 평양클럽

서울 주재 외국 대사가 평양 주재 대사까지 겸임한 것은 2000년 12월부터다. 네덜란드가 북한과 수교 협상할 때 남북한 겸임 대사 제도를 제안했다. 그해 6월 남북 정상회담 직후의 화해 무드 속에 있던 한국 정부도 이를 전격 수용했다. 남북 겸임 대사 제도를 도입한 국가는 2013년 21개국으로 '평양클럽' 또는 '한반도 클럽'으로 불린다. 서울에 상주 공관과 관저를 두고 1년에 한두 차례 방북하는 겸임 대사 대부분은 육로로 평양을 방문하도록 해 달라고 요청했지만 북한은 받아들이지 않고 있다.

"시인은 행복해서도 안 되고 부자여서도 안 되고 인기가 많아서도 안 된다. 시는 혹독한 결핍의 산물이어야 한다. 그 결핍은 영원히 채울 수 없는 것이어서 참혹하다. 시 쓰기는 참혹한 진창을 뒤져 사금을 줍는 행위다." - 김도언 시인의 「나는 잘 웃지 않는 소년이었다.」 중에서

* 평행이론

서로 다른 시대를 사는 두 사람의 운명이나 상황이 같은 패턴으로 전개될 수 있다는 이론으로, 에이브러햄 링컨과 존 F. 케네디의 평행이론이 대표적이다.

개인의 행복할 권리, 그 누구도 빼앗을 수 없다. 그런데 지금까지는 무자비할 만큼 행복이 짓밟히고 있는 현실이다. 정치인의 파렴치, 무개념, 폭력, 부도덕으로 모든 국민의 어깨 힘이 빠진다, 얌체, 철면피, 자리를 이용한 정보 독점으로 소수만 돈 벌고 행복을 누린다, 대다수 국민이 땀 흘려 열심히 일하여도 고통에서 못 벗어난다.

* 포괄수가제

같은 질병에 걸린 입원 환자에게 등급에 따라 동일한 진료비를 매기는 제도다. 백내장, 편도, 맹장, 탈장, 치질, 제왕절개 분만, 자궁 수술 등 7개 질병군에 한해 2012년 7월부터 모든 병·의원에 의무적으로 적용된다.

아침 드라마가 전국의 평화로운 출근길 가정을 초상집으로 만들어, 모든 국민이 행복할 권리를 잠식당하고 있다.

* 포린후드(Foreignhood)

외국인(Foreigner)과 이웃(Neighborhood)의 합성어다. 국내에 거주하는 외국인이 늘면서 외국인이 밀집한 거주지역, 상권을 넘어 한국인과 외국인이 한데 어울려 사는 주거 문화가 확산된다는 뜻이다.

서양(유럽, 미국, 아프리카) 사람들은 입을 다물어도 몽고 퉁구스족 후예인 한국 사람들처럼 무뚝뚝하고 화난 사람처럼 보이지 않는다. 그건 그들의 입술이 두껍고 눈의 흰자위가 큰 차이 때문으로 보인다.

* 포스트 뉴 노멀(Post New Normal)

2008년 글로벌 금융위기 이후 나타난 '비정상적 경제의 정상화 과정'을 뜻하는 용어다. 미국의 양적 완화 축소와 금리 인상을 기점으로 위기 대응 체제인 '뉴 노멀' 시대가 끝나고 새로운 경제 질서로 재편되는 '포스트 뉴 노멀' 시대에 진입할 것으로 예상된다.

화제가 빈곤한 30~40대라면 반드시 알아야 할 시사상식

행복은 배워야 되는 기술이다.

* **포스트 시크릿**(Post Secret)

자신의 고민을 익명의 엽서에 적어 다른 이들과 공유하도록 도와주는 프로젝트다. 미국인 프랭크 워런 씨가 2004년 처음 시작한 비밀 엽서다. 아날로그적인 매체로 사람들의 아픔을 치유해 자살 확산을 방지했다는 평가를 받고 있다. 고려대 학생들이 워런 씨 허락을 얻어 2006년 7월부터 국내에서도 같은 프로젝트를 시작했다.

몸과 마음이 함께 노는 것이 성(Sexuality)이다.

* **포스팅 시스템**

한일 프로야구 선수가 메이저리그에 진출할 때 최고 응찰액을 써낸 구단에 우선 협상권을 주는 비공개 입찰제도다. 포스팅 참여 자격을 얻기 위해 한국 선수는 프로 진출 후 7시즌을 거쳐야 하는 반면 일본 선수는 1시즌만 뛰어도 된다. 선수의 소속 구단은 우선 협상을 거부할 수 있다.

내가 생각하는 일을 하고 원하는 삶을 사는 것이 내 인생에서 성공하는 방법이다.
- 스티브 잡스

* **포차(砲車) 운구**

프러시아 군대의 전통에서 시작되었다가 1901년 영국 빅토리아 여왕의 "나는 군인의 딸로 죽고 싶다"라는 유언에 따라 처음으로 도입되어 국가 지도자 장례식 때 많이 보인다. 마거릿 대처 전 영국 총리와 로널드 레이건 전 미국 대통령, 넬슨 만델라 전 남아프리카공화국 대통령, 테레사 수녀 운구도 포차가 했다.

"왜 안 떠나는가? 영원한 휴식을 취하게 될 날이 점점 더 가까워지는데." - 베르나르 올리비에

* 포켓몬 고

스마트폰의 위성위치확인시스템(GPS)과 증강현실(AR, Augmented Reality) 기술을 결합한 게임이다. 스마트폰에서 게임 앱을 실행한 뒤 특정 장소를 비추면 스마트폰 화면에 포켓몬 캐릭터가 나오고 이를 사냥하는 방식이다. 사용자들이 있는 현실 공간이 게임 배경이 되는 셈이다.

작가는 자신의 생각을 소가 여물 씹듯 느리게 질경거린 뒤 힘겹게 삼킨다. 날카로운 가시들도 곳곳에 박혀 있기 때문이다.

* 폭풍해일

2011년 동일본을 강타한 지진해일(쓰나미)과 유사한 것으로 태풍과 같은 강력한 저기압이 만들어 내는 '폭풍해일'이 있다. 중심부의 낮은 기압 때문에 부풀어 오른 해수면이 저기압과 함께 이동하다가 밀물, 풍랑 등과 힘을 합쳐 해안을 덮치는 해일이다. 쓰나미는 지진이 만들어 내기 때문에 바람 한 점 없는 좋은 날씨에서

화제가 빈곤한 30~40대라면 반드시 알아야 할 시사상식

도 발생하지만 폭풍해일은 반드시 기상 악화를 동반하는 게 차이점이다.

더불어 살아야 더불어 난다.

* 푸드테크(Food Tech)

최근 국내외에서 떠오르고 있는 신산업 분야로 기존의 식품 관련업(재료 및 식품 배송, 조리 관련 서비스업, 요식업 등)과 정보기술(IT)이 접목된 사업 분야를 뜻한다.

사랑이 깊을수록 우리가 겪게 될 고통 또한 커진다. 그렇지만 고통에서 벗어나기 위해 사랑을 포기할 수는 없다. 사랑을 모두 버린다면 우리의 영혼은 차가운 돌덩어리와 같을 테니까. - 발타사르 그라시안

* 푸드폴리스

정부가 식품산업의 발전을 위해 전북 익산시에 조성하고 있는 식품 클러스터다. 식품 관련 기업, 연구소, 학교, 정부 기관 등이 입주해 식품과 관련한 연구개발(R&D), 교육, 생산기능 등을 갖추게 된다. 네덜란드의 '푸드밸리', 덴마크와 스웨덴 국경에 있는 '외레순' 등이 해외의 대표적인 식품 클러스터다.

시작은 언제나 삶에 동기를 부여한다. 젊은이가 아름다운 이유는 새로운 시작을 두려워하지 않기 때문 아닐까. 중년, 노년에도 항상 '새로운 시작'을 즐기길 바란다. 앞으로 수없이 만날 '새로운 시작'을 두려워하지 않고 즐겨보길 바란다. 인생은

도전의 연속이다. 그게 모두 두려움 같지만 사실은 즐거움이다. 편하게 살려면 태어난 이유와 맞지 않는다. 마치 배가 만들어진 이유가 항구에 정박해 있으려고 만들어지지 않은 것처럼. 물론 안전은 하겠지만.

* 푸에블로호 사건

북한 해군 초계정이 1968년 1월 23일 원산항 앞 공해에서 미국 정보수집함 푸에블로호를 나포한 사건이다. 당시 배에는 함장(중령)을 비롯한 6명의 해군 장교와 수병 75명, 민간인 2명 등 총 83명이 타고 있었다. 28차례에 걸친 비밀협상 끝에 그해 12월 생존 승무원 82명과 시신 1구가 판문점을 통해 미국 측에 넘겨졌고 선체와 장비는 북한에 몰수됐다. 미국은 즉각 송환을 요구하며 핵 항공모함 엔터프라이즈를 한반도에 배치했다. 북한은 미국으로부터 '북한 영해 침범'에 대한 시인, 사과 문서를 받아낸 뒤 승무원 82명과 사망자 유해 1구를 돌려줬다.

이 세상에 끝이란 존재하지 않는다. 밤과 낮, 어제와 오늘 그리고 내일, 모두 연결돼 있다. 입사, 퇴사, 입학, 졸업, 잠깐의 쉼표 표시일 뿐 시작도 끝도 아니다. 끝이란 원래 존재하지 않는다. 모든 것이 끝났다고 생각할 때 그 끝은 언제나 또 다른 것의 시작점이 된다. 여러분 앞에 수많은 변화만 존재한다는 걸 인식하라. 그 변화에 대응하는 법을 집중 훈련하라. 그 변화는 언제나 나로부터 시작한다는 걸 인지하라.

* 풋옵션

미래 일정 시점에 주식을 사거나 팔 수 있는 권리를 매매하는 옵

화제가 빈곤한 30~40대라면 반드시 알아야 할 시사상식

선 중에서 팔 권리를 뜻한다. 주당 24만 원인 A사 주가의 하락을 예상하고 '3개월 뒤 A사를 24만 원에 팔 수 있는 권리'인 풋옵션을 1만 원에 샀다고 가정하자. 3개월 뒤 A사 주가가 20만 원이 됐다면 행사 가격과 실제 가격의 차에 투자금액을 뺀 3만 원의 이익을 얻는다.

가슴 떨릴 때 여행을 다녀야지 다리 떨릴 때 다니면 안 된다.

* 품앗이(PUMASSI)
품을 서로 주고받으며 자립을 도와주는 한국 고유의 미풍양속이다. 지구촌에서 유일하게 받는 나라에서 주는 나라가 된 한국의 '품앗이 정신'을 세계적인 원조 브랜드로 키우자는 움직임이 일고 있다.

대화는 대놓고 화내는 게 대화가 아니다.

* 프라운호퍼연구소
1949년 설립돼 독일 40개 도시에 67개의 연구소를 갖고 있는 프라운호퍼재단 산하의 연구기관을 통칭한다. 응용기술 중심 연구소이며 산학협력의 모범사례로 꼽힌다.

오리 다리는 짧고 학 다리는 길다. 사람들은 어두운 것만 보고 부족한 것만 본다. 그리고 자기 탓 남 탓만 한다. 오리 다리가 학 다리처럼 길어지는 게 평등이 아니다. 불평등이 아닌 한 서로의 분수를 잘 알고(知分), 만족할 수 있어야(滿分) 행복할 수 있다. 지족(知足)과 지지(知止)를 잘해야 행복하다.

* **프라임(PRIME)사업**

교육부의 대학 재정 지원 사업이다. '산업연계교육 활성화 선도대학 사업(Program for Industrial needs-Matched Education)'의 약자로 이공계 강화와 인문사회계 감축을 골자로 한다. 총 19개 대학을 선정해 구조조정 비용으로 학교당 50억~300억 원을 지원한다.

면역력을 키우고 병에 잘 걸리지 않는 몸 만드는 비결은?
1. 체온을 높이고 심호흡을 통해 몸속에 산소를 충분히 공급하며 채소와 과일과 견과류를 많이 먹는다.
2. 고민과 분노를 피하고 수면 시간을 지키며 긍정적으로 생활한다.

* **프로바이오틱스**

신체에 들어가 건강에 유익한 효과를 내는 살아 있는 유산균을 뜻한다. 프로바이오틱스는 장내 환경을 산성으로 만들어 유해균을 억제한다. 이를 통해 장내 균총(菌叢)의 밸런스를 유지시킨다. 대표적인 프로바이오틱스로는 락토바실루스, 비피도박테리움, 엔테로코쿠스, 스트렙토코쿠스 등이다. 소화와 배변 등 장 기능뿐 아니라 아토피, 천식, 알레르기와 같은 면역 질환, 비만, 피부질환 등에도 효능이 있는 것으로 알려지면서 관련 제품 시장 규모는 1,500억 원대로 성장했다.

내가 나에게 최고의 대접을 하라.

화제가 빈곤한 30~40대라면 반드시 알아야 할 시사상식

매년 인류와 환경에 중요한 공헌을 한 건축가에게 주는 상으로 하이엇호텔 체인을 소유한 하이엇재단의 전 회장 제이 프리츠커 부부가 1979년에 제정했다. 오스카르 니에메예르, 프랭크 게리, 알바루 시자, 페터 춤토르, 렘 콜하스 등 세계의 유명 건축가가 상을 탔다. 일본은 단게 겐조(1978년), 마키 후미히코(1993년), 안도 다다오(1995년), 세지마 가즈요(2010년) 등을 배출했지만, 한국은 아직 없다. 1983년 중국계 미국인 I.M. 페이가 수상했으나 중국 토종 수상자로는 왕수가 처음이다. 시상식은 2012년 5월 25일 베이징에서 열렸으며, 10만 달러(약 1억1,000만 원)의 상금과 메달이 주어진다.

무엇이든 세밀히 보지 않으면 아무것도 보지 않은 것과 같다.

* 플라자합의

미국, 영국, 독일, 프랑스, 일본이 1985년 9월 22일 뉴욕의 플라자호텔에서 달러화 대 독일의 마르크화와 일본의 엔화 가치를 끌어올려 미국의 불황을 타개하고 무역 적자를 줄이고자 한 합의다.

큰 거미는 큰 집을 짓고 작은 거미는 작은 집을 짓는다. 거미는 집 짓는 데 약 4시간이 소요된다. 거미줄은 각 위치마다 굵기와 색깔이 다르다. 제일 바깥부터 안으로 들어온다. 매듭이 지어지는 곳에는 입으로 한 번 힘을 준다. 엉덩이에서 나온 거미줄을 입에다 물고 돌아다니며 기둥을 세우고 대들보를 놓고 서까래를 놓고 지붕을 덮고 하면서 집을 짓는다. 참으로 신기하고 오묘하다. 거미는 위대한 건축가다. 가우디다.

＊ 플러그인 하이브리드차(PHEV)

가정용 전기나 외부 콘센트에 플러그를 꽂아 충전한 전기로 주행하다가 배터리가 소진되면 가솔린 엔진으로 움직이는 자동차로 하이브리드차처럼 가솔린 엔진과 배터리의 동력을 동시에 이용한다. 하이브리드차와 순수 전기차의 중간 단계다.

'그 무엇도 내 허락 없이는 나를 불행하게 할 수 없다.'(소크라테스) 그런데 방송을 비롯한 매스컴에서 또는 드라마가 앞장서 국민 행복을 탈취해 가는 얄미운 세상에 숨 쉬며 살아가고 있다. "누가 나의 행복을 빼앗을 권한이 있단 말인가!"

＊ 피겨 단체전

2014년 소치 겨울올림픽에 처음으로 데뷔한 종목이다. 국제빙상경기연맹(ISU) 종목별 랭킹을 합산해 상위 10개 팀이 참가했다. 남녀 싱글, 페어, 아이스댄싱 등에서 국가당 1명(조)이 출전한다. 10개 팀이 종목별 쇼트프로그램 경기를 치른 뒤 상위 5개 팀이 프리스케이팅 경기를 해 순위를 가른다.

문명은 인간의 본성을 억압해온 하나의 퇴화 현상이다. 따라서 머지않아-빠르면 반세기, 늦어도 1세기 내-인간은 자연으로 돌아간다. 원시 자연으로 회귀할 것이다. 문명의 이기들(자동차, 휴대폰, 내비게이션, 각종 전자 제품 등)의 발달은 한계에 직면하고, 기계의 하수인 노릇에서 벗어나고픈 인간 본능이 살아나 문명의 이기와 등지는 삶을 염원, 희구하게 된다. 말하자면 문명 이기의 지배에 따른 부작용, 폐해, 피로감이 몰려와 동물의 본능적 욕구에 따르는 삶을 추구할 수밖에 없게 되는 상황을 맞을 것이다.

* 피그말리온 효과

피그말리온은 그리스 신화에 나오는 얼굴이 못생긴 조각가였다. 사랑도 할 수 없는 자기 처지를 알고 자신이 만든 피그말리온이라는 여신상을 진심으로 사랑해 미의 여신 아프로디테에게 조각상을 여인으로 만들어 달라고 빌었다. 그의 사랑에 감복한 아프로디테는 결국 그의 소원을 들어줬다. 하버드대 심리학 교수 로젠탈 박사와 초등학교 교장 레노어 제이콥슨 박사의 실험으로, 교사는 '마음으로 아이를 조각하는 교실 안의 피그말리온이다'라는 결론을 얻었다.

벌통 하나에 벌 25,000~30,000여 마리가 산다. 꿀 1kg을 얻는 데 꽃 560만 송이를 방문한다. 한 번 출격에 보통 4km 거리를 난다. 그 거리는 무려 지구 두 바퀴 반을 도는 거리인 10만km다. 늦을 경우엔 풀잎을 돌돌 말아 풍찬노숙을 한다.

* PIGS, PIIGS

PIGS는 대규모 재정적자와 높은 실업률에 허덕이는 유럽 남부의 포르투갈, 이탈리아, 그리스, 스페인의 첫 글자를 따서 만든 용어다. 2008년 영국과 미국 언론에서 사용하기 시작했으며, 최근에는 재정적자가 심한 아일랜드까지 포함해 PIIGS로 부르기도 한다.

허공에 가득한 빗소리는 하늘의 소리와 땅의 소리가 부딪는 소리다. 그 소리가 크면 울음이 되고 작으면 노래가 된다.

* **피드백**(Feed Back)

1. 제어기나 증폭기에 있어 출력을 입력 쪽으로 되돌리는 일이다.
2. 어떠한 행위를 마친 뒤, 그 결과의 반응을 보아 행동을 변화시키는 일을 말한다.

무지와 도태는 자발적 의지로 이루어진다. 따라서 벗어나는 것 또한 자발적 의지다. 무지와 도태는 타의가 개입될 여지가 전혀 없다. 오직 자신만의 의지가 개입한다. 따라서 무지와 도태를 벗어나는 것 또한 오직 자발적 의지가 그 바탕이며 힘이라는 사실에 유념해야 한다.

* **PSC**(Pre-Stressed Concrete) **공법**

일반 콘크리트 교량이 철근과 콘크리트로 하중을 지지하는 것과 달리 내부에 강연선(케이블)을 설치해 양쪽에서 잡아당기는 힘으로 무게를 견디도록 하는 방식이다. 자재가 적게 들어 예산을 많이 아낄 수 있기 때문에 1990년대 초 도입 후 국내 교량 건설에 널리 사용됐다.

빨리 가려면 혼자 가고 멀리 가려면 함께 가라.

* **PHMG와 PGH**

살균제로 쓰는 화학물질이다. 피부에 닿거나 먹었을 때의 독성이 다른 살균제의 5~10분의 1 정도로 적어서 국내외에서 유독물로 분류하지 않는다. 살균력이 뛰어나고 물에 잘 녹아 가습기뿐 아니라 물티슈 같은 제품에 많이 사용한다.

누군가를 사랑하면 그 사람의 모습이 시각적 자극이 되어 시상하부를 각성시키고 이는 도파민 분비로 이어진다. 도파민의 달콤함에 뇌는 순식간에 중독돼 버리고 사랑에 빠진 뇌는 도파민 갈증을 해결하고자 끊임없이 상대를 갈구하는 것이다. 사랑, 그것은 도파민의 달콤함에 매혹당한 뇌가 주는 강력한 마법이다(Love is thirst).

* 피에타

피에타, 김기덕 감독의 영화 <피에타>의 제목으로 이탈리아어로 '자비를 베푸소서'라는 뜻이다. 미켈란젤로의 작품으로 바티칸시티의 성 베드로 성당에 보관되어 있다.

낯선 걸 두려워하는 건 스스로가 늙었다고 인정하는 것이며 자기 발로 무덤에 들어가는 것이다.

* 피터팬 증후군

원래 동화 속의 피터팬과 같이 영원히 어린이 또는 아이이고 싶어 하는 성인에게서 나타나는 증후군으로, 어른이 돼 책임지는 상황을 회피하고 싶은 마음이 더 커서 몸은 어른이지만 아이에 머무르고 싶어 한다는 심리학 용어다. 근래엔 중견기업이 대기업이 되면 각종 지원과 혜택이 끊기기 때문에 더 이상 성장하지 않고 중소기업으로 머물려는 현상으로 발전했다.

'설날'의 어원은 '낯설다'다. 묵은해를 보내고 새해를 맞으며 그간의 낡은 것들과 작별을 고하는 마음이 담겨 있다.

* 피터 황(황웅성)

뱅크오브아메리카 메릴린치 자산관리 부문 피터 황 대표는 '성공 신화의 주인공'으로 꼽힌다. 하지만 화려한 성공 뒤에는 뜨거운 눈물과 치열한 노력이 있었다. 그는 "하늘이 감동할 만큼 노력하는 방법밖에 더 있느냐"라며 "시간을 쪼개 얼마나 더 집중해서 노력하느냐에 따라 인생의 결과가 달라진다"라고 조언한다. 우리 모두 '흙수저'를 탓하기보다 하늘도 감동할 만큼 노력을 해보는 건 어떨까.

나는 새로움에 대한 두려움이 별로 없는 편이다.

* 피톨로지(Fitology)

피트니스(Fitness)에 생각(-ology)을 더한 '운동쟁이'들의 콘텐츠 공작소다. 트레이너, 의사, 선수 등 건강에 대한 집단지성을 추구하는 분야의 전문가들이 모여 건강에 대해 진지한 소통을 추구하고자 고민하고 있다.

밥줄을 놓치면 꿈 줄도 놓친다.

* 핀센(FinCEN, Financial Crimes Enforcement Network)

자금세탁이나 테러자금 조달을 방지하기 위한 금융 정보를 수집하고 분석하는 미국 재무부 산하 금융 정보 분석 기구다. 주로 국제자금세탁방지기구에 가입한 국가들과 협력해 금융 범죄 관련 국제적 협력 체계를 구축하고 있다. 한국의 금융정보분석원

(FIU)과 성격이 비슷하지만 미국 핀센이 수집하는 정보의 폭이 훨씬 광범위한 것으로 알려져 있다.

여행은 메마른 가슴을 적신다. 여행이란 정확한 정보가 있다고 해서 성공을 보장하는 게 아니다. 충동과 직감이 통할 때가 더 많다.

히읗

* 하동 야생차

신라 흥덕왕 3년(828년) 중국에서 가져온 차 씨앗을 지리산 자락 화개동천에 심었다고 전한다. 이후 1,200년간 경남 하동은 한국 차 문화를 이어왔다. 화개면과 악양면 등 주생산지는 섬진강과 가까워 안개가 많고 다습하다. 차 생산 시기에는 밤낮의 기온 차가 커 차나무 재배에 좋은 조건을 지녔다. 하동 야생차는 유용성분이 풍부해 왕에게 진상된 '왕의 녹차'로 불린다. 야생차 시배지(始培地)를 관리하는 '법향다원' 대표인 송원 이쌍용 선생은 "하동 야생차의 맛과 향은 다른 어느 지역 녹차와 비교할 수 없을 만큼 월등하다"라고 말했다.

수도선부(水到船浮), 물이 차면 배가 뜬다. 욕심을 부려 억지로 하지 않고 내공(內功)을 쌓아 기다리면 큰일도 어렵지 않게 이룰 수 있다는 말이다.

* 하람(Haram)

막연한 의미로 신성한 상태, 속된 것과 구별하여 강조되며 동시에 '금기(禁忌, 터부)'를 의미한다. 술과 마약류처럼 정신을 흐리게 하는 것, 돼지고기, 개, 고양이 등의 동물, 자연사했거나 잔인하게 도살된 짐승의 고기 등 무슬림에게 금지된 것을 말한다.

화제가 빈곤한 30~40대라면 반드시 알아야 할 시사상식

바람은 땅을 흔들어 만물을 깨우고 그다음엔 꽃샘추위로 뚝심을 다지게 한다.

* 하트블리드(Heartbleed) 버그

2014년 4월 7일 핀란드의 보안업체 '코데노미콘' 연구진이 발견해 공개한 인터넷의 치명적인 보안 허점을 말한다. 전 세계 웹사이트가 대부분 쓰는 암호화기술(오픈SSL)에 존재하는 결함이다. 오픈 SSL에서 쓰는 '하트비트(Heartbeat)'라는 통신 신호에서 발견된 결함이라 '하트블리드'라는 이름이 붙었다. 의학용어인 하트블리드는 치명적인 심장 출혈을 뜻한다.

세계적 장수촌 일본 오키나와의 무덤은 태어난 곳으로 돌아간다는 의미로 여성의 자궁 모양을 하고 있다. 식사는 복팔분(腹八分), 배의 8할만 채운다.

* 한강 하구 중립수역

별도의 군사분계선이 없는 한강 하구 지역에서 남북 간 군사 충돌을 막고자 정전협정 후속 합의로 1953년 10월 설정한 완충 구역이다. 중립수역에는 군용 선박, 무기를 실은 민간 선박의 출입이 제한된다. 민간 선박은 상대측이나 유엔군사령부 군사정전위원회에 등록해 허가를 받은 선박만 진입할 수 있지만, 쌍방 연안 100m 내로는 진입할 수 없다.

꿈이 있으면 어떤 어려움도 견딜 수 있다.

외교부 산하 정부 출연기관인 한국국제협력단(KOICA)이 개발도상국에 무상원조의 일환으로 파견하는 봉사단이다. 활동 기간은 2년이다.

사랑에 빠진 사람의 뇌에서는 행복한 감정을 느끼게 하는 도파민이 퐁퐁 샘솟는다. 사랑에 빠진 사람이 서로를 갈구하는 현상의 비밀은 뇌, 특히 시상하부가 쥐고 있다. 시상하부는 뇌 일부분으로 인체의 내분비 기관을 전체적으로 조율한다.

---

* 한국예술종합학교

국가적으로 전문 예술인을 양성한다는 목표에 따라 1993년 3월 음악원을 시작으로 문을 열었다. 1994년부터 매해 연극원, 영상원, 무용원이 잇따라 개원했다. 1997년에는 미술원과 전통예술원이 추가돼 1998년 학생 3,100여 명과 교수 130명, 교직원 219명이 있다.

생과 사는 본래부터 없다. 낮이 지나면 밤이 오듯 자연스럽게 이어지는 것이다. - 법정

---

* 한반도 비핵화 공동선언

남북이 1991년 12월 31일 합의해 1992년 2월 19일 발효시킨 비핵화 선언이다. 남북은 핵무기의 시험과 제조, 생산, 접수, 보유, 저장, 배비, 사용을 하지 않으며 핵 재처리시설과 우라늄농축시설을 보유하지 않고 핵에너지는 오직 평화적 목적에만 사용한다는 내용을 5개 항에 담고 있다.

너를 가두고 있는 우리에서 탈출하라. 그것이 너 자신에게로 돌아가는 길이다.

* 한반도 지진

국내 지진은 한반도 밑 유라시아판에 전달되는 응력(應力, Seismic Stress) 때문이다. 지진은 육지와 바다를 이루는 거대한 '지각판'이 서로 미는 힘에 의해 단층이 깨지면서 발생한다. 다만 한반도는 유라시아판 왼쪽 부위 가운데 위치했다. 반면 일본은 태평양, 필리핀, 유라시아 판 등 각 지각판이 만나는 경계에 위치한 탓에 판과 판이 미는 힘의 영향으로 강진이 잦다.

꿈은 날짜와 함께 적으면 목표가 되고 목표를 잘게 나누면 계획이 되며 그 계획을 실행에 옮기면 꿈이 실현된다.

* 한식(寒食)

동지로부터 105일째 되는 날이다. 해코지하던 귀신들이 하늘로 올라가 '손'이 없는 날이다. 서울 근교 망우리, 경기 용인, 파주에 줄 이은 성묘 차량 행렬. 잔솔밭에 누워 있는 크고 작은 둥근 무덤들. 그 위에 우우우 돋아나는 파릇파릇 잔디. 부지깽이를 거꾸로 꽂아도 새싹이 돋는 생명의 달이다.

행복이란 어디에도 얽매이거나 거리낌이 없는 홀가분함이 전제다.

* 한정위헌

법률이나 법률 조항의 전부 또는 일부에 대해 위헌 결정을 하지 않고 특정한 해석 기준을 제시하면서 위헌을 선언하는 것을 말한다. 선고 즉시 효력이 상실되는 일반적 위헌 결정과 달리 법조문은 그대로 둔 채 특정한 기준을 제시하면서 법률 해석과 적용 범위에 관한 헌법재판소의 견해를 표명하는 것이다.

꼭 하고 싶은 일이 있으면 몸 관리를 철저히 해야 한다. 취미 중에서도 살생과 관계 있는 사냥 같은 것은 가능한 한 하지 않는 것이 좋다. 전국 일주 때 길에서 만난 지렁이, 개미 등 모두 그들의 땅으로 일일이 돌려보냈다.

* 한천작우(旱天作雨)

7, 8월 한여름에 가물어 싹이 마르면 하늘은 자연히 구름을 지어 비를 내린다는 뜻으로 『맹자』의 '양혜 왕장구상'편에 나오는 구절이다.

다리가 머리를 끌고 가는 게 아니라 머리가 다리를 이끄는 게 사람이다. - 우학 스님

* 할랄(Halal)

아랍어로 '허락된 것'이라는 뜻이다. 이슬람교도인 무슬림이 먹고 쓸 수 있는 제품을 총칭한다. 이슬람 율법에 따라 도축된 고기, 콜라겐 등 동물성 성분을 배제한 화장품, 생물체의 무늬가 들어가지 않은 의류 등이 할랄 제품이다.

화제가 빈곤한 30~40대라면 반드시 알아야 할 시사상식

돼지 몸통이 꼬리를 흔들지 꼬리가 몸통을 흔들 수는 없다.

* 합당한 불일치

미국의 철학자인 존 롤스는 자유 민주주의하에서의 다양한 신념, 주의, 주장은 각자 맞지만 서로 다를 수 있다며 '합당한 불일치'를 주장했다. 말하자면 절차적 불일치를 칭한다.

파우스트 하버드대 총장(여) 이대 특강 (2012년 3월 22일)
"학생들이 지름길을 정해 놓고 좁은 시각으로 그 길만 따라가다 보면 주변의 많은 기회를 놓칠 수 있다. 나는 대학생 때 결코 하버드대 총장이 될 거로 상상하지 못했다. 어떤 길을 정해 놓지 말고 열려 있는 길을 따라가다 보면 예상치 못한 곳에 닿을 수 있다. 그것을 가능하게 하는 것이 교육이다."

* 합참통제선

북방한계선(NLL) 이남 10㎞ 해상에 설정된 한국군의 '작전반경 제한선'이다. 외부공개가 금지된 2급 군사기밀로 분류돼 있다. 2급 군사기밀은 '국가안보에 현저한 위협을 끼칠 것으로 인정되는 기밀'을 뜻한다.

큰 대화를 즐겨라. 느티나무는 10만 개의 잎사귀를 달고 있다. 각각의 잎을 얘기하지 말고 줄기를 얘기하라.

* 해양심층수

태양광이 도달하지 않는 수심 200m 이상 깊은 곳의 바닷물. 얕은 바닷물과 비교할 때 저온성, 청정성, 부영양성, 미네랄성이 뛰어나 음료뿐 아니라 해양온도차발전을 포함한 신재생에너지 발전, 기능성 화장품 생산, 양식장 수질 개선 등 다양한 분야에서 활용된다.

인간에겐 육체, 정신, 감정, 영혼의 4개의 방이 있다. 날마다 4개의 방에 규칙적으로 들어가라.

* 해양지형(海洋地形)

수중 암초, 간조 노출지(露出地, 썰물 때 드러나고 밀물 때 잠기는 땅), 암석, 섬 등 4가지로 구분한다. 수중 암초는 관할 수역을 갖지 못하고, 간조 노출지는 육지나 섬의 12해리 영해 범위 이내에 있을 때만 영해의 기점이 된다. 암석은 영해만 가질 수 있고, 섬만이 영해 EEZ(배타적경제수역), 대륙붕을 모두 가질 수 있다.

마거릿 대처 어록
1. 나는 찻잔이나 씻으면서 집에 있을 수는 없는 여자다.
2. 요란하게 소리 지르는 것은 수탉이지만 알을 낳는 것은 암탉이다.

* 해운동맹(Shipping Conference)

같은 항로를 운항하는 둘 이상의 선사가 경쟁을 피하고 협조체제를 갖추기 위해 운임 등 운송 조건과 항로 배분에 대해 계약하는 일종의 국제 카르텔이다. 동맹에 속하지 않고는 사실상 영업이 어렵다.

명상기도를 통해 감사하는 마음을 가져라. 살아 있음에 늘 감사하라. 매일 다른 사람을 위해 뭔가를 하라. 매일 웃고 매일 침묵하는 시간을 가져라. 이런 일들을 한다면 정말 시간을 잘 썼다는 느낌이 들 것이다. 아름다운 추억으로 삶을 채워라.

* 해치(獬豸)

선악을 가리는 정의와 청렴의 동물로 재앙을 물리쳐 '안전'을 지켜주고 복과 행운을 가져다주는 신령스러운 상상의 동물이다. 머리에 뿔이 있고 목에 방울을 달고 있다. 몸 전체는 비늘로 덮였으며 겨드랑이에 날개를 닮은 깃털이 있다. 날아다닐 수 있는 서울의 수호신이다. 여름에는 물가에, 겨울에는 소나무 숲에 산다.

시간의 부피를 늘려라. 시간을 비만화하라. 방법은 추억거리를 많이 만드는 것이다. 뇌는 일상의 일 같은 것은 기억하지 않는다. 아름다운 풍경, 사랑하는 사람과의 여행, 휴가, 일몰, 이런 순간들로 우리 삶을 채워야 제한된 우리 삶이 가치 있고 행복해진다.

* 해탈

인생이란 일종의 장애물 경주이다. 그런 장애물을 넘어서 안팎으로 자유로워진 상태, 안팎으로 홀가분해진 상태, 이것을 해탈이라 부른다. 장애라는 것은 해탈에 이르는 디딤돌이다. 그런 장애가 없으면 해탈도 없다.

탄생은 죽음을 향한 첫 번째 단추를 끼운 것이며 죽음은 마지막 단추까지 모두 끼운 것일 뿐이다. 탄생 자체가 죽어가는 첫 번째 과정이다. 삶의 하루하루는 죽음을 향한 한 걸음 한 걸음이다. 그 발자국을 어떻게 떼냐에 따라 삶의 질은 달라진다. 한 발자국이 중요한 이유다. 그런데 인간은 미련하여 그 한 발자국이 죽음을 향해 가는 매우 중요한 한 발자국임을 잘 인지하지 못한다는 데 문제가 있다. 마지막 단추까지 모두 끼웠을 때의 결과를 미리 가늠해 보는 훈련이 늘 필요하다.

* 행동주의 헤지펀드(Activism Hedge fund)

특정 기업의 지분을 일정 비율 이상 확보한 뒤 배당 확대, 이사 파견 등 경영에 적극 관여하면서 보유 주식 가치를 올리는 것이 헤지펀드다.

"부처님은 '과거는 지났고 미래는 아직 오지 않은 것'이라고 했다. 우리에게 가능한 삶은 이 순간뿐이다. 많은 사람은 행복이 미래에 있다고 착각하고 미래를 위해 현재를 희생한다. 마음을 챙겨 깨어 있는 걸음을 걷는다면 발 딛는 곳마다 정토(淨土)가 된다."- 틱낫한 스님(베트남 출신의 세계적 명상지도자)

* 허균의 독서의 즐거움

맑은 날 밤에 고요히 앉아 등불을 밝히고 차를 달이면 온 세상은 죽은 듯 고요하고 이따금 멀리서 종소리 들린다. 이와 같이 아름다운 정경 속에서 책을 펴들고 피로를 잊는다. 이것이 첫째 즐거움이다.

비바람이 길을 막으면 문을 닫고 방을 깨끗이 청소한다. 사람의 출입은 끊어지고 서책은 앞에 가득히 쌓여 있다. 아무 책이나 내키는 대로 뽑아 든다. 시냇물 소리 졸졸 들려오고 처마 밑 고드름에 벼루를 씻는다. 이처럼 그윽한 고요가 두 번째 즐거움이다.

낙엽이 진 숲에 한 해는 저물고 싸락눈이 내리거나 눈이 깊이 쌓였다. 마른 나뭇가지를 바람이 흔들며 지나가면 겨울새는 들녘에서 우짖는다. 방 안에 난로를 끼고 앉아 있으면 차 향기 또한 그윽하다. 이럴 때 시집을 펼쳐 들면 정다운 친구를 대하는 것 같다. 이런 정경이 세 번째 즐거움이다.

인간관계란 서로의 먹이를 찾기 위한 관심의 얽힘이다.

* 헌법불합치

해당 법률이 헌법에 위반(위헌)되지만 법 공백과 사회적 혼란을 피하기 위해 개정 때까지만 한시적으로 효력을 존속시키는 결정이다. 즉각 무효가 되는 위헌 결정과 달리 시차를 두기 때문에 '변형적 위헌결정'이라고 한다.

"죽음이 인생에서 가장 멋진 발명품이며, 죽음 앞에선 진정으로 중요한 것만 남는다. 내가 곧 죽는다는 생각은 인생에서 큰 결정을 내릴 때 도움을 준 가장 중요한 도구이다. 죽음을 생각하는 것은 당신이 무엇을 잃을지도 모른다는 두려움의 함정에서 벗어나는 최고의 길이다." - 스티브 잡스(췌장암 진단 1년 후 스탠퍼드대 졸업식장에서)

* 헤즈볼라

아랍어로 '신의 당'이란 뜻이다. 1982년 이스라엘의 레바논 침공 이후 등장한 무장 조직이다. 이슬람 시아파로 이슬람 공화국 설립 및 이스라엘 제거가 목표다. 이란과 시리아로부터 지원을 받고 있다. 현재는 라디오방송과 위성방송도 보유하고 있고, 의회에도 진출해 있다. 1992년부터 하산 나스랄라가 이끌고 있다.

서로에게 완벽한 자유를 허용한 세기의 지성 커플 사르트르와 보부아르 부인은, 실존주의 철학자와 베스트셀러 작가 겸 페미니스트 커플이라는 점만으로도 관심의 대상이었다. 그는 "이 세상에서 가장 중요한 건 쾌락이다. 어떤 이유로도 자신을 비하하거나 기만해서는 안 된다"라고 했다.

* 헤지펀드

소수의 투자자로부터 자금을 모아 운용하는 사모펀드의 하나로 주식을 비롯해 부동산, 원유, 금 등 실물자산과 선물옵션 등 파생상품 같은 다양한 대상에 투자해 시장의 등락에 상관없이 절대수익을 추구하는 펀드다. 다만 한국형 헤지펀드는 차입(레버리지) 투자와 투자 대상에 제한이 있다.

서울에서 모스크바로 향하는 비행기의 각도가 1도만 틀어져도 목적지는 모스크바에서 이스라엘로 바뀐다. 학창 시절에 확고한 목표를 설정하고 구체적으로 노력하라.- 강대석(신한금융투자 사장) 서울여상 특강 중에서

* 헨리 키신저

1923년 독일에서 태어난 유대계로 하버드대 정치학 박사를 마치고 모교에서 교수로 재직하다 1971년 리처드 닉슨 정부에서 백악관 국가안보보좌관, 국무장관으로 발탁돼 미중 수교 등 현대 외교사에 굵직한 획을 그었다. 1973년에는 베트남전 평화협상을 주도한 공적을 인정받아 노벨평화상을 받았다. 1977년 국무장관 퇴임 후에도 미 대통령들에게 외교 전략을 조언해 왔다.

모죽(毛竹)은 5년간 작은 싹으로 땅속에 있다가 어느 순간 땅 밖으로 나와 6개월 사이 30m 길이로 자란다. 오랜 기간의 준비가 필요하다는 증거다.

* 헬리콥터 맘

자식들을 알아서 다 챙겨주는 엄마들을 일컫는다. 아이들의 의존증을 길러주고 심성을 약하게 만든다. 경쟁적 상황에 수반되는 스트레스를 견뎌낼 수 있는 강한 심성을 길러주는 일은 인생을 살아가면서 학업 성적 못지않게 중요하다.

얼음은 얼음일 때만 얼음이다. 항상 얼음 같은 이성이 뇌를 지배해야 한다. 뜨뜻미지근하고 느슨해지면 얼음은 흔적도 없이 사라진다.

* 현대인이여 걷고 또 걷자

네안데르탈인들은 매일 먹잇감을 쫓아 40㎞ 이상씩 달렸다. 현대인들은 하루 평균 겨우 1.5㎞씩 걷는다. 네안데르탈인들의 산소 섭취량은 현대인보다 50%가 높고 뼈는 20%나 더 강했다. 모두가 이봉주의 심장과 국가대표 선수 같은 근육을 가지고 있었다. 현대인은 갈수록 심장과 뼈가 약해지고 근육 대신 군살만 붙고 있다. 산 자여 걸어라. 눕거나 기대기 좋아하면 죽는다.

내가 지구를 키운다고 생각하라.

* 현충일

담벼락 아래 오종종히 핀 노란 애기똥풀꽃. 살짝 꺾으면 가는 줄기에서 돋아나오는 노란 즙. 영락없는 갓난아이 묽은 똥. 엄마 젖먹고, 샛노랗게 내놓은 꽃 같은 똥. 무명 기저귀 빨고 또 빨아도 즐겁기만 한 엄마 마음. 그렇게 키워 아들 군대 보낸 이 땅의 모든 어미들 마음, '해마다 현충일에 늦잠 잔 것도 용서받고 싶다'라는 바로 그 마음이다.

나에겐 길이 곧 종교요 사상이며 철학이다.

* 화냥년

'환향녀(還鄕女)'에서 유래하였다. 명·청나라 시절 많은 여인들이 조공으로 바쳐졌다. 돌아올 때 홍제천에서 몸을 깨끗이 씻고 도성으로 들어오면 모든 죄를 씻어 준다 하였다.

고통에 압도되지 않고 직시할 방법은? 마음 챙김(Mindfulness, 正念) 걷기다. 걷는 동안 어떤 말도, 생각도 끊고 오직 마음 챙김, 기쁨, 행복에만 집중하라. 그렇게 걸을 수 있을 때 삶의 모든 경이로움을 만나게 된다. 마침내 "내가 지금 여기 이르러 있다"라고 말할 수 있게 된다. 호흡, 염불, 명상도 모두 그 수단이다.

* 화엄경

대방광불화엄경(大方廣佛華嚴經)을 줄인 말이다. 부처가 깨달음을 얻은 뒤 21일간 그 진리를 최초로 설한 경전이다. 산스크리트어로 된 것을 4세기경 '60화엄', 7세기경 '80화엄'으로 한역(漢譯)했다. 국내에선 보통 '80화엄'을 많이 본다.

삶은 얼마나 오래 사느냐가 아니라 어떻게 사느냐가 문제다.

* 환경개선부담금

환경오염 원인 물질을 배출하는 경유차 소유자에게 부과해 징수하는 부담금이다. 유로 5 이상 차량에는 면제된다. 환경개선비용부담법에 근거해 부과되며 징수된 부담금은 대기 및 수질 환경개선 사업, 저공해 기술개발 연구 지원 등에 쓰인다.

아름다운 젊음은 우연한 자연현상이지만 아름다운 노년은 예술 작품이다.

* 환치기

서로 다른 국가의 서로 다른 화폐 계좌 간에 송금하는 방식으로 외국환거래법에 따라 지정된 금융기관을 통하지 않고 외환을 거래하는 행위다. 환치기 업자는 해외와 국내의 계좌를 동시에 갖고 국내 계좌로 원화가 입금되면 해외 계좌에서 외환을 송금해주는 식으로 중개해 수수료를 챙긴다. 재산 은닉, 자금 세탁 등을 목적으로 신고 의무가 있는 미화 1만 달러 이상 거래를 하면서 세무 당국의 감시를 피하려는 사람들이 이용한다.

지금 바로 자유롭게 행동하고 우리의 삶과 사람들을 사랑하라. 미래를 당겨 고민하지 마라.

* 환태평양 경제동반자 협정(TPP, Trans-Pacific Partnership)

다자간 자유무역협정(FTA)으로 미국, 일본 등 12개국이 참여하고 있다. 모든 품목의 관세 철폐, 인하 등 광범위한 분야에서 국가 간 교역 장벽을 낮추는 것을 목표로 한 협정으로, 2015년 10월 타결됨으로써 아시아 태평양 자유무역권으로 발전을 기할 수 있게 되었다.

지금 당장 사랑의 찬가를 부르라. 가장 빛나는 하루를 사는 것, 그것이 행복이다.

* 환호(環濠)

마을의 경계를 구분하거나 적의 공격을 방어하기 위해 선사시대 마을의 외곽을 둘러싼 도랑을 말한다. 울산 검단리·천상리, 경남 창원 서상동, 충남 부여 송국리, 대구 동천동 등에서 청동기시대 환호 마을 유적이 발견됐다. 2015년 10월 경기 평택과 구리에서 발견된 제의용 환호는 기존의 환호보다 크기가 작고 목적도 다른 것으로 보인다.

100세인들의 5가지 특징

1. 적극적으로 움직인다.

2. 열심히 적응한다.

3. 보신 음식이나 약물에 휩쓸리지 않는다

4. 잘 느낀다.

5. 적극적으로 깊이 생각한다.

* 혁명화 교육
북한에서 잘못을 저지른 간부들을 지방 농장이나 공장에 내려보내 노동을 시키며 반성하도록 하는 처벌이다. 최룡해는 2004년에 비리 혐의로 협동농장에서 혁명화 교육을 받은 뒤 복귀했고 1994년 비리 혐의로 강등된 바 있다.

바쁜 현대에 여유는 사치 아닌가? 일부러라도 '게으른 날(Lazy day)'을 정하여 쉼을 통해 기쁨과 행복을 일으켜 스스로의 자양분으로 삼는 삶을 살아야 한다.

* 혈흔형태분석
사건 현장의 혈흔 위치, 크기, 모양, 방향 등을 분석해 범인과 피해자의 움직임을 파악하고 이를 토대로 사건 현장을 시간 순서대로 재구성하는 과학수사 기법이다.

20대 때 진보가 아니면 심장이 없는 것이요, 40대 때 보수가 아니면 뇌가 없는 것이다. - 처칠

* 호시(互市)무역
국경에서 일어나는 자유무역의 일종으로 사전적으로는 '양쪽에서 번갈아 가며 장이 열린다'라는 뜻이다. 중국 단둥의 경우 한반도와 국경을 맞댄 지리적 이점 덕분에 구한말까지 유지됐지만 일제 강점 뒤 중단됐다. 랴오닝성은 경기 활성화를 위해 호시무역을 재개하기로 하고 2015년 6월 단둥에 무역구 설치를 승인했다.

요트는 바람이 없는 것이 문제(무풍지대인 적도 통과 시)이지 바람이 세게 부는 것은
문제가 되지 않는다.

* 홀로코스트(Holocaust)

2차 세계대전 당시 아돌프 히틀러의 독일 나치 정권이 자행한 유
대인 대학살극을 뜻한다. 히브리어로 '재앙'을 뜻하는 '쇼아
(Shoah)'로도 불린다. 강제수용소에 갇힌 130만 명 가운데 110만
명이 희생됐다. 희생자 110만 명 중 100만 명이 유대인이었다.

꿈은 우리를 살아 춤추게 하는 힘이다. 가슴이 살아 있는 사람만이 꿈을 꿀 수 있
고, 몸이 살아 있는 사람만이 춤을 출 수 있다. 꿈은 곧 춤이다.

* 회례연(會禮宴)

설날이나 동짓날에 궁중에서 왕이 문무백관이 모인 가운데 신하
들의 노고를 치하하면서 펼친 잔치다. 1433년(세종 15년) 궁중 악
장 박연이 가무를 곁들여 창안했다.

사람은 나중엔 누구나 장애인이 된다. "나는 좀 빨리 되었을 뿐이다." - 어느 환자 이
야기

* 후강퉁(扈港通) 제도

중국 상하이 증시와 홍콩 증시에 대해 서로 직접 매매를 허용하
는 제도다. 기존에는 허가를 받은 기관투자가만 상대방 증시에

상장된 주식을 매매할 수 있었지만, 2014년 11월 17일부터는 별도 조건 없이 개인을 포함한 거의 모든 투자자에게 허용된다.

고난이 있을 때마다 그것이 참된 인간이 되어가는 과정임을 기억해야 한다. - 괴테

* 훈민정음해례본

훈민정음의 창제 동기와 의미, 사용법 등을 소개한 목판본 책이다. 세종이 서문을 쓰고 정인지 등 신하들이 한글 창제 원리에 대해 설명한 것으로 한글의 과학적 우수성을 증명한다. 1446년 출간된 해례본 한 권(국보 70호, 유네스코 세계기록 유산)이 현재 서울 간송미술관에 소장돼 있다. 서울 광화문 광장 세종대왕 동상의 왼손에 있는 책이 훈민정음해례본이다.

하늘에는 울타리가 없다.

* 휴척여공 휴척상관(休戚與共 休戚相關)

기쁨과 슬픔을 함께한다. 진(晉)나라 도공이 어릴 적 진(晉)나라 군주이자 친척인 여공의 미움을 받아 주(周)나라에 살 수밖에 없었지만 진(晉)에 근심이 있으면 슬퍼하고 경사가 있으면 기뻐했다는 고사에서 나온 말이다.

득수반지무족기(得樹攀枝無足奇), 현애철수장부아(懸崖撤手丈夫兒). '가지를 잡고 나무를 오르는 것은 기이한 것이 아니나, 벼랑에 매달려 잡은 손을 놓는 것이 가히 사내다운 일이다.'

* 희귀난치성질환

국내 환자가 2만 명 이하이면서 적절한 치료 방법이 개발되지 않은 병을 뜻한다. 종류가 너무 많아 질병의 개수나 발생률을 체계적으로 파악하기 어렵다. 세계적으로 6,000여 종이고 국내에는 2,000여 종이 있다고 알려져 있다. 국내 환자는 모두 합쳐 50만 명 정도로 추정된다. 이 가운데 38만1,578명(2011년 기준)이 산정특례로 지정돼 건강보험 진료비의 10%만 낸다. 치료는 물론이고 진단 자체가 어려워 중증장애로 악화하는 경우가 많다. 전문적으로 진료할 의료진이나 기관도 크게 부족하다.

연습이 완벽을 만든다.

* 희토류(稀土類)

전기차, 컴퓨터 등에 꼭 필요한 희귀 금속이다. 하이브리드차, 미사일, 풍력터빈 등 첨단제품의 필수 재료로 '첨단산업의 비타민'으로 불리는 비철금속 광물로 화학적으로 안정되면서 열을 잘 전달해 반도체나 2차전지 등 전자제품에 필수로 들어가는 재료다. 물리. 화학적 성질이 비슷한 란탄 세륨 등 원소 17종을 통틀어 희토류라고 부른다.

모험과 위험에 노출되지 않고서는 어떤 아름다움도 만날 수 없다. 역설적이게도 안전과 안위와 편리로는 어떤 아름다움도 만날 수 없다는 점이다. 모든 영광과 아름다움은 모험과 위험 속에 존재한다. 모래에서 사금을 캐듯 모험과 위험 속에 감추어진 영광을 찾아내야 한다. 모든 영광과 아름다움은 피와 땀과 눈물의 결정체임을 안다면 그 속뜻을 모두 이해한 것이다.

화제가 빈곤한 30~40대라면 반드시 알아야 할 시사상식

* 히든 헝거(Hidden Hunger)

세계식량계획(WFP) 등 국제기구에서 빈곤 국가 안에서 지원의 손길이 잘 닿지 않는 영·유아 등 취약 계층과 시골 같은 취약 지역의 굶주림을 통칭하는 표현으로 쓴다. 영·유아 및 어린이가 탄수화물 위주의 구호품만을 지원받는 바람에 미네랄, 비타민 등 다른 필수영양소를 제대로 섭취하지 못해 신체 및 뇌 발달에 손상을 입는 현상도 일컫는다.

과즉물탄개(過則勿憚改), 허물이 있으면 고치기를 꺼리지 말라. - 공자

* 히키코모리

6개월 이상 외출을 안 하는 은둔형을 지칭한다. 본래 관직 등용을 마다하고 초야에 묻혀 사는 은둔형 처사를 일컬었으나 1990년대 중반, 사회로부터 스스로를 격리한 채 생활하는 젊은이들이 사회 문제가 되면서 사회 병리 현상을 지칭하는 용어로 재정의되었다.

시인에게 고립과 유배는 축복이다. 또한 시인은 유랑을 통하여 일상과 상투에서 벗어나 자유로운 상상과 만난다. 모험과 위험에 노출되지 않고 어찌 아름다움을 만날 수 있으랴.

ㅎ